"十三五"江苏省高等学校重点教材
编号：2019-2-041

语言学研究
统计分析方法

Statistical Methods
for Research in Linguistics

鲍贵　张蕾　编著

南京大学出版社

图书在版编目(CIP)数据

语言学研究统计分析方法 / 鲍贵，张蕾编著. — 南京：南京大学出版社，2020.8
ISBN 978 - 7 - 305 - 23042 - 4

Ⅰ. ①语… Ⅱ. ①鲍… ②张… Ⅲ. ①语言统计 - 统计方法 Ⅳ. ①H0 - 05

中国版本图书馆 CIP 数据核字(2020)第 042947 号

✓ 学术资源
✓ 学术交流

出版发行　南京大学出版社
社　　址　南京市汉口路 22 号　　　　　邮　编　210093
出版人　金鑫荣
书　　名　语言学研究统计分析方法
编　著　鲍贵　张　蕾
责任编辑　裴维维　　　　　　　　编辑热线　025 - 83592123

照　排　南京南琳图文制作有限公司
印　刷　江苏凤凰通达印刷有限公司
开　本　787×1092　1/16　印张 21　字数 490 千
版　次　2020 年 8 月第 1 版　2020 年 8 月第 1 次印刷
ISBN 978 - 7 - 305 - 23042 - 4
定　价　88.00 元

网址：http://www.njupco.com
官方微博：http://weibo.com/njupco
官方微信号：njupress
销售咨询热线：(025) 83594756

前　言

在全球数字化的时代，一个随处可见的时髦词是"数据"(data)。"您的观点有数据支撑吗？""您的测量有信度吗？""您的统计分析方法正确吗？"……应用统计学是关于数据收集、数据整理、数据分析和数据解释的大学问，是一把探索未知的利刃，是一种理性的思维与解决问题的方式。

语言学研究，特别是应用语言学研究，重视实证研究，重视"让数据说话"。语言学借助统计分析方法，从看似杂乱无章的数据中探索语言本身和语言学习的规律，促进语言学理论的构建和语言教学实践的发展。应用统计学是应用数学的一个分支。对于敬畏数学的语言学研究者来说，"统计学是一门外语"，是必须跨越的屏障。因此，熟谙统计分析方法是语言学研究者必备的素质，也是必须应对的挑战。

熟谙统计分析方法不能囿于经典统计分析方法。国内外统计学教材并不少见，但是以语言学为学科背景的统计学教材实不多见。更值得注意的是，面对语言学研究者的统计学教材大多围绕经典统计分析方法（如独立样本 t 检验），很少触及稳健统计分析方法。经典统计分析方法的介绍必不可少，但是无视统计学研究的新成就、只字不提稳健统计分析方法实乃憾事。很多稳健统计分析方法是在经典统计分析方法的基础上发展而来，是对经典统计分析方法的改良。之所以要对经典统计分析方法进行改良，是因为经典统计分析方法有较为严格的使用条件，即统计假设(statistical assumptions)，这些条件在现实数据中难以得到满足。置统计假设于不顾，照搬经典统计分析方法，可能会导致错误的结论。稳健统计分析方法放宽条件限制，但是仍然保持着统计推理的合理性。在语言学研究中，数据违反经典统计分析方法所要求的统计假设（如正态分布和没有异常值）是常态，而不是例外，只是违反的程度因研究而异罢了。

绝大多数应用统计学教材以统计分析的软件操作介绍为主，特别是以 SPSS

(Statistical Package for the Social Sciences,社会科学统计数据包)的操作为主,淡化统计理论的介绍与解释。这不利于研究者深入理解统计学原理,揭示数据的本质,将研究发现牢固地建立在恰当的统计分析之上。不精通统计学原理,统计分析方法的选择难免出错,统计分析结果的解释难免不深入,甚至荒谬。

《语言学研究统计分析方法》为"十三五"江苏省高等学校重点教材。本教材系统地将传统与现代(稳健)统计分析方法融为一体,将统计分析理论与实践紧密地结合在一起,较为充分地体现应用统计学教学与研究的新成就。这部教材以语言学实证研究为背景,案例主要来自语言学的实证研究。考虑到语言学的跨学科性,案例分析也涉及少量来自教育学和心理学领域的实证研究。

这部教材选择 R 软件而不是 SPSS 软件作为辅助工具,理由几乎是显而易见的。R 软件是功能强大的图形绘制、统计分析和统计分析编程软件,具有 SPSS 软件无可比拟的优势,如制图更灵活,开展稳健统计分析更方便。SPSS 软件的典型特点是点击式菜单操作。虽然这种点击式使操作变得方便,但是方便的获得是以灵活性为代价的,特别是在稳健统计分析方法的使用上。研究者一旦熟练掌握了 R 语言,就无需过度依赖统计分析数据包,甚至自己可以编程,不仅使统计分析过程更加透明,而且能够深入探索各个统计量的特点和统计分析假设。

《语言学研究统计分析方法》利用 R 软件和数据包的独特优势,完整展现各个统计分析程序,重视统计学知识的融会贯通,凸显各个统计量之间的关系。本教材有选择地系统介绍在语言学研究中较为常用的传统和现代统计分析方法,旨在提高学习者统计素养(statistical literacy),使之学会如何采用有效手段揭示数据的特点和模式,提高统计分析和统计决策能力。

本教材包括 11 章,大体上遵循由描述性统计到推理统计、由简单统计方法到复杂统计方法、由传统统计方法到现代(稳健)统计方法的编排原则。

第 1 章简要介绍 R 软件和数据包的安装、R 软件的特点以及基础 R 语言。

第 2 章介绍图形基本结构和 R 制图使用的基础函数和变元。本章还集中介绍语言学研究中较为常用或有潜在使用价值的基本图形,如线图、核密度图和散点图。

第 3 章和第 4 章讲解描述性统计与推理统计分析使用的一些常用概念。第 3 章介绍描述性统计使用的统计量,讨论如何利用不同的统计量从三个维度描述数据特点和模式——集中趋势测量、离散性测量和分布形状。介绍的统计量包括常规统计量(如平均数和标准差)和稳健统计量(如 20% 截尾平均数和缩尾方差)。

本章还详细介绍在单因变量正态分布 W 检验和 W' 检验中使用的系数 a_i 的近似算法，概括单因变量正态分布的特点，探索正态分布检验的本质。第 4 章介绍总体平均数和截尾平均数 95% 置信区间以及统计显著性概念，讨论与之相关的几个统计概念，如第一类错误和第二类错误。

第 5 章介绍常用的信度分析方法，包括 $KR20$、α 系数和 Cohen's Kappa。这些信度分析方法适用于不同类型的数据。皮尔逊相关系数也常用于信度分析。出于内容编排的需要，皮尔逊相关分析放在第 6 章介绍。

第 6 章前半部分介绍两种常规的相关分析方法——皮尔逊相关分析和斯皮尔曼秩次相关分析，结合案例探讨皮尔逊相关分析统计假设及其诊断方法。本章后半部分介绍三种稳健相关分析方法——百分数弯曲相关、跳跃相关和百分位数自助相关。

第 7 章和第 8 章分别讲解两个独立组和两个相关组比较推理统计方法。第 7 章概括 t 分布的特点，介绍常规 t 检验和两种稳健统计检验方法——Welch 检验和截尾平均数比较 Yuen 方法，采用模拟技术比较 Welch's t 检验和常规 t 检验以及 Welch's t 检验和 Yuen 方法。此外，本章还介绍效应量估计、Wilcoxon 秩和检验和 Cliff 方法。第 8 章介绍常规配对样本 t 检验和稳健型截尾平均数比较方法、效应量估计以及 Wilcoxon 符号秩次检验，采用模拟技术探索数据非正态分布对配对样本 t 检验实际第一类错误率和统计效力的影响。

第 9 章讲解适用于多个独立组设计的传统与现代（稳健）统计分析方法。本章从传统的方差分析方法出发，系统介绍方差分析的基本概念和 F 分布的特点，详细探讨方差分析统计假设。本章涉及的统计分析方法包括：传统的单因素方差分析、稳健型 Welch's F 检验、截尾平均数比较 Welch 型方法、传统的双因素设计方差分析、稳健型双因素设计 Q 检验、单因素秩次型 Kruskal-Wallis 检验和单因素秩次型稳健方差分析。此外，本章还设专节介绍方差分析中的效应量估计。

第 10 章采用与第 9 章大致相同的编排方法，讲解适用于相关组设计的多种统计分析方法。传统的利用平均数的统计分析方法包括单因素重复测量方差分析和双因素混合设计方差分析。对应的稳健统计分析方法包括单因素设计截尾平均数比较和配对比较以及双因素混合设计稳健方差分析。本章还介绍重复测量方差分析中的效应量、传统的 Friedman 秩次检验和单因素秩次型稳健方差分析。

第 11 章介绍多元回归分析方法，是本教材的最后一章。回归分析与独立组和相关组比较一样都是语言学实证研究中常用的统计分析方法。独立组和相关组比较的目的是检验差异性,回归分析的目的则是检验自变量对因变量的解释力或预测力。本章首先聚焦于普通最小二乘法回归分析,利用数值例子和 R 代码详细解释普通最小二乘法回归分析程序、回归方程对数据的拟合优度检验、模型有用性检验、统计假设与回归诊断。案例分析不仅包括主效应检验,而且还包括交互效应检验,并采用自助方法对拟合模型进行验证。统计假设与回归诊断采用图形诊断与正式检验相结合的方法。在数据违反普通最小二乘法回归分析统计假设时,本章介绍了一种有用的稳健回归分析方法——自助方法。本章的最后一部分讲解二项逻辑斯蒂回归分析,包括二项逻辑斯蒂回归分析程序、最大似然估计以及统计假设和回归诊断。案例分析不仅包括主效应检验,而且还包括交互效应检验,采用自助方法对拟合模型进行验证,介绍如何利用列线图(nomogram)预测结果发生的概率。

应用统计学研究的进展和 R 软件的开发为研究者检验研究假设、探索数据、发现模式提供科学有效的手段。《语言学研究统计分析方法》立足于语言学实证研究,较为系统地体现统计学教学与研究的最新成果和 R 软件强大的编程、制图和统计分析功能,融传统与现代统计分析方法为一体,秉承"做中学"(learning by doing)的教学理念。本教材适合于语言学专业高年级本科生和研究生,也可以作为语言学专业博士生和其他社会科学研究者的参考书。

本教材得到教育部人文社会科学研究基金项目"二语习得相关性研究方法论评价体系研究"(19YJA740001)的资助,出版过程中承蒙南京大学出版社鼎力支持,在此一并致谢!

鲍 贵

南京工业大学

张 蕾

北京工业大学

2020 年 7 月

目　录

第1章

R 语言入门

1.1　安装 R 软件和数据包　◆◆◆◆◆◆◆

R 软件是国际通用的统计计算和制图软件,下载和安装很简便。[①]进入 R 软件主页后,点击 download R,进入 R 软件下载镜像点。选择一个就近的站点,点击进入下载界面。点击 Download R for Windows,进入下一页界面,再点击 install R for the first time,进入另一个界面。在该界面上,点击 Download R 3.6.2 for Windows,便可下载 R 软件。R 软件更新很快,当前的版本是 R 3.6.2。建议研究者下载或更新最新版本。下载完成后,点击 R-3.6.2-win 图标,按照安装提示即可完成操作。

R 软件自带一些基础数据包(packages)。由于统计方法的更新,有一些数据包需要加载到 R 软件中,以便调用。如果我们需要安装 car 数据包(Fox & Weisberg, 2011),则在 R 工作界面输入 install.packages("car"),然后选择一个镜像点,即可完成自动安装。如果要调用 car 数据包,可在 R 操作界面中直接输入 library (car)或者 require(car)即可,也可以通过 R 界面上的 Packages 菜单来完成(Packages → Load package … → Select one)。本章调用的数据包为 corpustools、fBasics、psych 和 tm。我们还可以下载数据包放在计算机硬盘的文件夹中,如 D:/Rpackage。本书开展稳健统计使用的一个 R 数据包是 Rand R. Wilcox(2017a;2017b)创建的数据包,当前版本为 Rallfun-v37.txt。[②]为了方便起见,将数据包与安装的 R 软件存放在同一个硬盘(如 D:)中。调用 R 数据包中的函数时,在 R 工作界面输入命令 setwd("D:/Rpackage")和 source(file.choose()),然后打开存放在文件夹中的数据包即可,或者在 R 工作界面输入命令 setwd("D:/Rpackage")后,接着输入 R 命令 source("Rallfun-v37.txt"),直接调用数据包中的函数。

---

① 　R 软件网址:https://cran.r-project.org/。

② 　下载网址:http://dornsife.usc.edu/labs/rwilcox/datasets/。

1.2　R 软件特点

R 软件是功能强大的统计编程（statistical programming）、统计分析（statistical analysis）和图形（graphics）绘制软件，具有 SPSS 等其他软件无可比拟的优势。Wilcox（2017a, p.5）比较了几种常见的软件。R 软件是研究者的最佳选择。这不仅因为 R 软件是免费的，而且还在于 R 软件操作灵活，统计数据包更新快，统计分析、统计编程和制图能力非其他软件可比，尤其体现在现代统计方法（modern statistical methods）的应用上。SAS 软件是很好的软件，功能强大，灵活性也很好，但是有许多最新的统计方法还不能通过 SAS 实现。Minitab 是较好的软件，操作简单，且具有一定程度的灵活性。使用现代统计方法时，同 SAS 一样，Minitab 编程比较麻烦。SPSS 是令人不太满意的软件。SPSS 是"傻瓜式"统计分析软件，用户点击适当的菜单即可完成统计分析任务。虽然这种点击式软件使用方便，但是方便的获得却以牺牲统计分析、编程和制图的灵活性为代价。而且，许多现代统计方法都不能通过 SPSS 来实现。

下面举两个例子，感受一下 R 的强大功能。

第一个例子是利用 R 开展随机分配。我们在实验研究中时常会将招募的被试随机分配到不同的实验条件中。随机分配的目的是使混淆变量（confounding variables）的影响在实验条件组之间实现对等，消除被试组实验前在若干变量方面的差异对实验结果造成的干扰。

假如我们要把 40 名被试（编号 ID 为 1~40）随机分配到样本量相同的两个实验条件中（$n = 20$）。我们用大写英语字母 A 和 B（R 命令为 LETTERS[1:2]）代表两个实验条件。本例随机分配的 R 命令和执行结果如下：

```
> set.seed(2)
> Population <- rep(LETTERS[1:2],20)
> Condition <- sample(Population)
> Condition
 [1] "A" "A" "B" "B" "B" "B" "A" "A" "B" "B" "A" "A" "B" "A" "A" "A" "B"
"B"
[19] "B" "A" "A" "A" "B" "B" "A" "B" "A" "A" "B" "B" "A" "A" "B" "B"
"A" "B"
[37] "B" "A" "A" "B"
```

以上结果中，"＞"是 R 自带的命令提示符（prompt）；使用 R 命令 set.seed(2)设随机种子（random seed）为 2，使结果可以被重复；使用函数 rep 使字母 A 和 B 均重复出现 20 次；使用 R 命令 sample(Population)从总体（Population）中不重复随机抽样；R 返还的结果以指标[1]、[19]和[37]显示。以上结果显示 20 个 A 和 20 个 B，编号为 1 和 2 的被试被随机分配到条件 A 中，编号为 3、4、5 和 6 的被试被随机分配到条件 B 中，以此类推。

第二个例子是利用 R 计算词汇密度（lexical density, LD）。词汇密度是英语学习者产出文本词汇丰富性(lexical richness)的测量指标之一。词汇密度指文本涵盖实词(content words)的比率,用于测量文本提供信息的量。在测量上,文本词汇密度为排除功能词(function words)后的文本词数占文本总词数的比率。

假如我们要计算以下文本(TEXT1)的词汇密度:

English teachers could design those output tasks which are more word focused and have strong contextual clues for the meanings and grammatical usage of unfamiliar words. In terms of the least task time required, the definition task seems to be the most conducive to vocabulary learning, especially learning word meanings, among the output tasks designed in this study. If the complex grammatical or collocational knowledge of some unknown words needs to be acquired, or some unknown words may present special learning difficulties, English teachers could design writing tasks. Sometimes, English teachers may combine different output tasks, for example, the definition and writing tasks, making most use of the advantages each task potentially has for word retention.

在计算词汇密度之前,我们要对 TEXT1(文本格式,存放在当前工作簿里,如"D:/Rpackage")进行预处理,去除文中的标点符号,将句首的大写字母(包括 A 和 The 等功能词)改为小写,以便与功能词表(作为对照词表)中的词匹配。本例使用的英语功能词表是直接从 R 数据包 corpustools 中调用的功能词表 stopwords_list,包括 174 个功能词,取 R 文件名为 Stoplist。本例 R 命令和计算结果如下:

```
> require(corpustools)
> setwd("D:/Rpackage")
> TEXT1 <- scan ("TEXT1.txt", what = "character", sep = "", quiet =
TRUE)
> TEXT1 <- tolower(TEXT1) # lower case version of the text
> require(tm)
> TEXT1 <- removePunctuation(TEXT1) # remove punctuation marks
> Stoplist <- stopwords_list
> Stoplist <- stopwords_list $english
> Content <- removeWords(TEXT1,Stoplist) # content words only
> Content <- data.frame(table(Content)) # word frequency list
> colnames(Content) <- c("Words","Freq")
> Content <- Content[order(-Content $Freq),] # in descending order
> LD <- (length(TEXT1) - Content[1,2])/length(TEXT1)
> LD
[1] 0.637 931
```

在以上输入中,"#"后的内容为评注(comments),R 对之忽略。统计分析结果中表明,本例的词汇密度约为 64%。

1.3　R 数据结构

1.3.1　向量

1.3.1.1　数值型向量

1.3.1.1.1　向量结构

进入 R 工作界面后,出现命令提示符">"。要退出(quit)R 界面,输入命令 q(),按回车键(Enter)即可,或者点击右上方的关闭按钮(×)。

向量(vector)是 n 个实数 $x_1, x_2, \cdots, x_n$ 构成的数组 $\boldsymbol{x}$,是数据(data)单维的(one-dimensional)排列方式,也是最基本的数据存储方式。只有一排的矩阵(matrix)称作排向量(row vector)。只有一列的矩阵称作列向量(column vector)。譬如:

$$\boldsymbol{x}' = (x_1, x_2, \cdots, x_n)$$

$$\boldsymbol{x} = \begin{pmatrix} x_1 \\ x_2 \\ \vdots \\ x_n \end{pmatrix}$$

其中,$\boldsymbol{x}'$(排向量)表示将向量 $\boldsymbol{x}$ 的列转置(transpose)为排。排向量和列向量可以看作矩阵的特殊形式。一组数据可以作为一个向量(vector)储存在一个 R 变量(variable)中。一种常用方法是利用 R 函数(function,即执行某项任务的代码)c(combine 的缩写,表示"组合"),数值置于括号内,用逗号隔开。变量赋值符号是"<-"(the less-than sign and the hyphen sign)。尽管用等值符号(=)通常也可以,但是它不是标准语法,不建议使用。需要注意的是,R 对字母大小写很敏感,甚至标点符号(要用英文标点符号),譬如不能将 c 写成 C。利用 c 将变量 x 的一组数值型(numeric)数据(2,4,5,6,8,10,15,20,21)输入到 R 中,输入变量名后按回车键查看输出结果:

```
>x<-C(2,4,5,6,8,10,15,20,21)
Error in C(2, 4, 5, 6, 8, 10, 15, 20, 21) :
  object not interpretable as a factor
>V<-c(2,4,5,6,8,10,15,20,21)
>V
Error: object 'V' not found
>x<-c(2,4,5,6,8,10,15,20,21)
>x
[1] 2 4 5 6 8 10 15 20 21
```

当 R 命令正确时,R 返还的结果以指标[1]显示。注意,在输入命令时,提示符">"是 R 自带的,不可再输入一个提示符。

我们可以利用 c 把一个向量值添加到另一个向量值的后面。例如:

```
>data1<-c(1,2,3,4,5)
```

```
>data2 <-c(3,4,5,6,7)
>data <-c(data1,data2)
>data
[1] 1 2 3 4 5 3 4 5 6 7
```

如果要从向量中提取一个元素(element),则用方括号"[ ]"(square brackets)。譬如,从上例 data 向量中提取第 5 个元素,R 命令和执行结果如下:

```
>data[5]
[1] 5
```

如果要从一个数值向量中提取多个元素,则用 c。譬如,从上例 data 向量中提取第 5 个和第 7 个元素,则 R 命令和执行结果如下:

```
>data[c(5,7)]
[1] 5 4
```

如果要从一个向量中提取最小值(minimum value)和最大值(maximum value),则分别使用函数 min 和 max。例如,提取上例 data 中的最小值和最大值的 R 命令和执行结果如下:

```
>min(data);max(data)
[1] 1
[1] 7
```

上例中两个命令之间用分号(;)隔开,可以同时得到两个结果。如果要对一个向量中的数值排序,则使用函数 sort。对上例 data 中的数值进行排序的 R 命令和执行结果如下:

```
>sort(data)
[1] 1 2 3 3 4 4 5 5 6 7
```

R 默认从小到大的排序方式,即升序。如果要采用降序,则在函数 sort 中增加变元(argument)设置 decreasing = TRUE。例如:

```
>sort(data,decreasing = TRUE)
[1] 7 6 5 5 4 4 3 3 2 1
```

1.3.1.1.2　向量算术

我们可以利用 R 对数值向量进行加、减、乘、除运算,运算符号依次为: + 、- 、* √。这些运算按元素(elementwise)进行。例如:

```
>x <-c(10,11,12,13,14,20,20)
>x-3
[1] 7 8 9 10 11 17 17
>x*3
[1] 30 33 36 39 42 60 60
```

上例使用常数计算新的向量,向量中的每个元素都依次减去或乘以某个常数。两个向量之间可以进行同样的运算,但是向量长度(length)(即数值的数量,在统计分析中指样本量)要相同。两个向量加、减、乘、除时,按照数值排列对应的顺序依次加、减、乘、除。例如:

```
>x <- c(10,11,12,13,14,20,20)
>y <- c(5,6,6,7,13,15,18)
>x - y;x/y
[1] 5 5 6 6 1 5 2
[1] 2.000000 1.833333 2.000000 1.857143 1.076923 1.333333 1.111111
```

如果要计算一个向量中的所有数值之和,则用函数 sum。例如:

```
>sum(y)
[1] 70
```

如果要计算一个变量数值的平均数如何编写代码呢?下面是计算平均数的简单程序代码:

```
Mean <- function(x)  sum(x)/length(x)
```

该函数中,Mean 代表求平均数的函数名称,函数 length 计算样本量,x 代表数值向量,即某个数值型(numeric)或连续性(continuous)变量的值。例如:

```
>W <- c(10,13,14,20,22,76,33,21,18)
>Mean(W)
[1] 25.222 22
```

统计编程是 R 软件的主要优势之一。学会简单的程序编写对理解统计概念是很有价值的。R 自带多个函数计算统计量(statistics)。譬如,利用 R 自带函数 mean,可以得到同样的值。例如:

```
>mean(W)
[1] 25.222 22
```

再举个例子。如果我们要编写一个函数,确定一个数值向量中的最大值,可以使用 for 循环(for loop)。一个 loop 指被反复执行多次的一组命令。这些命令以 for 陈述开始,以大括号(｛｝)结束。对于求最大值的例子,编写的 R 命令如下:

```
Max = function(v){
max.value = 0
for (i in 1:length(v)){
if (v[i] > max.value){
max.value = v[i]
}
}
return(max.value)
}
```

以上命令中,max.value = 0 表示初始最大值设为 0,for 陈述中的 i in

1:length(v) 表示索引变量 i 的范围,if (v[i] > max.value) 为条件陈述,更新值储存在 max.value 中。返还值陈述 return(max.value) 置于 for loop 的外面。

假如我们要计算以下向量 X 中的最大值:

```
X<-c(35.00,36.57,48.24,40.62,41.03,36.45,28.90,34.93,42.45,
41.74,36.09,41.44,32.79,40.74,34.90,44.12,42.91,30.37,36.93,33.90,
41.41,44.89,30.86,35.59,40.79,37.79,38.46,41.20,42.70,43.35)
```

执行利用函数 Max 的 R 命令得到以下结果(其中的加号" +"是 R 自带的):

```
>Max = function(v){
+ max.value =0
+ for (i in 1:length(v)){
+ if (v[i] >max.value){
+ max.value = v[i]
+ }
+ }
+ return(max.value)
+ }
>X<-c(35.00,36.57,48.24,40.62,41.03,36.45,28.90,34.93,42.45,
41.74,36.09,41.44,32.79,40.74,34.90,44.12,42.91,30.37,36.93,33.90,
41.41,44.89,30.86,35.59,40.79,37.79,38.46,41.20,42.70,43.35)
>Max(X)
[1] 48.24
```

要检验编写的函数计算是否正确,我们可以利用 R 自带函数 max:

```
>max(X)
[1] 48.24
```

以上结果显示,两个函数的计算结果相同,我们编写的 R 函数 Max 正确。

除了加、减、乘、除运算之外,还可以对向量开展其他运算,如幂(power)运算,运算符为"^"。例如:

```
>W^2
[1] 100 169 196 400 484 5776 1089 441 324
```

R 还提供了一些特殊的向量函数。函数 seq 返还按照某种间隔排序的一组数据。研究者可以根据需要设置函数变元。譬如,seq(from =1, to =20, by =1) 中数值序列的初始值为 1,终点值为 20,序列间隔值为 1,得到 20 个数值。该序列可以简化为:seq(1,20,1)。

另外一个很有用的函数是 rep。该函数用于得到等值的向量,数据的长度可以通过重复的次数设定。例如:

```
>rep(2,times =10)
[1] 2 2 2 2 2 2 2 2 2 2
>rep(2,10) # omit times
```

```
[1] 2 2 2 2 2 2 2 2 2 2
```

1.3.1.2 字符向量、因素和逻辑向量

向量空间不仅可以有数值型数据,还可以有字符数据(character data)、因素(factor)水平和逻辑数据(logical data)。字符向量中的元素是字符串,是名义(nominal)或类别(categorical)变量数据。创建字符向量可以利用函数 c,字符串上添加引号("")。例如:

```
>Group <-c ("Male","Female")
>Group
[1] "Male"  "Female"
```

因素是存储字符数据的另外一种方式。因素与名义或类别变量同义,由两个或两个以上水平(levels)构成。例如:

```
>Group <- factor(c("Male","Female"))
>Group
[1] Male Female
Levels: Female Male
```

当向量元素重复时,函数 factor 是十分有效的字符数据存储方式,同样的水平标签只出现一次。R 内存因素水平为整数(integers)。例如:

```
>Group <-c("Male","Female","Female","Male","Male")
>Group <- factor(Group)
>Group
[1] Male Female Female Male Male
Levels: Female Male
>as.integer(Group)
[1] 2 1 1 2 2
```

这个例子表明,因素 Group 有两个水平,水平数值对应于字符串中字母的顺序,2 对应于 male,1 对应于 female。

如果一个因素有多个水平,每个水平多次重复,可以使用函数 factor,并用 c 和 rep 函数,或者使用 gl 函数,无需多次重复输入每个水平。例如:

```
>Group <- rep(factor(c("grp1","grp2","grp3")),10)
>Group
[1] grp1 grp2 grp3 grp1 grp2 grp3 grp1 grp2 grp3 grp1 grp2 grp3
grp1 grp2
[15] grp3 grp1 grp2 grp3 grp1 grp2 grp3 grp1 grp2 grp3 grp1 grp2 grp3
grp1
[29] grp2 grp3
Levels: grp1 grp2 grp3
```

或者利用以下方式:

```
>Group<-gl(3,10,labels=c("grp1","grp2","grp3"))
>Group
[1] grp1 grp1 grp1 grp1 grp1 grp1 grp1 grp1 grp1 grp1 grp2 grp2
grp2 grp2
[15] grp2 grp2 grp2 grp2 grp2 grp2 grp3 grp3 grp3 grp3 grp3 grp3 grp3
grp3
[29] grp3 grp3
Levels: grp1 grp2 grp3
```

函数 gl 中的第一个变元代表因素水平数,第二个变元代表每个水平的重复次数,第三个变元设置因素水平标签或名称。本例的因素 Group 有三个水平,每个水平重复 10 次。在实验设计中,这表明有三个实验组,每组样本量(n)为 10。

逻辑向量包括 TRUE 和 FALSE 两个元素(用于真假陈述判断),或者包括 NA(表示缺失值,missing value)。例如:

```
>a<-c(TRUE,TRUE,TRUE,TRUE,TRUE,FALSE,FALSE)
>b<-c(3,5,7,9,12,13,15)
>b[a]
[1] 3 5 7 9 12
```

上例中,向量 b 中对应于 TRUE(真)的数据被选中。逻辑向量常用操作符(operators)为:&(and,和)、|(or,或者)、!(not,非)。例如:

```
>!a
[1] FALSE FALSE FALSE FALSE FALSE TRUE TRUE
```

向量 a 中的真假值与!a 给出的结果相反。关于操作符"&"和"|"的作用,试比较 R 输出结果:

```
>a<-c(TRUE,TRUE,TRUE,TRUE,TRUE,FALSE,FALSE)
>b<-c(TRUE,TRUE,TRUE,TRUE,FALSE,TRUE,FALSE)
>a&b
[1] TRUE TRUE TRUE TRUE FALSE FALSE FALSE
>a|b
[1] TRUE TRUE TRUE TRUE TRUE TRUE FALSE
```

在两个向量对应数值同为 TRUE 或同为 FALSE 时,a&b 判定结果为 TRUE 或 FALSE。如果对应值一个为 TRUE,另一个为 FALSE,则 a&b 判定结果为 FALSE。对于 a|b,只要对应值中至少有一个为 TRUE,则判定结果就为 TRUE。如果两个对应值均为 FALSE,a|b 判定结果则为 FALSE。

如果对逻辑向量进行运算,则 R 将元素 TRUE 转化为 1,FALSE 转化为 0。譬如,对逻辑向量 a 求和:

```
>sum(a)
[1] 5
```

在逻辑向量 a 中有 5 个真值(true values)。判断一个向量中有无缺失值,使用函数

is.na,可以利用函数 sum 计算缺失值数量。例如:

```
>x <- c(1,2,3,4,5,7,NA)
>is.na(x)
[1] FALSE FALSE FALSE FALSE FALSE FALSE TRUE
>sum(is.na(x))
[1] 1
```

如果要对包含缺失值的数据进行统计分析,则需要明确缺失值的处理方式,通常利用 na.rm = TRUE 删除缺失值。例如:

```
>mean(x,na.rm = TRUE)
[1] 3.666667
```

要提取缺失值以外的所有数据,则用 R 命令 x[!is.na(x)]。例如:

```
x[!is.na(x)]
[1] 1 2 3 4 5 7
```

R 还利用关系操作符(relational operators)进行逻辑判断。关系操作符包括:<、>、==、>=、<=、!=。下面是一些 R 输出的例子:

```
>W <- c(20,30,50,15,60,50)
>W < 50 # which elements are less than 50
[1] TRUE TRUE FALSE TRUE FALSE FALSE
>W <= 50 # which elements are less than or equal to 50
[1] TRUE TRUE TRUE TRUE FALSE TRUE
>W > 50 # which elements are more than 50
[1] FALSE FALSE FALSE FALSE TRUE FALSE
>W >= 50 # which elements are more than or equal to 50
[1] FALSE FALSE TRUE FALSE TRUE TRUE
>W == 50 # which elements are exactly equal to 50
[1] FALSE FALSE TRUE FALSE FALSE TRUE
>W[!W == 50] # print them
[1] 20 30 15 60
```

附带提一下,标量(scalar)是指含有一个元素的向量,数据类别可以是数值,也可以是字符、因素水平或逻辑数据。例如,a <- 3;b <- "gender";c <- FALSE。

1.3.2 数据框和列表

数据框(data frame)是 R 最常见的数据集(data sets)存储方法,由多列数据构成,每列代表一个变量的测量。数据框可以被看作没有排名称、只有列名称的矩阵。数据框的构建使用函数 data.frame,将不同向量组合在一起。例如:

```
>group <- gl(3,10,labels = c("grp1","grp2","grp3"))
>DV <- c(11,10,10,9,8,8,12,10,10,10,9,10,9,11,8,9,10,10,11,11,6,
13,7,6,10,8,6,7,8,5)
```

```
> Data <- data.frame(group, DV)
> Data[1:5,]
group DV
1  grp1  11
2  grp1  10
3  grp1  10
4  grp1  9
5  grp1  8
```

因为这个例子包括的数值较多,输出结果只显示前 5 排,grp1 前面的数字(1,2,…)表示个案(cases)顺序。[1:5,]表示提取所有列的前 5 排数据。如果只提取第二列的前 5 排数据,则 R 命令为 Data[1:5,2]。R 输出结果为:

```
> Data[1:5,2]
[1] 11 10 10 9 8
```

提取某个 R 变量数据还可以使用操作符"$"。譬如,提取 Data 数据框中 DV 的所有数据,输入命令 Data$DV,得到:

```
> Data$DV
[1] 11 10 10 9 8 8 12 10 10 10 9 10 9 11 8 9 10 10 11 11 6 13 7 6
[25] 10 8 6 7 8 5
```

如果要提取符合某个条件的数值,可以并用操作符"$"与关系操作符(如">")。譬如,提取 Data 数据框中 DV 值大于 10 的所有数据,则输入 R 命令 Data$DV[Data$DV >10]即可:

```
> Data$DV[Data$DV >10]
[1] 11 12 11 11 11 13
```

要了解数据框中数据的排数和列数,可以用函数 nrow 和 ncol。例如:

```
> nrow(Data);ncol(Data)
[1] 30
[1] 2
```

我们也可以使用函数 dim 显示数据框的维度(dimension)。例如:

```
> dim(Data)
[1] 30 2
```

如果使用函数 str,则 R 返还数据存储方式、变量数、观测值数和部分数值。例如:

```
> str(Data)
'data.frame': 30 obs. of 2 variables:
$ group: Factor w/3 levels "grp1","grp2",…: 1 1 1 1 1 1 1 1 1 1 …
$ DV : num 11 10 10 9 8 8 12 10 10 10 …
```

列表(lists)是数据存储的另外一种重要方法,在本书中主要用于稳健(robust)统计的数据处理。列表数据存储的函数为 list,可以将多个对象(objects)合并在一个对象名下。譬如,下面的 R 输出显示三组数据置于同一个对象 Group 之下:

```
> grp1 <- c(1,3,7,9,11,15,8,9,12)
> grp2 <- c(4,3,5,6,7,8,11,10,9)
> grp3 <- c(2,4,3,3,3,6,7,9,12,9,10)
> Group <- list()
> Group[[1]] <- grp1
> Group[[2]] <- grp2
> Group[[3]] <- grp3
> Group
[[1]]
[1] 1 3 7 9 11 15 8 9 12

[[2]]
[1] 4 3 5 6 7 8 11 10 9

[[3]]
[1] 2 4 3 3 3 6 7 9 12 9 10
```

对于列表数据的数学运算可以利用函数 lapply。譬如,lapply 对列表 Group 中每个列表数值平均数的计算结果如下:

```
> lapply(Group,FUN=mean)  # FUN can be dropped
[[1]]
[1] 8.333333

[[2]]
[1] 7

[[3]]
[1] 6.181818
```

1.3.3 矩阵

1.3.3.1 矩阵结构

矩阵(matrix)是 n 行和 p 列数值的长方形排列,是二维数组(two-dimensional array)。矩阵 $A(n \times p)$ 的形式为:

$$\underset{(n \times p)}{A} = \begin{pmatrix} a_{11} & a_{12} & \cdots & a_{1p} \\ a_{21} & a_{22} & \cdots & a_{2p} \\ \vdots & \vdots & \ddots & \vdots \\ a_{n1} & a_{n2} & \cdots & a_{np} \end{pmatrix}$$

矩阵中每个元素(如 a_{11} 和 a_{n2})的数据类型相同(如数值型、字符型或逻辑型)。R

内存矩阵的方式体现带有维度属性(dimension attribute)的数值向量,内存数据框的方式是数据列。矩阵的维度指矩阵中的行数和列数。

假如有 $n=20$ 名英语学习者在三个因变量(dv1、dv2 和 dv3)上被测量,数据存储较为方便的方式是利用函数 cbind 创建一个由 $n=20$ 排和 $p=3$ 列构成的矩阵。例如:

```
>dv1 <-c(60,65,70,70,75,78,80,63,90,67,66,77,84,80,90,75,88,63,
82,80)
>dv2 <-c(66,67,77,72,60,67,78,65,87,68,60,70,73,70,85,62,80,60,
70,66)
>dv3 <-c(61,62,66,65,70,69,81,60,85,62,60,70,75,73,80,70,77,60,
71,69)
>z <-cbind(dv1,dv2,dv3)
>z[1:5,1:3]
     dv1  dv2  dv3
[1,] 60   66   61
[2,] 65   67   62
[3,] 70   77   66
[4,] 70   72   65
[5,] 75   60   70
```

由于数据集较大,这里只显示 3 列前 5 行的数据。另外一种创建矩阵的方式是利用函数 matrix。例如:

```
>zz <-matrix(c(dv1,dv2,dv3),ncol=3)
>zz[1:5,1:3]
     [,1] [,2] [,3]
[1,] 60   66   61
[2,] 65   67   62
[3,] 70   77   66
[4,] 70   72   65
[5,] 75   60   70
```

矩阵 z 和 zz 相同,只是矩阵 z 显示变量名,矩阵 zz 显示变量所在的列。

要确定矩阵包括的行数和列数,可以利用函数 nrow 和 ncol,如 nrow(zz)。对矩阵的行和列可以进行算术运算。譬如,利用 mean(z[,1]) 计算矩阵 z 第一列的平均数,得到 75.15。如果要计算所有行和列的平均数或其他统计量,一个简便的方法是使用函数 apply。函数 apply 既适用于矩阵又适用于数据框中行和列向量的计算。譬如,执行命令 apply(z,2,mean) 得到每列向量的平均数:

```
>apply(z,2,mean) # for a matrix, 2 indicates columns
dv1   dv2   dv3
75.15 70.15 69.30
```

执行命令 apply(z,1,mean) 得到每行向量的平均数:

```
>apply(z,1,mean) # for a matrix, 1 indicates rows
```

[1] 62.33333 64.66667 71.00000 69.00000 68.33333 71.33333 79.66667
62.66667

[9] 87.33333 65.66667 62.00000 72.33333 77.33333 74.33333 85.00000
69.00000

[17] 81.66667 61.00000 74.33333 71.66667

1.3.3.2 特殊矩阵

在统计分析中会用到一些特殊的矩阵。本节简要介绍方阵、转置矩阵、对角矩阵、单位阵和正交矩阵。

方阵(square matrix)。行数和列数相同($r = c$)的矩阵是方阵。一种常见的方阵是相关矩阵,记作 $\boldsymbol{R} = (r_{ij})$。例如:

$$\boldsymbol{R}_{(3 \times 3)} = \begin{pmatrix} 1 & 0.2 & 0.5 \\ 0.2 & 1 & 0.3 \\ 0.5 & 0.3 & 1 \end{pmatrix}$$

在这个矩阵中,第一个变量与第二个变量的相关系数是0.2,第一个变量与第三个变量的相关系数是0.5,第二个变量与第三个变量的相关系数是0.3。对角线上的值为1,因为变量与自身完全相关。矩阵是对称的。

转置矩阵(transpose of a matrix)。一个矩阵的行变成相应的列得到的矩阵为转置矩阵。矩阵 $\boldsymbol{X}$ 的转置矩阵记作 $\boldsymbol{X}'$ 或 $\boldsymbol{X}^{\mathrm{T}}$。例如:

```
>A<-matrix(c(1,2,3,6,5,8),ncol=3)
>A
     [,1] [,2] [,3]
[1,]  1    3    5
[2,]  2    6    8
>t(A)
     [,1] [,2]
[1,]  1    2
[2,]  3    6
[3,]  5    8
>R<-matrix(c(1,0.2,0.5,0.2,1,0.3,0.5,0.3,1),ncol=3)
>R
     [,1]  [,2]  [,3]
[1,]  1.0   0.2   0.5
[2,]  0.2   1.0   0.3
[3,]  0.5   0.3   1.0
>t(R)
     [,1]  [,2]  [,3]
[1,]  1.0   0.2   0.5
[2,]  0.2   1.0   0.3
[3,]  0.5   0.3   1.0
```

相关矩阵 $\boldsymbol{R}$ 的转置矩阵 $\boldsymbol{R}'$ 与矩阵 $\boldsymbol{R}$ 相同,因为相关矩阵是对称矩阵。

　　对角矩阵(diagonal matrix)。对角线之外所有元素的值为 0 的方阵是对角矩阵。例如:

$$\text{diag}(3,5,8) = \begin{pmatrix} 3 & 0 & 0 \\ 0 & 5 & 0 \\ 0 & 0 & 8 \end{pmatrix}$$

对角矩阵 R 函数是 `diag`。上例对角矩阵的 R 命令为 `diag(c(3,5,8))`。

　　单位阵(identity matrix, $\boldsymbol{I}$)。如果对角矩阵对角线上元素的值均为 1,则为单位阵,记作 $\boldsymbol{I}$。例如:

$$\underset{(3 \times 3)}{\boldsymbol{I}} = \begin{pmatrix} 1 & 0 & 0 \\ 0 & 1 & 0 \\ 0 & 0 & 1 \end{pmatrix}$$

单位阵的 R 函数也是 `diag`。上例单位阵可用 R 命令 `diag(3)` 或 `diag(rep(1,3))` 得到。

　　正交矩阵(orthogonal matrix)。正交矩阵同对角矩阵一样也是一种特殊形式的方阵。如果一个 $p \times p$ 方阵 $\boldsymbol{Q}$ 满足条件式 $\boldsymbol{Q}\boldsymbol{Q}' = \boldsymbol{Q}'\boldsymbol{Q} = \boldsymbol{I}_p$,方阵 $\boldsymbol{Q}$ 则为正交矩阵。例如:

$$\boldsymbol{A} = \begin{pmatrix} \dfrac{1}{2} & -\dfrac{\sqrt{3}}{2} \\ -\dfrac{\sqrt{3}}{2} & -\dfrac{1}{2} \end{pmatrix}$$

正交矩阵的一个特点是,如果矩阵 $\boldsymbol{Q}$ 有一个 i 排 $\boldsymbol{q}'_i$,$\boldsymbol{Q}'\boldsymbol{Q} = \boldsymbol{I}_p$ 表明 $\boldsymbol{q}'_i\boldsymbol{q}_i = 1$,$\boldsymbol{q}'_i\boldsymbol{q}_j = 0$,其中 $i \neq j$。譬如,前面的矩阵 $\boldsymbol{A}$ 有以下属性:

$$\boldsymbol{q}'_1\boldsymbol{q}_1 = \left(\dfrac{1}{2}, -\dfrac{\sqrt{3}}{2}\right)\begin{pmatrix} \dfrac{1}{2} \\ -\dfrac{\sqrt{3}}{2} \end{pmatrix} = 1, \boldsymbol{q}'_1\boldsymbol{q}_2 = \left(\dfrac{1}{2}, -\dfrac{\sqrt{3}}{2}\right)\begin{pmatrix} -\dfrac{\sqrt{3}}{2} \\ -\dfrac{1}{2} \end{pmatrix} = 0$$

1.3.3.3　矩阵计算

　　矩阵可以进行加、减、乘、除计算。本小节利用数值例子介绍矩阵计算方法。

　　加减法。如果矩阵与一个标量进行加、减、乘、除运算,则按矩阵元素计算的方法,即对矩阵的每个元素进行加、减、乘、除运算。譬如,$\begin{pmatrix} 4 & 7 \\ 5 & 11 \end{pmatrix} - 5 = \begin{pmatrix} 4-5 & 7-5 \\ 5-5 & 11-5 \end{pmatrix} = \begin{pmatrix} -1 & 2 \\ 0 & 6 \end{pmatrix}$。对于包括标量的矩阵计算,R 使用加、减、乘、除的计算符依次为:+、-、*、/。例如:

```
>lambda <- 3
>A <- matrix(c(1,2,3,6,5,8),ncol = 3)
>A + lambda
    [,1]  [,2]  [,3]
[1,]  4    6    8
```

```
[2,]    5    9    11
>A - lambda
    [,1]  [,2]  [,3]
[1,]   -2    0    2
[2,]   -1    3    5
>A*lambda
    [,1]  [,2]  [,3]
[1,]    3    9    15
[2,]    6    18   24
>A/lambda
        [,1]    [,2]    [,3]
[1,] 0.3333333  1  1.666667
[2,] 0.6666667  2  2.666667
```

两个矩阵加、减时,矩阵的维度(即排数和列数)要相同。计算时,矩阵对应元素相加或相减。例如:

```
>B <- matrix(c(2,3,4,7,5,9),ncol =3)
>A + B
    [,1] [,2] [,3]
[1,]   3    7   10
[2,]   5   13   17
```

点乘(dot product)。矩阵点乘时,一个矩阵的列数必须等于另一个矩阵的排数。计算时,第一个矩阵第一排上的元素乘以另一个矩阵第一列上的对应元素,然后将乘积相加,得到第一排和第一列位置上的值;第一个矩阵第一排上的元素乘以另一个矩阵第二列上的对应元素,然后将乘积相加,得到第一排和第二列位置上的值,以此类推。例如:

$$\begin{pmatrix} 2 & 1 & 1 \\ 3 & 5 & 4 \end{pmatrix} \begin{pmatrix} 3 & 4 & 1 \\ 8 & 6 & 7 \\ 2 & 2 & 10 \end{pmatrix}$$

$$= \begin{pmatrix} 2 \cdot 3 + 1 \cdot 8 + 1 \cdot 2 & 2 \cdot 4 + 1 \cdot 6 + 1 \cdot 2 & 2 \cdot 1 + 1 \cdot 7 + 1 \cdot 10 \\ 3 \cdot 3 + 5 \cdot 8 + 4 \cdot 2 & 3 \cdot 4 + 5 \cdot 6 + 4 \cdot 2 & 3 \cdot 1 + 5 \cdot 7 + 4 \cdot 10 \end{pmatrix}$$

$$= \begin{pmatrix} 16 & 16 & 19 \\ 57 & 50 & 78 \end{pmatrix}$$

本例中,第一个矩阵为 2×3 矩阵,第二个矩阵是 3×3 方阵,第一个矩阵的列数等于第二个矩阵的排数,得到的点乘结果为 2×3 矩阵。矩阵点乘必须满足第一个矩阵的列数等于第二个矩阵的排数这一条件。能够相乘的两个矩阵是相容的(conformable)。

R 使用的点乘符号是 %*% 。注意,两个矩阵位置不同,点乘结果可能不同。例如,矩阵 *A* 与 *C* 点乘的结果为:

```
>C <- matrix(c(2,3,4,1,7,8,5,9,6),ncol =3)
>A%*% C
    [,1]   [,2]   [,3]
```

```
[1,]  31   62   62
[2,]  54  108  112
```

为了增加对矩阵点乘的了解,我们使用前面的 `for` 循环编写以下 R 函数:

```
Mat.mult = function(A,B){
m = nrow(A)
n = ncol(A)
p = ncol(B)
C = matrix(0,nrow = m,ncol = p)
for (i in 1:m){
for (j in 1:p){
sumvalue = 0
for (k in 1:n){
sumvalue = sumvalue + A[i,k]*B[k,j]
}
C[i,j] = sumvalue
}
}
return(C)
}
```

利用编写的函数 `Mat.mult` 计算矩阵 A 与 C 点乘的 R 命令和计算结果为:

```
>Mat.mult(A,C)
     [,1]  [,2]  [,3]
[1,]  31   62   62
[2,]  54  108  112
```

以上结果表明,利用函数 `Mat.mult` 的计算结果与利用点乘符号 `%*%` 的计算结果相同。

点乘是非常有用的统计量计算方法。如果随机变量 X 是包括各个观测值 $X_1,\cdots,X_n$ 的列向量,J 是排向量 $(1,\cdots,1)$(n 个 1),那么样本平均数就为:$\bar{X} = \frac{1}{n}JX$,方差(variance,S^2)就为:$S^2 = \frac{1}{n-1}(X - \bar{X})'(X - \bar{X})$。

克罗内克积(Kronecker product)。如果 A 是 $m \times n$ 矩阵,B 是 $p \times q$ 矩阵,克罗内克积 $A \otimes B$ 是 $mp \times nq$ 矩阵,形式为:

$$A \otimes B = \begin{pmatrix} a_{11}B & \cdots & a_{1n}B \\ a_{21}B & \cdots & a_{2n}B \\ a_{31}B & \cdots & a_{3n}B \\ \vdots & \ddots & \vdots \\ a_{m1}B & \cdots & a_{mn}B \end{pmatrix}$$

例如：$\begin{pmatrix} 1 & 2 \\ 3 & 1 \end{pmatrix} \otimes \begin{pmatrix} 0 & 3 \\ 2 & 1 \end{pmatrix} = \begin{pmatrix} 1 \cdot 0 & 1 \cdot 3 & 2 \cdot 0 & 2 \cdot 3 \\ 1 \cdot 2 & 1 \cdot 1 & 2 \cdot 2 & 2 \cdot 1 \\ 3 \cdot 0 & 3 \cdot 3 & 1 \cdot 0 & 1 \cdot 3 \\ 3 \cdot 2 & 3 \cdot 1 & 1 \cdot 2 & 1 \cdot 1 \end{pmatrix} = \begin{pmatrix} 0 & 3 & 0 & 6 \\ 2 & 1 & 4 & 2 \\ 0 & 9 & 0 & 3 \\ 6 & 3 & 2 & 1 \end{pmatrix}$。

已知 D 矩阵为 D<-matrix(c(5, 6, 4, 7, 3, 2, 2, 1, 8), ncol=3)，则 $C \otimes D$ 是 9×9 矩阵。R 计算克罗内克积的函数是 kronecker，如 kronecker(C, D)。

方阵的迹（trace）。一个方阵对角元素之和是方阵的迹，常记作 tr。例如，若 $D = \begin{pmatrix} 5 & 7 & 2 \\ 6 & 3 & 1 \\ 4 & 2 & 8 \end{pmatrix}$，则 tr(D) = 5 + 3 + 8 = 16。R 没有直接的函数计算方阵的迹，但是可以很容易地用 sum(diag()) 命令得到。我们也可以调用 R 数据包 psych 中的函数 tr(m)，其中 m 是方阵。

行列式（determinant）。行列式是与任一方阵 A 相联系的一个值，记作 $|A|$。行列式是实数（real number），仅存在于方阵中。对于一个 2×2 矩阵 A，如 $A = \begin{pmatrix} a & b \\ c & d \end{pmatrix}$，行列式为 $|A| = ad - bc$，即主对角线元素乘积与主对角线外元素乘积之差。行列式的一个重要特点是，如果方阵中至少有两个向量存在线性相依（linearly dependent），则行列式为 0。通常，随着方阵中各个向量独立性的增强，行列式越偏离 0 值。

如果方阵是高阶矩阵，行列式计算比较复杂。这里举一个 3×3 矩阵的例子。已知 $C = \begin{pmatrix} 2 & 1 & 5 \\ 3 & 7 & 9 \\ 4 & 8 & 6 \end{pmatrix}$。在计算行列式时需要用到子式（minor）和余子式（cofactor）。矩阵元素 a_{ij} 的子式是删除第 i 排和第 j 列后得到的矩阵行列式。例如，在矩阵 C 中，顺着第一排展开，$a_{11} = 2$ 的子式是行列式 $\begin{vmatrix} 7 & 9 \\ 8 & 6 \end{vmatrix} = 7 \cdot 6 - 8 \cdot 9 = -30$，$a_{12} = 1$ 的子式是行列式 $\begin{vmatrix} 3 & 9 \\ 4 & 6 \end{vmatrix} = 3 \cdot 6 - 4 \cdot 9 = -18$，$a_{13} = 5$ 的子式是行列式 $\begin{vmatrix} 3 & 7 \\ 4 & 8 \end{vmatrix} = 3 \cdot 8 - 4 \cdot 7 = -4$。$a_{ij}$ 的余子式是 $(-1)^{i+j} \times$ 子式，因而余子式是带符号的子式，有时与子式相同，有时与子式相反。本例 a_{11}、a_{12} 和 a_{13} 的余子式为 -30、18 和 -4。矩阵行列式为各个元素与对应的余子式乘积之和。针对本例，$|C| = 2 \cdot (-30) + 1 \cdot (18) + 5 \cdot (-4) = -62$。如果按照第一列展开，$a_{11} = 2$ 的子式是 -30，$a_{21} = 3$ 的子式是行列式 $\begin{vmatrix} 1 & 5 \\ 8 & 6 \end{vmatrix} = 1 \cdot 6 - 8 \cdot 5 = -34$，$a_{31} = 4$ 的子式是行列式 $\begin{vmatrix} 1 & 5 \\ 7 & 9 \end{vmatrix} = 1 \cdot 9 - 7 \cdot 5 = -26$。它们对应的余子式为 -30、34 和 -26，$|C| = 2 \cdot (-30) + 3 \cdot (34) + 4 \cdot (-26) = -62$。不论按排还是按列拓展余子式，矩阵的行列式不变。由此可以看出，行列式是方阵的重要性质。R 计算行列式的函数是 det，如 det(C) = -62。

行列式在多元（multivariate）统计分析中的重要性表现在两个相关的方面（Pituch & Stevens, 2016, p.52）。其一，协方差矩阵（covariance matrix）的行列式是多元变量的广义方差(generalized variance),表示在排除一组变量共同方差之后还剩下多少变异性(variability)。其二,行列式是一组变量的方差测量,几个多元统计量(譬如多元方差分析中的 Wilks' Λ)的计算都需要行列式。

逆矩阵(inverse of a matrix)。方阵 X 的逆矩阵 X^{-1} 满足以下条件: $XX^{-1} = X^{-1}X = I$(单位阵)。这里以 $C = \begin{pmatrix} 2 & 1 & 5 \\ 3 & 7 & 9 \\ 4 & 8 & 6 \end{pmatrix}$ 为例介绍逆矩阵算法。

先计算矩阵的子式和余子式矩阵。通过计算得到矩阵 C 的子式矩阵 $\begin{pmatrix} -30 & -18 & -4 \\ -34 & -8 & 12 \\ -26 & 3 & 11 \end{pmatrix}$,对应的余子式为 $\begin{pmatrix} -30 & 18 & -4 \\ 34 & -8 & -12 \\ -26 & -3 & 11 \end{pmatrix}$。然后,计算余子式的转置矩阵,转置后的矩阵称作伴随矩阵(adjoint matrix)。本例伴随矩阵为 $\begin{pmatrix} -30 & 34 & -26 \\ 18 & -8 & -3 \\ -4 & -12 & 11 \end{pmatrix}$。最后,将伴随矩阵中的每个元素除以行列式,得到矩阵的逆矩阵。本例矩阵 C 的行列式为 -62,因此矩阵 C 的逆矩阵为:

$$C^{-1} = \begin{pmatrix} \dfrac{30}{62} & -\dfrac{34}{62} & \dfrac{26}{62} \\ -\dfrac{18}{62} & \dfrac{8}{62} & \dfrac{3}{62} \\ \dfrac{4}{62} & \dfrac{12}{62} & -\dfrac{11}{62} \end{pmatrix} \approx \begin{pmatrix} 0.483\,871 & -0.548\,387 & 0.419\,355 \\ -0.290\,323 & 0.129\,032 & 0.048\,387 \\ 0.064\,516 & 0.193\,548 & -0.177\,419 \end{pmatrix}$$

检验矩阵 C^{-1} 是矩阵 C 的逆矩阵:

$$\begin{pmatrix} \dfrac{30}{62} & -\dfrac{34}{62} & \dfrac{26}{62} \\ -\dfrac{18}{62} & \dfrac{8}{62} & \dfrac{3}{62} \\ \dfrac{4}{62} & \dfrac{12}{62} & -\dfrac{11}{62} \end{pmatrix} \begin{pmatrix} 2 & 1 & 5 \\ 3 & 7 & 9 \\ 4 & 8 & 6 \end{pmatrix} = \begin{pmatrix} 2 & 1 & 5 \\ 3 & 7 & 9 \\ 4 & 8 & 6 \end{pmatrix} \begin{pmatrix} \dfrac{30}{62} & -\dfrac{34}{62} & \dfrac{26}{62} \\ -\dfrac{18}{62} & \dfrac{8}{62} & \dfrac{3}{62} \\ \dfrac{4}{62} & \dfrac{12}{62} & -\dfrac{11}{62} \end{pmatrix} = \begin{pmatrix} 1 & 0 & 0 \\ 0 & 1 & 0 \\ 0 & 0 & 1 \end{pmatrix}$$

R 计算逆矩阵的函数是 solve,如 solve(C)。矩阵没有除法,但是一个矩阵乘以另一个矩阵的逆矩阵类似于矩阵相除。如果一个方阵 X 的逆矩阵存在,那么 X 就是非奇异矩阵(nonsingular matrix),否则 X 就是奇异矩阵(singular matrix)。

秩(rank)。X 是 $m \times n$ 矩阵,有长度为 m 的 n 列 $(x_1, x_2, \cdots, x_n)$ 向量,长度为 n 的 m 排向量。如果一组向量 $(x_1, x_2, \cdots, x_k)$ 线性组合(linear combinations)不为 0,则该组向量是线性独立的(linearly independent),否则有线性相依性。矩阵的秩是行列式不为 0 的 X 最大子方阵(submatrix)的阶(order)。X 的列秩(column rank)是该矩阵线性独立列的最大数,记作 C(A);排秩(row rank)是该矩阵线性独立排的最大数,记作 R(A)。矩阵的秩是最大子方阵数,因而列秩和排秩是相同的,通常只说矩阵秩($\rho(X)$),无需具体地说排秩或列秩。矩阵 A 的秩总是小于或等于 m 和 n 中的小值,即 $\rho(X) \leq$

$min(m,n)$。当 $m \times n$ 矩阵 X 的秩 $\rho(X) = min(m,n)$ 时,矩阵为满秩(full rank)。判断一个 $n \times n$ 方阵是否为满秩,最简单的方法是看行列式。只有当方阵为满秩时,方阵的行列式才不会为 0。

这里举几个求矩阵秩的例子。

令 $X = \begin{pmatrix} 1 & 3 & 5 \\ 2 & 4 & 7 \end{pmatrix}$。$X$ 是 2×3 矩阵,因此 $\rho(X) \leqslant 2$,$\rho(X)$ 要么为 1,要么为 2。如果 $\rho(X) = 2$,则有常数 a_1 和 a_2 使得 $a_1(1,3,5) + a_2(2,4,7) = 0$,那么 $a_1 + 2a_2 = 0, 3a_1 + 4a_2 = 0, 5a_1 + 7a_2 = 0$。该组方程的解为 $a_1 = a_2 = 0$,矩阵 X 的两排向量是独立的,因此秩为 2,即 $\rho(X) = 2$。

令 $X = \begin{pmatrix} 6 & 8 \\ 9 & 12 \end{pmatrix}$。$X$ 是 2×2 方阵,因此 $\rho(X) \leqslant 2$。这里,行列式为 0,说明列向量线性相依,因此秩为 1,即 $\rho(X) = 1$。

令 $X = \begin{pmatrix} 6 & 8 & 5 & 10 \\ 9 & 7 & 4 & 11 \\ 3 & 4 & 2 & 9 \end{pmatrix}$。$X$ 是 3×4 矩阵,因此 $\rho(X) \leqslant 3$。很容易看出,X 各排是线性独立的,否则一排向量元素会是另一排向量元素的乘数(乘数可以是整数或分数)。因此,矩阵 X 秩为 3,即 $\rho(X) = 3$。

在 R 中安装数据包 fBasics,调用函数 rk(x, method = "qr"),可以计算任何矩阵的秩。也可以使用 R 内置函数 qr(x) 计算矩阵秩。矩阵秩在多元统计中发挥着重要作用。譬如,在多元线性回归模型中,如果矩阵 X 为非满秩,则表明变量之间有完全共线性存在。

特征值和特征向量(eigenvalue and eigenvector)。特征值、特征向量与行列式一样都是方阵的基本属性。令 A 是 $n \times n$ 方阵,则 A 的特征值为矩阵 A 特征方程的特征根(roots of the characteristic equation)。特征值 λ 是标量。矩阵 A 特征方程为 $|A - \lambda I_n| = 0$。即,$A - \lambda I_n$ 是奇异矩阵,其行列式值为 0。满足 $Ax = \lambda x$ 的向量 x 称作特征向量。

以矩阵 E <- matrix(c(0, 2, 3, 1), ncol = 2) 为例求特征根。$\left| \begin{pmatrix} 0 & 3 \\ 2 & 1 \end{pmatrix} \right| - \begin{pmatrix} \lambda & 0 \\ 0 & \lambda \end{pmatrix} = \left| \begin{pmatrix} -\lambda & 3 \\ 2 & 1-\lambda \end{pmatrix} \right| = 0$。根据行列式性质,$\lambda^2 - \lambda - 6 = 0$。解方程求得:$\lambda_1 = 3$,$\lambda_2 = -2$。当 $\lambda_1 = 3$ 时,$\begin{pmatrix} 0 & 3 \\ 2 & 1 \end{pmatrix} \begin{pmatrix} x_1 \\ x_2 \end{pmatrix} = 3 \begin{pmatrix} x_1 \\ x_2 \end{pmatrix}$,则 $x_1 = x_2$。当 $\lambda_2 = -2$ 时,$\begin{pmatrix} 0 & 3 \\ 2 & 1 \end{pmatrix} \begin{pmatrix} x_1 \\ x_2 \end{pmatrix} = -2 \begin{pmatrix} x_1 \\ x_2 \end{pmatrix}$,则 $x_1 = -\dfrac{3}{2} x_2$。R 计算特征根和特征向量的函数为 eigen。对于本例,执行 R 命令 eigen(E) 后的结果为:

```
> eigen(E)
eigen() decomposition
$values
[1]  3 -2
```

```
$vectors
          [,1]            [,2]
[1,]  -0.7071068   -0.8320503
[2,]  -0.7071068    0.5547002
```

R 输出的特征值是正规解（normalized solutions）。正规解满足 $x'x = 1$。譬如，$x_1 = x_2$ 时，$(x, x) \times \begin{pmatrix} x \\ x \end{pmatrix} = 1$，经计算得到 $x_1 = x_2 = \dfrac{\sqrt{2}}{2}$。正规化向量乘以 -1 不会改变向量的属性，因此 $x_1 = x_2 = -\dfrac{\sqrt{2}}{2} \approx -0.707\ 106\ 8$。

特征值和特征向量有以下特点：① 矩阵特征值之和等于矩阵迹；② 矩阵特征值乘积等于矩阵行列式；③ 对于一个非奇异矩阵，特征值数等于矩阵的秩（Hagle, 1995, pp. 90 - 91）。譬如，上例矩阵 **E** 特征值之和等于 1，矩阵迹也为 1；矩阵 **E** 特征值乘积等于 -6，行列式也为 -6；矩阵 **E** 特征值数为 2，矩阵的秩也为 2。

特征值和特征向量用于主成分分析（principal component analysis）、因子分析（factor analysis）、回归诊断（regression diagnosis）和典型相关分析（canonical correlation analysis）等多元统计中。譬如，在多元回归模型中，特征值的大小表示变量的关联度。当多元回归模型中矩阵 **X'X** 是非奇异矩阵，但是至少有一个很小的特征值时，变量之间接近多元共线性（multicollinearity）（Gruber, 2014, p. 143）。

思考与练习

1. 简要说明 R 向量、数据框和矩阵之间的关系。

2. 列举一些常用的特殊矩阵，简要说明它们各自的特点。

3. R 变量 x 储存数据集（6, 31, 38, 24, 30, 31, 34, 29, 40, 29, 32, 35, 28, 25, 39, 18, 34, 30, 35, 32），利用 R 自带函数 sum 和 mean 计算 x 数值之和与平均数。

4. 针对第 3 题，如果不使用 R 自带函数 mean 计算 x 数值的平均数，计算平均数的 R 命令是什么？

5. 针对第 3 题，编写 R 命令得到 x > 30 的所有数值，并计算这些数值的总个数及数值之和。

6. 有以下两个矩阵：

$$\boldsymbol{X} = \begin{pmatrix} 2 & 12 \\ 3 & 7 \\ 10 & 8 \end{pmatrix}; \boldsymbol{Y} = \begin{pmatrix} 11 & 12 & 30 & 8 \\ 4 & 20 & 18 & 15 \end{pmatrix}。$$

利用 R 命令计算矩阵 **X** 和 **Y** 的点乘积和克罗内克积。

7. 有两组数据，第一组（G1）在因变量上的测量数值为：33, 41, 53, 31, 39, 41, 46, 38, 56, 39, 43, 48, 37, 32, 54, 22, 47, 40, 48, 43；第二组（G2）在同一个因变量上的测量数值为：66, 33, 61, 65, 45, 20, 50, 39, 53, 48, 52, 48, 56, 42, 37, 39, 28, 36, 39, 43。利用这两组数据创建一个数据框，组别变量名为 G，组别变量水平为 G1 和 G2，因变量名称为

DV，数据框名称为 Data。

8. 编写 R 命令计算第 7 题数据框 Data 中每个组的平均数。

9. 已知方阵 $A = \begin{pmatrix} 15 & 66 & 39 \\ 60 & 40 & 81 \\ 24 & 92 & 27 \end{pmatrix}$，编写 R 命令计算方阵 A 的迹、行列式、逆矩阵和特征值。

10. 已知以下三个数值向量：

```
Class1 <-c(27,17,12,23,13,19,25,16,11,17,34);
Class2 <-c(19,18,25,36,17,28,20,14,15,10,22);
Class3 <-c(17,14,25,16,31,18,22,33,14,18,20)。
```

编写 R 命令创建一个数据列表，名称为 Class，利用 R 函数 lapply 计算每个列表数据的平均数。

11. 已知一元二次方程 $ax^2 + bx + c = 0$ 两个实根的计算公式为：$x = \dfrac{-b \pm \sqrt{b^2 - 4ac}}{2a}$，其中判别式 $b^2 - 4ac \geq 0$。要求利用这个公式编写 R 函数 quadratic，并利用该函数计算方程 $3x^2 - 6x - 20 = 0$ 的两个实根。

第2章

R 基本图形

制图是 R 的主要功能之一。本章简要介绍图形基本结构,利用 R 绘制一些基本图形。调用的 R 数据包为 gplots 和 plotrix。

2.1 图形基本结构

R 是功能强大的图形绘制软件,自带很多基本图形绘制函数。在介绍 R 绘制基本图形之前,有必要先了解图形的基本构成、参数(parameter)和变元(argument)。图 2.1 显示图形的基本构造。

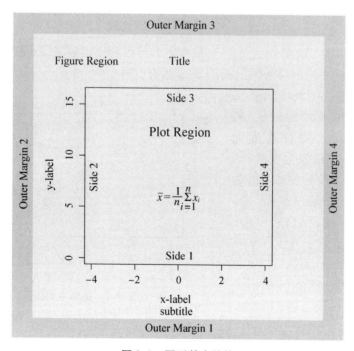

图 2.1　图形基本结构

图 2.1 显示,一幅图包括图形区(figure region)和图形制作区(plot region)。参数 par 用于设置图形的结构。图形参数通过变元来设定。变元 mai 是一个数值向量,形式为 c(bottom, left, top, right),以英寸(inches)为单位确定拟制作的图形边缘(margin)的大小。也可以用变元 mar 通过设定边缘线数确定图形边缘的大小,R 默

认值为 c(5，4，4，2)+0.1。如果要在图形底边(bottom)和左边(left)设定坐标值和轴标签(label)，则 mai 中的前两个值要设置得比后两个值大一点。如果要在顶边(top)设置标题(title)，对应的值也要设得大一些。变元 omi 也是一个数值向量，形式为 c(bottom, left, top, right)，以英寸为单位用于设定图形区外部边缘(outer margin)的大小。譬如，设定 par(mai=c(0.8, 0.6, 0.35, 0), omi=c(0, 0, 0, 0.1))。也可以用变元 oma 通过设定文本线确定外部边缘的大小。由于在图形显示中可以任意改变图形的大小，通过变元设置的数值表示相对大小。除了在参数 par 中设置 mai 和 omi 的值之外，还可以设置其他变元的值。在 R 工作界面中输入?par 可以查询其他变元设置。

图形参数设置完之后，利用函数 plot 绘制图形的横坐标(X 轴)和纵坐标(Y 轴)。譬如，plot(x=c(0, 10), y=c(0, 10), xlab="", ylab="", type="n")。在 plot 的两个变元中，利用函数 c 设定 X 轴和 Y 轴的最小值和最大值；变元 xlab="" 和 ylab="" 用于设定 X 轴和 Y 轴的标签。如果研究者设定 xlab="X", ylab="Y"，则输出显示轴标签。如果设定 xlab=""和 ylab=""，则意味着不设定轴标签。研究者可以后期添加标签。命令 type="n"指显示空白图形。图 2.1 中的 Side 1、Side 2、Side 3 和 Side 4 表示制作图形的四条边的数字顺序，对应于下(bottom)、左(left)、上(top)和右(right)四条边。

2.1.1 线型

在 par 中设置了必要的变元之后，研究者就可以利用函数 plot 制作图形了。譬如，研究者要在图中绘制两条线，一条线的坐标为(x=c(2, 8), y=c(5, 9))，另一条线的坐标为(x=c(7, 2), y=c(1, 8))，则利用函数 lines。若要区分这两条线，则使用变元 lty。如果第一条线设为实线(值为 1)，第二条线设为虚线(值为 2)，则命令为：lines(x=c(2, 8), y=c(5, 9), lty=1); lines(x=c(7, 2), y=c(1, 8), lty=2)。执行以上几个命令得到类似于图 2.2 的图形。R 命令重复如下：

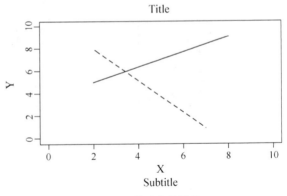

图 2.2 图形中的线条

```
>par(mai=c(0.8,0.6,0.35,0),omi=c(0,0,0,0.1))
>plot(x=c(0,10),y=c(0,10),xlab="",ylab="",type="n")
>mtext(text=c("Subtitle","Title"),side=c(1,3),line=c(3,0.5),
    cex=c(0.85,1))
>mtext(text=c("X","Y"),side=c(1,2),line=2,cex=1)
>lines(x=c(2,8),y=c(5,9),lty=1)
>lines(x=c(7,2),y=c(1,8),lty=2)
```

R 可以绘制各种线条,6 种基本线型如图 2.3 所示。实际操作中可以用文字代替对应的数字,但是文字需放在双引号内。例如,lty = "dashed"等同于 lty = 2。这些线条的宽度可以通过在函数 lines 中设置变元 lwd = c(1,2,3,4,5,6)(这些数字代表线宽依次增加)确定。

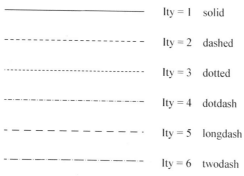

图 2.3　基本线型

2.1.2　字符、点符号、颜色、字体和图例

研究者除了绘制不同的线型之外,还可以利用其他参数设置文字和符号。利用 R 函数 text 可以设置字符,利用函数 points 设置各种点符号。如果要在图 2.2 中增加文字说明线条的性质,如命令 text(8.3,9,"A")和 text(7.3,1,"B")设置字母 A 和 B,命令 points(2,5,pch = 1)和 points(7,1,pch = 2)设置一个圆圈和三角形,则 R 输出结果如图 2.4 所示。

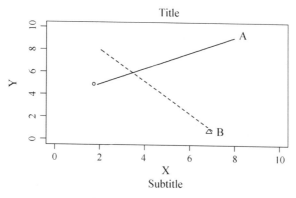

图 2.4　增加文字和点

函数 points 除了可以用来绘制圆圈和三角形外,还可以绘制其他符号,如图 2.5 所示。

图 2.5 显示,函数 points 可以绘制 24 种符号,这些符号分别有对应的数字,如 pch = 0 绘制正方形符号(□)。如果要设置字符相对于 R 默认值(1.0)的大小,用变元 cex(character expansion factor,字符扩大因子)。例如,R 命令 text(2,6,"pch = 0",cex = 1.5)在点(2,6)的位置绘制符号,符号的大小是 R 默认值的

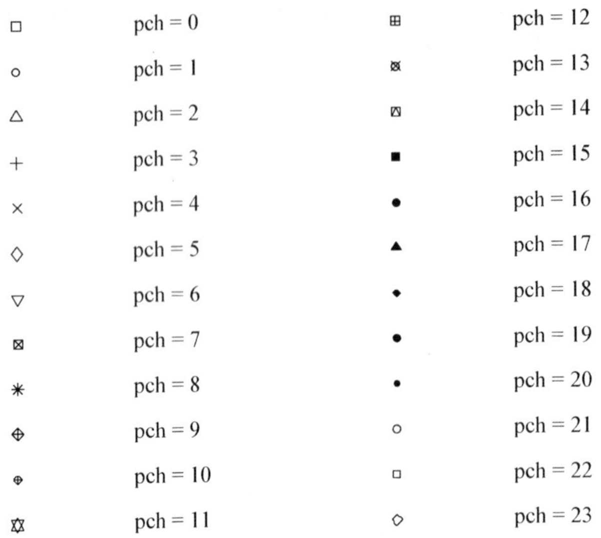

□	pch = 0	⊞	pch = 12
○	pch = 1	⊠	pch = 13
△	pch = 2	⊠	pch = 14
+	pch = 3	■	pch = 15
×	pch = 4	●	pch = 16
◇	pch = 5	▲	pch = 17
▽	pch = 6	◆	pch = 18
⊠	pch = 7	●	pch = 19
＊	pch = 8	●	pch = 20
⊕	pch = 9	○	pch = 21
⊕	pch = 10	□	pch = 22
⊠	pch = 11	◇	pch = 23

图2.5　函数 points 绘制的符号

1.5 倍。

　　研究者可以利用函数 mtext 在绘制图形之前或之后设置轴标签、标题和子标题。譬如,mtext(text=c("X", "Y"),side=c(1, 2), line=2, cex=1)设定横坐标(side=1)和纵坐标(side=2)的标签分别为 X 和 Y,位置距离制作图形两行。利用 mtext 还可以在图形边缘添加标题和子标题。例如,mtext(text=c("Subtitle", "Title"), side=c(1, 3), line=c(3, 0.5), cex=c(1.2, 1.5))。

　　研究者还可以利用变元 col 设置文字、线条和点的颜色。颜色的设定可以用数字,也可以用文字。图2.6 部分显示变元 col 绘制的颜色。更多的颜色设置可以利用 R 命令 colors()查看。

col = 1	black	col = 5	cyan
col = 2	red	col = 6	magenta
col = 3	green	col = 7	yellow
col = 4	blue	col = 8	gray

图2.6　变元 col 绘制的颜色

　　实际操作中可以用文字代替对应的数字,但是文字需放在双引号内。例如,col="cyan"等同于 col=5。变元 col 还可以用于绘制不同的灰度。譬如,col=gray(0.5)绘制中等程度的灰色。数字0、0.1和0.3等直至1,表示灰度依次减弱。

　　研究者可以对图形中的文字设定不同的字体(font)。图2.7 显示 Helvetica 和 Times 的不同字体(普通体、粗体、斜体和粗斜体)。譬如,在 text 中设定 Times 的斜体,命令为 font=8。

　　在图中增加图例(legend),使用函数 legend。在函数 legend 中首先要设置图例的位置,比如左上方("topleft")、右上方("topright")、左下方("bottomleft")

或右下方("bottomright"),也可以通过设定坐标点来指定图例的位置,如(2,6)。

font = 1	I love statistics	font = 6	I love statistics
font = 2	**I love statistics**	font = 7	**I love statistics**
font = 3	*I love statistics*	font = 8	*I love statistics*
font = 4	***I love statistics***	font = 9	***I love statistics***

图 2.7　Helvetica 和 Times 字体

图例文字用变元 legend 设置。注意,文字需置于双引号中。图例中的线型和点分别用变元 lty 和 pch 来设置。研究者还可以调整文字大小(利用变元 cex)和改变颜色(利用变元 col)等。变元 inset 用于按制图区的比例设置图例与图形边缘的距离。

　　例如,我们要在图 2.2 中增加两条线的图例。利用以下命令得到类似于图 2.8 的结果:

```
>par(mai=c(0.8,0.6,0.35,0),omi=c(0,0,0,0.1))
>plot(x=c(0,10),y=c(0,10),xlab="",ylab="",type="n")
>mtext(text=c("Subtitle","Title"),side=c(1,3),line=c(3,0.5),
cex=c(0.85,1))
>mtext(text=c("X","Y"),side=c(1,2),line=2,cex=1)
>lines(x=c(2,8),y=c(5,9),lty=1)
>lines(x=c(7,2),y=c(1,8),lty=2)
>legend("topright",legend=c("A","B"),lty=c(1,2),cex=0.65,
inset=0.02)
```

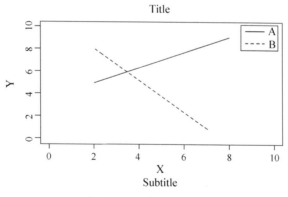

图 2.8　图中添加图例

　　如果要去除图例方框,则在 legend 中增设变元 bty="n"即可。将图例设在制图区的外围,则要在函数 par 中增设变元 xpd=TRUE(xpd 意为 clipped)。

2.2　线图

　　前一节介绍函数 plot 时已经简要介绍了线和点的画法。这些点和线构成了线图

(line plot)。线图通常用于显示因素不同水平在因变量平均数上的变化趋势。由于因素水平通常以文字显示,在设置横坐标时需要用因素名称(文字)代替数字作为轴标签(axis labels),因而研究者需要设置图形变元 xaxt = "n"来抑制 X 轴类型(X axis type),再利用函数 axis 来添加 X 轴标签。

假如我们有两个因素。一个因素(G)有三个水平,分别称作 G1、G2 和 G3;另一个因素(T)有两个水平,分别称作 T1 和 T2。这两个因素水平组合与对应的因变量(DV)测量平均值如下:

```
>G <- c("G1T1","G2T1","G3T1","G1T2","G2T2","G3T2")
>DV <- c(10,15,18,19,13,8)
```

要求绘制线图时,X 轴代表因素 G 的三个水平;用实线和虚线分别代表因素 T 的两个水平;用实心圆点表示 G 的不同水平在 T1 水平上的平均数;用空心圆点表示 G 的不同水平在 T2 水平上的平均数;将图例设在绘图区外的右上方。有关图例变元的设置,可在 R 工作界面利用命令?legend 查询。

根据以下命令得到如图 2.9 所示的线图:

```
>par(mai = c(0.3,0.5,0,0.55),omi = c(0,0,0,0.1),xpd = TRUE)
>Levels <- c(1,2,3)
>DV1 <- c(10,15,18)
>DV2 <- c(19,13,8)
>plot(Levels,DV1,xlim = c(1,3),ylim = c(7,20),type = "b",lty = 1,
pch = 16,xaxt = "n",xlab = "",ylab = "",cex.axis = 0.8,mgp = c(1.5,0.3,0),
tcl = -0.25)
>lines(Levels,DV2,type = "b",lty = 2,pch = 1)
>axis(side = 1,c(1,2,3),mgp = c(1.5,0.3,0),labels = c("G1","G2","
G3"),cex.axis = 0.8,tcl = -0.25)
>mtext(side = 2,line = 1.5,"DV",cex = 0.8)
>legend(3.12,19,legend = c("T1","T2"),lty = c(1,2),pch = c(16,1),
cex = 0.6,y.intersp = 1.1)
```

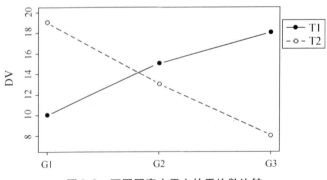

图 2.9　不同因素水平上的平均数比较

图 2.9 的绘制简要说明如下。参数 par 中,mai = c(0.3, 0.5, 0, 0.55)和 omi = c(0, 0, 0, 0.1)分别设置制图区边缘和图形区外缘。命令 xpd = TRUE 使图

例能够被放置在制图区外围。变元 xlim 和 ylim 设置横坐标和纵坐标的数值范围；type ＝"b"表示绘制点和线（b 为 both 的缩写）。如果只画线，设置 type ＝"l"（lines）。如果只画点，则用 type ＝"p"（points）。变元 lty 和 pch 分别设置线型和点形状（见图 2.3 和 2.5）。变元 xaxt 设置 X 轴类型。命令 xaxt ＝"n"抑制 X 轴的绘制，目的是便于后期根据需要指定 X 轴标签及其位置。同样，变元 yaxt 设置 Y 轴类型（Y axis type）。命令 xlab ＝""和 ylab ＝""表示不设置 X 轴和 Y 轴标签。变元 cex. axis 用于轴标签缩放，本例 cex.axis ＝0.8 缩小了 G1、G2 和 G3 字符。变元 mgp ＝c(1.5, 0.3, 0)用于设定轴标题（axis title）、轴标签（axis labels，即轴名称）和轴线（axis line）的边缘线（margin line）位置。变元 mgp[1]影响标题，mgp[2:3]影响轴，R 默认设置为 c(3, 1, 0)。本例没有设置轴标题。变元 tcl 是刻度线（tick mark）的相对长度，R 默认值为 -0.5。函数 lines 在图形中增加线型和点的符号。本例函数 axis 设定 X 轴坐标，mtext 设定 Y 轴的标签，line ＝1.5 设定轴标签（DV）的位置，cex ＝0.8 设定字符的大小。命令 legend(3.12, 19)设置图例的位置，括号中的数字依次表示 X 和 Y 轴值，legend ＝c("T1", "T2")设置字符向量，lty ＝c(1, 2)和 pch ＝c(16, 1)分别用于确定图例中的线型和符号，y.intersp ＝1.1 设置字符纵向间距。如要设置字符横向间距，则用变元 x.intersp。如果需要把两幅或两幅以上的图排放在一起，则在函数 par 中增加变元 mfrow，如 par(mfrow ＝c(1, 2))设定同一排放置的两幅图。

2.3 饼图

饼图（pie chart）采用相对面积（relative areas）显示数据信息。但是，这种图形不利于对数据的视觉判断。条形图（bar chart）和点图（dot chart）是更好的数据显现方法。这是因为依据同一个尺度对位置做出的判断比依据角度做出的判断更精确（Cleveland，1985，p.264）。多数统计学家不看好饼图，饼图常用于商业和大众传媒中。本节只对饼图做一个简单的介绍。

饼图的 R 函数是 pie(x, labels)，在其中可以设定变元。变元 x 指定数值向量，这些数值以饼块（pie slices，扇形）的面积在图中显示。变元 labels 用于设置饼块名称。除此之外，还可以在 pie 中增加其他变元。譬如，变元 radius 用于调整饼图的半径，col 用于设置饼块的颜色。更多有关饼图变元的设置，可利用?pie 查询。如果研究者要制作一个三维图（3D chart），则需要下载数据包 plotrix，调用 pie3D 函数。图 2.10 用下面的 R 命令绘制而成：

```
>par(mfrow=c(1,2),mai=c(0,0,0,0.75),omi=c(0,0,0,0.2))
>x<-c(2,5,8)
>labels<-c("G","K","L")
>pct<-round(x/sum(x)*100,digits=2)
>labels2<-paste(labels," ",pct,"%",sep="")
>pie(x,labels2,radius=0.9,col=c(1,2,3))
```

```
>require(plotrix)
>pie3D(x,labels = labels,radius =1,explode =0.04,height =0.1, mar
=c(0,0,0,0.355),labelcex =1,col =c(1,2,3))
```

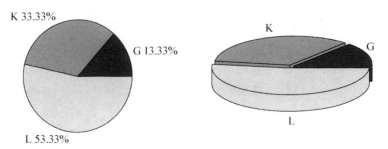

图 2.10　饼图

在函数 par 中,mai 和 omi 用于设置制图区边缘和图形区外缘大小,mfrow = c(1,2)用于将两幅饼图放置在一排。命令 round(x/sum(x)*100, digits =2) 设置 x 数值大小的百分比,保留两位小数。命令 paste(labels, "", pct, "%", sep ="")用于串联字符,用变元 sep 将之分开,""调整邻近字符间距。在函数 pie3D 中,变元 explode 设置饼图"爆裂"(explode)的量;变元 height 设置饼图的高度。变元 mar 设置饼图边缘大小;变元 labelcex 设置标签的大小。

2.4　条形图

条形图(bar plot)是用图形显示变量频数、平均数或其他统计量的常用方法。条形图的 R 函数为 barplot。这个函数包括的最基本变元是数值向量 x 和 names.arg (类别/因素名称/水平名称)。通常还会增加其他变元,如主标题(变元 main)。

假如某研究者调查 100 名英语专业学生对专业课程设置的满意度。满意度采用 5 点式 Likert 量表(five-point Likert scale):1 ="非常不满意",2 ="不满意",3 ="一般", 4 ="满意",5 ="非常满意"。调查结果表明,由"非常不满意"到"非常满意"的学生人数依次为:12,11,45,14,18。试用条形图显示不同类别的频数。执行以下 R 命令得到如图 2.11 所示的结果:

```
>par(mai =c(0.36,0.4,0.2,0),omi =c(0,0,0,0),cex =0.8)
>Freq <-c(12,11,45,14,18)
>Category <-factor(c(1,2,3,4,5),labels =c("非常不","不","一般","
满意","非常满意"))
>Mydata <-data.frame(Category,Freq)
>Order <-Mydata[order(Mydata $ Freq),]
>barplot(Order $ Freq,names.arg = Order $ Category, main ="满意度比
较",cex.main =1.1)
```

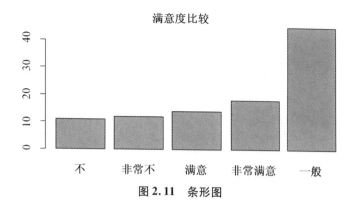

图 2.11　条形图

以上命令中,函数 order 用于将五个类别的频数由小到大排序,便于图形分析。函数 barplot 中的变元 cex.main 用于设置主标题的大小。如果想要将条形图横放,则在函数 barplot 中增加变元 horiz = TRUE 即可。

在绘制连续性变量平均数或其他统计量时,通常要考虑增加其他数据信息,使图形能够更多地揭示数据特征。在条形图中增加 95% 置信区间(confidence intervals, *CI*)是常见的做法。要在 R 中绘制置信区间,则需安装与调用数据包 gplots。绘制改进的条形图的 R 函数为 barplot2。该函数包括的最基本变元是数值向量 x 和 names.arg(类别/因素名称/水平名称)。通常还会增加其他变元,如线型网格(变元 plot.grid)。

假如某研究者得到以下关于某个因素 G 三个水平(G1、G2、G3)上连续性变量测量的平均数(Mean)和 95% 置信区间(*CI*)值:

```
Mean <- c(11.6,7.1,8.7)
CI <- c(11.04,12.16,6.49,7.71,7.23,10.17)
```

试用包括 95% 置信区间的条形图显示不同类别上的平均数。执行以下 R 命令得到如图 2.12 所示的结果:

```
> par(mai = c(0.36,0.4,0.2,0),omi = c(0,0,0,0),cex = 0.8)
> require(gplots)
> Mean <- c(11.6,7.1,8.7)
> CI <- c(11.04,12.16,6.49,7.71,7.23,10.17)
> barplot2(Mean,names.arg = c("G1","G2","G3"),plot.ci = TRUE,ci.l =
c(11.04, 6.49,7.23),ci.u = c(12.16,7.71,10.17),ci.width = 0.2,plot.
grid = TRUE,grid.lty = "dotted")
```

在函数 barplot2 中,逻辑变元 plot.ci 设为 TRUE,绘制置信区间,变元 ci.l 和 ci.u 用于设定置信区间的下限(lower bound)和上限(upper bound);ci.width 用于设置置信区间线段(line segment)端点外延长度。设置逻辑变元 plot.grid = TRUE,绘制线型网格,目的是便于更精确地目测平均数和置信区间上下限的大小。

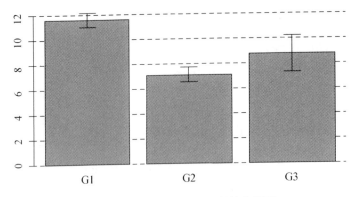

图 2.12　包括 95% 置信区间的条形图

2.5　点图

　　绘制点图（dot chart）时，将类别标签置于纵轴的左边，水平点线（dotted line）与之邻近，类别对应的值在图中以大的点符号显示，横轴显示数值。R 绘制点图的函数是 dotchart，基本变元是数值向量 x 和 labels（类别标签），也可以增设其他变元，如 xlab（x 轴标签）。更多有关点图变元的设置，可利用 ?dotchart 查询。

　　假如某研究者调查某高校英语专业某个学期开设课程的教学时数。调查的主要科目和学时如下：

　　英语精读（64 学时）、英语泛读（16 学时）、英语听力（32 学时）、英语口语（48 学时）、英语写作（64 学时）、跨文化交际（8 学时）、学术报告（8 学时）、R 统计（32 学时）。

　　试绘制点图，并将课程名称自下而上根据学时数按降序排列。执行以下 R 命令得到如图 2.13 所示的结果：

```
>par(mai=c(0.47,0.41,0,0.05),omi=c(0,0,0,0),mgp=c(2,0.8,0))
>labels<-c("英语精读","英语泛读","英语听力","英语口语","英语写作","
跨文化交际","学术报告","R统计")
>hours<-c(64,16,32,48,64,8,8,32)
>course<-data.frame(labels,hours)
>Order<-course[order(course$hours,decreasing=TRUE),]
>dotchart(Order$hours,Order$labels,cex=0.8,cex.lab=0.8,xlab="学
时",pch=16,pt.cex=1.2)
```

　　在以上 dotchart 的命令中，Order $ hours 绘制 X 轴值，Order $ labels 绘制 Y 轴上的类别名称，cex = 0.8 和 cex.lab = 0.8 分别设置字符和轴标签字符大小，xlab = "学时"设置 X 轴标签，pch = 16 和 pt.cex = 1.2 分别设置点符号类型和大小。

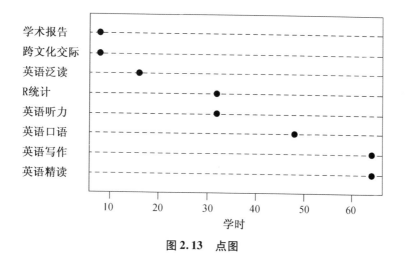

图 2.13　点图

2.6　箱图

　　箱图（boxplot）利用箱体和触须（whisker）概括数据的重要信息，因而又称箱-须图（box-and-whisker plot）。传统上，箱体概括的数据信息简称五数总括（five-number summary），即最小值（minimum，*Min*）、下枢（lower hinge，H_L）、第二个四分位数（second quartile，Q_2，常称作中位数 *M* 或 *Mdn*）、上枢（upper hinge，H_U）和最大值（maximum，*Max*）。最小值和最大值提供数据分布尾巴的信息。中位数反映分布的中心。上、下枢距离反映分布的展度（spread）；利用上、下枢构建的上、下围（upper fence，F_U；lower fence，F_L）用于诊断异常值（outliers）。中位数以及上、下枢的位置反映数据分布的偏度。换言之，五数概括涵盖变量的四个主要特征：中心、展度、非对称性（asymmetry）和异常值（Hintze & Nelson，1998，p.181）。参照 Tukey（1977）和 Ugarte *et al.*（2015），箱图的基本构造如图 2.14 所示。

　　在图 2.14 中，长方形箱体的两条边由上、下枢（H_U 和 H_L）确定，分割箱体的粗线段代表中位数（*Mdn*）。上枢为大于中位数的一半数据的中位数，即上四分（the upper fourth）；下枢为小于中位数的一半数据的中位数，即下四分（the lower fourth）。R 默认的上、下枢采用这一定义。上、下四分是上、下四分位数（the upper quartile，Q_3；the lower quartile，Q_1）定义的一种。图中的中位数线代表的值是 20。上、下枢各为 22.5 和 18。枢展度（H_{spread}）为 4.5。枢展度时常称作四分位距（interquartile range，*IQR*），囊括了 50% 的中间数值。上围（F_U）和下围（F_L）是异常值的临界值（outlier cutoff）。计算上，$F_U = H_U + 1.5 \times H_{spread}$，$F_L = H_L - 1.5 \times H_{spread}$。在标准正态分布时，上、下围包括了约 99.3% 的数据，只有 0.7% 的数据位于上、下围之外，被判定为异常值。利用上、下围定义异常值有些武断，但是经验表明，这个定义能够很好地识别可能需要给予特别注意的数值（Emerson & Strenio，1983，p.62）。在图 2.14 中，$F_U = 29.25$，$F_L = 11.25$。有两个用圆圈表示的异常值（5 和 40）位于上、下围之外。由上、下枢向外垂直延伸的虚线称

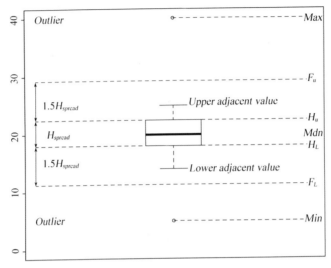

图 2.14　箱图构造

作触须。上邻近值(upper adjacent value)表示在上围内的最大数值(25);下邻近值(lower adjacent value)表示在下围内的最小数值(14)。图 2.14 表明,数据分布较为对称,有上偏倾向,两个异常值使分布的尾巴拉长。关于数据分布,后面章节还会详细讨论。

下面举例说明利用箱图开展两组比较。R 绘制箱图的函数为 boxplot (formula, data = dataframe),其中变元 formula 表示公式。例如,公式 y ~ A 表示根据因素 A 的每个水平(level)分别绘制数值型变量 y 的箱图。公式 y ~ A*B 表示根据因素 A 和 B 的每个水平组合分别绘制数值型变量 y 的箱图。因素和数值型变量的存储方式为数据框(data frame)。更多有关箱图变元的设置,可以在 R 工作界面中通过输入?boxplot查询。

假如一个因素 G 有两个水平(G1 和 G2),各自在因变量 DV 上的测量值如下:

第一组(G1):1,1,1,2,1,6,20,2,2,4,22,4,1,2,13,2,4,1,3,2。

第二组(G2):4,4,6,4,6,6,8,7,3,4,6,5,11,11,5,4,5,4,3,3。

试绘制箱图,要求横坐标的标签为 G1 和 G2,纵坐标的标签为 DV,利用不同的灰度显示两个箱体。

在绘制箱图之前,先要创建数据框,包括因素名(如 G)和因变量名(如 DV),并取文件名(如 Mydata)。在函数 boxplot 中增加变元设置,如将 y 轴标签设为 ylab = "DV",将两个箱体灰度分别设为 gray(0.5) 和 gray(0.8)。在 R 中输入以下命令即可得到如图 2.15 所示的箱图:

```
>par(mai = c(0.3,0.6,0,0),omi = c(0,0,0,0.001),mgp = c(2,0.6,0),
tcl = -0.25)
>G1 <-c(1,1,1,2,1,6,20,2,2,4,22,4,1,2,13,2,4,1,3,2)
>G2 <-c(4,4,6,4,6,6,8,7,3,4,6,5,11,11,5,4,5,4,3,3)
>G <-gl(2,20,labels = c("G1","G2"))
```

```
>DV <- c(G1,G2)
>Mydata <- data.frame(G,DV)
>boxplot(DV ~ G,data = Mydata,ylab = "DV",col = c(gray(0.5),gray
(0.8)),boxwex = 0.4,staplewex = 0.3)
```

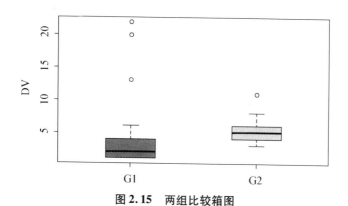

图 2.15　两组比较箱图

在以上命令中，变元 boxwex 用于设置箱体的缩放，R 默认值为 0.8；变元 staplewex 用于设置触须边线（staple line）的宽度，R 默认值为 0.5。图 2.15 显示，G1 组中位数小于 G2 组中位数，比 G2 组多两个异常值，异常值较远地偏离箱体。虽然 G2 组数据分布也右偏（right-skewed，图中显示为上偏），但是偏态的程度不像 G1 组数据分布那么严重。

2.7　直方图

前面讨论的条形图与直方图（histogram）相似，但是条形图适用于频数或计数数据（count data）的视觉显示，而直方图适用于连续性数据的视觉显示。R 绘制直方图的函数是 hist(x)，其中 x 是数值向量。R 默认绘制频数直方图（frequency histogram）。不过，我们也可以通过设置变元 freq = FALSE 绘制密度直方图（density histogram），图形总面积为 1。R 默认的直方图密度估计（$\hat{f}_{(x)}$）采用以下公式（Ugarte et al., 2015, p.108）：

$$\hat{f}_{(x)} = \frac{v_k}{nh}, t_k < x \leqslant t_{k+1} \tag{2.1}$$

其中，n 是样本量，h 是类区间（class interval）宽度，即箱宽（bin width），v_k 是类区间 $(t_k, t_{k+1}]$ 样本点（sample points）数。R 默认的 v_k 是左边开放、右边封闭的区间。在函数 hist 中设置变元 right = FALSE，则 v_k 是一个左封闭、右开放的区间。更多有关直方图变元的设置，可利用 ?hist 查询。

使用直方图的一个核心问题是确定合适的 h。R 默认 breaks = "Sturges"，即类区间宽度为 Sturges 算法。Sturges 算法（Sturges, 1926, p.65）为：

$$h_{\text{Sturges}} = \frac{R}{1 + \log_2 n} \tag{2.2}$$

其中，R 是样本 n 的全距（range，即样本最大值与最小值的差，又称极差）。公式 2.2 的推导依据正态分布总体。类区间数是不小于 $1 + \log_2 n$ 的最小整数。如果使用公式 2.2 计算多峰态（multimodal）或偏态（skewed）数据的类区间数，由此得到的直方图不能很好地估计总体真正的密度函数（Ugarte *et al.*，2015，p. 109）。R 实际计算的 h 利用函数 pretty 调整 $h_{Sturges}$，返还合适的分界点（breakpoints）。图 2.16 显示变量 X 数据的密度直方图。

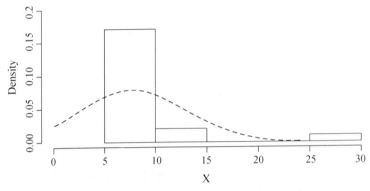

图 2.16　密度直方图与正态分布曲线比较

图 2.16 中的虚线代表总体正态分布（其平均数和标准差与样本数据的平均数和标准差相同）的曲线，绘制曲线的目的是便于诊断直方图。直方图显示，分界点数为 6 个，样本数据分布过多集中在 5 ~ 10 之间，右偏，且有异常值。该图中类区间样本点数依次为 17，2，0，0，1。

假如有变量 DV 的一组数据：8，9，9，9，9，10，10，10，10，10，10，10，10，10，10，10，10，10，11，11，11，11，11，11，11，11，12，12，15，17，17。试绘制频数直方图，概括数据的特点。

根据以下 R 命令得到如图 2.17 所示的结果：

> par(mai = c(0.45,0.45,0,0),omi = c(0,0,0,0.001),mgp = c(2,0.6,0),
cex = 0.75)

> DV <- c(8,9,9,9,9,10,10,10,10,10,10,10,10,10,10,10,10,11,11,
11,11,11,11,11,12,12,15,17,17)

> hist(DV,main = "",xlim = c(7,18),ylim = c(0,20))

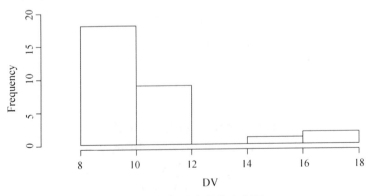

图 2.17　数据分布频数直方图

图 2.17 显示 6 个分界点、5 个类区间数,中间类区间没有样本点,说明数据分布缺乏连续性。整体上看,该组数据呈右偏分布,有异常值。

2.8　核密度图

核密度图(kernel density plot)不仅能够直观地显示数据分布的尾巴,而且还能够显示分布的峰顶(peak)、肩部(shoulder)和凸块(bump)。

核密度估计是估计连续性随机变量概率密度函数的方法,目的是依据样本估计一个真实的未知概率密度函数。核密度估计的函数是:

$$\hat{f}(x) = \frac{1}{hn}\sum_{i=1}^{n} K\left(\frac{x - x_i}{h}\right) \tag{2.3}$$

其中,$K(\cdot)$ 是核密度函数,h 是平滑参数,又称带宽(bandwidth),n 是样本量(Ugarte *et al.*, 2015, p.115)。

常用的核密度函数有高斯(正态)函数、矩形(均匀)函数和三角函数等。这些核密度函数的特点是单峰(unimodal)、围绕 0 点对称和曲线下的单位面积为 1(Keen, 2010, p.161)。R 默认的核密度估计函数是高斯密度函数。

在核密度估计中,选择适合的带宽非常重要。视觉上,带宽过窄导致密度估计曲线过于起伏,使分布模式难以概括;带宽过宽导致曲线过于平滑,给分布形状的判断带来错觉(鲍贵,2017,p.137)。R 默认的带宽采用 Silverman 经验法则(Silverman's rule of thumb)(Silverman, 1986, pp.47 − 48):$h = 0.9An^{-1/5}$,其中 $A = min(SD, IQR/1.34)$,即 A 取标准差(SD)和四分位距(IQR)除以 1.34 的商之间的较小值。

R 绘制核密度图的函数是 `plot(density(x))`,其中 x 是数值向量。如果采用核密度图概括直方图一节中使用的 DV 数据的分布特点,执行 R 命令 `plot(density(DV))` 得到类似于图 2.18 所示的核密度图。

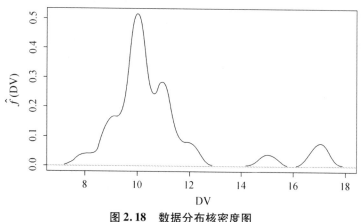

图 2.18　数据分布核密度图

图 2.18 显示,DV 数据分布似乎有双峰,主峰呈尖峰状,中间有断裂,说明数据缺乏连续性;右尾巴有两个凸块,使右尾巴拖长。对比图 2.18 和图 2.17 可以发现,核密度图比直方图更能体现数据分布的特征。

2.9 Q-Q 图

Q-Q 图显示经验分布分位数（quantile）相对于理论分布分位数的变化趋势。同直方图和核密度图一样，Q-Q 图也用于诊断经验分布是否服从正态分布或其他理论分布。Q-Q 图的横坐标是正态分布由小到大排序的分位数，纵坐标是样本数据的分位数（按由小到大顺序排序的数值）。在经验（样本）数据正态分布的诊断中，如果两个分布的分位数形成或近似形成一条直线，说明经验分布为正态分布。

R 绘制 Q-Q 图的函数是 qqnorm，变元包括连续性变量 Y 数据，横坐标和纵坐标默认标签分别为 xlab = "Theoretical Quantiles"（理论分位数），ylab = "Sample Quantiles"（样本分位数）。理论分位数默认为标准正态分布分位数。为了便于数据分布诊断，函数 qqline 绘制一条参照线，经过下四分位数（lower quartile，即第 25 个百分位数，25th percentile）和上四分位数（upper quartile，第 75 个百分位数，75th percentile）与对应的样本数值下四分位数和上四分位数构成的坐标点，R 默认的参照线为正态分布参照线。更多关于 Q-Q 图的信息，可以在 R 工作间通过输入 ? qqnorm 和 ? qqline 查询。

Keen（2010，p.120）概括了 Q-Q 图揭示的 6 个数据分布特征：

① 如果只有几个点落在参照线之外，这些点可能是异常点。

② 如果数据左端在参照线之上，右端在参照线之下，数据分布两端可能有短尾巴。

③ 如果数据左端在参照线之下，右端在参照线之上，数据分布两端可能有长尾巴。

④ 如果数据分布是曲线模式（curved pattern），斜率（slope）自左向右增加，则数据分布右偏。

⑤ 如果数据分布是曲线模式，斜率（slope）自左向右减少，则数据分布左偏。

⑥ 如果数据分布是阶梯状模式（step-like pattern），有高原（plateaus）和断层（gaps），则数据为舍入（rounded）、截断（truncated）或离散（discrete）数据。

图 2.19 包括两个 Q-Q 分图。左分图显示，数据分布不对称，左尾巴较多的值远远

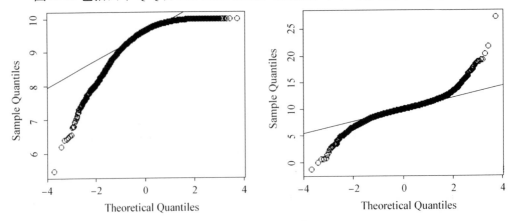

图 2.19　Q-Q 图比较

地偏离正态分布参照线,说明它们可能是异常值;数据分布相对集中;斜率自左向右减少,说明数据分布左偏。右分图显示,数据分布较为对称,但是右端似乎有异常值;数据分布相对集中;数据左端在参照线之下,右端在参照线之上,说明数据分布的尾巴较长。

假如有变量 Y 的一组数据:10,10,10,10,11,14,10,11,10,11,10,11,11,11,10,21,11,10,13,14,11,12,11,10,18,11,15,12,10,12。试绘制该组数据的 Q-Q 图和正态分布参照线,横坐标标签设为"标准正态分布分位数",纵轴标签为"Y"。利用以下 R 命令得到类似于图 2.20 所示的 Q-Q 图:

```
>par(mai = c(0.5,0.4,0.04,0.04),omi = c(0,0,0,0.02),mgp = c(1.5,
0.6,0),tcl = -0.25,cex = 0.75)
>Y<-c(10,10,10,10,11,14,10,11,10,11,10,11,11,11,10,21,11,10,
13,14,11,12,11,10,18,11,15,12,10,12)
>qqnorm(Y,main = "",xlab = "标准正态分布分位数",ylab = "Y")
>qqline(Y)
```

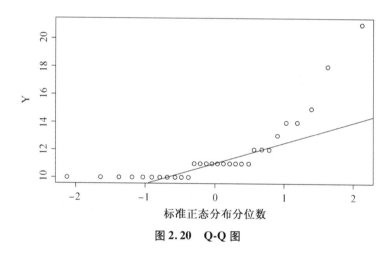

图 2.20　Q-Q 图

图 2.20 显示,Y 数据分布是曲线模式,斜率自左向右增加,因而数据分布右偏。图中还显示,样本数据集中在小值部分,等值(ties)较多;分布中有断层,说明数据存在舍入问题或者具有离散性。

2.10　散点图

散点图(scatter plot)是显示两个连续性变量之间关系的重要图形。R 函数是 plot(x, y),其中 x 和 y 代表两个连续性变量,每个配对值在图中构成一个数据点。为了便于直觉判断双变量之间的线性关系,通常在散点图上增加最优线性拟合线(a linear line of best fit)。最优线性拟合线的 R 函数是 abline(lm(y~x)),其中 lm 是线性模型(linear model)的 R 函数,y 是被预测变量(又称结果变量或因变量),x 是预测变量。为了诊断变量之间关系的性质(线性还是非线性),可以在散点图中增加一条局部加权散点图平滑线(locally-weighted scatterplot smoother,简称 LOWESS)。它的 R

函数是 lines(lowess(x, y))。关于 LOWESS 方法的介绍,可以参考鲍贵(2017)。

LOWESS 方法使用局部加权回归和稳健(robust)局部加权回归方法绘制 Y(纵轴)相对于 X(水平轴)的散点图平滑线(smooth),并在 X 的每个值上计算拟合值(fitted values)。平滑参数(smoothness parameter)f 是用于局部回归估计的点的比率,介于 $0 \sim 1$ 之间,值越大,拟合曲线越平滑。平滑参数 f 的选择标准是尽可能选择使曲线平滑却又没有扭曲数据基本模式的最大值(Cleveland, 1985, p. 171)。

LOWESS 拟合使用复杂的计算程序。根据 Cleveland(1979;1985),对 LOWESS 拟合方法可做以下理解。令 x_i 是按照升序排列的 X 值,即 $x_1 < x_2 \cdots < x_n$。假如 $f = 0.5$,$n = 20$,则 $r = [f \times n] = 10$,其中 $[\cdot]$ 表示取整数部分。我们要计算在 x_5 上的拟合值 $\hat{y}_5$。令 h_i 是各个 x_i 到第 r 个最邻近值的距离,即 h_i 是 $|x_i - x_j|$ 值中第 r 个最小值,其中 $j = 1, \cdots, n$。在本例中,我们得到 h_5。再令 $k = 1, \cdots, n$,将三立方加权函数(tricube weight function)应用于加权函数 $w_k(x_i) = W(h_i^{-1}(x_k - x_i))$,对每个 x_k 值加权。① 本例中,x_5 的权重最大。x_k 值越远离 x_5,其权重值就越小,因而在拟合中发挥的作用就越小。利用加权值 $w_k(x_5)$ 开展多项式(polynomial)最小二乘法(least squares)局部加权回归拟合估计,得到 x_5 对应的拟合值 $\hat{y}_5$。按照同样的方法得到所有 x_i 值上的拟合值 $\hat{y}_i$。将所有点 $(x_i, \hat{y}_i)$ 连成线,得到 LOWESS 初始拟合线。

初始拟合线容易受到异常点的影响。为此,LOWESS 通过稳健局部加权回归迭代(iterations)方法解决这个问题,使 LOWESS 拟合具有稳健性。令当前拟合残差值 $e_i = y_i - \hat{y}_i$。迭代的目的是通过对 x_i 值加权,降低异常点的权重。令 s 为 $|e_i|$ 的中位数,采用双平方加权函数(bisquare weight function),② 则稳健权重定义为 $\delta_k = B(e_k/6s)$(Cleveland, 1979, p. 831)。利用加权值 $\delta_k w_k(x_i)$ 开展最小二乘法局部加权回归拟合估计,得到新的拟合值 $\hat{y}_i$。重复以上过程 t 次,最终得到的拟合值 $\hat{y}_i$ 即为稳健局部加权回归拟合值。将最终的拟合点连成线,便得到所需要的 LOWESS 拟合线。LOWESS 方法优势在于能够准确地反映 Y 值随 X 值变化的模式,不像线性回归分析那样假设 Y 在 X 上的回归是线性的(鲍贵, 2017, p. 139)。

假如有两个连续性变量 X 和 Y,其数值如下:

X:6, 9.5, 7, 8, 12, 9.5, 10, 9, 11, 12.5, 13, 13.5, 14, 14.5, 15, 15.5, 16, 16.5, 18.5, 17.5, 17, 18, 15.5, 19, 15, 12, 13, 14, 15, 11;

Y:19, 20.5, 25.5, 14, 15, 28, 28, 27, 30.5, 25.5, 33, 26.5, 27.5, 30, 31.5, 23, 30.5, 24.5, 31.5, 35.5, 36.5, 35, 22.5, 27.5, 26, 21, 23.5, 21.5, 26.5, 17。

试根据以上数据绘制双变量散点图,添加最优线性拟合线和 LOWESS 平滑线。利用以下 R 命令得到如图 2.21 所示的图形:

```
>par(mai = c(0.5, 0.5, 0.04, 0.04), omi = c(0, 0, 0, 0.02), mgp = c(1.5,
0.6, 0), tcl = -0.25)
>X <- c(6, 9.5, 7, 8, 12, 9.5, 10, 9, 11, 12.5, 13, 13.5, 14, 14.5, 15, 15.5,
```

---

① 三立方加权函数定义为:若 $|x| < 1$,则 $W(x) = (1 - |x|^3)^3$;若 $|x| \geq 1$,则 $W(x) = 0$。

② 双平方加权函数定义为:若 $|x| < 1$,则 $B(x) = (1 - x^2)^2$;若 $|x| \geq 1$,则 $B(x) = 0$。

16,16.5,18.5,17.5,17,18,15.5,19,15,12,13,14,15,11)

```
>Y<-c(19,20.5,25.5,14,15,28,28,27,30.5,25.5,33,26.5,27.5,30,
31.5,23,30.5,24.5,31.5,35.5,36.5,35,22.5,27.5,26,21,23.5,21.5,26.5,
17)
>plot(X,Y)
>abline(lm(Y~X),col="black",lwd=1.5,lty=1)
>lines(lowess(X,Y),col="red",lwd=1.5,lty=2)
```

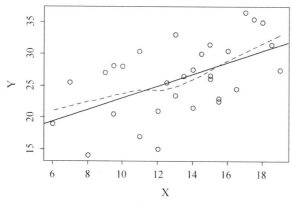

图 2.21 双变量散点图

在图 2.21 中,LOWESS 平滑线较平滑,显示变量 X 和 Y 之间有线性关系,且与最优线性拟合线接近。拟合线较为陡峭的斜率反映两个变量之间的线性关系较强,即随着 X 值的增加,Y 值也随之增加。

思考与练习

1. 简要说明 R 图形的基本结构。

2. 简要说明条形图和直方图的主要区别。

3. 某教师记录 100 名英语学习者的年龄、性别和英语水平测试成绩。试问:这位教师记录了几个类别变量,几个定量(或连续性)变量?

4. 一组连续性变量数据的五数总括(five-number summary)为:a(最小值)、40(下四分位数)、b(中位数)、60(上四分位数)和 c(最大值)。试问:如果箱图诊断显示有大的异常值存在,箱图最大触须长度是多少?

5. 变量 X 的一组数据为:33,61,73,51,59,61,66,58,76,59,63,68,57,52,74,42,67,60,68,23。写出对该组数据开展箱图诊断的 R 命令,并对结果做出必要的解释。

6. 利用 Q-Q 图对第 5 题的变量 X 数据进行正态分布诊断,写出包括绘制出正态分布拟合线的 R 命令,并简要解释诊断结果。

7. 利用核密度图对第 5 题的变量 X 数据进行正态分布诊断,写出 R 命令,要求核密度图中包括正态分布参照线,正态分布的平均数和标准差与变量 X 数据的平均数和标准差相同,并对绘制的图形做出简要的解释。

8. 某研究对变量 X 的测量数据开展描述性统计,得到以下统计结果:

样本量 (n)	平均数 （Mean）	最小值 （Minimum）	第一个分位数 （Q_1）	中位数 （Median）	第三个分位数 （Q_3）	最大值 （Maximum）
40	52	20	35	46	65	76

回答以下问题:

（a）本例数据分布如何? 简要解释得出的结论。

（b）根据箱图原理,诊断本例数据是否有异常值存在?

9. 四分位距（IQR）是不受异常值影响的数据分布展度（spread）测量吗? 请用一个数值例子加以说明。

10. 下图为某个作家的文学作品中词长（单词包含的字母数）分布的直方图。描述这个分布的形状、中心和展度。

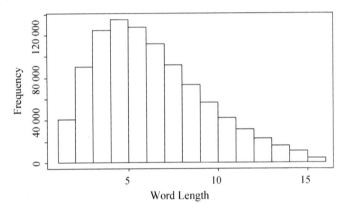

11. 下图为显示连续性变量 Y 数值分布的 Q-Q 图,图中直线为正态分布参照线。

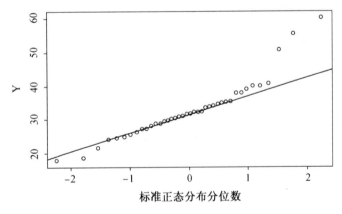

根据上图,简要分析变量 Y 数值分布的特点。

12. 下图为连续性变量 Y 数值分布的直方图。

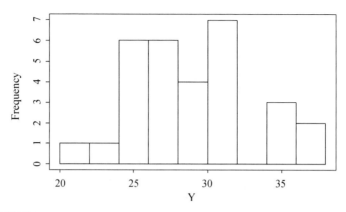

回答以下问题：

（a）直方图中显示的 Y 数值数是多少？

（b）数值小于或等于 32.5 的数值数是多少？

（c）数据分布是否明显呈偏态？

（d）有没有明显的异常值存在？

13. 已知两个连续性变量 X 和 Y，测量结果如下：

X：　44. 47,41. 90,24. 16,30. 56,38. 61,28. 15,39. 27,34. 04,44. 16,33. 27,36. 55,47. 32,40. 27,
　　　36. 73,57. 09,32. 60,39. 08,36. 84,47. 67,25. 13,37. 44,41. 93,33. 76,53. 00,43. 73,41. 98,
　　　49. 58,19. 87,38. 20,36. 53,43. 90,42. 19,57. 28,50. 93,43. 83,29. 11,28. 14,46. 72,36. 33,
　　　37. 65,39. 81,36. 04,36. 25,46. 68,46. 50,50. 13,45. 55,44. 99,39. 82,44. 27

Y：　71. 82,55. 79,40. 84,69. 22,72. 90,52. 57,52. 86,63. 59,68. 67,71. 31,55. 43,57. 01,54. 79,
　　　60. 24,74. 86,48. 57,48. 38,44. 93,65. 26,49. 32,67. 70,53. 65,59. 10,67. 03,58. 05,63. 25,
　　　70. 78,37. 28,44. 14,54. 52,58. 05,65. 37,76. 43,61. 23,63. 80,38. 97,55. 91,50. 74,65. 78,
　　　58. 00,76. 21,73. 05,67. 05,56. 66,52. 41,53. 16,72. 41,69. 29,67. 33,64. 27

写出绘制散点图的 R 命令，探索这两个变量之间的关系。要求在图中添加最优线性拟合线和 LOWESS 平滑线，并对结果做出必要的解释。

第**3**章

数据描述

统计分析包括描述性统计(descriptive statistics)和推理统计(inferential statistics)。描述性统计描述样本(sample)数据本身的特点,推理统计则根据样本数据的特点推断样本所在总体(population)的特点。描述性统计是推理统计的基础。本章重点介绍描述性统计,后面的章节对不同推理统计方法开展专题介绍。数据描述方法包括三个方面:集中趋势(central tendency)、离散性(dispersion;scatter)和分布形状(distributional shape)。本章围绕这三个方面介绍描述性统计的基本概念。透彻理解这些概念是相当重要的。不了解这些基本概念,即使能够熟练操作 R 软件,我们也无法理解和解释统计分析结果。

本章稳健统计分析使用的公式来自 Wilcox(2017a,2017b),统计分析调用的数据包为 e1071、nortest、pastecs 和 Rallfun - v37。

3.1 集中趋势测量 ◆◆◆◆◆◆

3.1.1 平均数

样本集中趋势的测量是位置(location)测量,通常用一个量数代表一个典型观测值。最常见的量数是样本平均数(mean,$\bar{X}$或 M)和样本中位数(median,Mdn 或 M)。[①]

平均数,又称算术平均数、均值或均数,是一组数据中各个数值总和除以数值的总个数得到的结果,计算公式为:

$$\bar{X} = \frac{1}{n} \sum X_i \tag{3.1}$$

其中,$\sum$ 是求和符号,n 是样本量。譬如,有一组数据($n = 10$):10,12,15,18,20,22,17,15,17,19,其平均数 $\bar{X} = \frac{1}{10}(10 + 12 + \cdots + 19) = 16.5$。R 计算平均数的函数是 mean(x),其中 x 代表一个数值向量。平均数的优点是它在计算上包括所有的观测值,缺点是一个或几个异常值(outliers)可能会对平均数的大小产生实质性影响。异常值可能是极端大的值,也可能是极端小的值。譬如,在上一组数据中增加 70 和 80,则

---

① 有时候平均数和中位数都可以用符号 M 表示。在容易产生混淆的地方,平均数用 $\bar{X}$ 表示,中位数用 Mdn 表示。

平均数为 $\bar{X} = \dfrac{1}{12}(10 + 12 + \cdots + 80) = 26.25$。使用平均数的目的是代表一组数据中的典型值。本例中,除了 70 和 80 这两个异常值之外,其他所有的数值均小于 26.25,因而平均数不再能够很好地代表典型值。

3.1.2　中位数

样本中位数又称样本中数,是样本数据按升序排列后的中间数值。譬如在上面的第一个例子中,样本数据由小到大排列的顺序是:10,12,15,15,17,17,18,19,20,22。位于中间的数值是两个 17,那么样本中位数是这两个数值的平均数,即 17。这意味着,如果一组数值的样本量是偶数,在其中找不到一个数值正好把一组数据平均分成两半,则中间一对数值的平均值作为中位数。假如一组数据已经按照升序排列,n 是偶数,$m = n/2$,则中位数计算公式为:

$$Mdn = \frac{X_{(m)} + X_{(m+1)}}{2} \tag{3.2}$$

其中,下标($\cdot$)表示顺序值。如果一组数值的样本量是奇数,则位于中间的一个数是中位数。假如一组数据已经按照升序排列,n 是奇数,$m = (n+1)/2$,则中位数计算公式为:

$$Mdn = X_{(m)} \tag{3.3}$$

例如,有一组按顺序排列的数据($n = 11$):10,11,12,13,14,15,16,17,18,19,20。中位数 $M = 15$,因为有一半的数值(5 个)大于 15,有另一半的数值(5 个)小于 15。R 计算中位数的函数是 median(x),其中 x 代表一个数值向量。假如我们在上面一组数据中增加两个异常值 50 和 60,则中位数 $Mdn = 16$,很好地概括了主体数据。从这个例子可也看出,中位数对异常值具有耐抗性(resistant to outliers)。

虽然中位数和平均数都表示一组数据的集中趋势,但是其数值一般不同。当一组数值对称分布时,中位数和平均数相等。譬如,3,5,7,9,11 的中位数和平均数都是 7。3 和 11、5 和 9 离这个中间值 7 分别是等距的。但是,当一组数据分布不对称时,中位数和平均数就不相等。譬如,1,5,7,10,22 的中位数仍然是 7,但是平均数则为(1 + 5 + 7 + 10 + 22)/5 = 9。相对于平均数,中位数对异常值具有抗扰性,中位数似乎是更好的位置测量。当然,情况并非如此简单。中位数也有自身的局限。譬如,在有些情况下,中位数对异常值的抗扰性也不够理想。另外,当抽样来自正态分布时,中位数标准误差(standard error, *SE*)相对于平均数标准误差较大,因而估计不准确。在数据满足正态分布的情况下,平均数是最优位置测量。认识到平均数和中位数各自的优缺点是很重要的。

3.1.3　众数

众数(mode)也是一种位置测量。它是一组数据中出现频数最多的数值。譬如,在(30,30,33,29,40,32,26,35,27,39,30,27,29,32,22,32,30,34,31,31)数据集中,出现频数最多(4 次)的值是 30,因而 30 是众数。众数未必是唯一值,可以是 2 个或 2 个以上。譬如,在(20,5,7,7,12,11,11)数据集中,7 和 11 都是众数。R 没有直接计算众数的自带函数,可以利用函数 table(x) 和 max(table(x)) 得到众数。相对于平均数和中位数,众数在统计分析中的应用很有限。

3.1.4 截尾平均数

有时候,平均数和中位数作为位置估计都不很理想。一种解决方法是采用稳健(robust)的位置测量——截尾平均数(trimmed mean,$\bar{X}_t$)。稳健性指统计分析方法对统计假设少量偏离的不敏感性(Huber,1981,p.2)。截尾量称作 γ。20% 是最常用的 γ 值。20% 截尾平均数是最常用的稳健统计量,在大多数情况下表现优良。中位数是截尾平均数的特例,因为截尾量大约为 50%。

截尾平均数在预先确定截尾量之后对样本截尾平均数进行计算。将一组数据由小到大排序,然后从两端截除样本 20% 的数值,由此得到剩余数值的平均数即为 20% 截尾平均数。令 $g = [0.2n]$,即 g 取 $0.2n$ 的整数部分,则 20% 截尾平均数的计算公式为:

$$\bar{X}_t = \frac{1}{n - 2g} \sum_{i = g+1}^{n-g} X_i \tag{3.4}$$

假如有变量 X 的一组数值($n = 32$):56,61,54,49,64,66,48,52,68,62,67,61,57,58,61,52,62,65,59,60,63,50,71,69,55,56,58,51,56,73,100,150,试求 20% 截尾平均数。首先,将该组数据由小到大排序,得到:48,49,50,51,52,52,54,55,56,56,56,57,58,58,59,60,61,61,61,62,62,63,64,65,66,67,68,69,71,73,100,150。由于 $g = [0.2n] = 6$,20% 截尾后的值为:54,55,56,56,56,57,58,58,59,60,61,61,61,62,62,63,64,65,66,67。根据公式 3.4,得到 $\bar{X}_t = 60.05$。R 计算截尾平均数的函数为来自数据包 Rallfun-v37 中的函数 tmean(x, tr = 0.2),其中 x 是数值向量,tr 表示截尾量,函数默认值为 0.2,即计算 20% 截尾平均数。如果设置 tr = 0,则函数 tmean 计算常规的平均数;如果设置 tr = 0.5,则函数 tmean 计算中位数。本例数据的平均数 $\bar{X}$ = 63.56,中位数 $Mdn = 60.5$。由于本例有两个异常值(100 和 150),截尾平均数 $\bar{X}_t$ 与中位数 Mdn 接近,但是与平均数 $\bar{X}$ 差异较大。

3.2 离散性测量

离散性测量是尺度测量(measures of scale),反映数据的变异性(variation)。离散性测量与集中趋势测量是数据概括不可或缺的两个方面。只分析集中趋势测量而不考虑离散性测量是不可取的,因为没有离散性测量,仅凭集中趋势测量无法判断集中趋势测量对数据概括的优良程度。譬如,两组数据的平均数可能相同,但是组内差异程度可能差异很大。当组内差异大时,平均数对数据的概括作用就会削弱。本节主要介绍全距(range)、标准差(standard deviation,s 或 S)、中位数绝对离差(median absolute deviation,MAD)、四分位距(interquartile range,IQR)、标准误差(standard error,SE)和异常值(outlier)。

3.2.1 全距

全距是一组数据中的最大值和最小值之间的差异。全距提供数据变异的信息,但是相对于其他变异性测量,全距的作用比较小。计算全距的 R 的函数是 diff(range (x)),其中 x 是数值向量。譬如,变量 X 的一组值是:32,31,29,24,28,26,21,34,30, 32,35,25,25,38,30,执行 R 命令 range(X)得到最小值 21 和最大值 38。如果要得到最大值和最小值之间的差异,则执行 R 命令 diff(range(X))得到 17。

3.2.2 标准差

3.2.2.1 利用平均数的标准差

标准差是一组数据变异性或离散性的测量,是不稳健的尺度测量。它是方差 (variance, s^2 或 S^2)的平方根。利用平均数的方差计算上等于各个数值与平均数离差的平方和除以样本量(n)与 1 的差,可用以下公式表示:

$$s^2 = \frac{\sum (X_i - \bar{X})^2}{n-1} \tag{3.5}$$

其中,X_i 是样本中的任一数值,$\bar{X}$ 是样本中各数值的平均数,n 为样本量,$n-1$ 是自由度 (degrees of freedom)。自由度是样本中可以自由变化的数值的个数。使用 $n-1$ 而不使用 n 的主要理由是要确保样本方差 s^2 是总体方差 σ^2 的无偏估计。如果用 n 作为分母,样本方差一般会低估总体方差,虽然在大样本中,这种偏差是可以忽略不计的 (Woods $et\ al.$, 2000, p.96)。

自由度是非常重要的统计概念,似乎也是不太好理解的概念。我们来做一个模拟 (simulation)试验说明为什么方差的计算用 $n-1$ 而不用 n。假如从标准正态分布(平均数 $\mu = 0$,标准差 $\sigma = 1$)总体中随机抽取 $n = 8$ 的样本 10 000 次。利用公式 3.5 计算样本方差,得到 10 000 个样本方差。再将方差计算中的自由度 $n-1$ 换成样本量 n 重新计算样本方差,得到 10 000 个样本方差。模拟结果表明,使用自由度 $n-1$ 得到的样本方差平均数是 0.99,中位数是 0.90,非常接近总体方差 1。相比之下,使用样本量 n 得到的样本方差平均数是 0.87,中位数是 0.79。由此可见,使用 $n-1$ 使样本方差估计更接近总体值。

假如有变量 Y 的一组数据($n = 20$):10,12,10,7,6,12,13,15,8,9,13,6,8,11,10, 6,11,11,6,16,试求该组数据的标准差。该组数据平均数 $M = 10$。根据公式 3.5,$s^2 = \frac{(10-10)^2 + (12-10)^2 + \cdots + (6-10)^2 + (16-10)^2}{20-1} \approx 9.05$。因此,$s \approx 3.01$。计算方差和标准差的 R 函数分别为 var(x) 和 sd(x),其中 x 是数值向量。

方差和标准差是应用最为广泛的离散性指标。方差和标准差越大,说明数据分布越分散,偏离集中趋势统计量的程度就越大。方差和标准差越小,说明数据分布就越集中,偏离集中趋势统计量的程度就越小。由于方差改变了原数值的单位,标准差保留了原数值的单位,因此方差主要用于统计量的计算,标准差更便于对数据的解释。在概括数据时,标准差是必不可少的。

标准差的一个重要应用是将原始分数标准化,得到标准分(standard score)。标准分,又称 Z 分数(Z-score),是原始分与平均数的离差与标准差的商,计算公式为:

$$Z = \frac{X - \bar{X}}{s} \tag{3.6}$$

其中,X 为原始分,$\bar{X}$为平均数,s 为标准差。一组数据各个标准分的平均数是 0,标准差是 1。后面提到的标准正态分布就是利用了标准分的这一特点。标准分能够表明原始分数偏离平均数的方向(标准分有正负值之分)和程度,不仅可以表示原数据在同一分布中的位置,还可以用来比较不同分布中原数据的相对大小。计算 Z 分数的 R 函数是 scale(x, center = TRUE, scale = TRUE),其中 x 是数值向量或矩阵,变元 center = TRUE 指中心化方法采用每个向量值或每列数值减去向量值平均数或对应列的平均数,scale = TRUE 指尺度测量为标准差(s)。

3.2.2.2 缩尾标准差

样本 20%($\gamma = 0.2$)缩尾标准差(Winsorized standard deviation,s_w)是稳健的尺度测量,是样本 20% 缩尾方差的平方根。统计分析使用截尾平均数时,缩尾标准差发挥着至关重要的作用。要计算样本缩尾方差,先要计算缩尾平均数(Winsorized mean,$\bar{W}$)。令 $g = [\gamma n]$,其中[·]表示取整数部分。将一组数据由小到大排序,然后将两端 g 个值分别替换为保留在样本中的最接近的极小值和极大值,由此得到的数值称作 γ 缩尾值(Winsorized values,W_i)。即,对于变量 X 的一组数据(样本量为 n),由小到大排序后的数值记作 $X_{(i)}$,则样本缩尾值满足以下条件(Wilcox,2012a,p.59):

$$W_i = \begin{cases} X_{(g+1)}, & \text{若 } X_i \leq X_{(g+1)} \\ X_{(i)}, & \text{若 } X_{(g+1)} < X_i < X_{(n-g)} \\ X_{(n-g)}, & \text{若 } X_i \geq X_{(n-g)} \end{cases}$$

20% 缩尾值(W_i)的平均数称作 20% 缩尾平均数。20% 缩尾方差的计算公式为:

$$s_w^2 = \frac{1}{n-1} \sum (W_i - \bar{W})^2 \tag{3.7}$$

假如有变量 Y 的一组数据($n = 20$):2,6,9,12,8,10,10,11,10,12,12,13,10,37,31,9,8,13,33,40,试求 20% 缩尾标准差。将该组数据由小到大排序,得到:2,6,8,8,9,9,10,10,10,10,11,12,12,12,13,13,31,33,37,40。缩尾量 $g = [0.2n] = 4$,则缩尾值为:9,9,9,9,9,9,10,10,10,10,11,12,12,12,13,13,13,13,13,13。根据这些缩尾值得到 20% 缩尾平均数 $\bar{W} = 10.95$。根据公式 3.7,得到:$s_w^2 = \frac{1}{20-1}\{(9-10.95)^2 + (9-10.95)^2 + \cdots + (13-10.95)^2 + (13-10.95)^2\} \approx 2.89$,因此,缩尾标准差 $s_w = 1.70$。计算缩尾平均数的 R 函数是数据包 Rallfun - v37 中的 winmean(x, tr = 0.2),其中 tr = 0.2 是函数默认截尾量。缩尾方差和缩尾标准差的 R 函数分别是数据包 Rallfun - v37 中的 winvar(x, tr = 0.2)和 winsd(x, tr = 0.2),其中 tr = 0.2 是函数默认截尾量。

3.2.3 中位数绝对离差

中位数绝对离差是稳健的尺度测量,在异常值诊断中发挥着重要作用。中位数绝对离差计算上为样本量为 n 的样本中每个值与中位数差异绝对值的中位数:

$$MAD = Mdn\{|X_1 - Mdn|, \cdots, |X_n - Mdn|\} \tag{3.8}$$

譬如,有一组数据($n = 11$):20,23,25,30,23,36,33,30,40,80,28,它的中位数 $Mdn = 30$,各个数值减去中位数后的绝对值是:10,7,5,0,7,6,3,0,10,50,2。将该组数据按升

序排列,得到:0,0,2,3,5,6,7,7,10,10,50。中位数绝对离差是这些排序后的数值的中位数,即 $MAD = 6$。

根据 Wilcox(2017b, p.78),如果观测值从正态分布的总体中随机抽样得到,MAD 不是对 σ 的估计,而是估计 $z_{0.75}\sigma$,其中 $z_{0.75}$ 是标准正态分布概率 0.75 对应的分位数(约为 0.674 5)。MAD 通常被调整尺度,以便在正态分布情况下估计 σ,即:

$$MADN = \frac{MAD}{z_{0.75}} \approx \frac{MAD}{0.674\ 5} \tag{3.9}$$

其中,$MADN$ 表示正态化的 MAD。上例中 $MAD = 6$,则 $MADN \approx 8.90$。R 计算 $MADN$ 的函数是 mad(x),其中 x 是数值向量。

3.2.4　四分位距

四分位距是稳健尺度测量,计算上等于上四分位数(the upper quartile;0.75 分位数;0.75 quantile;Q_3;q_2)与下四分位数(the lower quartile;0.25 分位数;0.25 quantile;Q_1;q_1)之间的差异。四分位数定义不同,四分位距就可能存在差异。本节介绍三种计算方法。

q_1 和 q_2 属于样本顺序统计量(order statistics)。通常,$X_{(1)}$ 是样本最小值,$X_{(2)}$ 是接下来的最小值或者最小等值,依次类推,直至样本最大值 $X_{(n)}$。因此,$X_{(1)} \leqslant X_{(2)} \leqslant \cdots \leqslant X_{(n)}$。

在上一章讨论箱图时提到,绘制箱图使用的四分位数是上四分(the upper fourth)和下四分(the lower fourth)。令 $x_{(j)}$ 为第 j 个顺序统计量,j 满足以下等式:

$$j = \frac{\left[\dfrac{n+1}{2}\right] + 1}{2} \tag{3.10}$$

其中 n 是样本量,$[\ \cdot\ ]$ 表示取整数部分(即小于 $\dfrac{n+1}{2}$ 的最大整数)。下四分 q_1 为 $x_{(j)}$。上四分 q_2 为第 $n-j+1$ 个顺序统计量,即 $x_{(n-j+1)}$。如果 j 和 $n-j+1$ 不是整数,则采用插值方法。

假如有一个变量 X,一组数据已经按照升序排列($n = 20$):8,20,23,23,25,25,27,28,28,30,30,30,33,33,36,40,44,50,60,80。根据公式 3.10,$j = 5.5$,则 $q_1 = X_{(5)} + 0.5 \times (X_{(6)} - X_{(5)}) = 25$,$q_2 = X_{(15)} + 0.5 \times (X_{(16)} - X_{(15)}) = 38$。本例的四分位距 $IQR = 13$。

第二种计算 q_1 和 q_2 的方法是 R 默认的方法,函数为 quantile(x, probs = c (0.25, 0.75)),其中 x 是数值向量,probs 是概率,除了 0.25 和 0.75 之外,还可以设置 0~1 之间的其他概率值,quantile 返还概率值对应的分位数。

以上面变量 X 值为例计算 q_1 和 q_2。先计算概率 0.25 和 0.75 对应的顺序 j,公式为:

$$j = p \times (n-1) + 1 \tag{3.11}$$

其中,p 为概率,n 是样本量。本例中,p 值是 0.25 和 0.75。根据公式 3.11,它们对应的 j 值为 5.75 和 15.25。利用插值方法,计算 q_1 和 q_2:$q_1 = X_{(5)} + 0.75 \times (X_{(6)} - X_{(5)}) = 25$,$q_2 = X_{(15)} + 0.25 \times (X_{(16)} - X_{(15)}) = 37$。本例的四分位距 $IQR = 12$。

第三种计算 q_1 和 q_2 的方法是利用理想四分数(ideal fourths)计算下四分(q_1)和上四分(q_2)(Wilcox, 2017b, p.99)。假如有变量 X 的一组数据(n),令 $j = \left[\dfrac{n}{4} + \dfrac{5}{12}\right]$,$h = \dfrac{n}{4} + \dfrac{5}{12} - j$,$k = n - j + 1$,$q_1$ 和 q_2 的计算公式为:

$$q_1 = (1 - h)X_{(j)} + h \times X_{(j+1)}, q_2 = (1 - h)X_{(k)} + h \times X_{(k-1)} \tag{3.12}$$

根据公式 3.12,上例中,$j = 5$,$h = 0.4167$,$k = 16$。因此,$q_1 = (1 - 0.4167) \times 25 + 0.4167 \times 25 \approx 25$,$q_2 = (1 - 0.4167) \times 40 + 0.4167 \times 36 \approx 38.33$。本例的四分位距 $IQR = 13.33$。R 计算理想四分数的函数是数据包 Rallfun - v37 中的 idealf(x),其中 x 是向量。

从以上三种四分位数的计算公式和举例可以看出,不同的计算方法得到的 q_1 和 q_2 不全相同,四分位距存在较小的差异。

3.2.5 标准误差

3.2.5.1 平均数标准误差

样本平均数的标准差称作样本平均数标准误差(standard error, SE)。它是对统计量从总体(population)中抽样产生的抽样误差(sampling error)的测量。虽然标准误差与标准差都表示离散性,但是它们有重要的区别:标准误差是样本统计量(如平均数)抽样分布的标准差,反映对总体参数(parameter,如总体平均数 μ)估计的精确度;标准差则反映样本原始数值离中趋势。

平均数标准误差的计算公式为:

$$SE = \frac{\sigma}{\sqrt{n}} \tag{3.13}$$

其中,σ 是总体标准差,n 是样本量。在大样本情况下,可以用样本标准差 S 代替总体标准差,即:

$$SE = \frac{S}{\sqrt{n}} \tag{3.14}$$

假如有变量 X 的一组数据($n = 20$):38,53,47,46,45,45,44,42,35,38,44,38,41,34,36,35,38,45,32,51,试求样本平均数标准误差。样本数据的平均数 $M = 41.35$,则标准差 $S = \sqrt{\dfrac{(38 - 41.35)^2 + \cdots + (51 - 41.35)^2}{20 - 1}} \approx 5.7699$。根据公式 3.14,得到 $SE = \dfrac{5.7699}{\sqrt{20}} \approx 1.29$。R 计算样本平均数标准误差的函数是 trimse(x, tr=0),其中 x 是数值向量,截尾量为 0。该函数来自数据包 Rallfun - v37。

公式 3.13 和 3.14 显示,样本量越大,标准误差就越小,样本平均数越接近总体平均数,样本的代表性也就越好,反之亦然。下面采用模拟试验探讨在不同样本条件下平均数标准误差估计与平均数估计精确度之间的关系。假如有一个正态分布总体(平均数 $\mu = 10$,标准差 $\sigma = 2$)。从这一总体中分别随机抽取 $n_1 = 10$、$n_2 = 15$ 和 $n_3 = 50$ 的样本 10000 次,绘制每个样本条件下标准误差估计分布曲线,如图 3.1 所示。理论上,平均数标准误差为：$SE_1 = 0.63$，$SE_2 = 0.52$，$SE_3 = 0.28$。即，随着样本量增大，平均数标准误差变小，样本平均数估计准确性增强。图 3.1 显示，随着样本量增大，标准误差估计趋于减小，且标准误差估计的变异性也在减小（即分布越来越集中），从而提高了平均数估计的准确性。

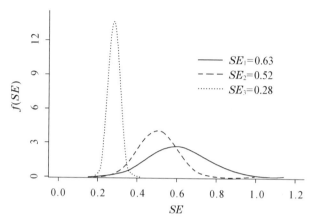

图 3.1　不同样本条件下的平均数标准误差估计

3.2.5.2　截尾平均数标准误差

样本截尾平均数标准误差的计算利用缩尾标准差 s_w 和截尾量 γ，计算公式为：

$$SE = \frac{s_w}{(1 - 2\gamma)\sqrt{n}} \tag{3.15}$$

计算 20% 截尾平均数标准误差时，截尾量 $\gamma = 0.2$。R 计算样本截尾平均数标准误差的函数是数据包 Rallfun − v37 中的 `trimse(x, tr = 0.2)`，其中 x 是数值向量，默认的截尾量为 0.2。

利用 3.2.5.1 节变量 X 的数据计算样本 20% 截尾平均数标准误差。本例 $n = 20$，$\gamma = 0.2$，$S_w = 3.918\,915$。根据公式 3.15，$SE = \dfrac{3.918\,915}{(1 - 2 \times 0.2) \times \sqrt{20}} \approx 1.46$。

3.2.6　异常值

第 2 章提到过异常值。异常值诊断方法有多种，且对单变量和多变量数据的异常值诊断方法也不同。本节简要介绍四种单变量数据异常值诊断方法（Wilcox, 2017b, pp. 101 − 102）。前三种方法利用传统的箱图诊断方法及其改进方法。最后一种方法利用中位数绝对离差。当然，第 2 章讨论的 Q-Q 图也可以用来诊断异常值。

R 内置函数 `boxplot` 常用于诊断异常值。关于箱图的原理，可参看上一章有关内容和本章 3.2.4 节。对传统的箱图原则（boxplot rule）的一个批评是，如果数据分布右偏，可能会有过多的大值被诊断为异常值（Wilcox, 2017b, p. 102）。

第二种方法是标准的箱图原则，使用理想四分数诊断异常值。关于理想四分数，见 3.2.4 节。如果 X_i 满足以下条件，则通常被判定为异常值：

$$X_i < q_1 - k(q_2 - q_1) \,;\, X_i > q_2 + k(q_2 - q_1) \tag{3.16}$$

其中,k 是常数,通常设定为 1.5。R 采用这一方法判断异常值的函数是数据包 Rallfun - v37 中的 outbox(x),其中 x 是数值向量。

对公式 3.16 的一个批评是,当样本量小的时候,利用该公式诊断出的异常值偏多。Carling(2000)建议采用调整的箱图原则,即如果 X_i 满足以下条件,则它被判定为异常值:

$$X_i < Mdn - k(q_2 - q_1);X_i > Mdn + k(q_2 - q_1) \tag{3.17}$$

其中,Mdn 是样本中位数,q_2 和 q_1 是理想四分数。k 是样本量 n 的一个函数,即:

$$k = \frac{17.63n - 23.64}{7.74n - 3.71} \tag{3.18}$$

R 采用这一方法判断异常值的函数是数据包 Rallfun - v37 中的 outbox(x, mbox = TRUE),其中 x 是数值向量,mbox = TRUE 表示采用 Carling(2000)建议的调整的箱图原则。

最后一种异常值诊断方法是中位数绝对离差与中位数原则(MAD-Median rule),通常情况下比箱图原则及其改进方法要好。如果 X_i 满足以下条件,则它被判定为异常值:

$$\frac{|X_i - Mdn|}{MAD/0.6745} > k \tag{3.19}$$

其中,k 是自由度为 1 的卡方分布中概率 0.975 对应的分位数的平方根(约为 2.24)。中位数绝对离差与中位数原则的优点是能够诊断数量较多的异常值。R 采用这一方法判断异常值的函数是数据包 Rallfun - v37 中的 out(x),其中 x 是数值向量。

假如有变量 X 的一组数据($n = 40$):25,30,40,41,45,45,46,46,48,48,49,49,50,50,50,51,51,51,52,52,52,53,53,54,54,54,56,56,57,58,58,58,68,70,72,80,85,89,92,95。图 3.2 是利用函数 boxplot(x)绘制的传统箱图。

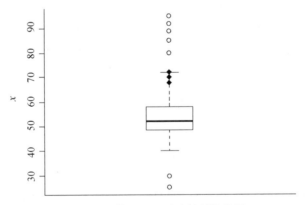

图 3.2   函数 boxplot(x)绘制的箱图

图 3.2 中的 7 个空心圆圈是 boxplot(x)发现的 7 个异常值,即:25,30,80,85,89,92,95,其中包括 2 个极小值和 5 个极大值。函数 outbox(x)和 outbox(x, mbox = TRUE)的诊断结果与 boxplot(x)的诊断结果相同。但是,out(x)发现另外 3 个异常值(68,70,72),如图 3.2 中的菱形符号所示。

3.3 分布形状

数据的描述不仅包括位置测量和尺度(或离散性)测量,而且包括对数据分布形状的测量。数据分布形状测量的两个重要统计量(或参数)是偏度(skewness)和峰度(kurtosis)。传统的参数检验(parametric tests),如 t 检验(t test)和方差分析(ANOVA, analysis of variance),均要求数据服从正态分布(normal distribution)。因此,正态分布的诊断和检验在数据描述中占有重要的地位。正态分布通常也被用来与其他的分布(如 t 分布和 F 分布)做比较。本节简要讨论正态分布的特点、偏度、峰度和正态分布检验。

3.3.1　正态分布

正态分布又称高斯分布(Gaussian distribution)。正态分布随机变量 X($X \sim N(\mu,\sigma)$)的概率密度函数(probability density function, PDF)为:

$$f(x) = \frac{1}{\sigma\sqrt{2\pi}}e^{-(x-\mu)^2/2\sigma^2}, \quad -\infty < x < \infty \tag{3.20}$$

其中, μ 和 σ 分别为正态分布的平均数和标准差,即 $E[X] = \mu$,$Var[X] = \sigma^2$;e 为自然对数的底,约为 2.72;π 为圆周率,约为 3.14。公式中的 $\frac{1}{\sigma\sqrt{2\pi}}$ 为正态化因子,使标准化后数据概率密度分布曲线下的面积为 1。

所有的正态分布都可以转化为标准正态分布($N(0,1)$),即 $\mu = 0$ 和 $\sigma = 1$。标准正态分布随机变量 Z 的概率密度函数可以简化为:

$$\varphi(z) = \frac{1}{\sqrt{2\pi}}e^{-\frac{z^2}{2}} \tag{3.21}$$

正态分布取决于平均数和标准差两个参数。平均数决定正态分布曲线的中间位置,标准差决定分布曲线的高度和宽度。图 3.3 显示平均数不同但是标准差相同时的三个正态分布。

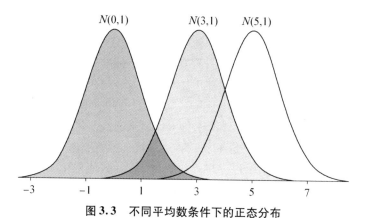

图 3.3　不同平均数条件下的正态分布

图 3.3 中的三条曲线形状相同（$\sigma=1$），显示对称（symmetric）分布，只是位置不同（$\mu_1=0,\mu_2=3,\mu_3=5$）。随着 μ 值的增大，曲线右移。

图 3.4 显示标准差不同但是平均数相同时的正态分布。图中三条曲线的中心相同（$\mu=0$），分布对称，但是随着标准差增大（$\sigma_1=1,\sigma_2=3,\sigma_3=5$），"尖峰状"趋于"扁平状"。需要注意的是，这些分布仍然是正态分布。当我们说正态分布是钟形的（bell-shaped），那只是简单化的或者是为了便于记忆的说法。

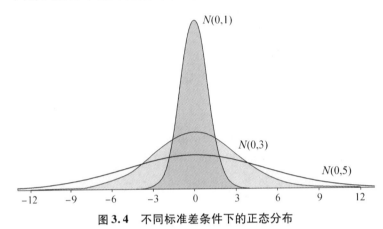

图 3.4　不同标准差条件下的正态分布

正态分布有以下特征：① 分布曲线在中间集中，向两边降低；② 平均数、中位数和众数相等，且位于分布的中心；③ 分布曲线呈单峰状（unimodal）；④ 分布曲线在平均数周围是对称的；⑤ 分布曲线是连续性的（continuous），对于横坐标上 X 的每一个值，都有对应的纵坐标上的 Y 值；⑥ 分布曲线下的总面积等于 1。

正态分布的累积概率分布函数（cumulative distribution function，CDF）根据概率密度函数求积分得到，即：

$$F(x)=p(X\leqslant x)=\int_{-\infty}^{x}\frac{1}{\sigma\sqrt{2\pi}}e^{-\frac{(t-\mu)^2}{2\sigma^2}}dt \tag{3.22}$$

相应地，标准正态分布累积概率分布函数为：

$$\Phi(z)=p(Z\leqslant z)=\int_{-\infty}^{z}\frac{1}{\sqrt{2\pi}}e^{\frac{-t^2}{2}}dt \tag{3.23}$$

知道正态分布的两个参数就能够知道分布中的每个分值对应的累积概率。譬如，在标准正态分布中，$p(Z\leqslant1)=0.8413$，Z 值在 ±1 个标准差范围内的概率为：$p(Z\leqslant1)-p(Z\leqslant-1)=0.6826$。图 3.5 为标准正态分布中 Z 分数与对应的累积概率图。

图 3.5 显示，标准正态分布平均数为 0，"0"线左右的面积均为 50%。在 ±1 个标准差范围内的面积（累积概率）约为 68%，即 68.26% 的数值位于 ±1 个标准差范围内。±2 个标准差范围内的面积约为 95.44%，即 95.44% 的数值位于 ±2 个标准差范围内。±3 个标准差范围内的面积约为 99.72%，即 99.72% 的数值位于 ±3 个标准差范围内。在标准正态分布中，小于或等于 2 的数值的概率约为 0.9772，小于或等于 3 的数值的概率约为 0.9987。

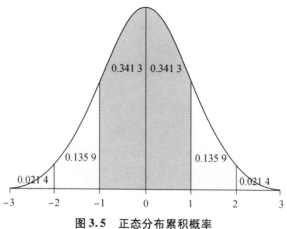

图 3.5　正态分布累积概率

3.3.2　偏度和峰度

描述数据分布形状的两个参数是偏度和峰度。偏度和峰度的测量方法通常有多种。Joanes & Gill(1998)比较了三种测量方法。第一种测量偏度和峰度的方法是 g_1 和 g_2,计算公式为:

$$g_1 = \frac{m_3}{m_2^{3/2}}, g_2 = \frac{m_4}{m_2^2} - 3, m_r = \frac{1}{n} \sum (x_i - \bar{x})^r \tag{3.24}$$

g_1 和 g_2 是传统的测量方法。后两种方法是对传统方法的改进。第二种偏度和峰度的测量方法是 G_1 和 G_2,计算公式为:

$$G_1 = \frac{\sqrt{n(n-1)}}{n-2} g_1, G_2 = \frac{n-1}{(n-2)(n-3)} \{(n+1)g_2 + 6\} \tag{3.25}$$

第三种偏度和峰度的测量方法是 b_1 和 b_2,计算公式为:

$$b_1 = \frac{m_3}{s^3} = \left(\frac{n-1}{n}\right)^{3/2} \frac{m_3}{m_2^{3/2}}, b_2 = \frac{m_4}{s^4} - 3 = \left(\frac{n-1}{n}\right)^2 \frac{m_4}{m_2^2} - 3 \tag{3.26}$$

其中, $s^2 = \frac{1}{n-1} \sum (x_i - \bar{x})^2$。建议研究者在实际研究中使用后两种方法。

R 计算偏度和峰度需要安装与调用数据包,如 R 数据包 pastecs 和 e1071。若使用 pastecs 数据包,采用函数 stat.desc(x, norm = TRUE),其中 x 是数值向量,变元 norm = TRUE 不仅用于返还偏度和峰度值,而且还返还正态分布检验的 W 值和 p 值。函数 stat.desc(x, norm = TRUE)采用第三种方法计算偏度和峰度。若使用 e1071 数据包,函数 skewness(x, type = 2)计算第二种偏度;设置 type = 3,计算第三种偏度。若要计算峰度,函数 kurtosis(x, type = 2)采用第二种计算方法;设置 type = 3,采用第三种方法。

在正态分布中,偏度和峰度值均为 0。实际研究中,数据分布的偏度和峰度值通常偏离 0 值,从而违反正态分布。偏度反映数据分布的对称性。数据分布的右尾巴较长时,小值较多,较大的极端数值(如异常值)使平均数右移,出现正偏态(positively skewed)分布,偏度值大于 0。当数据分布的左尾巴较长时,大值较多,较小的极端数值使平均数左移,出现负偏态(negatively skewed)分布,偏度值小于0。峰度也包括正峰态(positive kurtosis)和负峰态(negative kurtosis)。峰度值大于0的分布为正峰态,峰度值小于0的分布为负峰态。一个参考性建议是,*skew*. 2*SE*(偏度值与两倍标准误差的商;标准化偏度值)或 *kurt*. 2*SE*(峰度值与两倍标准误差的商;标准化峰度值)的绝对值大于1时,说明偏度或峰度有统计显著意义(即数据违反正态分布,$p < 0.05$)。R 函数 `stat.desc(x,norm=TRUE)` 返还 *skew*. 2*SE* 和 *kurt*. 2*SE*。

有时候,用"高狭峰"(leptokurtic)和"低阔峰"(platykurtic)分别描述正峰态和负峰态。需要注意的是,峰态不仅与峰顶有关,也与尾巴有关,而且尾巴的作用更重要。在典型的正峰态分布中,数据分布的尾巴比正态分布的尾巴更重(heavier),其峰顶比正态分布的峰顶更高(higher)。在典型的负峰态分布中,数据分布的尾巴比正态分布的尾巴更轻(lighter),峰顶比正态分布的峰顶更扁平(flatter)。虽然尾巴的轻重和尖峰程度时常是峰度的两个成分,但是峰度也可能主要反映一个成分(如重尾巴)的影响。因此,对于对称分布来说,正峰态或表示尾巴过剩,或表示中央过剩,或表示两者兼而有之,而负峰态或表示尾巴轻,或表示中央轻,或表示两者兼而有之(肩部过剩)(DeCarlo,1997,p.294)

图 3.6 反映数据违反正态分布的不同情形。

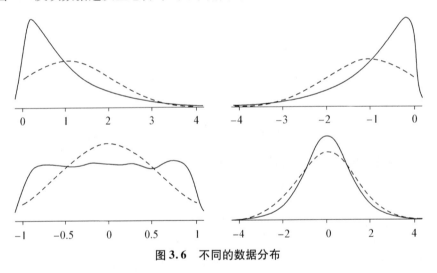

图 3.6　不同的数据分布

图 3.6 中的实线代表经验分布,虚线代表理论正态分布。左上图显示,多数数值集中在左边,右尾巴拉长,整个数据分布呈正偏态分布;相对于正态分布,数据分布的右尾巴较重,中央过剩,出现高狭峰,使数据分布呈正峰态。右上图显示,多数数值集中在右边,左尾巴拉长,整个数据分布呈负偏态分布;相对于正态分布,数据分布的左尾巴较重,中央过剩,出现高狭峰,使数据分布呈正峰态。左下图显示,数据大致呈对称分布,没有偏态现象,但是出现明显的低阔峰(即分布呈扁平状,肩部过剩),尾巴偏短,数据分布呈负峰态。右下图显示,数据大致呈对称分布,没有偏态现象,但是出现明显的高狭峰,数据分布为正峰态。

3.3.3　正态分布检验

3.3.3.1　正态分布 W 检验

第 2 章提到,数据正态分布的诊断可以利用图形方法,如箱图、直方图、核密度图或 Q-Q 图。图形诊断难免带有主观性。图形诊断和正式的统计检验相结合是更好的方法。本节讨论最常用的正态分布检验方法——W 检验,由 Shapiro & Wilk(1965)提出。最初提出的 W 检验针对小样本($3 \leqslant n \leqslant 50$),后来由于算法的改进样本量扩大到 5 000。如果检验统计量 W 的概率值 $p > 0.05$,可以推断样本数据所在总体的分布呈正态。如果 $p < 0.05$,则认为样本数据所在总体的分布呈非正态。W 检验的公式为:

$$W = \frac{\left(\sum_{i=1}^{n} a_i y_i \right)^2}{\sum_{i=1}^{n} (y_i - \bar{y})^2} \tag{3.27}$$

其中,a_i 是与观测值次序 r 有关的系数,是正态化最优线性无偏系数(best linear unbiased coefficient)。在正态分布中,$-a_i = a_{n-i+1}$。公式 3.27 中的 n 是样本量,y_i 是按照次序排放的第 i 个样本观测值,$y_1 \leqslant y_2 \leqslant \cdots \leqslant y_n$;$\bar{y}$ 是样本平均数。Shapiro & Wilk(1965)列出样本量 n 在 2～50 区间内 W 检验的系数$\{a_{n-i+1}\}$以及样本量 n 在 3～50 区间内 W 分布中 W 值对应的百分点(percentage points,概率 p 值)。表 3.1 为样本量 n 在 20～30 区间内 W 检验的系数$\{a_{n-i+1}\}$。

表 3.1　样本量 $n = 20$～30 时 W 检验的系数$\{a_{n-i+1}\}$

i \ n	20	21	22	23	24	25	26	27	28	29	30
1	0.473 4	0.464 3	0.459 0	0.454 2	0.449 3	0.445 0	0.440 7	0.436 6	0.432 8	0.429 1	0.425 4
2	0.321 1	0.318 5	0.315 6	0.312 6	0.309 8	0.306 9	0.304 3	0.301 8	0.299 2	0.296 8	0.294 4
3	0.256 5	0.257 8	0.257 1	0.256 3	0.255 4	0.254 3	0.253 3	0.252 2	0.251 0	0.249 9	0.248 7
4	0.208 5	0.211 9	0.213 1	0.213 9	0.214 5	0.214 8	0.215 1	0.215 2	0.215 1	0.215 0	0.214 8
5	0.168 6	0.173 6	0.176 4	0.178 7	0.180 7	0.182 2	0.183 6	0.184 8	0.185 7	0.186 4	0.187 0
6	0.133 4	0.139 9	0.144 3	0.148 0	0.151 2	0.153 9	0.156 3	0.158 4	0.160 1	0.161 6	0.163 0
7	0.101 3	0.109 2	0.115 0	0.120 1	0.124 5	0.128 3	0.131 6	0.134 6	0.137 2	0.139 5	0.141 5
8	0.071 1	0.080 4	0.087 8	0.094 1	0.099 7	0.104 6	0.108 9	0.112 8	0.116 2	0.119 2	0.121 9
9	0.042 2	0.053 0	0.061 8	0.069 6	0.076 4	0.082 3	0.087 6	0.092 3	0.096 5	0.100 2	0.103 6
10	0.014 0	0.026 3	0.036 8	0.045 9	0.053 9	0.061 0	0.067 2	0.072 8	0.077 8	0.082 2	0.086 2
11	—	0.000 0	0.012 2	0.022 8	0.032 1	0.040 3	0.047 6	0.054 0	0.059 8	0.065 0	0.069 7
12	—	—	0.000 0	0.010 7	0.020 0	0.028 4	0.035 8	0.042 4	0.048 3	0.053 7
13	—	—	—	0.000 0	0.009 4	0.017 8	0.025 3	0.032 0	0.038 1
14	—	—	—	—	0.000 0	0.008 4	0.015 9	0.022 7
15	—	—	—	—	—	0.000 0	0.007 6

来源:Shapiro & Wilk(1965,p.603)。

系数 a_i 的大小与样本量 n 和 y_i 的次序有关。根据表 3.1，当 $n=20$ 时，后 10 个次序统计量对应的系数值依次为：0.014 0，0.042 2，0.071 1，0.101 3，0.133 4，0.168 6，0.208 5，0.256 5，0.321 1，0.473 4。由于 $-a_i=a_{n-i+1}$，前 10 个次序统计量对应的系数值依次为：$-0.473\ 4$，$-0.321\ 1$，$-0.256\ 5$，$-0.208\ 5$，$-0.168\ 6$，$-0.133\ 4$，$-0.101\ 3$，$-0.071\ 1$，$-0.042\ 2$，$-0.014\ 0$。系数 a_i 的一个重要特点是：$\sum_{i=1}^{n} a_i^2 = a'a = 1$，其中 a 为 $n \times 1$ 矩阵（即列向量），a' 是 a 的转置矩阵（即排向量）。因此，W 值本质上是 $a_1, \cdots, a_n$ 与 $y_1, \cdots, y_n$ 皮尔逊相关系数（Pearson correlation coefficient，r）的平方（r^2）。W 值介于 $0 \sim 1$ 之间，最大值为 1，最小值为 $na_1^2/(n-1)$。W 值越接近 1，数据分布的正态性就越好。

对于正态分布样本，W 的分布只取决于样本量 n。W 统计显著性检验可以通过查表的方式。表 3.2 显示样本量 n 在 $20 \sim 30$ 区间内零假设条件下 W 值对应的概率 p 值。

表 3.2　样本量 $n=20 \sim 30$ 时 W 值对应的 p 值

n \\ p	0.01	0.02	0.05	0.10	0.50	0.90	0.95	0.98	0.99
20	0.868	0.884	0.905	0.920	0.959	0.979	0.983	0.986	0.988
21	0.873	0.888	0.908	0.923	0.960	0.980	0.983	0.987	0.989
22	0.878	0.892	0.911	0.926	0.961	0.980	0.984	0.987	0.989
23	0.881	0.895	0.914	0.928	0.962	0.981	0.984	0.987	0.989
24	0.884	0.898	0.916	0.930	0.963	0.981	0.984	0.987	0.989
25	0.888	0.901	0.918	0.931	0.964	0.981	0.985	0.988	0.989
26	0.891	0.904	0.920	0.933	0.965	0.982	0.985	0.988	0.989
27	0.894	0.906	0.923	0.935	0.965	0.982	0.985	0.988	0.990
28	0.896	0.908	0.924	0.936	0.966	0.982	0.985	0.988	0.990
29	0.898	0.910	0.926	0.937	0.966	0.982	0.985	0.988	0.990
30	0.900	0.912	0.927	0.939	0.967	0.983	0.985	0.988	0.900

来源：Shapiro & Wilk(1965，p.605)。

假如有变量 Y 的一组数据（已按升序排列）（$n=20$）：8,8,8,9,9,9,10,11,12,15,15,16,16,16,18,18,28,40,41,53。由表 3.1 得到 Y 次序统计量对应系数 a_i：$-0.473\ 4$，$-0.321\ 1$，$-0.256\ 5$，$-0.208\ 5$，$-0.168\ 6$，$-0.133\ 4$，$-0.101\ 3$，$-0.071\ 1$，$-0.042\ 2$，$-0.014\ 0$，0.014 0，0.042 2，0.071 1，0.101 3，0.133 4，0.168 6，0.208 5，0.256 5，0.321 1，0.473 4。利用公式 3.27，执行以下 R 命令：`(t(ai) % * % y)^2/(t(y-mean(y)) % * % (y-mean(y)))`，①得到 $W=0.750\ 4$（保留四位小数）。查表 3.2 发现，$n=20$ 时，$W=0.868$ 对应 $p=0.01$。本例数据 $W=0.750\ 4$ 小于 $W=0.868$，因而本例 W 检验

_____

① R 命令中的 ai 代表系数 a_i 构成的列向量，y 代表 Y 值构成的列向量。

拒绝零假设($p < 0.01$),有证据表明本例数据违反正态分布。

计算统计量 W 的关键是计算系数 a_i。系数 a_i 的精确计算比较复杂,特别是在样本量大的时候。Royston(1992)提出了 a_i 近似算法。系数 a_i 近似等于 $c_i = (\tilde{\boldsymbol{m}}'\tilde{\boldsymbol{m}})^{-\frac{1}{2}}\tilde{m}_i$,其中 $\tilde{m}_i = \Phi^{-1}\left\{\left(i - \dfrac{3}{8}\right) \Big/ \left(n + \dfrac{1}{4}\right)\right\}$,$\Phi$ 是标准正态累积分布函数,Φ^{-1} 是 Φ 的反函数(inverse function),$i = 1, \cdots, n$。系数 a 与 c 的主要不同之处在于样本中的前两个系数和后两个系数。由于 $a_1 = -a_n$,$a_2 = -a_{n-1}$,因而只需计算 a_n 和 a_{n-1}。令 $4 \leqslant x \leqslant 1\,000$,将 $x = n^{-\frac{1}{2}}$ 作为预测变量,将 $a_n - c_n$ 和 $a_{n-1} - c_{n-1}$ 作为效标变量(因变量)开展 5 次(quintic)多项式回归分析,得到:

$$\tilde{a}_n = c_n + 0.221\,157x - 0.147\,981x^2 - 2.071\,190x^3 + 4.434\,685x^4 - 2.706\,056x^5$$

$$\tilde{a}_{n-1} = c_{n-1} + 0.042\,981x - 0.293\,762x^2 - 1.752\,461x^3 + 5.682\,633x^4 - 3.582\,633x^5$$

若 $n \leqslant 5$,令 $\varphi = (\tilde{\boldsymbol{m}}'\tilde{\boldsymbol{m}} - 2\tilde{m}_n^2)/(1 - 2\tilde{a}_n^2)$;若 $n > 5$,令 $\varphi = (\tilde{\boldsymbol{m}}'\tilde{\boldsymbol{m}} - 2\tilde{m}_n^2 - 2\tilde{m}_{n-1}^2)/(1 - 2\tilde{a}_n^2 - 2\tilde{m}_{n-1}^2)$,则正态化(normalize)剩余 $\tilde{m}_i$ 值得到 $\tilde{a}_i = \varphi^{-\frac{1}{2}}\tilde{m}_i$,其中 $i = 2, \cdots, n-1$($n \leqslant 5$)或 $i = 3, \cdots, n-2$($n > 5$)。

针对本例 Y 变量数据,利用以上近似计算方法,得到正态化系数 $\tilde{a}_i$:$-0.473\,371\,10$,$-0.321\,740\,27$,$-0.255\,663\,23$,$-0.208\,297\,20$,$-0.168\,639\,82$,$-0.133\,584\,21$,$-0.101\,474\,39$,$-0.071\,289\,30$,$-0.042\,323\,22$,$-0.014\,035\,13$,$0.014\,035\,13$,$0.042\,323\,22$,$0.071\,289\,30$,$0.101\,474\,39$,$0.133\,584\,21$,$0.168\,639\,82$,$0.208\,297\,20$,$0.255\,663\,23$,$0.321\,740\,27$,$0.473\,371\,10$。这些近似值与表 3.1 中的 a_i 值差异很小。利用以上系数 $\tilde{a}_i$ 计算检验统计量 W,得到 $W = 0.750\,2$(保留四位小数),与利用表 3.1 计算得到的 W 值只在小数点后第四位上有差异。①

W 检验显著性概率 p 的计算可以采用正态化 W 统计量的方法,转化后的值称作 w。根据 Royston(1992),若 $4 \leqslant n \leqslant 11$,则:

$$w = -\ln[\gamma - \ln(1 - W)];\ \gamma = -2.273 + 0.459n$$
$$\mu = 0.544\,0 - 0.399\,78n + 0.025\,054n^2 - 0.000\,671\,4n^3$$
$$\sigma = \exp(1.382\,2 - 0.778\,57n + 0.062\,767n^2 - 0.002\,032\,2n^3)$$

若 $12 \leqslant n \leqslant 2\,000$,则:

$$w = \ln(1 - W)$$
$$\mu = -1.586\,1 - 0.310\,82\ln n - 0.083\,751(\ln n)^2 + 0.003\,891\,5(\ln n)^3$$
$$\sigma = \exp(-0.480\,3 - 0.082\,676\ln n + 0.003\,030\,2(\ln n)^2)$$

要计算显著性概率 p,则先根据 w 值、μ(平均数)和 σ(标准差)计算标准正态分布的 Z 值,再利用 R 函数 `1-pnorm(Z)` 计算显著性概率。标准正态分布 Z 值的计算公式为:

$$Z = (w - \mu)/\sigma \tag{3.28}$$

针对本例,根据公式 3.28,得到 $Z = 3.581\,5$,$p = 0.000\,17 < 0.001$。

W 检验可以利用 R 函数 `shapiro.test(x)` 或者 `stat.desc(x, norm =`

---

① Royston(1992, p.118)指出,Shapiro & Wilk(1965)给出的 $n > 20$ 时 a_i 近似值的近似度不足,甚至给出的 $n \leqslant 20$ 时的 a_i "精确"值也不精确。

TRUE),其中 x 为数值向量,norm = TRUE 表示结果输出包括正态检验统计量。本例中,$W = 0.7502$,$p = 0.00017 < 0.001$,说明该组数据违反正态分布。利用函数 skewness(x, type =2)和 kurtosis(x, type =2)分别得到偏度值 1.73 和峰度值 2.26,说明该组数据呈正偏态和正峰态。图 3.7 诊断变量 Y 的数据分布。

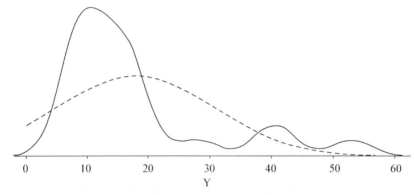

图 3.7　变量 Y 数据分布

图 3.7 中的实线代表经验分布,虚线代表理论正态分布。该组数据分布呈尖峰状,中央过剩,右尾巴拉长,小凸块显示有异常值存在。利用 R 函数 outbox(x) 发现有 3 个异常值:40,41,53。

3.3.3.2　正态分布 W' 检验

Shapiro & Francia(1972)在 Shapiro & Wilk(1965)研究的基础上提出大样本(样本量大于 50)正态分布近似检验方法,称作 W' 检验。该检验使用的系数只取决于正态次序统计量(order statistics)的期望值。W' 统计量的计算公式为:

$$W' = \frac{\left(\sum\limits_{i=1}^{n} b_i y_i\right)^2}{\sum\limits_{i=1}^{n} (y_i - \bar{y})^2} \tag{3.29}$$

其中,$\boldsymbol{b}' = (b_1, b_2, \cdots, b_n) = \dfrac{\boldsymbol{m}'}{(\boldsymbol{m}'\boldsymbol{m})^{1/2}}$,$\boldsymbol{m}' = (m_1, m_2, \cdots, m_n)$ 为标准正态次序统计量期望值向量,y_i 为样本第 i 个次序观测值,$\bar{y}$ 为样本观测值平均数。

Royston(1993)提出 W' 及其 p 值的近似算法。样本量大于 5 时,Royston(1993)提出的算法的精确性足以满足实际应用的要求。正态分数 $m_i (i = 1, \cdots, n)$ 可以通过 $\Phi^{-1}(p_i)$ 近似得到,其中 Φ^{-1} 是标准正态分布反函数,$p_i = \left(i - \dfrac{3}{8}\right) / \left(n + \dfrac{1}{4}\right)$。$W'$ 值转化为标准正态分布 Z 分数的公式为:

$$Z = \left[\{(1 - W')^\lambda - 1\} / \lambda - \mu \right] / \sigma \tag{3.30}$$

其中,λ、μ 和 σ 是 $\ln(n)$ 的多项式函数。$n \geqslant 10$ 时,$|\lambda|$ 接近 0,表明 $1 - W'$ 的分布近似服从对数正态分布(lognormal distribution)。检验统计量 Z' 的计算公式为:

$$Z' = \{\ln(1 - W') - \hat{\mu}\} / \hat{\sigma} \tag{3.31}$$

其中,$\hat{\mu} = -1.2725 + 1.0521(\ln(\ln(n)) - \ln(n))$,$\hat{\sigma} = 1.0308 - 0.26758(\ln(\ln(n)) +$

$2/\ln(n)$。Z' 为标准正态分布的上尾巴值。计算 Z' 显著性概率 p 值的 R 函数为 pnorm(Z′, lower.tail = FALSE)。

在前面关于变量 Y 值的例子中，如果采用 W' 检验，利用上面的计算公式，得到 $W' = 0.748\,415\,4$，$Z' = 3.383\,587$，$p = 0.000\,357\,7 < 0.001$，与 W 检验得出的结论相同。W' 检验的 R 函数为来自数据包 nortest 中的函数 sf.test(x)，其中 x 为数值向量。本例执行 R 函数 sf.test(y)，得到 $W' = 0.748\,42$，$p = 0.000\,357\,7 < 0.001$。

Shapiro & Francia(1972)从 12 个非正态分布族中随机抽取样本量为 35 和 50 的随机样本数各 100 个，比较 W' 和 W 检验的统计效力。总体上，这两个检验在效力上的差异不大。具体而言，在以下分布情况下，W' 检验似乎比 W 检验更敏感：① 分布为连续性对称分布，四阶距(fourth moment)高；② 分布接近正态；③ 分布具有离散性，且呈偏态。当分布为连续性非对称分布且四阶距高或者分布为离散性对称分布时，W 检验与 W' 检验似乎对等，但是在其他情况下，W 检验的效力更高。

思考与练习

1. 简要说明描述性统计包括的维度。

2. 简要概括正态分布的特点。

3. 编写计算变量 X 样本标准差的 R 的函数 std.dev，利用该函数计算以下一组数值的标准差，并利用 R 自带函数 sd 检验两个函数计算结果的一致性：25.96, 30.83, 37.15, 24.91, 29.64, 30.60, 33.19, 28.92, 38.93, 29.38, 31.88, 34.42, 28.23, 25.32, 38.02, 19.60, 33.95, 30.16, 34.56, 31.95。

4. 有以下一组由小到大排序的数值：35, 39, 40, 40, 41, 42, 45, 46, 47, 48, x, x, x, 63, 96，其中 x 值未知。下面哪个或哪些陈述是正确的?

（a）众数是 40；（b）平均数大于中位数；（c）中位数为 46；（d）没有异常值。

5. 以下哪些描述正确体现标准差的特点?

（a）标准差对异常值有抗扰性，即不受或较少受到异常值的影响。

（b）标准差与各个数值的平均数离差平方和有正向关系。

（c）每个数值加上或减去一个常数(如 10)，标准差不变。

（d）平均数上下移动两个标准差构成的区间包括大约 95% 的数值。

6. 利用 R 自带函数 mean 计算以下一组数值的算术平均数，再调用 R 数据包 Rallfun - v37 中的函数 tmean 计算该组数据的 20% 截尾平均数：35, 41, 50, 33, 40, 41, 44, 39, 52, 39, 43, 46, 2, 38, 5, 9。两个平均数是否有较大的差异? 如果差异较大，说明造成较大差异的主要原因。

7. 利用本章介绍的四种函数 boxplot(x)、outbox(x)、outbox(x, mbox = TRUE) 和 out(x) 诊断第 6 题数据分布中的异常值。四种诊断方法得出的结果是否一致?

8. 利用数据包 pastecs 中的函数 stat.desc 计算第 6 题数据分布的偏度值和峰度值、W 检验统计量和相关的概率 p 值。本次检验得出的结论是什么?

9. 下图是一组数据分布的核密度图,其中的横坐标值表示某个变量的测量值。

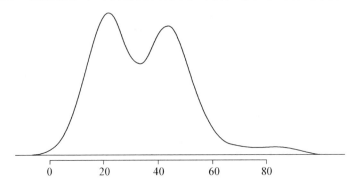

要求:根据以上核密度图,诊断数据分布的特点。

10. 通常情况下,样本 20% 缩尾方差(s_w^2)会小于样本方差(s^2)吗? 为什么?

11. 某年级英语学习者英语水平测试的平均分 $\bar{X}=65$,方差 $s^2=25$。某位学生的得分为 80,该生得到的标准分(Z 分数)是多少?

12. 一组数据的平均数为 $\bar{X}=15$,标准差为 $s=3.5$。如果将该组数据中的每个数值均增加 5,平均数和标准差是多少? 如果将该组数据中的每个数值扩大到两倍,平均数和标准差又是多少?

13. 已知一批英语学习者的英语水平测试成绩服从平均数为 $\mu=70$、标准差 $\sigma=6$ 的正态分布。根据正态分布原理,回答以下问题:

(a) 低于 58 分的分值数占总分值数的百分比大约是多少?

(b) 分值在 64 和 82 之间的百分比大约是多少?

14. 下图显示一组数据分布的核密度图。图中的两条线(实线和虚线)体现平均数和中位数所在的位置。

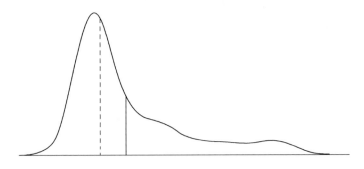

试问:平均数位于哪一条线所在的点,中位数位于哪一条线所在的点? 请给出理由。

第**4**章

置信区间和统计显著性

本章首先介绍置信区间（confidence interval, CI），包括（算术）平均数95%置信区间和20%截尾平均数95%置信区间，然后介绍统计显著性概念，包括第一类错误率（type I error rate, α）、第二类错误率（type II error rate, β）和统计效力（statistical power）。统计分析调用的数据包为pastecs、pwr和Rallfun - v37。

4.1 平均数95%置信区间

用样本统计量（如样本平均数）估计总体的参数称作点估计（point estimate）。点估计容易受到样本的影响，因而点估计不太可能正好等于参数值。区间估计（interval estimate）克服了这一局限，提供总体参数存在的可能范围。这样的区间称作置信区间。置信区间表示为$(1 - \alpha) \times 100\%$，其中$\alpha$是第一类错误率（type I error rate, α）。95%置信区间表示在所有样本中有95%的样本得到的置信区间会包括总体参数，置信水平（confidence level）是95%，第一类错误率为$\alpha = 0.05$。99%置信区间指在所有样本中有99%的样本得到的置信区间会包括总体参数，置信水平是99%，第一类错误率为$\alpha = 0.01$。99%置信区间比95%置信区间的置信水平高，但是区间宽度（width）增大，估计的精确度降低。95%置信区间是最常用的置信区间。置信区间有两个极限（limits），一个是下限（lower limit, $L(X)$），另一个是上限（upper limit, $U(X)$），因而置信区间表示为$[L(X), U(X)]$，其中X是随机变量。

总体平均数置信区间的计算假设抽样来自正态分布。在总体标准差（σ）已知的条件下，总体平均数95%和99%置信区间的计算公式分别为：

$$95\% CI = M \pm 1.96 \frac{\sigma}{\sqrt{n}} \qquad (4.1)$$

$$99\% CI = M \pm 2.58 \frac{\sigma}{\sqrt{n}} \qquad (4.2)$$

其中，M为样本平均数，$\frac{\sigma}{\sqrt{n}}$为样本平均数标准误差SE，n是样本量。平均数抽样分布95%置信区间的Z分数在-1.96和$+1.96$之间，1.96是正态分布概率值0.975对应的分位数。平均数抽样分布99%置信区间的Z分数在-2.58和$+2.58$之间，2.58是正态分布概率值0.995对应的分位数。假如正态分布总体方差$\sigma = 3$，某个随机样本（$n = 25$）的平均数$M = 30$，试估计总体平均数95%和99%的置信区间。将样本平均数、样本量和总体标准差代入公式 4.1 和 4.2,得到:95% CI [28.82,31.18];99% CI [28.45,31.55]。比较这两个置信区间可以发现,99% CI 比 95% CI 稍宽。

在总体标准差未知的情况下,用样本标准差(S)来估计,$(1-\alpha) \times 100\%$ CI 为:

$$(1-\alpha) \times 100\% \ CI = M \pm t_{2-\text{tail},(1-\alpha/2),n-1} \frac{S}{\sqrt{n}} \tag{4.3}$$

其中,S 是样本标准差,n 是样本量,$t_{2-\text{tail},(1-\alpha/2),n-1}$ 为双尾(two-tailed)t 分布(自由度 $\nu = n-1$)概率值 $1-\alpha/2$ 对应的分位数(常称作临界值,critical value,简称 CV)。关于 t 分布,见第 7 章。随着样本量 n 增大,$t_{2-\text{tail},(1-\alpha/2),n-1}$ 接近标准正态分布 Z 分数。譬如,$n=100$ 和 $\alpha=0.05$ 时,双尾 t 检验临界值为 1.98,接近标准正态分布 Z 分数(值为 1.96)。R 计算 t 分布分位数的函数为 qt(p, df),其中 p 是概率,df 是自由度。R 计算标准正态分布分位数的函数为 qnorm(p, mean =0, sd =1),其中 p 是概率,mean = 0 和 sd =1 是 R 默认的标准正态分布平均数和标准差。如果在上例中,正态分布总体方差 σ 未知,样本标准差 $S=3$,样本量及其平均数 M 不变,则总体平均数 95% 和 99% 的置信区间分别为:95% $CI = 30 \pm 2.06 \times \dfrac{3}{\sqrt{25}}$,即 [28.76,31.24];99% $CI = 30 \pm 2.8 \times \dfrac{3}{\sqrt{25}}$,即 [28.32,31.68]。利用 R 计算平均数 95% CI 可以调用来自 R 数据包 pastecs 中的函数 stat.desc,也可以调用数据包 Rallfun - v37 中的函数 trimci(x, tr =0, alpha =0.05, null.value =0),其中 x 是数值向量,tr =0 表示不截尾,alpha =0.05 表示默认计算 95% 置信区间,null.value =0 表示默认的零假设值为 0。

需要注意的是,置信区间是随机区间,随着样本的改变,置信区间也随之改变。针对某个区间,包括被估计的总体参数值的概率要么为 1,要么为 0,即该区间要么包括总体参数,要么不包含总体参数。当我们说有 95% 的信心认为总体平均数包含在某个区间内时,我们实际上是指,如果我们根据反复随机抽样得到的同样大小的样本计算出一系列的区间,那么(近似)95% 的区间应该包含总体平均数,具体的某个区间只是一系列区间中的一个。换言之,置信(confidence)适用于构造置信区间的程序,而非区间本身(Ugarte *et al.*, 2015, p.454)。

我们通过模拟手段进一步了解置信区间的本质。假如我们从平均数 μ 为 30、标准差 σ 为 3 的正态分布总体中随机抽取 100 个样本,每个样本量 n 均为 20。当 $\alpha=0.05$ 时,包含平均数 30 的置信区间期望数应为 95,不包括平均数 30 的置信区间期望数应为 5。图 4.1 模拟的是基于各个样本平均数估计正态分布总体平均数的 95% 置信区间。

在图 4.1 中,横坐标代表模拟的次序,纵坐标为模拟得到的 95% 置信区间值。图中细线表示包括总体平均数 $\mu=30$ 的置信区间,共有 95 个这样的区间,各个区间的宽度不相同;粗线表示不包括总体平均数 $\mu=30$ 的置信区间,区间数共有 5 个,其中 1 个区间位于经过 30 的水平线之上,4 个区间位于经过 30 的水平线之下,各个区间的宽度也不相同。模拟结果表明,置信区间受抽样误差的影响,具有随机性。本例计算的 100 个样本平均数中,大于总体平均数 30 的个数为 48,小于 30 的个数为 52,没有 1 例得到

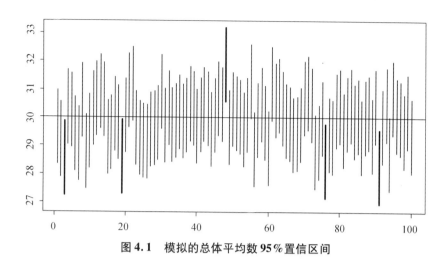

图 4.1 模拟的总体平均数 95% 置信区间

的平均数正好等于 30,因而点估计是不准确的。但是,使用 95% 置信区间时,有 95 个样本正确估计了总体平均数所在的区间。在总体平均数未知时,95% 置信区间使我们能够对总体平均数的大小有更好的了解。

需要强调的是,使用公式 4.3 估计总体平均数 95% 置信区间时,抽样需来自正态分布。只有抽样来自正态分布,才能够利用理论 t 分布得到的临界值计算置信区间。如果抽样来自非正态分布,由此得到的 t 分布与理论 t 分布吻合吗？ 这里以对数正态分布(lognormal distribution)为例。如果一个随机变量 X 的对数 $\log(X)$ 为正态分布,则 X 服从对数正态分布。如果一个随机变量 X 的对数 $\log(X)$ 服从对数平均数 $\mu = 0$、对数标准差 $\sigma = 1$ 的标准正态分布,则 X 对数正态分布的平均数 $\mu = 1.649$、$\sigma = 2.161$(近似值)。对数正态分布的特点如图 4.2 所示。

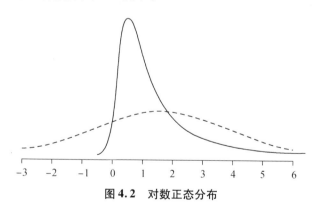

图 4.2 对数正态分布

图 4.2 中的实线为对数正态分布曲线,虚线为正态分布曲线。从图中可以看出,对数正态分布为正偏态分布,尾巴较轻(异常值较少)。

我们从对数正态分布中随机抽取样本量 $n = 30$ 的 5 000 个样本,利用以下公式计算每个随机样本的 t 值：

$$t = \frac{\sqrt{n}(\bar{X} - \mu)}{S} \tag{4.4}$$

其中,$\bar{X}$是每个样本的平均数,S是每个样本对应的标准差,$\mu = 1.649$。由 5 000 个 t 值得到的 t 分布如图 4.3 中的实线所示,图中的虚线为理论 t 分布。

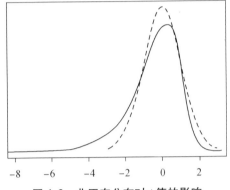

图 4.3　非正态分布对 t 值的影响

当抽样来自正态分布时,t 值绘制的曲线为理论 t 分布曲线(自由度 $v = n - 1 = 29$)。对照理论 t 分布曲线,从对数正态分布中抽样计算得到的 t 经验分布呈负偏态分布,而且右尾巴轻,左尾巴特别重。理论 t 分布为对称分布,平均数 $\mu = 0$,而本例中的 t 经验分布不对称,平均数 $\mu = -0.42$。计算 95% 置信区间时,实际的概率覆盖率(probability coverage)只有 0.88,而不是 0.95,因而置信区间的估计是不准确的。

4.2　截尾平均数 95% 置信区间

样本平均数和标准差是最小二乘法估计量(least squares estimators),易受异常值的影响。样本截尾平均数($\bar{X}_t$)(稳健位置估计)和缩尾标准差(S_w, s_w)(稳健标准差估计)则不受或较少受到异常值或偏态分布的影响。

总体截尾平均数(μ_t)95% 置信区间利用截尾平均数和缩尾标准差,计算公式为:

$$(1 - \alpha) \times 100\% \, CI = \bar{X}_t \pm t_{1 - \alpha/2, v} \frac{S_w}{(1 - 2\gamma)\sqrt{n}} \tag{4.5}$$

其中,$t_{1 - \alpha/2, v}$ 是自由度为 $v = n - 2g - 1$($g = [\gamma n]$,γ 是截尾量)的双尾 t 分布 $1 - 2/\alpha$ 对应的分位数。研究中通常采用 20% 截尾平均数和 20% 缩尾标准差,即 $\gamma = 0.2$。

假如有以下一组按升序排列的数据($n = 20$):23,23,24,24,24,25,25,26,26,27,28,28,29,30,31,35,37,44,49,试求总体截尾平均数 95% 置信区间。本例中,$\alpha = 0.05$,$v = 11$,$\gamma = 0.2$,20% 截尾平均数 $\bar{X}_t = 27.25$,$S_w = 2.7961$,$t_{1 - \alpha/2, v} = 2.201$。利用公式 4.5,总体截尾平均数 95% CI 为:$\left[27.25 - 2.201 \times \frac{2.7961}{(1 - 2 \times 0.2)\sqrt{20}}, 27.25 + 2.201 \times \right.$

$\left. \frac{2.7961}{(1 - 2 \times 0.2)\sqrt{20}} \right]$,即 [24.96,29.54]。R 计算 20% 截尾平均数 95% CI 的函数为来自数据包 Rallfun - v37 中的 trimci(x, tr = 0.2, alpha = 0.05, null.value = 0),其中,x 是数值向量,tr = 0.2 是默认的截尾量,alpha = 0.05 为默认的第一类

错误率。

如果利用常规平均数($\bar{X} = 29.3$)计算总体平均数 95% CI,则得到:[26.02, 32.58]。总体平均数 μ 95% CI 比总体截尾平均数 μ_t 95% CI 要宽。在数据服从正态分布时,$\bar{X}$ 和 $\bar{X}_t$ 都是总体平均数 μ 的无偏估计。当总体分布呈偏态时,$\bar{X}_t$ 估计总体截尾平均数 μ_t,μ_t 通常比 μ 更接近更多的观测值(Kline, 2013, p.58)。利用函数 out(x) 诊断发现,本例数据有两个异常值(44,49),分布右偏,$\bar{X}_t$ 比 $\bar{X}$ 更能反映数据的集中趋势,建议本例使用截尾平均数 95% 置信区间。

4.3 第一类错误、第二类错误和统计效力

4.3.1 第一类错误、第二类错误和统计效力的基本概念

显著性检验(test of significance)指根据样本数据对总体特征的假设(hypothesis)进行推理性检验。所有的显著性检验都开始于虚无假设或零假设(null hypothesis,记作 H_0)。虚无假设是在统计检验前假定为真的假设或是被用作论证前提的假设。与虚无假设对立的假设是备择假设(alternative hypothesis,记作 H_1 或 H_a),也称研究假设(research hypothesis)。备择假设可以是单侧的(one-sided)或单尾的(one-tailed),也可以是双侧的(two-sided)或双尾的(two-tailed),或者说可以是有方向性的(directional)或无方向性的(non-directional)。譬如,我们要检验某个抽样总体的平均数(μ_1)是否等同于某个总体的平均数 μ_0。零假设(H_0)是:$\mu_1 = \mu_0$。单侧备择假设(H_1)是:$\mu_1 < \mu_0$ 或者 $\mu_1 > \mu_0$。双侧备择假设(H_1)是:$\mu_1 \neq \mu_0$。虚无假设和备择假设具有互补性。即,要么零假设为真,备择假设为误;要么零假设为误,备择假设为真。显著性检验的关键问题是,如何推断零假设为误?

通常情况下,我们不太可能知道抽样总体的参数(parameter)值(如总体平均数 μ),我们只能根据抽样得到的样本统计量(statistics)(如样本平均数 $\bar{X}$)对之进行估计。由于抽样受到随机变化的影响,每次抽样得到的样本统计量很可能都会不同。置信水平与错误率(error rate)是联系在一起的。如果我们采用 95% 的置信水平错误拒绝零假设(即 $\mu_1 = \mu_0$),则所犯的错误率为 $1 - 0.95 = 0.05$。这种错误称作第一类错误(type I error),错误率记作 α。第一类错误率是在统计检验前就已经确定了的、能够被接受的错误率。如果我们采用 95% 的置信水平错误接受零假设,则所犯的错误称作第二类错误(type II error),错误率称作 β。正确拒绝错误的零假设的概率称作统计效力(statistical power),计算上等于 $1 - \beta$。第二类错误(β)通常设定为 0.1,即效力为 0.9,0.8 常被视作可接受的最小效力值(即 $\beta = 0.2$)(Batterham & Atkinson, 2005, p.158)。

实际研究中,研究者并不真正知道会犯哪类错误,因而既需要控制第一类错误率,以避免在零假设为真的情况下得到虚假的研究发现,又需要控制第二类错误率(即提高统计效力),以便在研究假设为真的情况下能够得到研究发现。统计显著性检验与第一类错误、第二类错误和统计效力的关系如表 4.1 所示。

表4.1　统计显著性检验中的第一类错误、第二类错误和统计效力

	拒绝零假设	不拒绝零假设
零假设为真	第一类错误,α	正确结论,置信水平 $1-\alpha$
零假设为误	正确结论,统计效力 $1-\beta$	第二类错误,β

　　表4.1第一列表示零假设为真或为误的真实情形,第二列和第三列显示实际研究中基于样本的推理判断。零假设为真时,如果拒绝零假设,则研究犯了第一类错误,错误率为 α;如果不拒绝或保留零假设,则研究结论正确,置信水平为 $1-\alpha$,即在所有重复性研究中大约 $(1-\alpha)\times 100\%$ 的研究得出正确结论。零假设为误时,如果拒绝或不保留零假设,则研究结论正确,即在所有重复性研究中大约 $(1-\beta)\times 100\%$ 的研究得出正确结论;如果不拒绝或保留零假设,则研究犯了第二类错误,错误率为 β。需要注意的是,实际研究中,我们并不知道零假设是否为真,统计显著性检验的前提是假设零假设为真,寻找拒绝零假设的证据。

　　由于通常认为第一类错误比第二类错误更严重,且第一类错误率比第二类错误率更容易控制,研究者采用的常规做法是先验地(a priori)设定可接受的第一类错误率,以此作为显著性水平开展统计检验(Ugarte *et al.* , 2015, p.522)。

4.3.2　第一类错误和第二类错误之间的关系

　　在其他条件不变的情况下,第一类和第二类错误率的变化呈反向的关系。即,第一类错误率增大,第二类错误率就减小;第一类错误率减小,第二类错误率就增大。下面举个例子。

　　已知随机变量 X 服从正态分布,总体标准差 $\sigma = 2.5$,但是总体平均数 μ 未知,零假设是:$\mu = \mu_0 = 10$。同时,假设实际上正态分布随机变量 X 的总体平均数 $\mu = \mu_1 = 12$,$\sigma = 2.5$。设定 $\alpha = 0.05$,试求在双侧和单侧检验条件下的第二类错误率 β。在标准正态分布中,$\alpha = 0.05$,则计算双侧检验的 Z 分数(又称临界值)的 R 函数是 qnorm(1 - 0.05/2),由此得到的临界值是 1.96。如果在总体平均数 $\mu = \mu_0 = 12$ 和总体标准差 $\sigma = 2.5$ 的正态分布中随机抽样($n = 20$)计算得到的 Z 分数小于 1.96,则不拒绝零假设,出现第二类错误。如果抽样计算得到的 Z 分数大于或等于 1.96,则正确拒绝零假设。由此产生的第一类和第二类错误率如图 4.4 左分图所示。如果采用单侧检验,则 $\alpha = 0.05$ 时,Z 分数临界值为 1.644 9(约为 1.64)。同样,如果从总体平均数 $\mu = \mu_0 = 12$ 和总体标准差 $\sigma = 2.5$ 的正态分布中随机抽样($n = 20$)计算得到的 Z 分数小于 1.644 9,则不拒绝零假设,出现第二类错误。如果抽样计算得到的 Z 分数大于或等于 1.644 9,则正确拒绝零假设。第一类和第二类错误率的关系如图 4.4 右分图所示。

　　图 4.4 左分图显示,采用双侧检验时,$\alpha/2 = 0.025$,第二类错误率较低($\beta = 0.053$),统计效力很高(0.947)。右分图显示,采用单侧检验时,$\alpha = 0.05$,第二类错误率下降($\beta = 0.027$),统计效力更高(0.973)。

　　由于第二类错误率和统计效力存在简单的函数关系,本例第二类错误率的计算可以利用 pwr 数据包中的函数 pwr.norm.test(d =NULL, n =NULL, sig.level = 0.05, power =NULL, alternative =c("two.sided", "less", "greater"))。

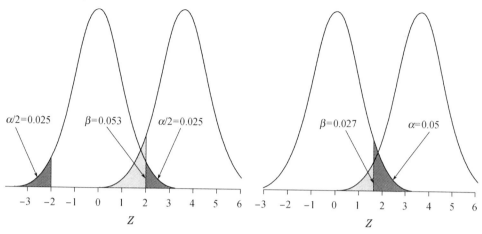

图 4.4　双侧和单侧检验第一类与第二类错误率

在该函数中,d 是效应量(effect size,即 Cohen's d),计算上等于研究假设总体平均数与零假设总体平均数的差异除以标准差。效应量是统计分析中非常重要的统计量,后面章节会对之展开讨论。R 函数默认第一类错误率(`sig.level`)为 0.05,假设检验可采用双侧("`two.sided`")或单侧("`less`", "`greater`")。

4.3.3　统计效力和样本量

在效应量、样本量、显著性水平和统计效力之间的关系中,知道其中的三个参数值,通常可得到另外一个参数值。任何一个参数值的变化都会对其他参数值产生影响。在研究设计中,R 函数 `pwr.norm.test` 可用于确定保证统计效力($1-\beta$)所需的样本量。在元分析(meta-analysis)或研究的后续分析中,该函数可用于检验在现有的效应量和样本量条件下研究实际得到的统计效力。由于研究中通常将第一类错误率 α 设为 0.05,采用双侧检验,在保证统计效力不低于 0.8 的情况下确定恰当的样本量至关重要。

假如有两个来自正态分布的总体,标准差均为 $\sigma=5$,零假设是 $\mu=\mu_0=10$,研究假设是 $\mu=\mu_1=12$。如果 $\alpha=0.05$,采用双侧检验,试求在研究假设为真时不同样本量条件下($n=10,20,\cdots,190,200$)的统计效力。在正态分布总体方差已知的情况下,可以根据函数 `pwr.norm.test` 来计算不同样本量条件下的统计效力。效力与样本量的关系如图 4.5 所示。

整体上看,随着样本量的增大,统计效力在增加,变化的速度由快到慢。在样本量小的时候,统计效力变化快。譬如,$n=20$ 时,统计效力约为 0.4,但是 $n=30$ 时,统计效力接近 0.6。如果按照统计效力应达到 0.8 的标准,则样本量应在 50 左右。如果希望统计效力达到 0.9 的标准,样本量在 70 左右即可。当样本量达到 100 之后,统计效力随样本量的变化幅度减缓,增加样本量的意义不大。

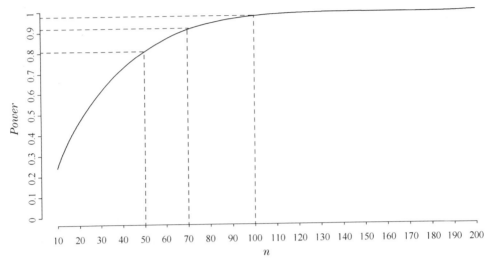

图 4.5　统计效力与样本量之间的关系

4.4　统计显著性

在零假设显著性检验(null hypothesis significance testing, NHST)中,第一类错误率 α 称作显著性水平(level of significance),是事先确定的、错误地拒绝零假设所承担的风险。Significant 一词的常见意思是"有意义的"(meaningful)和"重要的"(important),但是在统计学中,significant 指"显著(性)的"或"有显著意义的",意为"可能为真"或"非随机的"。在前面讨论置信区间时,我们已经注意到,随着样本的变化,样本平均数以及总体平均数置信区间也随之变化。虽然我们不能准确知道总体参数值,但是在一定的置信水平上能够估计总体参数值的范围。譬如,如果在 95% 的置信水平上由样本推断的置信区间包括 μ_0,则我们有理由不拒绝零假设,否则拒绝零假设。因此,置信区间与统计显著性检验是紧密联系的。或者说,置信区间是统计检验的一种方式。本节主要讨论统计显著性检验使用的临界值和概率 p(probability 的缩写)值。

概率 p 值是条件概率,表示在零假设为真的情况下,得到本研究之值或更极端之值的概率,即显著性概率(significance probability)。统计量(statistic)的显著性表明对某个差异或关系的把握性程度。显著性差异可大可小,显著性关系可强可弱。在研究报告中,α 和 p 通常是联系在一起的。假定 $\alpha = 0.05$,$p = 0.04$(概率值前面的"0"可以省略,如 $\alpha = .05$,$p = .04$),常用的标准表述形式是:在 $\alpha = 0.05$ 的显著性水平上,零假设被拒绝,或是 $p = 0.04 < 0.05$。小于 0.05 的 p 值表明,零假设为真时,某个结果或更极端结果偶然发生的可能性不到 5%,由此推断该结果有显著意义(significant)。如果 p 值大于 0.05,我们通常认为研究结果没有显著性意义,即没有足够的证据拒绝零假设。在实际研究中,α 选择 0.05、0.01 还是 0.001 取决于研究者对第一类错误严重性的认识。通常情况下,我们选择 $\alpha = 0.05$。

这里以单样本 t 检验为例说明统计显著性检验的基本逻辑。假如有一个正态分布的总体,平均数 $\mu_0 = 20$,方差 σ^2 未知。我们从某一个正态分布总体中随机抽取 $n = 20$ 的样本,它的平均数 $\bar{X} = 23$,标准差 $s = 4.5$。试检验该样本所在的总体是否为 $\mu_0 = 20$ 的正态分布总体。本例的零假设是 $\mu = \mu_0 = 20$,研究假设是 $H_1 : \mu \neq \mu_0$,统计检验采用双侧检验。

在样本来自正态分布、总体标准差(或方差)未知的情况下检验该样本是否来自某个总体采用单一样本 t 检验,即检验某样本平均数 $\bar{X}$ 与一个总体平均数 μ_0 之间是否存在显著性差异。通常,如果 $p < 0.05$,拒绝零假设,有可靠证据表明样本来自平均数为 μ 的另外一个总体。如果 $p > 0.05$,不拒绝零假设,没有可靠证据表明样本不是来自平均数为 μ_0 的总体。针对上面的例子,根据单一样本 t 检验统计量计算公式 $t = \dfrac{\bar{X} - \mu_0}{s / \sqrt{n}}$,得到 $t = 2.98$。在零假设为真的条件下,检验统计量 t 服从自由度 $\nu = 19$ 的 t 分布。当 $\alpha/2 = 0.025$ 时,右尾 t 临界值为 2.09(R 命令为 `qt(0.975, 19)`)。由于 t 分布是对称分布,左尾 t 临界值为 -2.09,如图 4.6 所示。

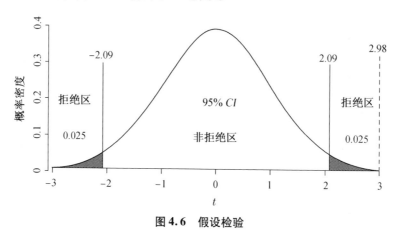

图 4.6　假设检验

图 4.6 显示两大区域,一个是非拒绝区(non-rejection region),另一个是拒绝区(rejection region)。非拒绝区为 $1 - \alpha = 95\%$ 置信区间。零假设为真的条件下,在 95% 置信水平上样本统计量 t 值介于 ± 2.09 之间。在 ± 2.09 区间之外的区间为拒绝区,为样本统计量 t 值落入的区域。本例采用双侧检验,在下尾巴和上尾巴各有一个拒绝区。如果采用单侧检验,则只有一个拒绝区。在零假设为真和置信水平为 0.95 的条件下,拒绝区是样本统计量 t 值不太可能落入的范围。本例中,如果样本统计量 t 值落入拒绝区,说明样本数据来自的总体分布不太可能是 $\mu_0 = 20$ 的正态分布,由此拒绝零假设。本例的样本统计量 t 值为 2.98,落入 t 分布上尾巴的拒绝区,因而拒绝零假设,即推断样本所在的总体不是 $\mu_0 = 20$ 的正态分布总体。

思考与练习

1. 举例说明 95% 置信区间的含义。

2. 简要解释统计显著性概念。

3. 某研究者推测 50% 以上的大学生会对当前的大学英语教学模式感到满意,于是开展了一项满意度调查,检验自己的推测。这项调查研究的零假设(H_0)和备择假设(H_a)是下面的哪个选项?

(a) $H_0:p=0.5;H_a:p\neq0.5$ (b) $H_0:p=0.5;H_a:p>0.5$

(c) $H_0:p>0.5;H_a:p\neq0.5$ (d) $H_0:p>0.5;H_a:p=0.5$

4. 某大学调整大学英语课程设置,旨在提高学生对课程设置的认可度。在课程设置调整前,70% 的大学生认可英语课程的设置。课程设置调整后,教务部门从 3 000 名大学生中随机抽取 200 名学生开展了调查,发现 150 名学生认可新的课程设置方式。适合于本次调查的推理统计方法是单样本 Z 检验。统计量 Z 服从标准正态分布,计算公式为:$Z=\dfrac{\hat{p}-p_0}{\sqrt{\dfrac{p_0(1-p_0)}{n}}}$,其中 $\hat{p}$ 是样本中结果发生的比率(proportion),p_0 是零假设条件下总体(population)中结果发生的比率,n 是样本量。对本例开展单样本 Z 检验,得到 $Z=1.543$,$p=0.061$。回答以下问题:

(a) 本研究的零假设和备择假设是什么?

(b) 调查中认可新版英语课程设置的学生比率是多少?

(c) 设定统计显著性水平 $\alpha=0.05$,本研究得出的结论是什么?

(d) 本研究中的第一类错误和第二类错误是什么?

(e) 本研究发现认可新版英语课程设置的学生比率 $p=0.75$ 的统计效力只有 0.476。这是什么意思?

(f) 你对提高统计效力的建议是什么?

5. 一项研究报告在统计显著性水平 $\alpha=0.05$ 时,某个统计检验的统计效力为 0.82。试问:该检验的第一类错误率和第二类错误率各是多少?

6. 某研究者对随机抽取的 50 名大学生开展了英语水平测试,测试分数(Scores)如下:68,61,57,52,70,68,71,75,65,81,74,74,55,65,73,76,67,77,75,81,84,78,75,64,65,75,69,58,66,78,63,77,82,73,77,60,60,68,68,60,57,60,72,68,71,72,70,63,61,25。给出计算(算术)平均数和 20% 截尾平均数的 R 命令,报告统计结果。

7. 给出计算第 6 题中英语水平测试分数的标准差和 20% 缩尾标准差的 R 命令,报告统计结果。这两个标准差差异大吗? 为什么?

8. 利用 R 函数 shapiro.test 对第 6 题中英语水平测试分数开展正态性检验,报告检验结果。如果删除第 6 题中的英语水平测试分值 25,对其他分数开展正态性检验,检验的结论发生改变了吗? 如果检验的结论发生改变,这说明什么?

9. 利用第 6 题中英语水平测试分数,计算总体(算术)平均数的 95% 置信区间和总体 20% 截尾平均数的 95% 置信区间。给出计算置信区间的 R 命令,报告统计结果。针对本例,你更愿意接受总体平均数的 95% 的置信区间,还是总体 20% 截尾平均数的 95% 置信区间? 请给出理由。

10. 显著性概率 p 与第一类错误率 α 有何区别?

11. 第一类错误和第二类错误相比,哪类错误更直接地被零假设显著性检验所控制?

12. 总体平均数95%置信区间表示我们有95%的信心或把握认为真正的总体平均数位于这个区间。有一位研究者发现总体平均数的一个95%置信区间为[25.5，32.3],认为这个区间包括真正总体平均数的概率为95%。为什么这种认识是错误的?

13. 在所有的总体平均数95%置信区间中,有多少比率的置信区间包括样本平均数?

　　(a) 大约有95%　　　　　　　　　　(b) 100%

　　(c) 大约有5%　　　　　　　　　　 (d) 依研究使用的样本量而定

14. 下面哪个关于总体比率 p 的95%置信区间会使我们拒绝零假设 $H_0 : p = 0.6$,接受备择假设 $H_a : p \neq 0.6$?

　　(a) $[0.65, 0.75]$　　(b) $[0.47, 0.60]$　　(c) $[0.55, 0.62]$　　(d) $[0.57, 0.70]$

15. 从正态分布总体中随机抽取样本量为25的一个样本($n = 25$)。已知样本平均数为 $\bar{X} = 60$,标准差为 $s = 10$,编写 R 命令计算在第一类错误率 $\alpha = 0.05$ 时总体平均数95%置信区间(保留两位小数)。

16. 样本量为30时计算总体平均数99%置信区间所需的临界值 t 是多少(保留两位小数)? 要求给出 R 命令。

第5章

信度分析

测量信度（reliability）反映测量的稳定性（stability）和一致性（consistency），即不受测量随机误差（random error）影响的程度。测量信度本质上是测量的分值而非测量工具本身的信度。测量分值随机误差越小，测量信度就越高。信度的高低用信度系数（reliability coefficient）表示。随机误差种类不同，分值信度的测量方法也会不同。本章重点介绍三种信度分析方法——KR20、α（alpha）系数和 Cohen's Kappa（κ）。皮尔逊相关分析（Pearson correlation analysis）常用于测量再测信度（test-retest reliability）。再测信度从时间层面反映整个量表或测试的稳定性。再测信度系数（又称稳定性系数，coefficient of stability）为两次测量的相关系数，通常为皮尔逊相关系数（Pearson correlation coefficient，简称 r）。关于皮尔逊相关分析，详见第6章。本章调用的数据包为 psych。

5.1 *KR20*

如果问卷或测试题项的分值只有两个类别，如正误判断题或 Yes/No 应答（1 代表正确或 Yes，0 代表错误或 No），即数据类型为二分数据（binary data），可以使用 *KR20* 开展信度分析。*KR20* 代表 Kuder & Richardson（1937）推导出的第20个公式：

$$KR20 = \frac{N}{N-1}\left(1 - \frac{\sum pq}{\sigma_t^2}\right) \tag{5.1}$$

其中，N 是题项数，p 是针对每个题项正确应答的比率，q 是针对每个题项错误应答的比率（$1-p$），pq 是每个题项的方差，$\sum pq$ 为题项方差之和，σ_t^2 是整个测试题项分布的方差。σ_t^2 的计算公式为：

$$\sigma_t^2 = \frac{\sum (x_i - \bar{x})^2}{n} \tag{5.2}$$

其中，n 是样本量，x_i 是第 i 个参与者（participant）或被试（subject）在每个题项上累计得分，$\bar{x}$ 是被试得分平均数。*KR20* 只适用于二分数据，取值范围介于 0~1 之间，值越大，信度越高。*KR20* 值在 0.7 以上（最好 0.8 以上）表明测量有内部一致性。

假如某研究者设计了一个由 5 个题项（items）（$N=5$）构成的问卷，题型为正误判断，然后对 20 位参与者（$n=20$）开展了问卷调查。正确应答记作 1，错误应答记作 0，数据结果如下：

```
item1 <- c(1,0,1,0,1,1,1,1,1,1,1,1,1,1,1,1,0,0,0,1)
item2 <- c(1,1,0,0,1,1,0,1,0,1,0,1,0,1,0,1,0,1,0,1)
item3 <- c(0,1,0,0,1,0,0,1,0,1,0,1,0,1,0,1,0,1,1,1)
item4 <- c(1,1,1,0,0,1,0,1,1,1,0,1,1,1,0,1,0,0,1,1)
item5 <- c(0,1,0,1,0,1,1,1,0,1,0,1,1,0,0,1,0,0,0,1)
```

试求该量表测量的信度。

本例适合使用 *KR20* 开展信度分析。R 没有内置函数计算 *KR20*。由于 *KR20* 的计算比较简单,我们编写了函数 KR20(x,N,n),其中 x 是数据框,N 是题项数,n 是样本量。

函数 KR20(x,N,n) 如下:

```
KR20 <- function(x,N,n){
pq <- numeric()
N = N
for(i in 1:N){
pq[i] = mean(x[,i])*(1 - mean(x[,i]))
}
sum <- numeric()
n = n
for(i in 1:n){
sum[i] = sum(x[i,])
}
variance <- var(sum)*(n-1)/n
KR20 = N/(N-1)*(1 - sum(pq)/variance)
print(KR20)
}
```

针对本例,首先创建数据框,R 命令为:item <- data.frame(item1,item2,item3,item4,item5)。然后,利用命令 KR20(item,N=5,n=20) 得到 *KR20* = 0.66。如果研究者对信度不满意,可以添加或剔除题项,或者增加样本量。譬如,删除第一个题项后,得到 *KR20* = 0.7。R 命令和计算结果如下:

```
>Item4 <- item[,2:5]
>KR20(Item4,N=4,n=20)
[1] 0.7022654
```

研究者也可以调用 R 数据包 psych 中的函数 alpha(x) 计算 *KR20*。该函数中的 x 是数据框或矩阵。本例中,执行 R 命令 alpha(item) 得到以下结果:

```
>require(psych)
>alpha(item)
Reliability analysis
Call: alpha(x = item)
```

raw_alpha	std.alpha	G6(smc)	average_r	S/N	ase	mean	sd	median_r
0.66	0.65	0.69	0.27	1.8	0.12	0.59	0.32	0.3

```
    lower  alpha  upper    95%confidence boundaries
    0.42   0.66   0.89
```
Reliability if an item is dropped:

	raw_alpha	std.alpha	G6(smc)	average_r	S/N	alpha se	var.r	med.r
item1	0.70	0.70	0.69	0.37	2.36	0.11	0.030	0.31
item2	0.49	0.48	0.47	0.19	0.93	0.19	0.029	0.25
item3	0.59	0.59	0.54	0.27	1.45	0.15	0.010	0.30
item4	0.56	0.54	0.61	0.23	1.19	0.16	0.073	0.19
item5	0.64	0.63	0.68	0.29	1.67	0.13	0.072	0.31

Item statistics

	n	raw.r	std.r	r.cor	r.drop	mean	sd
item1	20	0.42	0.46	0.26	0.16	0.75	0.44
item2	20	0.81	0.80	0.80	0.64	0.55	0.51
item3	20	0.67	0.65	0.62	0.43	0.50	0.51
item4	20	0.71	0.72	0.59	0.50	0.65	0.49
item5	20	0.61	0.60	0.40	0.34	0.50	0.51

Non missing response frequency for each item

	0	1	miss
item1	0.25	0.75	0
item2	0.45	0.55	0
item3	0.50	0.50	0
item4	0.35	0.65	0
item5	0.50	0.50	0

以上结果中,$KR20$ 系数的名称为 raw_alpha,给出与 KR20(item,N=5,n=20)相同的信度系数。函数 alpha(x)的结果还包括 $KR20$ 系数的 95% 置信区间(95%confidence boundaries)和剔除某个题项后信度的变化(Reliability if an item is dropped)等。本例 $KR20$ 信度系数的 95% 置信区间为:$[0.42,0.89]$。删除 item1 使 $KR20$ 系数由 0.66 微升至 0.7,但是删除其他题项使 $KR20$ 系数下降,尤其在剔除 item2 之后,系数降至 0.49。关于以上输出结果中其他项目的解释,可参看下一节或者利用 R 命令? alpha 查询。

5.2 α 系数

$KR20$ 只适用于二分数据,是 α 系数的特例。如果选项或题项应答包含多个可能的数值,则使用推广的 α 系数。α 系数用于测量量表的内部一致性(internal consistency),即量表内各题项是否体现同一个构念(construct),也可以用于测量不同评估者之间评分结果的相对一致性程度。

α 系数有两种计算方法。第一种方法利用题项相关矩阵,计算公式为:

$$\alpha_1 = \frac{kp}{1 + p(k-1)} \tag{5.3}$$

其中,k 是题项数,p 是题项之间相关系数平均值。由于该公式利用标准化分数(即相关系数),由此计算出的系数为标准化 α,称作系数 α(coefficient α)。

另外一种计算 α 系数的方法,常称作 Cronbach's α,利用题项方差和协方差矩阵,计算公式为:

$$\alpha_2 = \frac{k(\overline{cov/var})}{1 + (k-1)(\overline{cov/var})} \tag{5.4}$$

其中,k 是题项数,$\overline{cov}$ 为题项之间平均协方差(covariance),$\overline{var}$ 为各题项平均方差(variance,S^2)。协方差测量两个变量 X 和 Y 共同变异的程度,计算公式为:

$$cov(X,Y) = \frac{1}{n-1} \sum (X_i - \bar{X})(Y_i - \bar{Y}) \tag{5.5}$$

由于相关矩阵由方差和协方差矩阵推导而来,系数 α 和 Cronbach's α 通常会近似。不过,如果各个题项方差差异大,则这两个系数的差异会变大。若累计题项标准分(Z 分数)求量表总分,使用标准化 α;若累计题项原始分求量表总分,则使用 Cronbach's α(Di Iorio,2005,p. 188)。α 系数同其他信度系数一样,取值范围介于 0 ~ 1 之间。信度的参考标准是:$\alpha > 0.9$,很好(excellent);$\alpha > 0.8$,好(good);$\alpha > 0.7$,可接受(acceptable);$\alpha > 0.6$,有疑问(questionable);$\alpha > 0.5$,差(poor);$\alpha < 0.5$,不可接受(unacceptable)(George & Mallery,2006,p. 231)。

Cronbach's α 95% 置信区间估计能够提供关于 α 系数点估计精确性的信息。根据 Duhachek & Iacobucci(2004),Cronbach's α 的 95% 置信区间计算公式为:

$$\text{Cronbach's } \alpha \ 95\% \ CI = \alpha \pm 1.96 ASE \tag{5.6}$$

其中,ASE 为 α 的标准误差。ASE 的计算公式为:

$$ASE = \sqrt{\frac{Q}{n}} \tag{5.7}$$

其中,Q 是 Cronbach's α 的方差,n 是样本量。统计量 Q 的计算公式为:

$$Q = \left[\frac{2k^2}{(k-1)^2 (j'Vj)^3} \right] (j'Vj)(\text{tr}V^2 + \text{tr}^2 V) - 2(\text{tr}V)(j'V^2 j)] \tag{5.8}$$

其中,k 是题项数,j 是元素值为 1 的 $k \times 1$ 向量,V 是方差-协方差矩阵,$j'Vj$ 是矩阵 V 各个元素之和,$\text{tr}V^2$ 是矩阵 V 自乘后矩阵的迹,$\text{tr}V$ 是矩阵 V 的迹,$\text{tr}^2 V$ 是矩阵 V 迹的平方,$j'V^2 j$ 是矩阵 V 自乘后矩阵元素之和。

如果某个测量结果的内部一致性很低,则需根据被测量的构念定义调整或增减题项。因为测量信度估计并非针对测量工具本身,而是针对测量的结果,即基于样本的数据,所以对某个样本测量信度高并不意味着在其他样本中就一定能够得到同样高的信度。因此,实际研究中应报告针对研究样本的信度数据。如果与其他同类研究相比,研究者发现同一测量工具在自己的研究中信度很低,则应考虑参与者的特征,看看是否由于参与者应答的波动性、对答案的猜测或题项表述的模糊性导致测量随机误差增大,或者检查施测的方式,看看是否由于测试环境的变化或施测程序没有标准化导致测量的随机误差增大。α 系数只能反映量表或测试题项内部一致性,不能反映量表的稳定性,即不能体现再测信度。因此,研究中往往需要报告多个信度系数。另外,如果一个量表包括多个分量表(subscales),则应对每个分量表进行信度检验。

假如某研究者设计了一个 5 点式利克特量表(Likert scale)调查文科学生对统计学课程的畏惧感。量表共有 5 个题项,每个题项有 5 个选择:1 = 毫无畏惧;2 = 不太畏惧;3 = 无所谓;4 = 较畏惧;5 = 很畏惧。通过对 20 名文科学生的调查,得到每个题项的以下测量结果:

```
item1 <- c(1,2,3,4,5,3,2,2,2,4,1,1,4,2,2,3,2,5,2,3)
item2 <- c(3,4,5,5,3,4,2,2,3,4,1,3,3,4,3,3,2,3,1,4)
item3 <- c(2,4,3,3,4,3,3,4,3,2,2,3,2,4,3,1,3,1,4)
item4 <- c(2,3,4,4,3,3,4,2,3,3,3,2,3,3,2,3,3,5,1,3)
item5 <- c(2,3,3,4,4,3,3,4,4,3,2,2,4,3,2,2,2,2,2,2)
```

试计算该问卷测量的信度。

研究者可以自己编写函数,计算系数 α 和 Cronbach's α。根据公式 5.3,可以编写函数 alpha.1 计算系数 α:

```
alpha.1 <- function(x,k){
cor <- cor(x) # matrix of correlations
p <- mean(cor[!row(cor) == col(cor)]) # mean of correlations
alpha.1 <- k*p/(1 + p*(k-1)) # coefficient alpha
print(alpha.1)
}
```

根据公式 5.4,可以编写函数 alpha.2 计算 Cronbach's α:

```
alpha.2 <- function(x,k){
cov <- cov(x) # matrix of variances and covariances
varbar <- mean(diag(cov)) # mean of variances
covbar <- mean(cov[!row(cov) == col(cov)]) # mean of covariances
alpha.2 <- (k*covbar/varbar)/(1 + (k-1)*covbar/varbar) # Cronbach's
alpha
print(alpha.2)
}
```

在以上两个函数中,x 是数据框,k 是题项数。

针对本例,根据每个题项的测量结果,创建以下 R 数据框:item <- data.frame(item1, item2, item3, item4, item5)。利用以上两个函数,执行命令 alpha.1(item, k = 5) 和 alpha.2(item, k = 5),得到系数 α = 0.71(保留四位小数,则为 0.713 6),Cronbach's α = 0.71(保留四位小数,则为 0.714 8)。这两个标准化和非标准化 α 值基本相同,且是可以接受的测量信度值。

如要计算 Cronbach's α 的 95% 置信区间,则可以根据公式 5.8 编写并执行以下 R 代码得到 Q = 0.189 058 9:

```
> item <- data.frame(item1,item2,item3,item4,item5)
> require(psych)
> k = 5
> j <- matrix(c(1,1,1,1,1),ncol = 1)
```

```
>V <- cov(item)
>Q <- (2*k^2/((k-1)^2*((t(j)%*%V%*%j)^3)))*((t(j)%*%V%*%j)*(tr(V%
*%V) + (tr(V))^2) -2*(tr(V)*(t(j)%*%(V%*%V)%*%j)))
>Q
        [,1]
[1,] 0.1890589
```

已知 $n = 20$，根据公式 5.7，得到 $ASE = 0.0972$。将 ASE 值代入公式 5.6，得到 Cronbach's α 的 95% 置信区间：$[0.52, 0.91]$。Cronbach's α 的 95% 置信区间较大，点估计不够准确。

前一节讨论 $KR20$ 系数时，在所举的例子中，$KR20 = 0.66$。既然 $KR20$ 是 α 系数（Cronbach's α）的特例，那么利用函数 alpha.2 也应得到同样的结果。在同样的例子中，执行命令 alpha.2(item, k = 5) 同样得到 Cronbach's $\alpha = 0.66$。

需要提醒的是，如果问卷中有反向措辞题项（reverse-phrased items），信度分析前要对这些题项反向计分（reverse scoring）。譬如，统计学畏惧调查 5 点量表包括的绝大多数题项是消极的，譬如"标准差令我头痛"，应答方式为 1 ~ 5 个选项，依次代表"非常不同意"到"非常同意"。选择"5"（即"非常同意"）意味着应答者觉得标准差令其很困扰。如果量表中包括若干反向题项，譬如"我学了 95% 置信区间后很开心"，应答者选择"5"（即"非常同意"）则表现出积极情绪，与其他题项的测量不一致，因此需要将"5"记作"1"，意思是"我非常不同意'我学了 95% 置信区间后很不开心'"。因此，在 5 点式量表中，为了使计分方式统一，就要对反向题项分值按如下方式转换：$1 \to 5, 5 \to 1, 2 \to 4, 4 \to 2$。反向措辞的好处在于减少应答偏差（response bias）。

计算标准化和非标准化信度系数、Cronbach's α 95% 置信区间等结果可以调用 psych 数据包中的函数 alpha(x)，其中 x 为数据框或矩阵。譬如，在关于统计学畏惧调查的例子中，执行 R 命令 alpha(item) 得到以下结果：

```
>require(psych)
>alpha(item)
Reliability analysis
Call: alpha(x = item)
 raw_alpha std.alpha G6(smc) average_r S/N  ase  mean  sd  median_r
   0.71      0.71      0.7     0.33   2.5 0.097 2.9  0.69   0.34

lower  alpha  upper   95%confidence boundaries
 0.52   0.71   0.91

Reliability if an item is dropped:
      raw_alpha std.alpha G6(smc) average_r S/N alpha se var.r  med.r
item1   0.63      0.62     0.57     0.29   1.7  0.132  0.0094  0.29
item2   0.64      0.63     0.61     0.30   1.7  0.128  0.0226  0.24
item3   0.71      0.71     0.68     0.38   2.5  0.099  0.0151  0.40
item4   0.65      0.66     0.61     0.33   1.9  0.123  0.0059  0.34
item5   0.69      0.69     0.66     0.36   2.2  0.111  0.0213  0.39

Item statistics
```

	n	raw.r	std.r	r.cor	r.drop	mean	sd
item1	20	0.78	0.75	0.70	0.57	2.6	1.23
item2	20	0.75	0.74	0.64	0.55	3.1	1.12
item3	20	0.58	0.59	0.42	0.35	2.8	0.95
item4	20	0.69	0.69	0.61	0.51	3.0	0.89
item5	20	0.60	0.64	0.49	0.42	2.8	0.83

Non missing response frequency for each item

	1	2	3	4	5	miss
item1	0.15	0.40	0.20	0.15	0.10	0
item2	0.10	0.15	0.40	0.25	0.10	0
item3	0.10	0.25	0.40	0.25	0.00	0
item4	0.05	0.20	0.55	0.15	0.05	0
item5	0.00	0.45	0.30	0.25	0.00	0

以上结果中，raw_alpha 指 Cronbach's α(非标准化 α)，std.alpha 指系数 α(标准化 α)。这两个值基本相同，且说明信度尚可。Cronbach's α 95% 置信区间为：[0.52，0.91]。另外一种信度测量为 G6 (smc)。G6 是 Guttman's Lambda 6 的缩称；smc 是 the squared multiple correlation 的缩称，意为多元相关系数的平方(r^2_{smc})。G6 的计算公式为：$G6 = 1 - \dfrac{\sum (1 - r^2_{smc})}{V_x}$，其中 V_x 为题项之间方差与协方差矩阵各个元素之和。average_r 是各个题项之间相关系数的平均数。S/N(the Signal/Noise ratio，信号-噪声比)，计算公式为：$S/N = n\bar{r}/(1 - \bar{r})$，其中 n 为题项数，$\bar{r}$ 是各个题项之间相关系数的平均数(average_r)。ase 为 α 的标准误差；mean 和 sd 分别指各个被试题项分值平均数的均值和标准差。median_r 为各个相关系数的中位数。

Reliability if an item is dropped 报告中，如果剔除某个题项能够使 α 值明显增大(使信度提高)，则应考虑删除该题项。本例中剔除任何题项都没有使 α 值超过 0.71，因此可保留所有题项。

在题项统计量(Item statistics)结果中，n 是样本量，raw.r 指某个题项分值与量表总分值之间的相关系数，称作题项-整体相关(item-total correlation)系数。以 item1 与量表总分值之间的相关系数的计算为例，执行 R 命令 total <- item1 + item2 + item3 + item4 + item5 和 cor(item1, total)，得到 raw.r = 0.78。std.r 指在每个题项分值标准化之后(即求 Z 分数)计算题项-整体相关系数。仍以 item1 与量表总分值之间的标准化相关系数的计算为例，执行 R 命令 total2 <- scale(item1) + scale(item2) + scale(item3) + scale(item4) + scale(item5) 和 cor(scale(item1), total2)，得到 std.r = 0.75。由于总分值中包括了相关题项本身的分值，题项与整体有相关性是理所当然的。r.cor 是校正题项重合与量表信度后的题项-整体相关系数，计算较复杂，且不太常用，建议在实际研究中忽略这一项。

较为常用的相关系数是 r.drop，即计算某个题项与所有其他题项之间的相关系数，为校正的题项-整体相关(corrected item-total correlation)系数，又称题项-其他项(item-rest)相关系数。譬如，计算 item1 与其他 4 项之间的相关系数的 R 命令和计算结果为：

```
>rest1 <-item2 +item3 +item4 +item5
>cor(item1,rest1)
[1] 0.565922
```

在一个可信的量表中，所有的题项都应与其他题项整体相关。如果某个题项校正的题项-整体相关系数（r.drop）小于 0.3，说明该题项与其他题项整体之间相关度低，可考虑将该题项从量表中剔除。本例中，所有校正的题项-整体相关系数（r.drop）均在 0.3 以上，说明各个题项与其他题项整体之间均有不同程度的相关性。R 命令 alpha(item)输出的最后一张表（Non missing response frequency for each item）报告每个题项反应类别的频率（含缺失频率）。本例没有缺失值。

5.3　Cohen's Kappa

测量评阅者之间一致性或信度（interjudge/interrater reliability）最简单的方法是百分比一致性（percentage agreement）。百分比一致性只需计算评阅者评分一致的题项占总题项的百分比。譬如，在对 20 道正误判断题的评分中，如果两位评阅者在 16 道题上的评分结果相同，则百分比一致性为 80%。通常情况下，百分比一致性水平至少要达到 90% 才算有信度。百分比一致性简单易用，主要缺点是没有考虑评估者之间偶然的一致性。

比百分比一致性更好的信度测量方法是 Cohen's Kappa（κ）。Cohen's κ 用于测量两位或两位以上评阅者在名义分值（nominal scores）上的一致性，校正了偶然一致性。有两种 κ 系数，第一种是未加权的 κ 系数（unweighted κ），另一种是加权的 κ 系数（weighted κ, κ_w），其中第一种 κ 系数更常用。根据 Cohen（1960），未加权 κ 系数的计算公式为：

$$\kappa = \frac{p_o - p_c}{1 - p_c} \tag{5.9}$$

其中，p_o 是观察到的一致性比率，p_c 是期望的偶然一致性比率，$p_o - p_c$ 表示超出偶然性之外的一致性比率。

未加权 κ 系数不区分不同类别上评阅不一致性的严重性程度，实际上同等对待不同类别上评阅不一致性的程度。有时候，有必要区别对待不一致性的程度。譬如，在对外语学习者听力障碍的诊断性研究中，听力障碍分三个类别：轻微障碍、中度障碍和严重障碍。研究者或许认为在中度和严重听力障碍类别上的不一致性比在轻微和中度听力障碍类别上的不一致性更严重。如果是这样，研究者就要在计算 κ 系数时先验地确定不同类别的权重（weights）。根据 Cohen（1968），加权 κ 系数的计算公式为：

$$\kappa_w = 1 - \frac{\sum v_{ij} p_{oij}}{\sum v_{ij} p_{cij}} \tag{5.10}$$

其中，v_{ij} 是类别比率表中第 i 排和第 j 列单元格的权重；p_{oij} 是单元格第 i 排和第 j 列观察到的比率;p_{cij}是第i排和第j列偶然发生的比率。在计算未加权 Kappa 时,只需要考虑一致性对角线($i=j$)上的值,而在计算加权的 Kappa 时,则需要考虑所有单元格中的比率及其加权值。

κ系数的统计假设是:① 研究单位(units)是独立的;② 名义尺度的类别是独立的、相互排他的,并且是穷尽的;③ 评阅者独立评阅(Cohen, 1960, p.38)。κ值通常介于 0~1 之间(如果κ值为负值,则观察到的一致性低于偶然一致性)。不同κ值表示一致性强度的标准如下:−1~0.0,一致性差(poor);0~0.20,一致性微弱(slight);0.21~0.40,一致性一般(fair);0.41~0.60,一致性中等(moderate);0.61~0.80,实质性一致(substantial);0.81~1.0,几乎完全一致(almost perfect agreement)(Landis & Koch, 1977;Gisev, et al. 2013)。

假如有两位评阅者(A 和 B)对$N=20$名英语学习者口语成绩进行评阅,1 代表口语成绩合格,0 代表口语成绩不合格,评阅结果如下:

```
A<-c(1,0,1,1,1,0,1,0,1,1,1,0,1,0,0,0,1,1,0,1)
B<-c(1,1,0,1,1,0,0,1,1,1,1,0,1,0,1,0,1,1,0,1)
```

试计算两位评阅者的评阅结果的一致性系数κ。根据评阅结果,得到表5.1。

表5.1 评阅一致性比率

类别		A		
		名义值为1	名义值为0	p_iB
B	名义值为1	0.50(0.39)	0.15(0.26)	0.65
	名义值为0	0.10(0.21)	0.25(0.14)	0.35
	p_iA	0.60	0.40	$\sum p_i = 1$

表5.1 一致性对角线之值显示,A 和 B 同时评判为 1 的比率为 0.50,评判为 0 的比率为 0.25。A 评判为 1 但是 B 评判为 0 的比率为 0.10,A 评判为 0 但是 B 评判为 1 的比率为 0.15。比率p_iA和p_iB是边际值。偶然性概率(括号中的值)为边际值的联合概率(joint probabilities)。例如,A 和 B 同时评判为 1 的偶然比率为 0.39(即 0.65 × 0.60)。由表5.1 得到,$p_o=0.50+0.25=0.75$,$p_c=0.39+0.14=0.53$。利用公式5.9,得到$\kappa=0.47$。由此可见,两位评阅者一致性达到中等程度。

R 计算κ及其 95% 置信区间(默认值)的函数是数据包 psych 中的 cohen.kappa(x),其中 x 是数据框或矩阵。对于本例,R 命令和计算结果如下:

```
>library(psych)
>AB<-matrix(c(A,B),ncol=2)
>cohen.kappa(AB)
Call: cohen.kappa1(x=x, w=w, n.obs=n.obs, alpha=alpha, levels=
levels)
Cohen Kappa and Weighted Kappa correlation coefficients and
confidence boundaries
```

```
        lower  estimate  upper
unweighted  0.071    0.47    0.87
 weighted  0.071    0.47    0.87
Number of subjects = 20
```

或者利用比率计算 κ：

```
>AB <- matrix(c(0.50,0.15,0.10,0.25),ncol = 2,byrow = TRUE)
>cohen.kappa(AB,n.obs = 20)
Call: cohen.kappa1(x = x, w = w, n.obs = n.obs, alpha = alpha, levels =
levels)

Cohen  Kappa  and  Weighted  Kappa  correlation  coefficients  and
confidence boundaries
        lower  estimate  upper
unweighted  0.071    0.47    0.87
 weighted  0.071    0.47    0.87
Number of subjects = 20
```

本例没有设置不同类别之间不一致性程度的权重，函数 cohen.kappa(x) 默认矩阵中一致性对角线元素权重值为 1，对角线之外的非一致性元素权重值相同，均为 0。执行以下命令得到同样的结果：

```
>weights <- matrix(c(1,0,0,1),ncol = 2,byrow = TRUE)
>cohen.kappa(AB,weights,n.obs = 20)
Call: cohen.kappa1(x = x, w = w, n.obs = n.obs, alpha = alpha, levels =
levels)

Cohen  Kappa  and  Weighted  Kappa  correlation  coefficients  and
confidence boundaries
        lower  estimate  upper
unweighted  0.071    0.47    0.87
 weighted  0.071    0.47    0.87
Number of subjects = 20
```

κ 95% 置信区间为 $[0.07, 0.87]$，区间较大，点估计不够准确。若在实际研究中使用 κ，研究报告应忽略 κ_w。

下面举一个加权的例子。在一项对外语学习者（$N = 50$）听力障碍的诊断性研究中，听力障碍分为三个类别：轻微障碍、中度障碍和严重障碍。两位评阅者（A 和 B）将一致性单元格权重设为 0，将轻微和中度障碍类别上不一致的权重设为 2，将中度和严重障碍类别上不一致的权重设为 3，将轻微和严重障碍类别上不一致的权重设为 4，得到如表 5.2 所示的单元格比率及其权重。

表 5.2 单元格比率和权重

ij	A			$p_{i.}$
	轻微障碍	中度障碍	严重障碍	
轻微障碍	权重为 0 0.16(0.084)	权重为 2 0.08(0.095 2)	权重为 4 0.04(0.100 8)	0.28
中度障碍	权重为 2 0.06(0.108)	权重为 0 0.20(0.122 4)	权重为 3 0.10(0.129 6)	0.36
严重障碍	权重为 4 0.08(0.108)	权重为 3 0.06(0.122 4)	权重为 0 0.22(0.129 6)	0.36
$p_{.j}$	0.30	0.34	0.36	1.00

（B 位于左侧，纵向合并"轻微障碍""中度障碍""严重障碍"行）

根据公式 5.10,本例计算 κ_w 的 R 命令和结果如下:

```
>Weights<-c(0,2,4,2,0,3,4,3,0)
>Pos<-matrix(c(0.16,0.08,0.04,0.06,0.20,0.10,0.08,0.06,0.22),
ncol=1,byrow=TRUE)
>Po<-Weights%*%Pos  # numerator of weighted kappa
>Pcs<-matrix(c(0.084,0.0952,0.1008,0.108,0.1224,0.1296,0.108,
0.1224,0.1296),ncol=1,byrow=T)  # proportions
>Pc<-Weights%*%Pcs  # denominator of weighted kappa
>kw<-1-Po/Pc  # weighted kappa
>kw
        [,1]
[1,] 0.3792551
```

以上结果显示, $\kappa_w = 0.38$。由此认为,两位评估者之间的评阅信度尚可。

利用函数 cohen.kappa(x),执行以下命令,得到 $\kappa_w = 0.38, 95\% CI$ [-0.05, 0.81]:

```
>disorder<-matrix(c(0.16,0.08,0.04,0.06,0.20,0.10,0.08,0.06,
0.22),ncol=3,byrow=TRUE)
>weights<-matrix(c(0,2,4,2,0,3,4,3,0),ncol=3,byrow=TRUE)
>cohen.kappa(disorder,weights,n.obs=50)
Call: cohen.kappa1(x=x, w=w, n.obs=n.obs, alpha=alpha, levels=
levels)
Cohen Kappa and Weighted Kappa correlation coefficients and
confidence boundaries
            lower   estimate   upper
unweighted  0.16    0.37       0.57
  weighted  -0.05   0.38       0.81
```

思考与练习

1. 什么是测量信度? 常用的信度分析方法包括哪几种?

2. 检验一个连续性变量在两个时段测量结果的相关性采用何种类型的信度分析?

3. 评估一个 5 点式利克特量表(Likert scale)中多个题项(items)之间的一致性最常用的信度分析方法是什么?

4. 测量两位评阅者在同一个类别变量不同水平上评阅结果的一致性采用何种信度分析方法?

5. 相对于百分比一致性, Cohen's Kappa 在测量评阅者之间一致性方面有什么优点?

6. 在下面关于量表内部一致性的陈述中, 哪个选项是错误的?

(a) Cronbach's alpha 是常用的内部一致性测量。

(b) 内部一致性测量检验所有的题项是否测量同一个构念。

(c) 量表内部一致性测量的计算利用各个题项上的数值。

(d) 内部一致性等同于评估者之间信度。

7. 在下面关于测量信度的陈述中, 哪些选项是正确的?

(a) 测量信度不会随样本的变化而变化。

(b) 测量信度体现测量分值的一致性和稳定性。

(c) 如果一个变量的测量信度低, 对该变量的统计分析结果就不可信。

(d) 如果用量表中各个题项的累计分值作为某个变量的测量结果, 各个题项分值的信度就不重要。

8. 一位研究者设计 20 道题测量英语学习者的听力水平, 每道题的作答只有正确和错误两个选项, 听力测试题项内部一致性测量采用何种信度分析方法?

9. 两位评阅者(A 和 B)评判 30 名英语学习者($n = 30$)的英语口音类别, 英式发音计作 1, 美式发音计作 0, 评阅结果如下:

A:	0,0,1,0,1,0,0,1,0,1,1,1,0,0,1,1,1,1,0,0,1,1,0,0,1,0,1,1,0,1
B:	0,0,1,1,1,1,0,1,0,1,1,1,0,0,1,1,1,1,1,0,1,1,0,1,1,0,0,1,0,1

试问:两位评阅者评阅结果的一致性如何?

10. 某研究者设计 4 个题项调查 40 名英语学习者($n = 40$)对英语课堂教学的满意度, 每个题项的测量采用 5 点式利克特量表:1 = 很不满意;2 = 不太满意;3 = 一般;4 = 较满意;5 = 很满意。测量结果如下:

Item 1:	2,4,4,3,3,3,3,4,2,2,2,3,2,3,2,2,3,3,4,2,4,3,5,2,4,2,2,1,2,3,3,3,3,3,2,3,2,3,2, 2,2
Item 2:	3,5,3,4,2,2,2,3,2,2,1,4,4,2,1,3,4,2,3,2,4,3,4,3,4,1,3,1,2,3,2,2,2,2,3,2,3,3, 1,3
Item 3:	2,4,4,3,3,3,4,3,3,3,2,3,3,2,2,3,3,4,4,2,2,4,5,2,3,2,4,2,3,2,3,3,2,3,3,3,4,4, 1,3
Item 4:	3,4,5,3,4,1,4,4,3,4,3,4,3,4,3,4,4,3,4,4,3,5,3,4,2,3,4,2,2,4,3,5,2,4,3, 1,3

回答以下问题:

(a) 采用恰当的信度分析方法, 评估英语课堂教学满意度量表的内部一致性。

(b) 删除若干题项是否会提高量表的信度?

第**6**章

相关分析

语言学定量研究通常涉及多个变量,变量之间的关系成为研究的关注点。两个变量之间关系的研究称作相关分析(correlation analysis)。多个变量对另一个变量预测的研究称作多元回归(multiple regression)。本章讨论双变量(bivariate)相关分析,包括五种类型,即传统的皮尔逊相关(Pearson's correlation)分析、斯皮尔曼秩次相关(Spearman's rank-order correlation)分析、百分数弯曲相关(percentage bend correlation)分析、跳跃相关(skipped correlation)分析和百分位数自助相关(percentile bootstrapping correlation)分析。这些相关分析方法可以用于信度分析,甚至效度(validity)分析。本章调用的 R 数据包为 MVN、pastecs 和 Rallfun-v37。

6.1 皮尔逊相关分析

6.1.1 皮尔逊相关分析方法

皮尔逊相关分析,又称皮尔逊积差相关分析(Pearson's product-moment correlation analysis),是参数检验(parametric test),用于探索两个连续性变量之间的线性(linear)关系。线性关系诊断常用的图形是散点图(scattergram; scatter plot)。如果数据点分布呈现较明显的方向性变化趋势,则两个变量之间可能存在线性相关。

两个变量之间关系的方向和强度用相关系数(correlation coefficient,样本相关系数 r 为总体相关系数 ρ 的点估计)表示,计算公式为:

$$r = \frac{\sum (X_i - \bar{X})(Y_i - \bar{Y})}{\sqrt{\sum (X_i - \bar{X})^2 \sum (Y_i - \bar{Y})^2}} \tag{6.1}$$

其中,X_i 和 Y_i 分别是变量 X 和 Y 的样本值(样本量记作 n),$\bar{X}$ 和 $\bar{Y}$ 分别是样本中所有 X_i 值和所有 Y_i 值的平均数。$\sum (X_i - \bar{X})(Y_i - \bar{Y}) = cov(X,Y)(n-1)$,即相关系数 r 的分子等于两个变量的协方差与自由度 $n-1$ 的乘积。$\sqrt{\sum (X_i - \bar{X})^2 \sum (Y_i - \bar{Y})^2} = (n-1)\sqrt{var(X)var(Y)}$,即相关系数 r 的分母等于两个变量方差乘积的平方根与自由度 $n-1$ 的乘积。

两个样本之间相关系数是否具有统计显著性采用 t 检验(关于 t 检验,见下一章)。t 检验的自由度 $v = n-2$。统计量 t 的计算公式为:

$$t = r\sqrt{\frac{n-2}{1-r^2}} \qquad\qquad (6.2)$$

如果 t 检验 p 值小于或等于显著性水平(如 $\alpha = 0.05$),拒绝零假设 $H_0:\rho = 0$,推断两个变量有统计上的显著相关性。如果 t 检验 p 值大于显著性水平(如 $\alpha = 0.05$),不拒绝零假设 $H_0:\rho = 0$,推断两个变量没有统计上的显著相关性。从公式 6.2 可以看出,相关系数统计显著性 t 检验统计量 t 值不仅与样本相关系数 r 有关,而且与样本量 n 有关。在 r 恒定时,样本量 n 越大,t 值就越大,相关系数 r 就越有可能达到统计显著性。在进行皮尔逊相关分析时,n 不宜小于 30,最好在 50 以上。

根据相关关系的方向,两个变量之间的关系分为正相关(positive correlation)、零相关(zero correlation)和负相关(negative correlation)。在正相关关系中,一个变量的值增大,另一个变量的值也随之增大。相反,一个变量的值减少了,另一个变量的值也随之减少。正相关系数 r 介于 0 和 1 之间。正相关的例子在各个研究领域中都会经常遇到,比如身高与体重的关系、外语词汇量与外语阅读能力的关系。当相关系数增大到 1 时,一个变量完全可用另一个变量来预测或解释。此时,我们称这两个变量完全正相关(perfect positive correlation)。完全正相关的例子在语言学研究中很少碰到。当 $r = 0$ 时,两个变量彼此独立,没有关联性(association),即零相关。比如,身高与外语水平之间的关系可能是零相关。当相关系数在 0 和 −1 之间时,两个变量之间存在负相关(negative correlation)。在负相关关系中,一个变量的值增大,另一个变量的值却减小,反之亦然。负相关的例子也会经常遇到,比如单词练习频数与遗忘率之间的关系可能就是负相关。当负相关系数减少到 −1 时,两个变量呈完全负相关(perfect negative correlation)。比如,在距离恒定时,速度与时间的关系呈完全负相关。完全负相关的例子在语言学研究中很罕见。

相关系数 r 为常用的效应量(effect size)估计。效应量指某个现象存在于总体(population)中的程度或零假设错误的程度(Cohen,1988,pp. 9 − 10)。相对于检验统计量(如 t 值)和 p 值,效应量较少受到样本量的影响。同后面要学到的效应量估计 Cohen's d 一样,相关系数 r 是标准化效应量估计,不受变量测量尺度的影响。依据关系的强弱,两个变量之间的关系可分为完全相关、高相关、中等相关、低相关和零相关。根据 Cohen(1988),不考虑 r 的符号,$r = 0.10$、$r = 0.30$ 和 $r = 0.50$ 分别代表小(small)、中(medium)、大(large)效应量。相关系数有助于用一个变量值的变化方式,评估另一个相关变量值的变化方式。即是说,我们可以这样来解释相关系数 r:观测到的 X(或 Y)变量的变异(variation)解释了观测到的 Y(或 X)变量 $P\%$(等于 r^2)的变异(Woods *et al.*,2000,p.168)。譬如,当变量 X 和 Y 的相关系数 $r = 0.5$ 时,我们可以说 Y 的 25%(r^2)的变异可由 X 的变异来解释。或者说,X 的 25% 的变异是由 Y 的变异引起的。

图 6.1 显示两个连续性变量之间正相关关系的强弱。变量 X 和 Y 均为来自正态分布的随机变量。左上图中,$r = 0.1$,随着 X 值的增加,Y 值增加的趋势微弱,反映 Y 值随 X 值变化的最优线性拟合线(即最小二乘法线性回归分析中的斜率,slope)与横轴几乎平行。右上图中,$r = 0.3$,随着 X 值的增加,Y 值增加的趋势相对明显,拟合线向上倾斜的趋势相对明显。左下图中,$r = 0.5$,随着 X 值的增加,Y 值增加的趋势更明显,拟合线向上倾斜的趋势更明显。右下图中,$r = 0.8$,随着 X 值的增加,Y 值增加的趋势非常

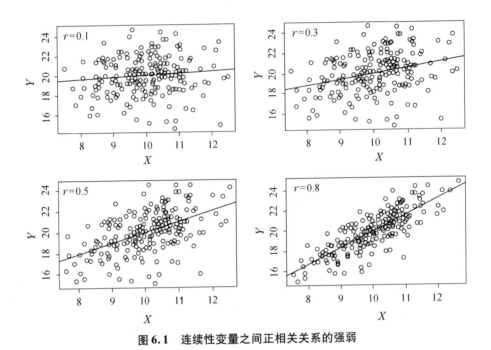

图6.1　连续性变量之间正相关关系的强弱

明显,拟合线向上倾斜的趋势也非常明显。从这些散点图的比较中可以发现,随着相关系数 r 的增加,拟合线向上倾斜的幅度增加,变量之间正相关的强度也就增加。

　　图6.2 显示两个连续性变量之间负相关关系的强弱。

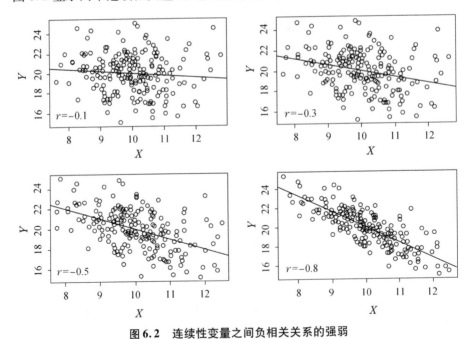

图6.2　连续性变量之间负相关关系的强弱

　　图6.2 中的变量 X 和 Y 均为来自正态分布的随机变量。左上图中, $r = -0.1$,随着 X 值的增加, Y 值减少的趋势微弱,斜率(反映 Y 值随 X 值变化的拟合线)与横轴几乎平

行。右上图中，$r = -0.3$，随着 X 值的增加，Y 值减少的趋势相对明显，斜率向下倾斜的趋势相对明显。左下图中，$r = -0.5$，随着 X 值的增加，Y 值减少的趋势更明显，斜率向下倾斜的趋势更明显。右下图中，$r = -0.8$，随着 X 值的增加，Y 值减少的趋势非常明显，斜率向下倾斜的趋势也非常明显。从这些散点图的比较中可以发现，随着相关系数 r 绝对值的增加，拟合线向下倾斜的幅度增加，变量之间负相关的强度也就增加。

虽然斜率与相关系数关系密切，但是它们不是一回事。理论上，斜率 $b = r \dfrac{S_y}{S_x}$，其中 r 为皮尔逊相关系数，S_x 和 S_y 分别为变量 X 和 Y 的标准差。因此，$r = b \dfrac{S_x}{S_y}$。这意味着，两个变量相关的强度不仅与斜率有关，而且还与两个变量标准差的大小有关。利用散点图诊断两个变量之间关系的大小时，不仅要考虑斜率，而且还要考虑数据点距离斜率的远近。数据点离斜率越近，相关性就越强。图 6.3 显示两个变量不同程度的相关性。

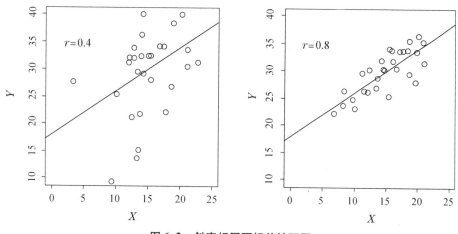

图 6.3　斜率相同而相关性不同

这两幅图的斜率相同（$b = 0.8$），但是两个变量相关联的强度却不同。左图中，变量 Y 的标准差较大（实际为变量 X 标准差的两倍），各个数据点较远地偏离斜率，相关系数 r 为 0.4。右图中，变量 Y 的标准差较小（实际等于变量 X 的标准差），各个数据点紧紧围绕斜率，使得相关系数 r 高达 0.8。

需要提醒的是，相关关系不一定是因果关系（causality）。因果关系表示一个变量的变化致使另一个变量发生变化，而相关关系只表示两个变量之间有关联，不体现因果关系的方向性。很多人认为，学生的自尊心（self-esteem）与学业成绩之间有因果关系，于是采用表扬和鼓励等手段提高学生的自尊心，以期提高他们的学业成绩。事实上，自尊心与学业成绩之间的正相关关系只是表明这两个变量有关联性，不能说明哪个变量是因，哪个变量是果。学业成绩的提升完全有可能会提高学生的自尊心，单向提高学生的自尊心未必会促进学业成绩的提升。

区分相关性和因果性的一个经典案例是儿童眼动模式和阅读能力之间的关系（Jackson，2016，p. 155）。有研究表明，儿童眼动模式与阅读能力有较强的负相关关系：阅读能力差的儿童阅读时做出更多的无规则眼动，眼睛左右移动更频繁，停顿次数也更多。有人据此认为,儿童眼动技能弱导致阅读能力低下,即眼动技能是因,阅读能力是果。但是,后期实验研究表明,儿童眼动模式和阅读能力之间的确有因果关系,但是因果方向正好相反——阅读能力低下导致更多的无规则眼动。

6.1.2 皮尔逊相关分析统计假设

皮尔逊相关分析要求满足以下五个统计假设(statistical assumptions):① 观测值必须是定距或定比数据,即相关变量是连续性(continuous)变量;② 两个变量数据应服从或近似服从双元正态分布(bivariate normality);③ 观测值独立(independent),且没有异常值(outlier);④ 方差齐性(homoscedasticity);⑤ 关系线性(linearity)。皮尔逊相关分析不具有稳健性,边际分布(marginal distribution)微小地偏离正态分布会实质性地改变相关系数 ρ 及其估计 r 的大小。观测值独立性(independence of observations)是指一个被试的观测值与另一个被试的观测值之间没有关联。即是说,观测值的独立性表示不同被试的观测值彼此互不影响。关于异常值的概念,第 2 章和第 3 章已经讨论过。但是,单变量分布和双变量分布异常值不是一回事。在单变量分布中某个数值不是异常值未必在双变量分布中也不是异常值。单变量异常值的诊断通常采用 Q-Q 图、箱图或核密度图;双变量异常值诊断通常采用散点图。

第 3 章给出单变量正态分布概率密度函数 $f(x) = \dfrac{1}{\sigma\sqrt{2\pi}}e^{-(x-\mu)^2/2\sigma^2}$。将该公式稍作变动,得到 $f(x) = \dfrac{1}{\sigma\sqrt{2\pi}}e^{-\frac{1}{2}(x-\mu)(\sigma^2)^{-1}(x-\mu)}$。将之推广到多元正态分布($N_p(\boldsymbol{\mu}, \boldsymbol{\Sigma})$),单维向量 $\boldsymbol{X}$ 变为 $n \times p$ 矩阵 $\boldsymbol{X}$(n 代表矩阵 p 维空间 n 个点,其中 p 为变量数),单变量观测值 x_i 变为多元观测值(即向量)$\boldsymbol{x}_i$,平均数 μ 变为平均数向量 $\boldsymbol{\mu}$,$\boldsymbol{X}$ 的方差 σ^2 变为 $\boldsymbol{X}$ 的协方差矩阵 $\boldsymbol{\Sigma}$。$\boldsymbol{\Sigma}$ 的行列式 $|\boldsymbol{\Sigma}|$ 称作广义方差。由此,多元正态分布的联合(joint)概率密度函数为:

$$f(\boldsymbol{x}) = \frac{1}{|\boldsymbol{\Sigma}|^{1/2}(\sqrt{2\pi})^p}e^{-\frac{1}{2}(x-\mu)'\boldsymbol{\Sigma}^{-1}(x-\mu)} \tag{6.3}$$

其中,$\boldsymbol{x}$ 为 $p \times 1$ 观测值向量,$\boldsymbol{\mu}$ 为 $p \times 1$ 平均数向量,$(\boldsymbol{x}-\boldsymbol{\mu})'$ 为 $(\boldsymbol{x}-\boldsymbol{\mu})$ 的转置矩阵,$p \times p$ 矩阵 $\boldsymbol{\Sigma}$ 为 $\boldsymbol{X}$ 协方差矩阵,$\boldsymbol{\Sigma}^{-1}$ 为 $\boldsymbol{\Sigma}$ 的逆矩阵。另外,e 为自然对数的底;π 为圆周率。$(\boldsymbol{x}-\boldsymbol{\mu})'\boldsymbol{\Sigma}^{-1}(\boldsymbol{x}-\boldsymbol{\mu})$ 是马氏距离(Mahalanobis distance)的平方。它以 $\boldsymbol{\mu}$ 为中心限定一个椭球(ellipsoid)。当 $p = 2$ 时,它限定一个椭圆(ellipse)。

如果只有两个变量,双变量正态分布联合概率密度函数可以表示为:

$$f(\boldsymbol{x}) = \frac{1}{|\boldsymbol{\Sigma}|^{1/2}(\sqrt{2\pi})^2}e^{-\frac{1}{2}(x-\mu)'\boldsymbol{\Sigma}^{-1}(x-\mu)} \tag{6.4}$$

如果用两个变量(X_1 和 X_2)的方差(σ_1^2 和 σ_2^2)和皮尔逊相关系数(ρ_{12})代替矩阵形式表示双变量正态分布联合概率密度函数,$\boldsymbol{\Sigma} = \begin{pmatrix} \sigma_1^2 & \rho_{12}\sigma_1\sigma_2 \\ \rho_{12}\sigma_1\sigma_2 & \sigma_2^2 \end{pmatrix}$,$|\boldsymbol{\Sigma}| = \sigma_1^2\sigma_2^2(1-$

$$\rho^2),\ \boldsymbol{\Sigma}^{-1}=\begin{pmatrix}\dfrac{1}{\sigma_1^2(1-\rho_{12}^2)} & -\dfrac{\rho_{12}}{\sigma_1\sigma_2(1-\rho_{12}^2)} \\[3mm] -\dfrac{\rho_{12}}{\sigma_1\sigma_2(1-\rho_{12}^2)} & \dfrac{1}{\sigma_2^2(1-\rho_{12}^2)}\end{pmatrix}$$ ，由此得到以下双变量正态分布联合概

率密度函数：

$$f(x_1,x_2)=\frac{1}{2\pi\sigma_1\sigma_2\sqrt{1-\rho_{12}^2}}e^{-\frac{1}{2(1-\rho_{12}^2)}\left[\frac{(x_1-\mu_1)^2}{\sigma_1^2}-2\rho_{12}\frac{(x_1-\mu_1)(x_2-\mu_2)}{\sigma_1\sigma_2}+\frac{(x_2-\mu_2)^2}{\sigma_2^2}\right]} \tag{6.5}$$

公式 6.5 表明，当 $\rho_{12}=0$ 时，双变量联合正态概率密度为两个单变量正态概率密度的乘积。图 6.4 是 ρ 分别为 0、0.3 和 0.8 时双变量多元正态分布的透视图（perspective plot），其中 $\mu_X=\mu_Y=0,\sigma_X=\sigma_Y=1$。图 6.4 显示，双变量正态概率密度图的形状像秋天一堆耙拢的树叶（raked leaves），呈钟形（bell-shaped），密度线下面的体积为 1，随着相关系数 ρ 的增加，多元密度分布沿着一条线集中。

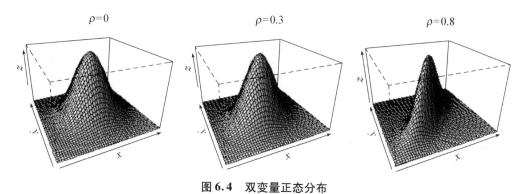

图 6.4　双变量正态分布

Mardia（1970）提出利用多元偏态值（$b_{1,p}$）和多元峰态值（$b_{2,p}$）开展多元正态性检验。这两个统计量的计算公式为：

$$b_{1,p}=\frac{1}{n^2}\sum_{i=1}^{n}\sum_{j=1}^{n}m_{ij}^3 \tag{6.6}$$

$$b_{2,p}=\frac{1}{n}\sum_{i=1}^{n}m_{ii}^2 \tag{6.7}$$

其中，$\boldsymbol{m}_{ij}=(\boldsymbol{x}_i-\bar{\boldsymbol{x}})'\boldsymbol{S}^{-1}(\boldsymbol{x}_j-\bar{\boldsymbol{x}})$，$m_{ii}$ 是矩阵 $\boldsymbol{m}_{ij}$ 的对角线上元素之值，$(\boldsymbol{x}_i-\bar{\boldsymbol{x}})'$ 是 $n\times p$ 矩阵，$\boldsymbol{x}_j-\bar{\boldsymbol{x}}$ 是 $p\times n$ 矩阵，n 是样本量，p 是变量数；$\boldsymbol{S}$ 是协方差矩阵，$\boldsymbol{S}=\dfrac{1}{n}SSCP$（sums of squares and cross products，平方和与交乘积）。偏度检验统计量（$n/6$）$b_{1,p}$ 近似服从自由度为 $v=p(p+1)(p+2)/6$ 的卡方分布。峰度检验统计量 $b_{2,p}$ 近似服从 $\mu=p(p+2)$ 和 $\sigma^2=8p(p+2)/n$ 的正态分布。即，$\dfrac{b_{2,p}-p(p+2)}{\sqrt{\dfrac{8p(p+2)}{n}}}$ 近似服从标准正态分布。在样本

量较小（通常 $n<20$）时，Mardia（1974）提出校正偏度统计量，以便控制第一类错误。校正偏度统计量为（$nk/6$）$b_{1,p}$，其中 $k=(p+1)(n+1)(n+3)/\{n[(n+1)(p+1)-6]\}$。校正偏度统计量仍近似服从自由度为 $v=p(p+1)(p+2)/6$ 的卡方分布。多元正态性

检验调用 R 数据包 `MVN` 中的函数 `mvn(data)`,其中 `data` 为连续性变量数据框。

在相关分析(和回归分析)中,方差齐性指在给定变量 X 值的情况下变量 Y 值的变异(即条件变异)不依赖于 X 值。方差异质性(heteroscedasticity)指 Y 值的条件变异随 X 值变化。图 6.5 显示双变量方差变化的不同情形。

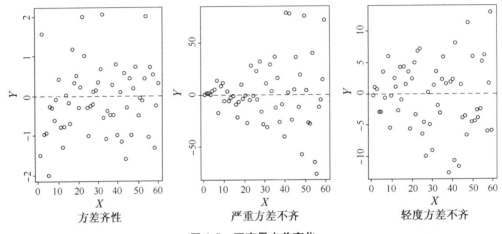

图 6.5　双变量方差变化

最左边的散点图显示,两个变量 X 和 Y 构成的数据点随机分散在"0"点线周围,说明方差齐性。中间的散点图显示,在 X 取小值时,Y 值较邻近(差异较小),但是随着 X 值增大,Y 值较分散(差异增大),数据点不再随机分散在"0"点线周围,分布形状呈扇形,且开口度较大。这说明 X 和 Y 数据分布严重违反方差齐性。最右边的散点图与中间散点图相似,只是扇形开口度较小,X 和 Y 数据分布轻度违反方差齐性。正式的方差齐性检验方法是利用数据包 `Rallfun-v37` 中的 R 函数 `khomreg(x, y)`,其中 `x` 和 `y` 是两个数值向量。根据 Wilcox(2017b, p. 620),R 函数 `khomreg(x, y)` 依据 Koenker & Bassett(1981)介绍的方法。该方法拟合普通最小二乘法(ordinary least squares, OLS)回归线,r_i 为拟合残差($i = 1, \cdots, n$)。令 $\hat{\sigma}^2 = \dfrac{1}{n} \sum r_i^2$ 为零假设条件下的共同方差估计。再令 $A = \sum (r_i^2 - \hat{\sigma}^2)^2 / n$,$\tilde{y} = \sum \hat{y}_i / n$。在零假设为真时,检验统计量

$$V = \frac{\left\{ \sum r_i^2 (\hat{y}_i - \tilde{y}) \right\}^2}{A \sum (\hat{y}_i - \tilde{y})^2}$$ 近似服从 $\nu = 1$ 的 χ^2 分布。

皮尔逊相关分析用于检验两个变量之间的线性关系。如果两个变量有关联性,却是曲线(curvilinear)关联,则皮尔逊相关分析会得出错误的结论(如两个变量之间没有显著相关性)。在散点图中,如果数据点随机分布,说明两个变量之间无相关性。如果数据点分布呈现较明显的方向一致性变化趋势,则两个变量之间可能有线性关系。数据点分布呈现较明显的不同方向的变化趋势(如呈 V 形),说明变量之间存在曲线相关,而非线性相关。图 6.6 显示双变量非线性关系。

图 6.6 中,虚线为最优线性拟合线;实线是局部加权散点图平滑线,即 LOWESS 线(locally-weighted scatterplot smoother)(R 函数为 `lowess(x, y)`)。在第一排最左边的

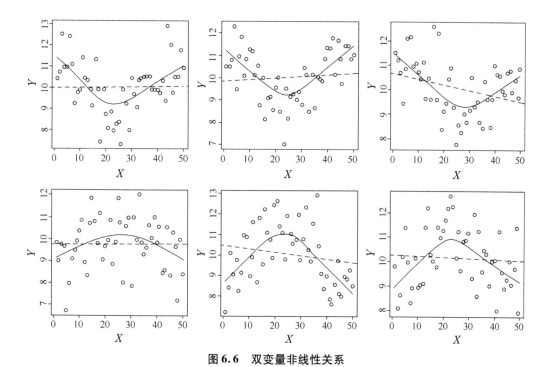

图 6.6　双变量非线性关系

散点图中,线性拟合线近似为水平线,似乎表明两个变量之间没有关系。在第一排中间的散点图中,线性拟合线显示两个变量有微弱的正相关关系。在第一排最右边的散点图中,线性拟合线显示两个变量有较强的负相关关系。但是,在这三幅图中,平滑线显示一个 V 形曲线,表明这两个变量之间有较强的曲线性关系。第二排的三幅散点图均显示两个变量之间有较强的曲线性关系,在中间和最右边的两幅图中尤为如此。如果只看线性拟合线,则三幅图自左向右依次显示无线性相关、较弱负相关和近似无线性相关关系。实际研究中,如果研究者忽视变量之间关系的本质,难免会得出错误的结论,譬如将两个变量之间没有线性关系误认为是它们之间没有关联。

　　变量之间关系线性假设的正式检验利用数据包 Rallfun-v37 中的 R 函数 lintest(x, y, regfun=tsreg, nboot=500, alpha=0.05),其中 x 和 y 是向量,regfun=tsreg 表示默认的回归函数是 Theil-Sen 回归估计,自助样本量 nboot=500,显著性水平 α 默认为 0.05。根据 Wilcox(2017b, pp.650-651),R 函数 lintest 开展线性检验的统计量为 D,统计显著性检验临界值的确定采用自助法。令 $\hat{y}_i$ 为因变量 Y 观测值 y_i 的回归估计,残差 $r_i = y_i - \hat{y}_i$,其中 $i = 1, \cdots, n$。对于任一固定的 $j(1 \leq j \leq n)$,若预测变量 X 观测值 $x_i \leq x_j$,$I_i = 1$,否则 $I_i = 0$。令 $R_j = \dfrac{1}{\sqrt{n}} \sum I_i (y_i - \hat{y}_i) = \dfrac{1}{\sqrt{n}} \sum I_i r_i$。柯尔莫可洛夫(Kolmogorov)检验统计量是所有 R_j 中绝对值最大的值,即 $D = max|R_j|$,函数 lintest 的输出结果为 \$dstat。另外一个检验统计量为 Cramér-von Mises 统计量,$D = \dfrac{1}{n} \sum R_j^2$,函数 lintest 的输出结果为 \$wstat。确定统计检验临

界值时,从均匀分布(uniform distribution,分布区间为$[0,1]$)中随机生成 n 个观测值,计作 $U_1,\cdots,U_n$。将这些随机数标准化,得到 $V_i = \sqrt{12}(U_i - 0.5)$。令 $r_i^* = r_i V_i$,$y_1^* = \hat{y}_i + r_i^*$。根据 $(x_1,y_1^*),\cdots,(x_n,y_n^*)$ 计算检验统计量,记作 D^*。重复以上过程 B 次,得到检验统计量 $D_1^*,\cdots,D_B^*$。将这些自助得到的值按照升序排列,即 $D_{(1)}^* \leqslant \cdots \leqslant D_{(B)}^*$,则统计显著性检验的临界值为 $D_{(u)}^*$,其中 $u = [(1-\alpha)B]$,$[\cdot]$ 表示取最接近的整数。若 $D \geqslant D_{(u)}^*$,则拒绝零假设,推断 X 和 Y 之间没有线性关联。若 $D < D_{(u)}^*$,则不拒绝零假设,推断 X 和 Y 之间有线性关联。实际研究中,在判断变量之间的线性关系时,建议将散点图与正式检验结合起来使用。

6.1.3 皮尔逊相关分析应用举例

某研究者设计一项短文阅读附带词汇学习任务,任务包括的生词有 20 个,设计实施的对象为一个由非英语专业大二学生构成的英语教学班($n = 30$)。在学习者完成任务后,研究者开展了生词知识即时测试,包括词形产出测试(要求学习者根据汉语释义写出英文生词)和词义辨认测试(要求学习者根据英文生词词形从多个选项中选择匹配的汉语释义)。词形(变量名为 Form)和词义辨认(变量名为 Recognition)测试结果如下:

```
Form<-c(7.5,5.5,3.5,3,3,8,7,1.25,4.5,6.5,3,2.5,5,2.5,1,1,0.5,
5.5,3,4,7.5,6,6,4,8.5,2.5,4.5,3,5,4)
Recognition<-c(14,14,12,14,13,18,15,12,19,16,15,15,16,11,9,10,
8,18,11,13,18,20,15,9,18,6,15,14,10,11)
```

试分析这两个变量是否存在显著线性相关。

本研究两个变量的数据是连续性数据,因而首先考虑使用皮尔逊相关分析。在开展皮尔逊相关分析之前,要检验该分析的统计假设。先检验两个变量数据是否服从或近似服从正态分布,是否有异常值存在。

6.1.3.1 核密度图和箱图诊断

利用以下 R 命令得到如图 6.7 所示的数据分布诊断图形:

```
>layout(matrix(c(1,2,3,4),ncol=2),heights=c(3,1))
>par(mar=c(0,0.2,0,0.05),mgp=c(0,0.3,0),tcl=-0.25)
>plot(x=c(min(Form),max(Form)),y=c(0,0.16),ann=F,axes=F,
type="n")
>polygon(density(Form)) # kernel density plot
>axis(side=1,at=seq(0.5,8.5,1),line=-0.5,cex.axis=0.75)
>mtext(side=1,at=4,"Form",line=0.9,cex=0.75)
>par(mar=c(0,0,2,0))
>boxplot(Form,horizontal=T,xlab="",frame=F,axes=F)
>par(mar=c(0,2,0,0.05),tcl=-0.25)
>plot(x=c(min(Recognition),max(Recognition)),y=c(0,0.1),ann=
F,axes=F,type="n")
```

```
>polygon(density(Recognition)) # kernel density plot
>axis(side =1,at = seq(6,20,2),line = -0.5,cex.axis =0.75)
>mtext(side =1,at =14,"Recognition",line =0.9,cex =0.75)
>par(mar = c(0,2,2,0))
>boxplot(Recognition,horizontal =T,xlab = "",frame =F,axes =F)
```

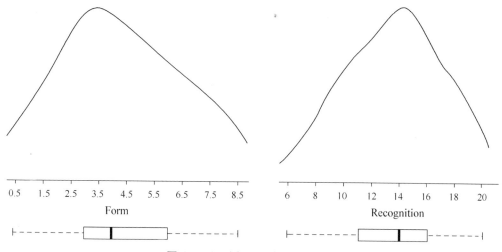

图 6.7　词形和词义辨认数据分布

　　图 6.7 显示数据分布的核密度图(上图)和箱图(下图)。左图显示,词形知识分布单峰,略右偏,肩部稍宽,没有异常值。利用数据包 pastecs 中的函数 stat.desc 进行正态分布检验发现,词形知识近似服从正态分布,$skew.2SE = 0.20$,$kurt.2SE = -0.58$,$W = 0.97$,$p = 0.491 > 0.05$。右图显示,词义辨认知识分布单峰,略左偏,肩部稍宽,没有异常值。正态分布检验发现,词义辨认知识也近似服从正态分布,$skew.2SE = -0.18$,$kurt.2SE = -0.47$,$W = 0.98$,$p = 0.736 > 0.05$。从词汇学习效果来看,学习者词形知识得分偏低,多数学生得分在 4 分左右,最高分为 8.5 分;词义辨认知识得分较高,多数学生得分在 14 分左右,最高分为 20 分(满分)。由此可见,学习者习得不同类型词汇知识的难度有很大差别。

　　就双变量正态性检验而言,比单变量正态性检验更好的方法是多元正态性检验。令 data <-data.frame(Form, Recognition),利用 R 数据包 MVN 中的函数 mvn (data)发现,多元偏态值 $b_{1,p} = 0.51$,$p = 0.973 > 0.05$,多元峰态值 $b_{2,p} = -1.25$(标准化值),$p = 0.210 > 0.05$,因此本研究的数据服从双变量正态分布。

6.1.3.2　散点图诊断

　　在开展皮尔逊相关分析之前,还要诊断或检验两个变量之间的关系是否为线性,是否有双元(双变量)异常点,是否方差不齐。利用以下命令得到如图 6.8 所示的双变量分布散点图:

```
>plot(Form,Recognition)
>abline(lm(Recognition ~ Form))
>lines(lowess(Form,Recognition),lty =2)
```

```
>legend("topleft",c("Linear","LOWESS"),inset = 0.01,bty = "n",
lty = c(1,2),cex = 0.75)
```

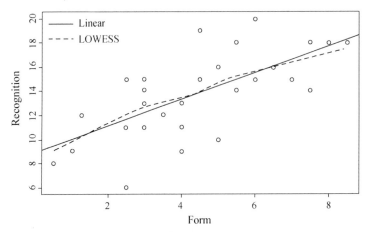

图 6.8 词形和词义辨认数据散点图

图 6.8 显示,线性拟合线与 LOWESS 曲线很接近,且线条自左向右较大幅度上移,说明词形和词义辨认知识有很强的线性相关性。正式的线性检验发现,词形和词义辨认知识之间的关系为线性关系,$D = 1.65$,$p = 0.68 > 0.05$。[①] 另外,图 6.8 中也没有明显的方差不齐性倾向。方差齐性检验发现,词形和词义辨认知识方差齐性,$V = 0.03$,$p = 0.871 > 0.05$。[②] 图 6.8 中似乎没有明显的异常点。

6.1.3.3 投影方法诊断

诊断双变量异常值更好的方法之一是投影方法(projection method)(Wilcox 2017b,pp. 266 – 269)。如果一个点是异常点,那么它针对 n 个数据点的某个投影也应是异常点。一种方法是,将边际中位数作为数据云(data cloud)的中心(用 $\hat{\boldsymbol{\xi}}$ 表示),将数据正交(orthogonally)投影到由中心 $\hat{\boldsymbol{\xi}}$ 与每个数据点构成的 n 条连线上。具体而言,固定 j($j = 1, \cdots, n$),将所有的 n 个点正交投影到中心 $\hat{\boldsymbol{\xi}}$ 和点 $\boldsymbol{X}_j$ 的连线上。令 $\boldsymbol{A}_i = \boldsymbol{X}_i - \hat{\boldsymbol{\xi}}$,$\boldsymbol{B}_j = \boldsymbol{X}_j - \hat{\boldsymbol{\xi}}$,其中 $\boldsymbol{A}_i$ 和 $\boldsymbol{B}_j$ 是列向量,向量长度为 P(变量数),$i = 1, \cdots, n$。令投影 $\boldsymbol{C}_i = \dfrac{\boldsymbol{A}_i'\boldsymbol{B}_j}{\boldsymbol{B}_j'\boldsymbol{B}_j}\boldsymbol{B}_j$。当数据点投影到 $\hat{\boldsymbol{\xi}}$ 和 $\boldsymbol{X}_j$ 连线上时,第 i 个点与 $\hat{\boldsymbol{\xi}}$ 的投影距离 D_{ij} 为:

$$D_{ij} = \|\boldsymbol{C}_i\| = \sqrt{\boldsymbol{C}_{i1}^2 + \cdots + \boldsymbol{C}_{iP}^2} \tag{6.8}$$

---

① R 命令为:

```
>source("Rallfun - v37.txt")
>lintest(Form,Recognition)
```

注意,在调用数据包之前,要指定其所在的文件夹。若数据包存放在计算机 D 盘的文件夹"Rpackage"中,则需先输入以下 R 命令:

```
>setwd("D:/Rpackage")
```

② R 命令为:

```
>source("Rallfun - v37.txt")
>khomreg(Form,Recognition)
```

其中，$\|\boldsymbol{C}_i\|$ 为欧几里得范数（Euclidean norm）。

利用理想四分数（ideal fourths）计算投影距离的下四分（q_1）和上四分（q_2）。异常点的判定公式为：

$$D_{ij} > M_D + \sqrt{\chi^2_{0.975,P}}\,(q_2 - q_1) \tag{6.9}$$

其中 M_D 是 D_{ij} 的中位数，$\chi^2_{0.975,P}$ 是自由度 $\nu = P$（双变量相关分析中，$P = 2$）的卡方分布 0.975 分位数（Wilcox，2017b，p.267）。

这里举一个数值的例子。假如有一个 7×2 的 $\boldsymbol{M}$ 矩阵，排表示观测值（$n = 7$），列表示测量变量（$P = 2$）。$\boldsymbol{M}$ 矩阵的各个元素为：

$$\boldsymbol{M} = \begin{pmatrix} 7 & 14 \\ 5 & 10 \\ 3 & 6 \\ 3 & 7 \\ 3 & 16 \\ 18 & 2 \\ 9 & 18 \end{pmatrix}$$

将 $\boldsymbol{M}$ 矩阵标准化后得到矩阵 $\boldsymbol{m}$：[①]

$$\boldsymbol{m} = \begin{pmatrix} 1.161\,457 & 1.642\,548 \\ 0.000\,000 & 0.000\,000 \\ -1.161\,457 & -1.642\,548 \\ -1.161\,457 & -1.231\,911 \\ -1.161\,457 & 2.463\,822 \\ 7.549\,468 & -3.285\,095 \\ 2.322\,913 & 3.285\,095 \end{pmatrix}$$

先以第 1 个点 $\boldsymbol{X}_1(7,14)$ 作为参照点，将标准化后的数据云中心点 $\hat{\boldsymbol{\xi}}(0,0)$ 与 $\boldsymbol{X}_1$ 连线。然后，将 n 个数据点正交投影到这条连线上。$\boldsymbol{A}_1 = \begin{pmatrix} 1.161\,457 \\ 1.642\,548 \end{pmatrix}$，$\boldsymbol{B}_1 = \begin{pmatrix} 1.161\,457 \\ 1.642\,548 \end{pmatrix}$，则第 1 个点在连线上的投影 $\boldsymbol{C}_1 = \dfrac{\boldsymbol{A}_1'\boldsymbol{B}_1}{\boldsymbol{B}_1'\boldsymbol{B}_1}\boldsymbol{B}_1 = \begin{pmatrix} 1.161\,457 \\ 1.642\,548 \end{pmatrix}$。第 1 个点到 $\hat{\boldsymbol{\xi}}$ 的投影距离为 $D_{11} = \|\boldsymbol{C}_1\| = \sqrt{1.161\,457^2 + 1.642\,548^2} \approx 2.011\,702$。

接着计算第 2 个点 $\boldsymbol{A}_2$ 到 $\hat{\boldsymbol{\xi}}$ 的距离。$\boldsymbol{A}_2 = \begin{pmatrix} 0.000\,000 \\ 0.000\,000 \end{pmatrix}$，$\boldsymbol{B}_1 = \begin{pmatrix} 1.161\,457 \\ 1.642\,548 \end{pmatrix}$，则第 2 个点的投影 $\boldsymbol{C}_2 = \dfrac{\boldsymbol{A}_2'\boldsymbol{B}_1}{\boldsymbol{B}_1'\boldsymbol{B}_1}\boldsymbol{B}_1 = \begin{pmatrix} 0 \\ 0 \end{pmatrix}$，因此 $D_{21} = \|\boldsymbol{C}_2\| = 0$。重复以上过程，得到其余 5 个点到

---

① 标准化的目的是解决尺度变化对异常值诊断的不利影响。投影方法的一个优点是它能够用于样本量小而变量数却又较多的情形。本例数据标准化时，先计算矩阵 $\boldsymbol{M}$ 列向量的中位数 $\boldsymbol{Mdn}$。再利用标准化公式 $\dfrac{\boldsymbol{M}[\,,j\,] - \boldsymbol{Mdn}[\,,j\,]}{\sqrt{MAD_j}}$，其中 $j = 1,2$，MAD_j 是第 j 列的离散测量值（正态化 MAD）。

$\hat{\xi}$的投影距离,即$D_{31} = 2.011\ 702$, $D_{41} = 1.676\ 418$, $D_{51} = 1.341\ 135$, $D_{61} = 1.676\ 418$, $D_{71} = 4.023\ 404$。

利用理想四分数公式计算向量$\boldsymbol{D}_{j1}(2.011\ 702,\cdots,4.023\ 404)$的四分数,得到$q_1 = 1.397\ 015$, $q_2 = 2.011\ 702$。向量$\boldsymbol{D}_{j1}$的中位数$M_{D_{j1}} = 1.676\ 418$。$\chi^2_{0.975,2} = 7.377\ 759$。根据多元异常值诊断临界值判定公式6.9,得到临界值$M_D + \sqrt{\chi^2_{0.975,P}}(q_2 - q_1) \approx 3.346\ 032$。由此判断,第7个点(9,18)是异常点。以其他数据点作为参照点,重复以上计算过程,最终发现另外一个异常点为(18,2)。

利用投影方法诊断多元异常值的R函数为数据包Rallfun-v37中的outpro(m),其中m是矩阵或数据框。该函数默认采用边际分布的中位数(medians of the marginal distributions)计算数据云的中心。在有两个变量时,该函数可以绘制投影法诊断异常值散点图。

针对前面词汇学习任务数据,利用R函数outpro(m)得到如图6.9所示的双变量异常值诊断图。

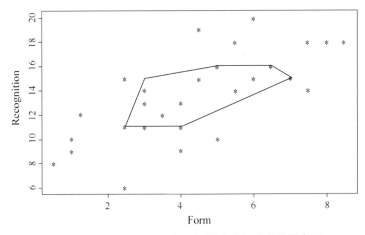

图6.9 词形和词义辨认数据投影法诊断异常值散点图

图6.9中,轮廓线和异常点由投影深度(projection depth)测量值确定。轮廓线囊括投影最深的一半数据。"*"表示非异常点,"o"表示异常点。图6.9中没有出现异常点。

本例适合采用皮尔逊相关分析。皮尔逊相关分析是R函数cor.test(x, y)默认的相关分析方法,函数中的x和y是两个数值型向量。在本例关于词形和词义辨认知识关系的研究中,执行R命令cor.test(Form, Recognition)得到以下结果:

```
>cor.test(Form,Recognition)
        Pearson's product-moment correlation
data:  Form and Recognition
t =5.0621, df =28, p-value =2.34e -05
alternative hypothesis: true correlation is not equal to 0
95 percent confidence interval:
0.4407703  0.8418750
```

```
ample estimates:
    cor
0.6912688
```

根据以上结果,词形和词义辨认知识有统计显著性相关关系, $r = 0.69, 95\% CI$ $[0.44, 0.84], t(28) = 5.06, p = 2.34e-05$(科学记数法,即 2.34×10^{-5}) < 0.001。

6.2　斯皮尔曼秩次相关分析

6.2.1　斯皮尔曼秩次相关分析方法

斯皮尔曼秩次相关分析是非参数检验方法,是分布自由(distribution-free)检验,对数据分布的要求不像皮尔逊相关分析那样严格。如果数据不是定距或定比数据而是定序数据,检验两个变量之间的关联度可以使用斯皮尔曼秩次相关分析。斯皮尔曼秩次相关系数(Spearman's rank correlation coefficient,样本秩次相关系数 r_s;总体秩次相关系数 ρ_s, Spearman's rho)又称斯皮尔曼相关系数(Spearman's correlation coefficient)。

斯皮尔曼秩次相关系数测量两个变量秩次单调关联(monotonic association)的程度。单调关联指一致性增加或减少的关系,但是增加或减少的趋势未必呈一条直线(Wilcox, 2017a, p.237)。单调关系包括单调递增(monotonic increasing)和单调递减(monotonic decreasing)。单调递增反映两个变量之间的正相关,即一个变量的值增加,另一个变量的值也增加,在变量关系图上表现为斜率线正向倾斜。单调递减反映两个变量之间的负相关,即一个变量的值增加,另一个变量的值却减少,在变量关系图上表现为斜率线负向倾斜。图 6.10 显示变量 X 和 Y 之间的关系为单调递增关系。

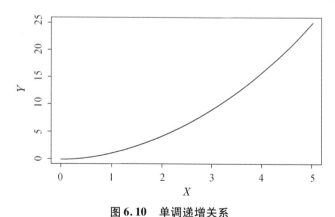

图 6.10　单调递增关系

在没有等值(ties)时,斯皮尔曼相关系数 r_s 的计算公式为:

$$r_s = 1 - \frac{6 \sum_{i=1}^{n} D_i^2}{n(n^2 - 1)} \tag{6.10}$$

其中, $\sum_{i=1}^{n} D_i^2 = \sum (R_i - S_i)^2$ 表示两个定序变量 X 和 Y 所有对应等级(或秩次)差异的

平方和,R_i 是变量 X 的各个秩次,S_i 是变量 Y 的各个秩次,$i=1,\cdots,n$。

根据 Hollander *et al.*（2014，p.429），样本中有等值时,斯皮尔曼相关系数 r_s 的计算公式为:

$$r_s = \frac{n(n^2-1) - 6\sum_{s=1}^{n} D_s^2 - \frac{1}{2}\{\sum_{i=1}^{g}[t_i(t_i^2-1)] + \sum_{j=1}^{h}[u_j(u_j^2-1)]\}}{\sqrt{[n(n^2-1) - \sum_{i=1}^{g}t_i(t_i^2-1)][n(n^2-1) - \sum_{j=1}^{h}u_j(u_j^2-1)]}} \tag{6.11}$$

其中,g 表示变量 X 数据集中等值集合数,t_i 表示变量 X 数据集中第 i 个集合等值数;h 表示变量 Y 数据集中等值集合数,u_j 表示变量 Y 数据集中第 j 个集合等值数。

同皮尔逊相关系数 r 统计显著性检验一样,斯皮尔曼秩次相关系数 r_s 统计显著性检验也采用 t 检验,检验的自由度 $v=n-2$。统计量 t 的计算公式为:

$$t = r_s\sqrt{\frac{n-2}{1-r_s^2}} \tag{6.12}$$

如果 t 检验 p 值小于或等于显著性水平（如 $\alpha=0.05$）,拒绝零假设 $H_0:\rho_s=0$,推断两个变量有统计上的显著相关性。如果 t 检验 p 值大于显著性水平（如 $\alpha=0.05$）,不拒绝零假设 $H_0:\rho_s=0$,推断两个变量没有统计上的显著相关性。从公式 6.12 可以看出,相关系数统计显著性 t 检验统计量 t 值不仅与样本相关系数 r_s 有关,而且与样本量 n 有关。在 r_s 恒定时,样本量 n 越大,t 值就越大。前面提到,r^2 表示某个变量 X 在多大程度上可以解释另一个变量 Y。Woods *et al.*（2000）指出,对于来自变量为正态分布的总体的、中等容量的样本,可以大致用解释 r^2 的方式来解释 r_s^2,但是 r_s 倾向于低估真实的相关性,而且与 r 相比,r_s 随样本更具有变化性（p.172）。Woods *et al.*（2000）还指出,既然 r_s 是处理非正态分布的数据或是处理确切值未知的数据,那它就不应该用于处理近似正态分布的数据（pp.172−173）。既然在数据的基本分布未知的情况下常用 r_s 而不用 r,那么试图把 r_s 解释为相关程度的测量就不保险。"事实上,它的唯一合理的用处就是作为检验两个变量是否彼此独立这一假设的检验统计量"（Woods *et al.*,2000,p.173）。

相对于皮尔逊相关系数 r,斯皮尔曼相关系数 r_s 不受变量 X 异常值的影响（不考虑 Y 值）或不受变量 Y 异常值的影响（不考虑 X 值）。但是,r_s 同 r 一样受 X 和 Y 双元异常点的影响。图 6.11 显示一个异常点对斯皮尔曼相关系数 r_s 的影响。

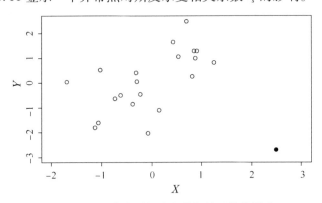

图6.11 异常点对斯皮尔曼相关系数的影响

图 6.11 的右下角有一个异常点(粗实点)。当不包括这个异常点时,变量 X 和 Y 之间斯皮尔曼相关系数 $r_s = 0.64, p = 0.003 < 0.01$。在包括这个异常点时,变量 X 和 Y 之间斯皮尔曼相关系数 $r_s = 0.42, p = 0.060 > 0.05$。由此可见,一个异常点会实质性改变变量之间的关联度和统计推论。

根据 Wilcox(2017a, p.241),对斯皮尔曼相关分析的一个批评是该方法受方差异质性(heteroscedasticity)的影响。解决方差异质性问题的方法是采用百分位数自助方法(percentile bootstrapping),统计分析采用的 R 函数为来自数据包 Rallfun-v37 的 spearci(x, y, nboot =1000, alpha =0.05)。该函数中,nboot 表示自助样本量(默认为 1 000),alpha =0.05 是默认的第一类错误率(α),函数返还估计量 r_s 和 95% 置信区间。

6.2.2　斯皮尔曼秩次相关分析应用举例

假如某研究者按照 6 个等级对 10 名英语学习者($n = 10$)口语和书面作文测试成绩进行了评分。评分等级越高,学习者的成绩就越好。评阅结果如下:

口语(Oral):1,3,4,5,2,6,6,5,3,4;
作文(Written):1,2,5,3,4,5,4,4,3,3。

试利用斯皮尔曼秩次相关分析检验英语口语和英语书面作文成绩是否存在显著性关联。

将以上每组数据转换为秩次,等值求平均秩次,得到以下转化后的秩次:

口语(OralR):1,3.5,5.5,7.5,2,9.5,9.5,7.5,3.5,5.5;
作文(WrittenR):1,2,9.5,4,7,9.5,7,7,4,4。

根据转化后的秩次,得到如表 6.1 所示的 D_s^2 值。

表 6.1　D_s^2 值计算

英语口语等级	英语作文等级	D_s	D_s^2
1	1	0	0
3.5	2	1.5	2.25
5.5	9.5	-4	16
7.5	4	3.5	12.25
2	7	-5	25
9.5	9.5	0	0
9.5	7	2.5	6.25
7.5	7	0.5	0.25
3.5	4	-0.5	0.25
5.5	4	1.5	2.25

利用表 6.1 数据,$\sum_{s=1}^{n} D_s^2 = 0 + \cdots + 2.25 = 64.5$。由于本例有等值存在,$r_s$ 的计算

应利用公式 6.11。在英语口语等级数据中，$g=4$，$t_1=2$（秩次 3.5），$t_2=2$（秩次 5.5），$t_3=2$（秩次 7.5），$t_4=2$（秩次 9.5）。在英语作文等级数据中，$h=3$，$u_1=3$（秩次 4），$u_2=3$（秩次 7），$u_3=2$（秩次 9.5）。因此，$\sum_{i=1}^{g}\left[t_i(t_i^2-1)\right]=24$，$\sum_{j=1}^{h}\left[u_j(u_j^2-1)\right]=54$。由公式 6.11 得到：

$$r_s=\frac{10\times99-6\times64.5-(24+54)/2}{\sqrt{(10\times99-24)\times(10\times99-54)}}\approx0.5931。$$

根据公式 6.12，得到 $t=2.0836$。双尾 t 检验利用命令 pt(-2.0836,8)*2，得到 $p=0.0707>0.05$。由此推断，英语口语和英语书面作文成绩之间没有统计显著性关联。

斯皮尔曼秩次相关分析 R 函数是 cor.test(x, y, method = "spearman")，其中 x 和 y 是数值向量，默认双侧检验。本例的 R 命令和统计分析结果如下：

```
>Oral<-c(1,3,4,5,2,6,6,5,3,4)
>Written<-c(1,2,5,3,4,5,4,4,3,3)
>cor.test(Oral,Written,method="spearman")
        Spearman's rank correlation rho
data: Oral and Written
S=67.133, p-value=0.0707
alternative hypothesis: true rho is not equal to 0
sample estimates:
        rho
0.5931337
Warning message:
In cor.test.default(Oral, Written, method="spearman") :
    Cannot compute exact p-value with ties
```

以上结果中，$S=\sum_{s=1}^{n}D_s^2$。在有等值时，这个值不精确。本例中有等值，$\sum_{s=1}^{n}D_s^2$ 等于 64.5，而不是 67.133。有等值时，R 函数 cor.test(x, y, method = "spearman") 提供统计显著性检验近似 p 值。本例使用 R 命令 cor.test(Oral, Written, method = "spearman", exact = FALSE)，则输出结果中不再显示 Warning message，因为 exact = FALSE 表示计算近似 p 值。

当利用 R 命令 cor.test(OralR, WrittenR) 对秩次转化后的数据进行皮尔逊相关分析时，得到以下统计分析结果：

```
>OralR<-c(1,3.5,5.5,7.5,2,9.5,9.5,7.5,3.5,5.5)
>WrittenR<-c(1,2,9.5,4,7,9.5,7,7,4,4)
>cor.test(OralR,WrittenR)
        Pearson's product-moment correlation
data: OralR and WrittenR
t=2.0838, df=8, p-value=0.0707
alternative hypothesis: true correlation is not equal to 0
95 percent confidence interval:
```

```
-0.05824392  0.89028193
sample estimates:
      cor
0.5931337
```

以上两个 R 命令得到的 r_s 和 p 值完全相同。这说明斯皮尔曼相关系数 r_s 仅仅是两个相关变量数据分别秩次转化后的皮尔逊相关系数 r，即 r_s 是 r 的特例。

6.3 百分数弯曲相关

6.3.1 百分数弯曲相关分析方法

当两个连续性变量数据违反皮尔逊相关分析假设（如正态分布假设）时，传统上采用斯皮尔曼秩次相关分析。将连续性变量数据（定距或定比数据）转化为秩次型数据时，原始数据的部分信息丧失，给数据的解释也带来一定的困难。稳健统计方法是更好的选择。本节介绍百分数弯曲相关（percentage bend correlation），下两节介绍跳跃相关（skipped correlation）和百分位数自助相关（percentile bootstrapping correlation）。

百分数弯曲相关主要解决两个变量数据分布的问题。在两个变量独立的条件下，皮尔逊与百分数弯曲相关系数（ρ_{pb}）均为 0，即 $\rho = \rho_{pb} = 0$。百分数弯曲相关系数对数据分布的微小变化不过于敏感。在数据正态分布时，ρ 与 ρ_{pb} 很接近，但是 ρ_{pb} 更稳健，双变量分布很小的差异可能会使这两个总体值差异甚大（Wilcox，2017b，p.490）。

百分数弯曲相关系数的计算利用稳健的位置测量 ϕ_x（M 位置估计的一种）和尺度测量 ω_x（MAD 的推广）（Wilcox，2017b，pp.490-493）。假如有两个连续性变量 X 和 Y。先求 X_i 与中位数 M_x 的离差绝对值 W_i。将结果按升序排列，得到 $W_{(1)}, \cdots, W_{(n)}$。参数 β 是弯曲常数（bending constant），是百分数弯曲相关系数的最大崩溃点，介于 0~0.5 之间，通常设为 0.2。利用 β 值得到 $[(1-\beta) \times n]$（$[\cdot]$ 表示取整数部分），记作 m。$\hat{\omega}_x$ 即为 $W(m)$。譬如，有一组 X 值：10，13，15，17，22，23，35。样本中位数 $M_x = 17$。因此，$W_1 = |10-17| = 7, W_2 = |13-17| = 4, W_3 = |15-17| = 2, W_4 = |17-17| = 0, W_5 = |22-17| = 5, W_6 = |23-17| = 6, W_7 = |35-17| = 18$。$W_{(1)} = 0, W_{(2)} = 2, W_{(3)} = 4, W_{(4)} = 5, W_{(5)} = 6, W_{(6)} = 7, W_{(7)} = 18$。若 $\beta = 0.2, [(1-\beta) \times n] = 5, \hat{\omega}_x = W_{(5)} = 6$。

要得到 $\hat{\phi}_x$，先计算 $S_x = \sum_{i=i_1+1}^{n-i_2} X_{(i)}$，其中 i_1 是满足条件式 $(X_i - M_x)/\hat{\omega}_x < -1$ 的 X 值的数量，i_2 是满足条件式 $(X_i - M_x)/\hat{\omega}_x > 1$ 的 X 值的数量。然后，根据以下公式计算 $\hat{\phi}_x$ 值：

$$\hat{\phi}_x = \frac{\hat{\omega}_x(i_2 - i_1) + S_x}{n - i_1 - i_2} \qquad (6.13)$$

再利用 $\hat{\phi}_x$ 和 $\hat{\omega}_x$ 计算 X_i 标准化离差值 U_i。U_i 的计算公式为：

$$U_i = (X_i - \hat{\phi}_x)/\hat{\omega}_x \qquad (6.14)$$

结合前面的例子，$i_1 = 1$（X 值为 10），$i_2 = 1$（X 值为 35），$S_x = 13 + 15 + 17 + 22 + 23 = 90$，所以，$\hat{\phi}_x = \frac{6 \times (1-1) + 90}{7 - 1 - 1} = 18$。$X_i$ 值对应的 U_i 值为：-1.333 333 3，-0.833 333 3，

-0.5, $-0.166\,666\,7$, $0.666\,666\,7$, $0.833\,333\,3$, $2.833\,333\,3$。利用以下 Huber's Ψ 函数计算对应于 U_i 的 A_i 值：

$$\Psi(x) = max[-1, min(1, x)] \tag{6.15}$$

其中，max 表示极大值，min 表示极小值。结合本例，A_i 值为：-1，$-0.833\,333\,3$，-0.5，$-0.166\,666\,7$，$0.666\,666\,7$，$0.833\,333\,3$，1。用同样的方法计算另一个变量 Y 值对应的 B_i 值。根据 Wilcox（2017b，p.491），百分数弯曲相关系数计算公式为：

$$r_{pb} = \frac{\sum A_i B_i}{\sqrt{\sum A_i^2 \sum B_i^2}} \tag{6.16}$$

百分数弯曲相关系数 r_{pb} 与皮尔逊相关系数 r 的统计显著性检验都采用 t 检验，检验方法相同（见 6.1.1 节）。百分数弯曲相关分析的一个局限是该方法对方差异质性敏感。解决方差异质性问题的稳健统计方法是百分位数自助方法。

6.3.2 百分数弯曲相关分析应用举例

假如有两个连续性变量 X 和 Y（$n = 30$），测量结果如下：

X<-c(6,6.5,7,2,1.5,5,1,2,3.5,2.5,4.5,2.5,3.5,1.5,3.5,4,1,3,
5.5,2.5,7,1.5,8,9.5,9,10,2,2,3,10)
Y<-c(6.5,8,9.5,10,8.5,9,7,8,7,8.5,6.5,7,9,7,8,7.5,6,8,9,9.5,
7.5,8,9,10,7,9,7,6,5.5,9)

试检验变量 X 和 Y 是否存在显著性相关。

在确定是否使用皮尔逊相关分析之前，要检验统计分析假设。先检验两个变量数据是否服从或近似服从多元正态分布。令 data <- data.frame(X,Y)，利用 R 数据包 MVN 中的函数 mvn(data) 发现，多元偏态值 $b_{1,p} = 3.02$，$p = 0.554 > 0.05$，多元峰态值 $b_{2,p} = -1.18$，$p = 0.239 > 0.05$，因此本例数据服从双变量正态分布。

接下来诊断变量 X 和 Y 是否有线性关系，是否有异常点存在以及方差是否齐性。图 6.12 为双变量数据分布诊断图。

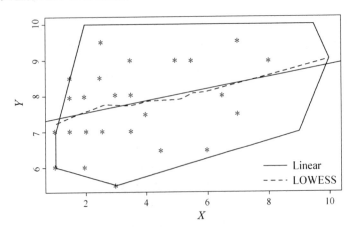

图 6.12　双变量数据分布诊断图

图 6.12 显示，双变量分布没有异常点，也没有明显的方差不齐性倾向。令 m<-cbind(X,Y)，执行数据包 Rallfun - v37 中的 R 函数 outpro(m)，没有发现多元异常值。在图 6.12 中，线性拟合线向上变化的趋势与 LOWESS 曲线吻合度高，说明变量之间可能存在某种程度的线性关系。调用数据包 Rallfun - v37 中的 R 函数 lintest(X,Y) 发现，本研究两个变量有统计显著性线性关系（$D = 1.37, p = 0.142 > 0.05$）。利用 R 函数 khomreg(X,Y) 发现本例数据方差齐性（$V = 0.46, p = 0.499 > 0.05$）。

综上所述，本例适合采用百分数弯曲相关分析或皮尔逊相关分析。数据包 Rallfun - v37 中的 R 函数 pbcor(x, y, beta =0.2) 用于开展百分数弯曲相关分析。本例百分数弯曲相关分析 R 命令和统计分析结果如下：

```
>source("Rallfun-v37.txt")
>pbcor(X,Y,beta =0.2)
$cor
[1] 0.3506726
$test
[1] 1.981408
$p.value
[1] 0.0574421
$n
[1] 30
```

从以上结果可知，在 $\alpha = 0.05$ 时，变量 X 和 Y 之间没有统计上显著的正相关关系，$r_{pb} = 0.35, t_{pb} = 1.98, p = 0.057 > 0.05$。如果采用常规的皮尔逊相关分析，变量 X 和 Y 之间有统计显著性正相关关系，$r = 0.37, t(28) = 2.13, p = 0.042 < 0.05$。虽然 r_{pb} 与 r 值接近，但是两种方法却得出不同的结论。出于谨慎，建议研究中报告百分数弯曲相关分析的结果。

6.4　跳跃相关

6.4.1　跳跃相关分析方法

跳跃相关分析处理异常值问题，但是不能解决方差不齐性问题。该方法排除异常值，对剩下的数据采用相关分析（如皮尔逊相关分析）。利用边际中位数的投影方法是诊断多元异常值的一种方法（见 6.1.3 节）。投影方法的基本程序是：将边际中位数作为数据云（data cloud）的中心，计算 n（样本量）个数据点到中心与每个数据点连线的投影距离（D_{ij}）。然后，利用理想四分数计算投影距离的下四分（q_1）和上四分（q_2）。最后，根据判定公式 6.9 确定异常值。删除异常值后，可以对剩下的数据采用皮尔逊相关分析，计算跳跃相关系数 r_p，开展统计显著性 t 检验（统计量为 t_p）。统计量 t_p 的计算公式为：

$$t_p = r_p \sqrt{\frac{n-2}{1-r_p^2}}$$

(6.17)

由于剩下的数据不再独立,因而需要调整 t 检验的临界值(c)以控制第一类错误率。根据 Wilcox(2017b,p. 506),在 $\alpha = 0.05$ 时,t 检验临界值为:

$$c = \frac{6.947}{n} + 2.319\,7 \tag{6.18}$$

临界值 c 通过模拟方法得到。若 $|t_p| \geqslant c$,则拒绝零假设,推断两个变量之间有统计显著性线性关系。

6.4.2　跳跃相关分析应用举例

Ellis & Yuan(2004)设计无准备(no planning,NP)、任务前准备(pretask planning,PTP)和在线准备(on-line planning,OLP)3 个条件,调查准备条件对 42 名中国英语学习者记叙文写作质量多个测量指标的影响。本节利用该研究部分数据检验句法复杂性(syntactic complexity)和句法多样性(syntactic variety)之间是否存在显著相关性。学习者句法复杂性和句法多样性测量数据如下:

```
Complexity<-c(1.68,1.82,1.80,1.38,1.19,1.45,1.71,2.13,1.91,
1.59,1.42,1.73,2.00,1.69,1.69,1.68,2.38,1.72,2.00,1.62,2.32,1.73,
2.73,2.00,1.96,1.80,2.11,2.37,1.50,1.30,1.35,2.96,1.61,2.20,1.37,
2.33,2.79,2.16,1.90,1.61,1.90,1.89)
    Variety<-c(20,15,12,18,9,13,14,14,25,21,18,15,18,15,21,18,22,
20,19,19,20,26,24,24,31,25,19,21,23,23,22,18,18,15,16,17,24,15,18,
19,21,15)
```

在确定是否使用皮尔逊相关分析之前,需要检验统计分析假设。先诊断句法复杂性和句法多样性测量数据是否服从或近似服从多元正态分布特点。令 `data <- data.frame(Complexity, Variety)`,调用 R 数据包 MVN 中的函数 `mvn(data)` 发现,多元偏态值 $b_{1,p} = 5.80,p = 0.214 > 0.05$,多元峰态值 $b_{2,p} = 0.13,p = 0.898 > 0.05$,因此本例数据服从双变量正态分布。

图 6.13 是利用 R 函数 `outpro(m)` 绘制的双变量数据分布多元异常值诊断图。图中显示,线性拟合线与 LOWESS 曲线较为接近,斜率较为平缓,说明两个变量之间线

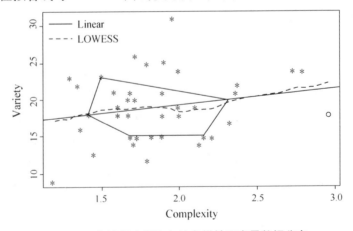

图 6.13　句法复杂性和句法多样性双变量数据分布

性关系不强。图 6. 13 没有显示明显的方差不齐现象。利用 R 命令 khomreg (Complexity, Variety) 发现本例数据满足方差齐性假设 ($V = 0.49$, $p = 0.484 > 0.05$)。但是,图中显示本例数据有一个异常值 (以"○"表示)。执行 R 命令 outpro (data) 也发现一个多元异常值。

综上所述,本例数据适合采用跳跃相关分析。跳跃相关分析的 R 函数为数据包 Rallfun - v37 中的 scor(x, y, corfun = pcor),其中 x 和 y 是数值向量,默认的相关分析类型为皮尔逊相关分析,异常值诊断方法为投影方法。如果利用跳跃相关分析计算斯皮尔曼秩次相关系数 r_s,并开展统计显著性检验,则设置变元 corfun = spear。本例跳跃相关分析的 R 命令和统计分析结果如下:

```
> source("Rallfun - v37.txt")
> scor(Complexity, Variety, corfun = pcor)
$cor.value
[1] 0.2499929
$test.stat
[1] 1.632943
$crit.05
[1] 2.485105
```

以上结果表明,句法复杂性和句法多样性没有统计显著性相关关系,$r_p = 0.25$, $p > 0.05$。如果忽略异常点问题,采用传统的皮尔逊相关分析,则 $r = 0.21$, $t(40) = 1.35$, $p = 0.184 > 0.05$。虽然采用传统的皮尔逊相关分析得出的统计推理结论与稳健相关分析方法得出的结论相同,但是一个异常值降低了传统的皮尔逊相关分析中两个变量之间的相关度。

6.5　百分位数自助相关

6.5.1　百分位数自助相关分析程序

处理相关变量方差不齐性问题的一种方法是百分位数自助方法 (Wilcox, 2017b, pp. 503 - 504)。假如有一个随机配对样本 (X_1, Y_1), $\cdots$, (X_n, Y_n)。采用置换型重复抽样 (resampling with replacement) 方法从该样本中随机抽取一个包括 n 个配对的样本,称作自助样本 (bootstrap sample),即 (X_1^*, Y_1^*), $\cdots$, (X_n^*, Y_n^*)。利用自助样本计算相关统计量,记作 r^*。重复以上过程 B 次 (自助样本量,通常为 599),得到 r_1^*, $\cdots$, r_B^*。将这些值按升序排列,得到 $r_{(1)}^*$, $\cdots$, $r_{(B)}^*$。令 $l = \alpha B / 2$ (取最接近的整数),$u = B - l$。若 $r_{(l+1)}^* > 0$ 或 $r_{(u)}^* < 0$,则拒绝变量 X 和 Y 无统计显著性相关的零假设。如果相关系数是皮尔逊相关系数,则可以采用调整的百分位数自助法 (Wilcox, 2017b, p. 503)。当 $B = 599$ 时,ρ 近似 95% 置信区间为:$[r_{(a)}^*, r_{(c)}^*]$,其中 $n < 40$, $a = 7$, $c = 593$; $40 \leqslant n < 80$, $a = 8$, $c = 592$; $80 \leqslant n < 180$, $a = 11$, $c = 588$; $180 \leqslant n < 250$, $a = 14$, $c = 585$; $n \geqslant 250$, $a = 15$, $c = 584$。

数据包 Rallfun - v37 中的 R 函数 corb(x, y, corfun = pbcor) 利用百分位数自助方法开展相关分析,其中 x 和 y 是数值向量。该函数默认计算的相关系数是百分数弯曲相关系数(corfun = pbcor),默认的自助样本量为599(nboot = 599)。方差不齐时,采用百分位数自助法开展皮尔逊相关分析使用的 R 函数是 pcorb(x, y)。如果方差不齐,且有异常值,则利用 R 函数 corb(x, y, corfun = scor)。

6.5.2 百分位数自助相关分析应用举例

假如一项研究针对一组非英语专业大学一年级学生($n = 30$)设计英语短文阅读附带词汇学习任务(目标生词为 20 个),调查目标词两类词汇知识后测成绩之间的关系。一类词汇知识是词义辨认(recognition,从多个汉语释义中选择与英语生词意义一致的释义),另一类词汇知识是词义回忆(recall,根据英文生词写出汉语释义)。两类词汇知识后测成绩如下:

```
Recognition <- c(15.5,17,14,13,13.5,14.5,17.5,12,15.5,15,13,14,
16,15,14,13,12,15.5,12,14.5,18,13,15.5,17,14.5,12,14.5,11,12,15)
Recall <- c(10,10.5,10,12,10,7.5,15,8,10,11.5,9,10.5,10,9,10,7,
9.5,12.5,9.5,10,13,8,14,6,11.5,8.5,12,8,11,12)
```

试问:两类词汇知识之间是否存在统计显著性关联?

在确定是否使用皮尔逊相关分析之前,需要检验统计分析假设。先检验词义辨认与回忆两个变量数据是否服从或近似服从多元正态分布。令 data <- data.frame(Recognition, Recall),调用 R 数据包 MVN 中的函数 mvn(data) 发现,多元偏态值 $b_{1,p} = 8.77$,$p = 0.067 > 0.05$,多元峰态值 $b_{2,p} = 0.99$,$p = 0.323 > 0.05$,因此本例数据服从双变量正态分布。

接下来诊断词义辨认与回忆是否有线性关系,是否有异常点存在以及方差是否齐性。图 6.14 为双变量数据分布诊断图。

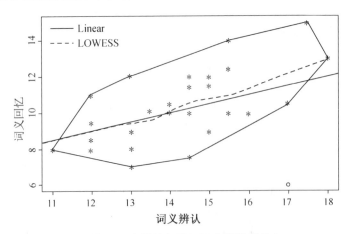

图6.14　词义辨认与回忆双变量数据分布

图 6.14 显示,双变量分布有一个异常值(以"○"表示)。虽然异常值使得线性拟合线与 LOWESS 曲线有较大的偏离,但是两个变量线性变化的趋势明显。另外,两个变量数据中似有方差不齐现象。利用 R 命令 khomreg(Recognition, Recall)发现本例数据轻度违反方差齐性假设($V = 4.02$,$p = 0.045 < 0.05$)。

综上所述,本例适合使用跳跃相关分析,采用百分位数自助方法控制方差不齐性对统计结果的影响。数据包 Rallfun - v37 中的 R 函数 corb (x, y, corfun = scor)利用百分位数自助法开展跳跃相关分析。本例跳跃相关分析 R 命令和统计分析结果如下:

```
> source("Rallfun-v37.txt")
> corb(Recognition,Recall,corfun = scor)
$cor.ci
[1] 0.08452753  0.78879297
$p.value
[1] 0.02671119
$cor.est
[1] 0.6232356
```

从以上结果可知,词义辨认与回忆之间有较强的统计上呈显著性的正相关关系,$r_p = 0.62$,ρ_p 95% 置信区间:$[0.08,0.79]$,$p = 0.027 < 0.05$。如果忽略异常点和方差不齐性问题,采用传统的皮尔逊相关分析,则 $r = 0.44$,$t(28) = 2.60$,$p = 0.015 < 0.05$。虽然采用传统的皮尔逊相关分析得出的统计推理结论与稳健相关分析方法得出的结论相同,但是一个异常值和方差不齐性问题明显减低了传统的皮尔逊相关分析中两个变量之间的相关度。

思考与练习

1. 皮尔逊相关分析有哪些统计假设?
2. 皮尔逊相关分析与斯皮尔曼相关分析有何区别与联系?
3. 相关系数 $r = 0$ 表示两个连续性变量之间没有关系吗?
4. 散点图用于诊断两个连续性变量之间的关系,从中可以发现何种性质的关系?
（a）关系的方向,如正相关或负相关
（b）关系的形式,如线性相关或非线性相关
（c）关系的强度,如高度相关或低度相关
（d）以上都对
5. 以下每幅散点图显示的两个连续性变量之间的线性关系最有可能与给出的哪个皮尔逊相关系数值相对应(忽略不对应的相关系数)? $r = -0.3$;$r = 0.6$;$r = 0.3$;$r = 0$。

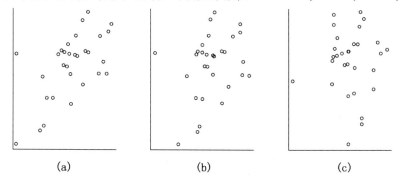

(a)　　　　　　　(b)　　　　　　　(c)

6. 根据 Cohen(1988)建议的标准,说明下面各个相关系数 r 的强度:

(a) 0.25　　　　(b) −0.76　　　　(c) 0.01　　　　(d) 0.35

7. 如果一项研究报告皮尔逊相关系数 r 值较小,但是在统计显著性水平 $\alpha = 0.05$ 时,r 值显著不为 0。下面哪个陈述正确?

(a) 至少有一个多元异常值。

(b) 两个变量之间的关系是非线性关系。

(c) 研究使用的样本量不算小。

(d) 必须提高统计显著性水平。

8. 如果从双变量样本数据分布中去除一个点,导致皮尔逊相关系数 r 发生明显的变化,这说明什么?

(a) 两个变量之间的皮尔逊相关系数为 0。

(b) 两个变量之间的皮尔逊相关系数接近 $+1$ 或 -1。

(c) 去除的那个点是异常点。

(d) 两个变量之间的关系是非线性的。

9. 假如大学生的英语词汇量和英语阅读理解力之间的相关系数 $r = 0.4$。英语阅读理解力与英语词汇量的关系能够解释多少比率的英语阅读理解力变异?

(a) 60%　　　　(b) 40%　　　　(c) 16%　　　　(d) 不能确定

10. 下面哪个相关系数表示两个变量之间的线性关系最弱?

(a) $+0.78$　　　　(b) -0.86　　　　(c) $+0.26$　　　　(d) -0.49

11. 当两个变量的测量尺度是定序量表时,相关分析通常采用下面哪一种?

(a) 皮尔逊相关分析

(b) 斯皮尔曼秩次相关分析

(c) 跳跃相关分析

(d) 百分数弯曲相关分析

12. 下图为显示两个连续性变量 X 和 Y 之间关系的散点图。

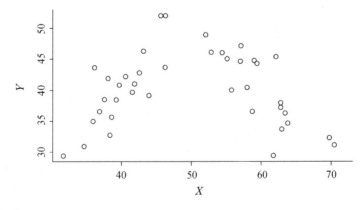

回答以下问题:

(a) 描述变量 X 和 Y 之间的关系。

(b) 使用皮尔逊相关分析检验这两个变量之间的关系是否合适? 为什么?

13. 已知两个连续性变量 X 和 Y 之间的皮尔逊相关系数 $r = 0.6$,将 X 值和 Y 值均缩小为原来的二分之一,皮尔逊相关系数 r 是多少? 如果两个变量的每个值均增加 10,皮尔逊相关系数 r 是多少? 以上结果说明皮尔逊相关系数 r 有怎样的性质?

14. 下图为连续性变量 X 和 Y 之间关系的散点图,图中两个"＋"号代表异常点。

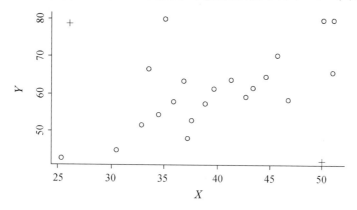

试问:如果排除这两个异常点,X 和 Y 之间的皮尔逊相关系数 r 会发生怎样的变化?

15. 假如一项研究在某大学随机抽取 50 名大学英语学习者,调查学习动机(motivation)和英语学习成就(achievement)之间的关系。学习动机量表总分为 100 分,英语学习成就测试总分也为 100 分。两个变量的测量结果如下:

动机:	62,67,66,58,59,61,56,57,63,64,60,54,62,63,68,60,63,34,55,55,69,62,68,63,58,57, 62,60,57,60,48,62,64,63,67,63,58,57,66,65,64,62,57,57,55,60,53,55,55,56
成就:	64,87,68,68,75,58,65,69,70,71,73,47,80,83,83,71,89,76,73,68,66,67,82,73,67,64, 66,61,61,63,56,64,69,74,70,79,71,61,77,62,69,70,81,66,69,77,69,78,69,66

回答以下问题:

(a) 调用数据包 MVN 中的 R 函数 mvn,检验本例数据是否满足多元正态分布假设?

(b) 调用数据包 Rallfun - v37 中的 R 函数 outpro,诊断和检验本例数据是否有多元异常值? 如果有,给出具体的值。

(c) 利用散点图(图中增加最优拟合线和 LOWESS 平滑线)诊断动机和成就之间是否有线性关系? 调用数据包 Rallfun - v37 中的 R 函数 lintest,检验本例中的两个变量是否有线性关系?

(d) 根据(c)提供的散点图诊断动机和成就数据是否存在方差不齐现象? 调用数据包 Rallfun - v37 中的 R 函数 khomreg,检验两个变量数据是否满足方差齐性假设?

(e) 根据以上结果,要检验动机和成就两个变量之间的线性关系,最合适的统计分析方法是什么?

(f) 利用 R 自带函数 cor.test、Rallfun - v37 中的 R 函数 pbcor(x, y, beta =0.2)和 scor(x, y, corfun =pcor),依次开展皮尔逊相关分析、百分数弯曲相关分析和跳跃相关分析,比较统计结果的差异。

第7章

两个独立组比较

独立组（independent groups），即独立样本，指样本之间没有关联性。构成独立组的参与者或研究单位（units）不同。独立组设计，又称被试间设计（between-subjects designs），是语言学定量研究中常用的设计。譬如，为了检验某种新的教学方法是否比现有的教学方法更有利于提高学习者的外语水平，某研究利用两个自然班（intact classes）开展为期16周的教学实验，一个班接受新的教学方法，另一个班接受现有的教学方法。由于这两个班级的学习者是不同的个体，因而该研究的设计是独立组设计。这项研究是实验研究（experimental study），因为教学方法是被研究者有意操纵的变量。再如，某研究从男性和女性外语学习者总体（population）中各随机抽取一个样本，调查性别对外语学习者学习策略的影响。这项研究的设计也是独立组设计。但是，与前一项研究不同的是，该研究是观察性研究（observational study），因为性别不是被研究者有意操纵的变量，而是被试属性变量。尽管观察性研究和实验研究的性质（如因果推断力）有差异，但是它们使用的统计分析方法相同。需要注意的是，独立组设计与统计分析方法并非一对一的关系。依据测量数据的性质，独立组设计采用的统计分析方法也会不同。本章重点讨论两个独立组比较可能采用的不同统计分析方法及其效应量估计，包括经典（或常规）t 检验（通常简称 t 检验）、Welch's t 检验、Yuen 方法、Wilcoxon 秩和检验和 Cliff 方法。本章调用的数据包为 car、pastecs、Rallfun-v37 和 StMoSim。

7.1 t 检验的基本概念

t 检验（t test），又称 Student's t 检验，是两个样本平均数差异检验方法，与皮尔逊相关分析一样是常规或经典的参数检验方法。t 检验要求数据满足三个最基本的统计假设：① 因变量（dependent variable）是定距或定比变量，即连续性变量。自变量（independent variable）是名义或定序变量；② 观测值独立；③ 总体呈正态分布，没有异常值。大多数情况下，总体分布是未知的，研究者收集的数据通常只是来自总体的样本，只能用样本代替总体来检验统计假设。在使用 t 检验之前，研究者需要检验样本是否服从或近似服从正态分布。

t 检验使用的统计量 t 服从 t 分布。t 分布随机变量 X（$X \sim t(\nu)$）的概率密度函数（probability density function，PDF）为：

$$f(x) = \frac{\Gamma\left(\dfrac{\nu+1}{2}\right)}{\sqrt{\pi\nu}\,\Gamma\left(\dfrac{\nu}{2}\right)}\left(1 + \frac{x^2}{\nu}\right)^{-\frac{\nu+1}{2}}, \quad -\infty < x < \infty \tag{7.1}$$

其中，ν 是 t 分布自由度。t 分布概率密度函数利用伽马（gamma，Γ）函数。伽马函数由以下积分定义：

$$\Gamma(a) = \int_0^\infty x^{a-1}e^{-x}dx, \, a > 0 \tag{7.2}$$

在 $a=1$ 时，$\Gamma(1)=1$。$\Gamma(1/2)=\sqrt{\pi}$。伽马函数具有以下性质：$\Gamma(a+1)=a\Gamma(a)$。对于任一正整数 n，$\Gamma(n)=(n-1)!$，如 $\Gamma(5)=4\times3\times2\times1=24$。$t$ 分布中，X 的期望（expected）平均数 $E[X]$ 和方差 $Var[X]$ 分别为：$E[X]=0$，$Var[X]=\dfrac{\nu}{\nu-2}$，其中，$\nu>2$。

相对于正态分布，t 分布的一个典型特征是重（厚）尾巴，即小值偏多。t 分布是对称分布，其形状由自由度（ν）确定。不同自由度条件下的 t 分布与正态分布的比较如图 7.1 所示。

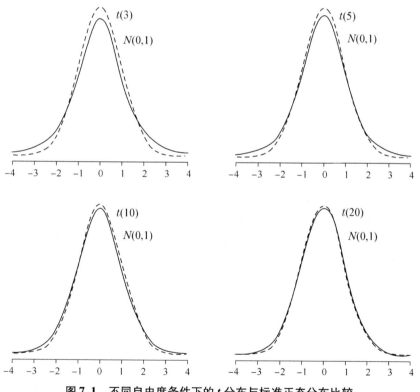

图7.1　不同自由度条件下的 t 分布与标准正态分布比较

图 7.1 中，实线为不同自由度时的 t 分布，虚线均为 $\mu=0$ 和 $\sigma=1$ 的标准正态分布。图中显示，在自由度 $\nu=3$ 时，尾巴较重，即小值偏多。举个例子来说，在 t 分布中，$t(3)\leqslant-1.96$ 的近似概率 $p=0.072$；在标准正态分布中，$Z\leqslant-1.96$ 的近似概率 $p=0.025$。$t(3)\geqslant1.96$ 的近似概率 $p=0.072$，在标准正态分布中，$Z\geqslant1.96$ 的近似概率 p

=0.025。随着 t 分布自由度增大,分布越来越接近正态分布。$t(5) \leqslant -1.96$ 或 $t(5) \geqslant 1.96$ 的近似概率 $p=0.054$;$t(10) \leqslant -1.96$ 或 $t(10) \geqslant 1.96$ 的近似概率 $p=0.039$;$t(20) \geqslant 1.96$ 的近似概率 $p=0.032$。

t 分布为两个组或两个条件中的平均数差异比较检验提供临界值(critical value,CV)。图 7.2 为自由度 $\nu=25$ 时的 t 值概率密度图。

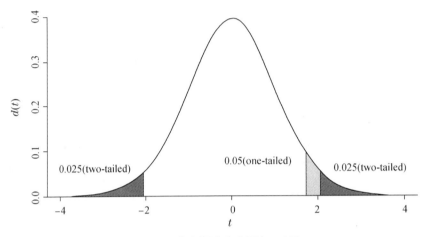

图 7.2　t 分布概率密度图($\nu=25$)

图 7.2 中,横坐标代表 t 值,纵坐标代表概率密度值。如图所示,在双尾(two-tailed)检验中,显著性水平 $\alpha=0.05$ 和自由度 $\nu=25$ 时,下尾 t 检验的临界值为 $t(0.025,25)=-2.06$,上尾 t 检验的临界值为 $t(0.975,25)=2.06$。在双尾检验时,如果两个比较样本平均数差异检验的 t 值小于(或等于)-2.06 或大于(或等于)2.06,则有可靠证据表明两个样本来自不同的总体,样本平均数有统计显著性差异。如果两个比较样本平均数差异检验的 t 值大于 -2.06 且小于 2.06,则没有可靠证据表明两个样本来自不同的总体,样本平均数没有统计显著性差异。图 7.2 中的阴影部分称作拒绝区(rejection region),非阴影部分称作非拒绝区(non-rejection region)。若统计量 t 值落在非拒绝区内,不拒绝零假设。若统计量 t 值落在拒绝区内,拒绝零假设,接受备择假设(研究假设)。

观察图 7.2 还可以发现,单尾检验显著性水平 $\alpha=0.05$ 和自由度 $\nu=25$ 时,上尾 t 检验的临界值 $t(0.95,25)=1.71$ 小于双尾检验时的 t 临界值 $t(0.975,25)$,拒绝区增大,非拒绝区减小。这就是我们为什么说在其他条件相同的情况下,单尾 t 检验比双尾 t 检验统计效力(statistical power)更高的原因。

双尾 t 检验($\alpha=0.05$)自由度和临界值之间的关系如图 7.3 所示。图 7.3 显示,随着自由度 ν 的递增,t 检验临界值呈先快速下降、后慢速减小之势。譬如,自由度 $\nu=5$ 时,t 检验临界值约为 2.57;自由度 $\nu=20$ 时,t 检验临界值约为 2.09;自由度 $\nu=30$ 时,t 检验临界值约为 2.04;自由度 $\nu=50$ 时,t 检验临界值约为 2.01。

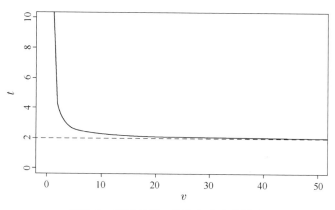

图 7.3　双尾检验 t 值和自由度的关系

7.2　独立样本 t 检验

7.2.1　独立样本 t 检验方法

常规的独立样本 t 检验(independent-samples t test)用于检验两个独立的样本是否来自平均数相同的总体。如果研究中只有一个因变量(连续性变量)和一个自变量(定序或类别变量),且自变量只有两个水平(levels),被试不重复,设计上符合独立样本 t 检验的要求。比如说,采用两种不同的教学方法对两组英语学习者实施英语教学,对对照组(control group)学生采用传统的语法翻译法,对实验组(experimental group)采用交际法。一段时间的教学后,对这两个组学习者进行英语水平测试,比较他们在英语水平上的差异。从设计上看,该研究符合独立样本 t 检验的要求。

在方差齐性假设和其他假设(如正态分布)得到满足的情况下,统计量 t 的计算公式为:

$$t = \frac{\bar{X}_1 - \bar{X}_2}{\sqrt{\dfrac{(n_1 - 1)s_1^2 + (n_2 - 1)s_2^2}{n_1 + n_2 - 2}\left(\dfrac{1}{n_1} + \dfrac{1}{n_2}\right)}} \tag{7.3}$$

其中,分子是样本平均数($\bar{X}_1$ 和 $\bar{X}_2$)差异,分母是样本平均数差异的标准误差。n_1 和 n_2 分别是两个独立样本的样本量,s_1^2 和 s_2^2 分别是两个独立样本的方差。零假设条件下,统计量 t 服从自由度为 $\nu = n_1 + n_2 - 2$ 的 t 分布。

7.2.2　独立样本 t 检验统计假设

常规的独立样本 t 检验除了要求每组数据满足正态分布等假设之外,还要求满足总体方差齐性(homogeneity of variances;homoscedasticity)假设。方差齐性是指两个总体之间的方差相等,即 $\sigma_1^2 = \sigma_2^2$。总体方差通常是未知的,只能通过样本方差去估计总体方差。如果检验发现组间方差差异不显著,则推断总体方差齐性,否则推断总体方差不齐。

在统计分析阶段,决定是否采用独立样本 t 检验之前,必须要检验比较组数据分布的正态性和方差齐性。最常用的方差齐性检验方法是 Levene 方差齐性检验(Levene's test for homogeneity of variances)。Levene 方差齐性检验针对各组观测值与中位数(或平均数)离差的绝对值开展方差分析(analysis of variance,ANOVA)。关于方差分析,详见第 9 章。

下面举个例子简要说明 Levene 方差齐性检验方法。假如有以下两组(G1 和 G2)在因变量(DV)方面的测量数据:

G1:67,54,70,72,65,63,70,61,56,73,61,68,57,59,71;

G2:76,65,74,56,71,77,81,80,66,69,60,69,65,79,78。

首先,将 G 作为组别变量,包括 G1 和 G2 两个水平,DV 作为因变量,利用函数 data.frame 创建数据框 Data。

```
>G1 <- c(67,54,70,72,65,63,70,61,56,73,61,68,57,59,71)
>G2 <- c(76,65,74,56,71,77,81,80,66,69,60,69,65,79,78)
>DV <- c(G1,G2)
>G <- gl(2,15,labels = c("G1","G2"))
>Data <- data.frame(DV,G)
```

其次,利用命令 tapply(Data$DV, Data$G, FUN = median)得到每组中位数:

```
>tapply(Data$DV, Data$G, FUN = median)
G1 G2
65 71
```

然后,利用命令 Data$M <- c(rep(65,15), rep(71,15))将变量 M(代表中位数)添加到数据框 Data 中。

接下来,利用命令 Data$abs.diff <- abs(Data$DV - Data$M)计算每组数值与中位数差异的绝对值,在数据框 Data 中新增变量名 abs.diff。

最后,利用方差分析 R 命令 anova(lm(Data$abs.diff ~ Data$G))[, c(1, 4, 5)]得到以下结果:

```
>anova(lm(Data$abs.diff ~ Data$G))[,c(1,4,5)]
          Df  F value  Pr(>F)
Data$G    1   0.6238   0.4363
Residuals 28
```

根据以上结果,本例两组数据满足组间方差齐性假设,$F(1,28) = 0.62, p = 0.436 > 0.05$。从以上计算过程可以看出,Levene 方差齐性检验的本质是检验每组观测值与中位数离差绝对值的平均数是否有显著性差异。利用中位数比利用平均数进行方差齐性检验更好一些,因为中位数不像平均数那样容易受到异常值的影响。R 开展 Levene 方差齐性检验需要调用数据包 car,函数为 leveneTest(y, group, center = median),其中 y 是因变量,group 为组别变量,即因素(factor),center = median 表示默认的数值中心化方法利用中位数。如采用平均数进行中心化,则使用变元

center = mean。本例利用 R 命令 leveneTest(Data\$DV, Data\$G) 得到与上面同样的结果,即:

```
> require(car)
> leveneTest(Data$DV, Data$G)
Levene's Test for Homogeneity of Variance (center = median)
        Df  F value  Pr(>F)
group   1   0.6238   0.4363
        28
```

7.2.3　独立样本 t 检验应用举例

某研究利用英语短文附带词汇学习任务调查不同任务类型对英语学习者接受性词汇知识习得(即词义消极回忆)的影响。研究设计的任务类型分为两个水平,一个是定义任务,另一个是造句任务。定义任务要求一个组的学习者($n = 40$)根据目标词释义写出目标词,造句任务则要求另一个组的学习者($n = 40$)利用给出的每个目标词造一个有意义的句子。任务过程中,允许学习者查阅短文阅读中提供的目标词注释。两个任务组接受性词汇知识测量的结果如下:

定义任务(Definition):9,5,5,11,3,13,16,9,14,12,12,7,3,8,11,12,6,16,8,6,12,7,18,2,14,14,11,8,7,12,13,13,4,5,0,10,17,9,9,9;

造句任务(Sentence):4,5,4,1,3,1,14,6,8,2,7,4,8,8,8,3,7,5,6,10,4,3,14,12,9,8,7,12,13,11,4,4,0,8,9,7,8,7,6,7。

试检验两个任务组在接受性词汇知识习得方面是否有统计显著性差异。

在开展推理统计分析之前,先对两组数据开展描述性统计。描述性统计使用的函数为数据包 pastecs 中的 stat.desc(x)。表 7.1 概括本例数据的样本量(n)、平均数($\bar{X}$)、标准差(SD)、平均数 95% 置信区间(95% CI)、平均数标准误差(SE)、标准化偏度($skew. 2SE$)、标准化峰度($kurt. 2SE$)、Shapiro-Wilk 正态性检验 W 值和 p 值。

表7.1　定义和造句任务中接受性词汇知识描述性统计

	n	$\bar{X}$	SD	95% CI	SE	$skew. 2SE$	$kurt. 2SE$	W	p
定义	40	9.5	4.30	[8.12,10.88]	0.68	−0.14	−0.49	0.99	0.886
造句	40	6.68	3.50	[5.55,7.80]	0.55	0.36	−0.36	0.97	0.309

如表 7.1 所示,在定义任务中,接受性词汇知识数据基本服从正态分布,$skew. 2SE = -0.14$,$kurt. 2SE = -0.49$,$W = 0.99$,$p = 0.886 > 0.05$。在造句任务中,接受性词汇知识数据分布略右偏,近似服从正态分布,$skew. 2SE = 0.36$,$kurt. 2SE = -0.36$,$W = 0.97$,$p = 0.309 > 0.05$。

为进一步了解数据的性质,图 7.4 显示两个任务组数据正态分布诊断 Q-Q 图。图 7.4 中的圆圈"○"显示经验分布(即观察样本分位数分布)和理论分布(即标准正态分布分位数分布)数值对应的坐标点。实线为正态分布参照线,经过标准正态分布下四分位数(lower quartile,即第 25 个百分位数,25th percentile)和上四分位数(upper

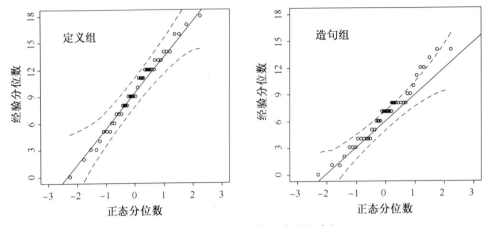

图7.4　两个任务组数据正态分布诊断1

quartile,第75个百分位数,75th percentile)与对应的样本数值下四分位数和上四分位数构成的坐标点。图7.4中还增加了两条虚线,表示正态分布参照线95%的置信区域(95% confidence envelope)。由于经验分布与理论分布总有某种程度的偏离,数据点不太可能完全落在参照线上,因而使用95%置信区域有助于判断抽样误差造成的数值分布的变异是否在期望的范围内。95%置信区域的绘制利用数据包 car 中的函数 qqPlot (x)。关于该函数的更多帮助,可利用 R 命令? qqPlot 查询。

图7.4左分图显示定义组数据点围绕正态分布参照线小幅度波动,分布较匀称,所有数据点均落在参照线95%的置信区域之内,没有发现异常点,说明该组数据基本服从正态分布。右分图显示造句组数据右端有几个点略超出参照线95%的置信区域,分布略呈右偏之势,没有发现异常点。观察图7.4还可以发现,图中的数据点具有离散性,出现一些等值(ties)。这反映出本例接受性词汇知识测量精确度不高。如果采用更精确的测量,各个数据点应该会从左至右呈连续性上升之势,不会出现明显的空隙(gaps)。

出于探索的目的,我们利用数据包 StMoSim 中的函数 qqnormSim(x, nSim)绘制带有模拟轨迹(simulations tracks)的 Q-Q 图。该函数中 x 为数值向量,nSim 是模拟正态分布的次数,默认次数为500。如果样本观测值位于模拟轨迹内,可以断定样本数据基本服从正态分布。本例利用函数 qqnormSim(x, nSim),模拟1 000次,得到如图7.5所示的 Q-Q 图。图7.5显示,两组数据分布均在正态分布模拟轨迹内,基本服从正态分布。

Levene 方差齐性检验 R 命令及统计分析结果如下:

```
>Definition <-c(9,5,5,11,3,13,16,9,14,12,12,7,3,8,11,12,6,16,8,
6,12,7,18,2,14,14,11,8,7,12,13,13,4,5,0,10,17,9,9,9)
>Sentence <-c(4,5,4,1,3,1,14,6,8,2,7,4,8,8,8,3,7,5,6,10,4,3,14,
12,9,8,7,12,13,11,4,4,0,8,9,7,8,7,6,7)
>require(car)
>Task <-c(rep(1,length(Definition)),rep(2,length(Sentence)))
>Task <-factor(Task,labels =c("Definition","Sentence"))
```

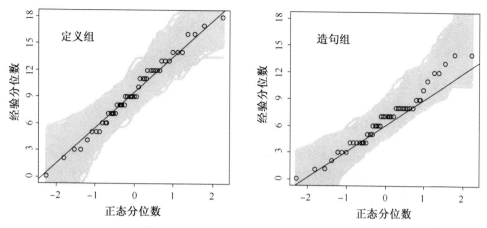

图7.5 两个任务组数据正态分布诊断2

```
>Receptive<-c(Definition,Sentence)
>Mydata<-data.frame(Receptive,Task)
>leveneTest(Mydata$Receptive,Mydata$Task)
Levene's Test for Homogeneity of Variance (center = median)
     Df  F value  Pr(>F)
group 1   2.1893   0.143
     78
```

以上结果表明,本例数据组间方差齐性,$F(1, 78) = 2.19$, $p = 0.143 > 0.05$。综上所述,本例数据适合使用独立样本 t 检验。独立样本 t 检验 R 函数为 t.test(x, y, alternative = "two.sided", paired = FALSE, var.equal = TRUE, conf.level = 0.95),其中 x 和 y 是数值向量,alternative = "two.sided" 为函数默认的检验方式(双侧检验),变元 paired = FALSE 为默认的独立样本 t 检验,变元 var.equal = TRUE 假设方差齐性,但不是默认的方式。变元 conf.level = 0.95 是默认的平均数差异 95% 置信区间。针对本例,我们可以使用 R 命令 t.test (Definition, Sentence, var.equal = TRUE),得到以下统计分析结果:

```
>t.test(Definition,Sentence,var.equal=TRUE)
        Two Sample t-test
data:  Definition and Sentence
t = 3.22, df = 78, p-value = 0.00187
alternative hypothesis: true difference in means is not equal to 0
95 percent confidence interval:
1.078348 4.571652
sample estimates:
mean of x mean of y
   9.500    6.675
```

根据以上结果,两个任务组在接受性词汇知识习得方面有统计显著性差异,$t(78) = 3.22$, $p = 0.002 < 0.01$。平均数差异 95% 置信区间 $[1.08, 4.57]$ 不包括 0,与 t 检验的

结论一致。即是说,定义任务($\bar{X}=9.5$)对学习者接受性词汇知识习得的效果显著好于造句任务($\bar{X}=6.68$),$95\% \, CI \, [1.08,4.57]$,$t(78)=3.22$,$p=0.002<0.01$。

7.3 两个独立组 Welch's t 检验 ◆◆◆◆◆◇◇

7.3.1 Welch's t 检验方法

当连续性数据满足正态分布和方差齐性等统计假设时,传统的或常规的独立样本 t 检验是比较两个独立样本平均数差异最合适的统计分析方法。当方差齐性假设违背时,比经典的独立样本 t 检验更好的统计分析方法是由 Welch(1938)提出的检验方法,称作 Welch's t 检验(Welch's t test)。检验统计量 t_w 的计算公式为:

$$t_w = \frac{\bar{X}_1 - \bar{X}_2}{\sqrt{\dfrac{s_1^2}{n_1} + \dfrac{s_2^2}{n_2}}} \tag{7.4}$$

其中,分子是样本平均数差异,分母是样本平均数差异标准误差。t_w 零假设分布的自由度(ν)的计算公式为:

$$\nu = \frac{(s_1^2/n_1 + s_2^2/n_2)^2}{(s_1^2/n_1)^2/(n_1-1) + (s_2^2/n_2)^2/(n_2-1)} \tag{7.5}$$

在 7.2.3 节关于两个词汇学习任务的比较中,如果不假设方差齐性,Welch's t 检验的 R 命令和统计分析结果如下:

```
>t <- (mean(Definition) - mean(Sentence))/sqrt(var(Definition)/
length(Definition) + var(Sentence)/length(Sentence))
>t
[1] 3.219956
>v <- (var(Definition)/length(Definition) + var(Sentence)/length
(Sentence))^2/((var(Definition)/length(Definition))^2/(length(Definition) -
1) + (var(Sentence)/length(Sentence))^2/(length(Sentence) -1))
>v
[1] 74.92585
>p <- (1 - pt(t,v))* 2
>p
[1] 0.001896754
```

以上结果显示,$t=3.22$,$\nu=74.93$,$p<0.01$,由此推断定义任务在接受性词汇知识习得方面显著好于造句任务。本例中,方差齐性假设满足时的 t 检验结果与不假设方差齐性时的 t 检验结果中的 t 值和 p 值几乎相同,自由度只有较小的差异。Welch's t 检验的 R 函数为:t.test(x, y, alternative = "two.sided", paired = FALSE, var.equal = FALSE, conf.level = 0.95),其中 x 和 y 是数值向量,alternative = "two.sided"为函数默认的检验方式(双侧检验),变元 paired = FALSE 为默认的独立样本 t 检验,变元 var.equal = FALSE 允许方差不齐(为默认方式)。变元

conf.level = 0.95 是默认的平均数差异 95% 置信区间。执行 R 命令 t.test (Definition, Sentence),得到以下统计分析结果:

```
>t.test(Definition,Sentence)
        Welch's two Sample t-test
data:  Definition and Sentence
t = 3.22, df = 74.926, p-value = 0.001897
alternative hypothesis: true difference in means is not equal to 0
95 percent confidence interval:
1.077218 4.572782
sample estimates:
mean of x mean of y
   9.500    6.675
```

相对于经典的 t 检验,Welch 程序普遍被认为是更为稳健的检验方法。除非两个组的样本量和标准差差异都很大,这两个程序通常给出很相似的结果(Dalgaard,2008, p.101)。

7.3.2　Welch's t 检验与独立样本 t 检验比较

本节利用模拟试验调查在零假设为真($H_0 : \mu_1 = \mu_2$)的情形下 t 检验与 Welch's t 检验实际第一类错误率($\hat{\alpha}$)如何受到样本量和标准差不同条件组合的影响。对于每一种检验,本例的设计形式如表 7.2 所示。

表 7.2　t 检验与 Welch's t 检验比较试验设计

总样本量	组样本量比率	组标准差比率
30	1	1/4
45	1	1/4
75	1	1/4
30	2	1/4
45	2	1/4
75	2	1/4
30	1	1
45	1	1
75	1	1
30	2	1
45	2	1
75	2	1

总样本量	组样本量比率	组标准差比率
30	1	4
45	1	4
75	1	4
30	2	4
45	2	4
75	2	4

这是一个 $3 \times 2 \times 3$ 设计。总样本量有三种情形：$N = 30, 45, 75$。组样本量比率分两种。第一种情形是组样本量比率为 1，即两个独立比较组样本量相等（$n_1 = n_2$）。第二种情形是组样本量比率为 2，即第二组样本量是第一组样本量的两倍。如果 $N = 30$，则 $n_1 = 10, n_2 = 20$。组标准差比率分为三种：1/4，1 和 4。比率 1/4 表示第二组标准差是第一组标准差的四分之一。本例模拟试验中，设定 $H_0 : \mu_1 = \mu_2 = 0$，第一组标准差 $\sigma_1 = 1$。若组标准差比率为 1/4，则 $\sigma_2 = 0.25$。组标准差比率为 1，则两组方差齐性。若组标准差比率为 4，则 $\sigma_2 = 4$。本次模拟试验的数据随机抽样自正态分布，每种试验条件组合中的模拟次数为 10 000，名义第一类错误率设为 $\alpha = 0.05$。

模拟试验结果表明，在各种试验条件组合条件下独立样本 t 检验实际第一类错误率均值为 $\hat{\alpha} = 0.062$，Welch's t 检验的实际第一类错误率均值为 $\hat{\alpha} = 0.049$。很显然，Welch's t 检验很稳健，实际第一类错误率 $\hat{\alpha}$ 基本等同于名义第一类错误率 α，独立样本 t 检验实际第一类错误率 $\hat{\alpha}$ 较明显地高于 α。在控制总样本量的情况下，组样本量比率和组标准差比率对独立样本 t 检验和 Welch's t 检验实际第一类错误率 $\hat{\alpha}$ 的影响如表 7.3 所示。

表 7.3　组样本量比率、组标准差比率和实际第一类错误率

	组样本量比率	组标准差比率	$\hat{\alpha}$
t 检验	1	1/4	0.053
	1	1	0.050
	1	4	0.054
	2	1/4	0.156
	2	1	0.048
	2	4	0.010
Welch's t 检验	1	1/4	0.050
	1	1	0.050
	1	4	0.050
	2	1/4	0.049
	2	1	0.049
	2	4	0.050

以上结果显示，比较组标准差相同时，t 检验同 Welch's t 检验一样实际第一类错误

率基本保持在名义显著性水平。这并不奇怪,因为 t 检验对方差齐性的要求得到满足。样本量相等时,方差不齐性对第一类错误率的影响不大。但是,在 t 检验中,方差不齐性与样本比率有交互作用存在。具体而言,当第一个比较组样本量较小、方差(标准差的平方)较大时,t 检验实际第一类错误率 $\hat{\alpha}$ 大大超过名义第一类错误率 α,使得 t 检验非常松弛(liberal)。当第二个比较组样本量较大、方差也较大时,t 检验实际第一类错误率 $\hat{\alpha}$ 远远小于名义第一类错误率 α,使得 t 检验非常保守(conservative)。对比之下,在组样本量比率和组标准差比率的各种组合中,Welch's t 检验表现优良,且结果具有一致性。

7.4　两个独立组截尾平均数比较 Yuen 方法

7.4.1　Yuen 方法

虽然 Welch's t 检验减少了方差不齐性对平均数差异比较统计分析结果的影响,但是它仍然同 Student's t 检验一样对数据分布的非正态性敏感。Yuen(1974)提出一种稳健的组间平均数比较方法,称作 Yuen 方法(Yuen's method)或 Yuen-Welch 方法(the Yuen-Welch method)。Yuen 方法利用截尾平均数,允许缩尾方差(Winsorized variances)不齐,是对 Welch's t 检验的改进。如果用 Yuen 方法比较(算术)平均数,则 Yuen 方法等同于 Welch's t 检验。

在 Yuen 方法中,样本截尾平均数标准误差平方估计的公式为:

$$d_j = \frac{(n_j - 1) s_{wj}^2}{h_j (h_j - 1)} \tag{7.6}$$

其中,n_j 是第 j 组样本量,s_{wj}^2 是第 j 组缩尾方差,$h_j = n_j - 2g_j$,其中 $g_j = [\gamma n_j]$(γ 是截尾量),$[\cdot]$ 表示取整数部分。Yuen 独立样本 t 检验统计量的计算公式为:

$$t_y = \frac{\bar{X}_{t1} - \bar{X}_{t2}}{\sqrt{d_1 + d_2}} \tag{7.7}$$

零假设条件下 t_y 分布近似服从自由度为 $\hat{\nu}_y$ 的 t 分布。$\hat{\nu}_y$ 的计算公式为:

$$\hat{\nu}_y = \frac{(d_1 + d_2)^2}{\dfrac{d_1^2}{h_1 - 1} + \dfrac{d_2^2}{h_2 - 1}} \tag{7.8}$$

下面通过模拟方法比较在非正态分布(和方差不齐性)条件下 Welch's t 检验和 Yuen 方法在控制第一类错误率方面的差异。假如有两个独立样本,一个来自总体平均数 $\mu_1 = 0$ 的标准正态分布,另一个来自数据转化后总体平均数 $\mu_2 = 0$ 的对数正态分布(正偏态分布,偏度值为 6.18)。标准正态分布的方差 $\sigma_1^2 = 1$,对数正态分布的方差 $\sigma_2^2 = 4.67$,即两个总体方差不齐。独立样本 t 检验的零假设是:$\mu_1 = \mu_2 = 0$,且零假设为真。设定双尾检验名义显著性水平 $\alpha = 0.05$。按照表 7.4 设定的样本量比率分别从这两个总体中反复随机抽样 100 000 次,采用 Welch's t 检验和 Yuen 方法(利用 20% 截尾平均数)计算每个样本量比率中实际第一类错误率 $\hat{\alpha}$。表 7.4 中,20 : 20 表示来自正态分布和非正态分布的两个独立样本的样本量均为 20,40 : 20 表示来自正态分布的样本量为 40,来自非正态分布的样本量为 20,以此类推。表 7.4 报告模拟试验的结果。

表 7.4　非正态分布情况下 Welch's t 检验和 Yuen 方法

一个总体正态分布,另一个总体非正态分布,零假设为真		
两组样本量比率	Welch's t 检验$\hat{\alpha}$	Yuen 方法$\hat{\alpha}$
20:20,40:40,60:60,80:80	0.09,0.08,0.07,0.07	0.05,0.05,0.05,0.05
40:20,60:20,80:20,100:20	0.11,0.12,0.12,0.12	0.05,0.06,0.06,0.06

表 7.4 显示,在比较组样本量相同的情况下,Welch's t 检验实际第一类错误率$\hat{\alpha}$大于名义显著性水平 α。随着每组样本量的增加,第一类错误率$\hat{\alpha}$趋于减小;Yuen 方法实际第一类错误率$\hat{\alpha}$均保持在名义显著性水平 $\alpha = 0.05$。

当比较组样本量不同时,Welch's t 检验实际第一类错误率$\hat{\alpha}$明显增大,在各个样本量比率条件下实际第一类错误率均超出$\hat{\alpha} = 0.10$。相比之下,Yuen 方法实际第一类错误率$\hat{\alpha}$基本保持在 $\alpha = 0.05$ 的水平。以上模拟结果表明,在非正态分布条件下,Yuen 方法比 Welch's t 检验更好地控制了第一类错误率。究其原因,Yuen 方法使用稳健的截尾平均数和缩尾方差开展统计分析。

7.4.2　Yuen 方法应用举例

某项研究采用独立组($n_1 = n_2 = 37$)设计,调查两个词汇学习任务($Task_1$ 和 $Task_2$)对英语学习者 16 个目标词词义积极记忆(active recall)的影响,测量结果如下:

$Task_1$:2,5,3,2,1,1,2,2,1,2,0,2,3,1,7,0,2,2,6,2,1,3,0,3,4,3,2,1,1,0,10,2,9,1,8,5,7;

$Task_2$:3,4,5,3,5,6,4,5,4,3,3,0,2,5,1,2,3,4,3,5,2,0,1,4,4,3,7,4,10,5,3,6,3,4,3,6,5。

试采用恰当的统计检验方法比较两个任务在促进词义积极记忆方面是否有统计显著性差异。

本例数据的描述性统计如表 7.5 所示。描述性统计使用的函数为数据包 pastecs 中的 stat.desc(x)。

表 7.5　两个任务中的词义积极记忆描述性统计

	n	$\bar{X}$	SD	95% CI	SE	skew. 2SE	kurt. 2SE	W	p
$Task_1$	37	2.86	2.57	[2.01,3.72]	0.42	1.58	0.38	0.84 ***	< 0.001
$Task_2$	37	3.78	1.93	[3.14,4.43]	0.32	0.70	0.91	0.94 *	0.044

* 和 *** 分别表示在 $\alpha = 0.05$ 和 0.001 水平上有统计显著性。

表 7.5 概括本例数据的样本量(n)、平均数($\bar{X}$)、标准差(SD)、平均数 95% 置信区间(95% CI)、标准误差(SE)、标准化偏度(skew. 2SE)、标准化峰度(kurt. 2SE)、Shapiro-Wilk 正态性检验 W 值和 p 值。正态分布检验结果显示,$Task_1$ 数据较为严重地违反正态分布(skew. 2SE = 1.58,kurt. 2SE = 0.38,$W = 0.84$,$p < 0.001$)。$Task_2$ 数据轻度违反正态分布(skew. 2SE = 0.70,kurt. 2SE = 0.91,$W = 0.94$,$p = 0.044 < 0.05$)。从标准差来

看,两个任务数据的离散程度相当,说明组间方差可能满足方差齐性要求。Levene 方差齐性检验(以中位数为中心)发现组间方差齐性($F(1,72)=0.64,p=0.426>0.05$)。

　　为了增加对数据性质的了解,图 7.6 显示正态分布诊断的核密度图和箱图。

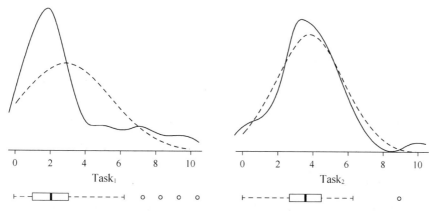

图 7.6　两个任务数据分布诊断

　　核密度图中的实线为样本数据分布曲线,虚线为理论正态分布曲线。两个任务数据分布均为单峰。$Task_1$ 数据分布呈尖峰状,右尾巴较长,箱图显示有 4 个异常点。$Task_2$ 数据分布略呈尖峰状,肩部稍窄,整体上较为接近正态分布,但是箱图显示右尾有一个异常点。概而言之,两个任务数据分布,尤其 $Task_1$ 数据分布,没有满足经典 t 检验或 Welch's t 检验对数据正态分布的要求。

　　由于本例数据组间方差齐性,经典独立样本 t 检验和 Welch's t 检验结果应该很相似。R 命令和统计分析结果如下:

```
>Task1 <-c(2,5,3,2,1,1,2,2,1,2,0,2,3,1,7,0,2,2,6,2,1,3,0,3,4,3,
2,1,1,0,10,2,9,1,8,5,7)
>Task2 <-c(3,4,5,3,5,6,4,5,4,3,3,0,2,5,1,2,3,4,3,5,2,0,1,4,4,3,
7,4,10,5,3,6,3,4,3,6,5)
>t.test(Task1,Task2,var.equal=TRUE)
        Two Sample t-test
data: Task1 and Task2
t = -1.7374, df = 72, p-value = 0.08658
alternative hypothesis: true difference in means is not equal to 0
95 percent confidence interval:
-1.973244  0.135406
sample estimates:
mean of x mean of y
2.864865  3.783784
>t.test(Task1,Task2)
        Welch's two Sample t-test
data: Task1 and Task2
t = -1.7374, df = 66.791, p-value = 0.08692
```

```
alternative hypothesis: true difference in means is not equal to 0
95 percent confidence interval:
 -1.9746505   0.1368127
sample estimates:
mean of x mean of y
2.864865   3.783784
```

经典 t 检验结果表明,两个任务对词义积极记忆的影响没有统计显著性差异($t(72) = -1.74, p = 0.087 > 0.05$)。Welch's t 检验统计结果基本相同($t(66.79) = -1.74, p = 0.087 > 0.05$)。

本例数据不满足独立样本 t 检验或 Welch's t 检验对数据正态分布(和没有异常值)的要求,因而经典独立样本 t 检验和 Welch's t 检验结论会存在某种程度的偏差。利用 20% 截尾平均数的稳健统计方法是更恰当的选择,如 Yuen 方法。采用 Yuen 方法开展 R 统计的函数为数据包 Rallfun - v37 中的 yuen(x, y, tr = 0.2, alpha = 0.05),其中 x 和 y 为两组数据的向量,tr = 0.2 是函数默认的 20% 截尾量,alpha = 0.05 是默认的统计显著性水平。本例使用 Yuen 方法的 R 命令和统计分析结果如下:

```
> source("Rallfun - v37.txt")
> yuen(Task1,Task2)
$ n1
[1] 37
$ n2
[1] 37
$ est.1
[1] 2.217391
$ est.2
[1] 3.782609
$ ci
[1] -2.5180787 -0.6123561
$ p.value
[1] 0.002019407
$ dif
[1] -1.565217
$ se
[1] 0.4695628
$ teststat
[1] 3.33335
$ crit
[1] 2.029252
$ df
[1] 35.41794
```

表 7.6 概括本例采用稳健统计分析方法得到的主要统计结果,包括 20% 截尾平均

数差异及其95%置信区间估计（95% CI）、标准误差（SE）、检验统计量（t_y）、自由度和 p 值。

表7.6 任务效应 Yuen 方法检验

20% 截尾平均数差异	95% CI	SE	t_y	自由度	p
-1.57	$[-2.52, -0.61]$	0.47	3.33^{**}	35.42	0.002

$**$ 表示在 $\alpha = 0.01$ 水平上有统计显著性。

表7.6 显示，两个任务在词义积极记忆上有统计显著性差异（$t_y(35.42) = 3.33$，$p = 0.002 < 0.01$）。Yuen 方法与经典独立样本 t 检验或 Welch's t 检验得出完全不同的结论。

7.5 两个独立组比较效应量估计

因变量为连续性变量时，独立样本平均数差异大小的标准化测量方法是 Cohen's d。Cohen（1988）将总体效应量与样本效应量估计统称为 d，采用上、下标显示样本效应量与总体效应量的区别。但是，用 δ 和 d 分别表示总体效应量和样本效应量更常见。

独立样本 t 检验中，Cohen's d 的计算公式为：

$$d = \frac{\bar{X}_A - \bar{X}_B}{s_p} \tag{7.9}$$

其中，$\bar{X}_A$ 和 $\bar{X}_B$ 是两个独立样本（n_A 和 n_B，又作 n_1 和 n_2）的平均数，s_p 是两个样本的合并标准差。合并标准差的计算公式为：

$$s_p = \sqrt{\frac{\sum(X_A - \bar{X}_A)^2 + \sum(X_B - \bar{X}_B)^2}{n_A + n_B - 2}} = \sqrt{\frac{s_A^2(n_A - 1) + s_B^2(n_B - 1)}{n_A + n_B - 2}} \tag{7.10}$$

利用合并标准差计算效应量的假设是总体方差齐性，合并标准差是总体标准差的最佳估计。

违反正态分布假设时，更好的效应量估计是稳健（robust）效应量 d_R 和 $\hat{\xi}$。在独立组样本设计中，d_R 的计算公式（Algina et al.，2005）为：

$$d_R = 0.642\left(\frac{\bar{Y}_{t2} - \bar{Y}_{t1}}{s_w}\right) \tag{7.11}$$

其中，常数 0.642 的使用是为了确保在总体正态分布（和方差齐性）时，总体效应 $\delta_R = \delta$。$\bar{Y}_{t1}$ 和 $\bar{Y}_{t2}$ 是两个独立组的 20% 截尾平均数。s_w 是合并 20% 缩尾标准差，计算公式为：

$$s_w = \sqrt{\frac{(n_1 - 1)s_{w1}^2 + (n_2 - 1)s_{w2}^2}{n_1 + n_2 - 2}} \tag{7.12}$$

其中，n_1 和 n_2 分别为两个独立组的样本量，s_{w1}^2 和 s_{w2}^2 分别为两个独立组样本的缩尾方差。

Cohen(1988)提出的效应量 δ 大小的参考标准是:$\delta = 0.2$,小效应量(small effect size);$\delta = 0.5$,中等效应量(medium effect size);$\delta = 0.8$,大效应量(large effect size)。总体效应量样本估计 d 的大小也大致参照这一标准。

稳健统计量 d_R 要求组间方差齐性(homoscedasticity)。Wilcox & Tian(2011)提出解释性效应量测量 $\hat{\xi}$(explanatory measure of effect size),允许方差不齐。根据 Wilcox(2012a,pp. 168 – 169;2017b,pp. 178 – 179),从回归的角度,若$\hat{y}$是观测值 y 的预测值,在 X 已知条件下,总体解释力 ξ^2(即 r^2)为$\hat{y}$的方差与观测值 y 的方差比,即:

$$\xi^2 = \frac{\sigma^2(\hat{Y})}{\sigma^2(Y)} \tag{7.13}$$

假如任一观测值从第 j 组($j = 1,2$)中随机抽样得到,则$\hat{y} = \mu_j$(第 j 组平均数),$\hat{y}$的方差 $\sigma^2(\hat{Y}) = \sum_{j=1}^{J}(\mu_j - \bar{\mu})^2$,其中 J 为比较的组数,$\bar{\mu}$是两个比较组平均数的平均数。由此可知,ξ^2 表示组别变量解释 Y 总方差的比率。ξ 为解释性的效应量测量。ξ 的效应量估计$\hat{\xi}$的计算公式为:

$$\hat{\xi} = \sqrt{\frac{\hat{\sigma}^2(\hat{Y})}{\hat{\sigma}^2(Y)}} \tag{7.14}$$

同稳健效应量 d_R 一样,稳健效应量估计$\hat{\xi}$的计算也利用20% 截尾平均数和缩尾方差,计算公式为:

$$\hat{\xi} = \sqrt{\frac{Var(\bar{Y}_{t1}, \bar{Y}_{t2})}{s_{wy}^2/0.412\,086\,7}} \tag{7.15}$$

其中,$Var(\bar{Y}_{t1}, \bar{Y}_{t2})$是两组样本20% 截尾平均数的方差,$s_{wy}^2$是两组合并观测值的20% 缩尾方差,0.412 086 7 是正态化常数。在正态分布和方差齐性条件下,$\delta = 0.2, 0.5$ 和 0.8 大致对应于 $\xi = 0.15, 0.35$ 和 0.5。

R 计算稳健效应量 d_R 的函数为数据包 Rallfun - v37 中的 akp.effect(x, y, EQVAR = TRUE, tr = 0.2),其中,x 和 y 是两组数值向量,EQVAR = TRUE 指默认两组方差齐性,tr = 0.2 是默认的20% 截尾量。如果两组方差不齐,则设定 EQVAR = FALSE,d_R 的计算依据每组的标准差,实际得到两个 d_R 值。若 tr = 0,则该函数计算 Cohen's d。R 计算稳健效应量$\hat{\xi}$的函数为数据包 Rallfun - v37 中的 yuenv2 (x, y, tr = 0.2, alpha = 0.05, loc.fun = median, nboot = 100,SEED = TRUE),其中,x 和 y 是两组数值向量,tr = 0.2 是默认的20% 截尾量,alpha = 0.05 是默认的显著性水平。两组样本量不等时,采用自助方法计算效应量估计。假如 $n_1 < n_2$,采用不带置换(replacement)的随机抽样方法从第二个组中随机抽取样本量 n_1,使得两个组的样本量相等。重复抽样 K 次(nboot = 100),得到一系列的解释力估计$\hat{\xi}^2$。这些估计的中位数(loc.fun = median)即为最终的解释力估计$\hat{\xi}^2$,其算术平方根为解释性效应量估计$\hat{\xi}$。变元 SEED = TRUE 指设置随机种子,以便重复得到相同的效应量估计。R 函数 yuenv2 与 yuen 大多报告相同的统计量,不同之处在于 yuen 多报告了样本平均数或截尾平均数,yuenv2 则多报告了解释力$\hat{\xi}^2$和解释性效应量$\hat{\xi}$。

下面利用 7.4.2 节关于两个任务的数据, 比较 Cohen's d、d_R 和 $\hat{\xi}$ 的计算结果。计算这三个效应量的 R 命令及统计分析结果如下:

```
>akp.effect(Task1,Task2,tr=0)
[1] -0.4039477
>akp.effect(Task1,Task2,tr=0.2)
[1] -0.8071723
>yuenv2(Task1,Task2,tr=0.2)
$ci
[1] -2.5180787 -0.6123561
$n1
[1] 37
$n2
[1] 37
$p.value
[1] 0.002019407
$dif
[1] -1.565217
$se
[1] 0.4695628
$teststat
[1] 3.33335
$crit
[1] 2.029252
$df
[1] 35.41794
$Var.Explained
[1] 0.2208161
$Effect.Size
[1] 0.4699107
```

根据以上结果, Cohen's $d = 0.40$, $d_R = 0.81$, $\hat{\xi} = 0.47$。两个稳健效应量估计 d_R 和 $\hat{\xi}$ 均表明任务效应大, 而常规的效应量估计 Cohen's d 则表明效应量接近中等水平。本例数据组间方差齐性, 但是违反正态分布假设, 实际研究中应报告 d_R 或 $\hat{\xi}$。

7.6　两个独立组秩次比较 Wilcoxon 秩和检验 ◆◆◆◆◆◆◆◆

Wilcoxon 秩和检验 (Wilcoxon rank sum test), 又称 Mann-Whitney U 检验 (Mann-Whitney U test; Mann-Whitney 检验, Mann-Whitney test), 是独立样本 t 检验的非参数 (non-parametric) 形式, 用于比较两个独立组的离散数据, 如定序数据 (ordinal data) 和计数数据 (count data), 检验两个独立样本是否来自同一个秩次 (ranks) 分布的总体。

下面通过一个例子说明 Wilcoxon 秩和检验的过程。假如两个独立组在某个因变量测量上的定序数据如下：

$$G_1(n_1 = 10): 2,5,3,2,1,1,2,2,1,2;$$
$$G_2(n_2 = 10): 3,4,5,3,5,6,4,5,4,3。$$

首先，将两个独立样本 G_1 和 G_2 值合并在一起，计算它们的秩次 R_i，得到：6.0，17.5，10.5，6.0，2.0，2.0，6.0，6.0，2.0，6.0，10.5，14.0，17.5，10.5，17.5，20.0，14.0，17.5，14.0，10.5。如果观测值是等值(ties)，则要对之进行修正，计算平均秩次(中秩，midranks)，即各个观测值的秩次等于不出现等值时各个观测值应有秩次的均值。例如，本例中观测值 2 出现了 5 次，占据了 4、5、6、7 和 8 的序列位置，它们的秩次均为 $\frac{4+5+6+7+8}{5} = 6$。

然后，计算 G_1 和 G_2 秩次之和 W_{G_1} 和 W_{G_2}。本例中，$W_{G_1} = 64$，$W_{G_2} = 146$。它们的平均秩次分别为 $W_{G_1}/n_1 = 6.4$ 和 $W_{G_2}/n_2 = 14.6$。

接下来，比较两个样本，计算 G_1 各观测值秩次大于或等于 G_2 中各观测值秩次的个数累计作为统计量，记作 W。W 的计算公式为：

$$W = W_{G_1} - \frac{1}{2}n_1(n_1 + 1) \tag{7.16}$$

最后，计算两个独立组秩次差异显著性检验的概率 p 值。若 $n_1 < 50$ 和 $n_2 < 50$，且没有等值，p 值计算分两种情况。若 $W > \frac{n_1 \times n_2}{2}$，计算双尾检验概率 p 值的 R 函数是：
`p <- pwilcox(STATISTIC - 1, n.x, n.y, lower.tail = FALSE)`; `min(2 * p, 1)`，其中，`STATISTIC` 为 W 值，`n.x` 和 `n.y` 分别指两个样本的样本量，`min(2 * p, 1)` 指两个数值中的较小值，为 p 值。否则，计算双尾检验概率 p 值的 R 函数是 `p <- pwilcox(STATISTIC, n.x, n.y)`; `min(2*p, 1)`。本例中，$W = 9$，若不考虑等值，双尾检验 $p = 0.001\,050$。

由于本例有等秩，因而需要采用连续校正(continuity correction)方法校正 Z 统计量，以便根据正态分布计算近似 p 值。双尾检验校正 Z 值的计算公式为：

$$Z = \frac{W - \frac{1}{2}n_1 n_2 - \text{sign}\left(W - \frac{1}{2}n_1 n_2\right) \times 0.5}{\sqrt{\frac{n_1 n_2}{12}\left[(n_1 + n_2 + 1) - \sum(T^3 - T)/((n_1 + n_2)(n_1 + n_2 - 1))\right]}} \tag{7.17}$$

其中，$\text{sign}\left(W - \frac{1}{2}n_1 n_2\right) \times 0.5$ 是校正值。若 $W - \frac{1}{2}n_1 n_2$ 是正值，$\text{sign}\left(W - \frac{1}{2}n_1 n_2\right)$ 为 1；若 $W - \frac{1}{2}n_1 n_2$ 为负值，$\text{sign}\left(W - \frac{1}{2}n_1 n_2\right)$ 为 -1；若 $W - \frac{1}{2}n_1 n_2$ 为 0，$\text{sign}\left(W - \frac{1}{2}n_1 n_2\right)$ 则为 0。Z 计算公式的分母是标准误差，其中的 T 是合并组的等值数。针对本例，$W - \frac{1}{2}n_1 n_2 = -41$，$\text{sign}\left(W - \frac{1}{2}n_1 n_2\right) \times 0.5 = -0.5$，$\sum(T^3 - T) = 288$，$Z = -3.118\,299$。利用 R 命令 `2*min(pnorm(z), pnorm(z, lower.tail = FALSE))`，得到双尾检验

概率 $p = 0.001\,819 < 0.01$，拒绝零假设 $H_0: P = 0.5$，表明两个独立样本所在总体的秩次分布不同。

R 开展 Wilcoxon 秩和检验的函数是 wilcox.test (x, y, alternative = c ("two.sided", "less", "greater"), paired = FALSE, exact = NULL, correct = TRUE)。该函数中，x 和 y 是两组数值向量，alternative = c("two. sided", "less", "greater") 指三种假设检验方式，默认双侧检验（"two. sided"）。变元 paired = FALSE 是默认的非配对检验。变元 exact = NULL 表示是否计算精确 p 值。变元 correct = TRUE 默认采用连续校正方法计算近似 p 值。

针对上面的例子，执行 R 命令 wilcox.test(G1, G2) 得到以下统计分析结果：

```
>G1 <-c(2,5,3,2,1,1,2,2,1,2)
>G2 <-c(3,4,5,3,5,6,4,5,4,3)
>wilcox.test(G1,G2)
        Wilcoxon rank sum test with continuity correction
data:  G1 and G2
W = 9, p-value = 0.001819
alternative hypothesis: true location shift is not equal to 0
```

由以上结果可知，G_1 和 G_2 在因变量的测量上有统计显著性差异，$W = 9$，$p = 0.002 < 0.01$。结合各组平均秩次得出结论：G_2 在因变量的测量上显著好于 G_1。

如果要计算效应量 r，可以利用 Wilcoxon 秩和检验得到的近似 p 值计算正态分布条件下的 z 值，再利用以下转化公式计算效应量 r（Rosenthal, 1991, p. 19）：

$$r = \frac{z}{\sqrt{N}} \tag{7.18}$$

其中，N 为两个组合并样本量。利用以下编写的 R 函数 wilcox.r 能够得到效应量 r：

```
wilcox.r <- function(wilcoxModel,N){
z = qnorm(wilcoxModel $ p.value/2,lower =FALSE)
r <- z/sqrt(N)
cat("effect sizr r =",r,"\n")
}
```

针对上面的例子，计算效应量 r 的 R 命令和统计分析结果如下：

```
>Model <-wilcox.test(G1,G2)
Warning message:
In wilcox.test.default(G1, G2) : cannot compute exact p-value with
 ties
>wilcox.r(Model,length(G1)* 2)
effect sizr r =0.6972729
```

以上结果表明，组间对比效应量很大（$r = 0.70$）。

虽然 Wilcoxon 秩和检验不像独立样本 t 检验那样对数据分布有严格的要求，但是它要求秩次数据满足方差齐性（rank variance homogeneity）假设。对本节的例子，利用平均秩次的 Levene 方差齐性检验发现两个独立组秩次方差齐性（$F(1, 18) = 0.03$，$p =$

$0.858 > 0.05$）。

在谈到 Wilcoxon 秩和检验的局限性时，Wilcox（2017a, p. 289；2017b, p. 191）指出，两个分布相同时，Wilcoxon 秩和检验正确估计标准误差；分布不同时，Wilcoxon 秩和检验通常错误估计标准误差，从而会影响第一类错误率和统计效力。有多种现代统计方法改进了 Wilcoxon 秩和检验，其中的一种稳健秩次检验方法是 Cliff 方法（Cliff's method）。

7.7 两个独立组秩次比较 **Cliff** 方法 ◆◆◆◆◇◇

7.7.1 Cliff 方法的计算程序

Cliff（1996）提出的方法允许有等值（ties），而且在两个分布不同时，能够正确估计标准误差。令 X_{i1} 是第一组中的任一观测值，X_{i2} 是第二组中的任一观测值，令 $p_1 = P(X_{i1} > X_{i2})$，$p_2 = P(X_{i1} = X_{i2})$，$p_3 = P(X_{i1} < X_{i2})$，$P = p_3 + 0.5p_2$。这里，P 是概率性效应量测量（probabilistic measure of effect size）。零假设为 $H_0 : P = 0.5$。Cliff 方法检验的零假设是 $H_0 : \delta = p_1 - p_3 = 0$。根据 Wilcox（2017b, pp. 192 – 193）和 Cliff（1996, pp. 134 – 140），对于第一组中的第 i 个观测值和第二组中的第 h 个观测值，令：

$$d_{ih} = \begin{cases} -1, & 若 X_{i1} < X_{h2} \\ 0, & 若 X_{i1} = X_{h2} \\ 1, & 若 X_{i1} > X_{h2} \end{cases}$$

则 $\delta = P(X_{i1} > X_{h2}) - P(X_{i1} < X_{h2})$ 的估计是：

$$\hat{\delta} = \frac{1}{n_1 n_2} \sum_{i=1}^{n_1} \sum_{h=1}^{n_2} d_{ih} \tag{7.19}$$

令 $\bar{d}_{i.} = \frac{1}{n_2} \sum_h d_{ih}$，$\bar{d}_{.h} = \frac{1}{n_1} \sum_i d_{ih}$，$s_1^2 = \frac{1}{n_1 - 1} \sum_{i=1}^{n_1} (\bar{d}_{i.} - \hat{\delta})^2$，$s_2^2 = \frac{1}{n_2 - 1} \sum_{h=1}^{n_2} (\bar{d}_{.h} - \hat{\delta})^2$，

$\tilde{\sigma}^2 = \frac{1}{n_1 n_2 - 1} \sum_{i=1}^{n_1} \sum_{h=1}^{n_2} (d_{ih} - \hat{\delta})^2$，则 $\hat{\delta}$ 的标准误差估计为：

$$\hat{\sigma} = \sqrt{\frac{(n_1 - 1)s_1^2 + (n_2 - 1)s_2^2 + \tilde{\sigma}^2}{n_1 n_2}} \tag{7.20}$$

令 Z 为标准正态分布 $1 - \alpha/2$ 分位数。δ 的 $(1 - \alpha) \times 100\%$ 置信区间估计为：

$$\frac{\hat{\delta} - \hat{\delta}^3 \pm z\hat{\sigma}\sqrt{(1 - \hat{\delta}^2)^2 + z^2\hat{\sigma}^2}}{1 - \hat{\delta}^2 + z^2\hat{\sigma}^2} \tag{7.21}$$

概率 P 的 $(1 - \alpha) \times 100\%$ 置信区间估计为：

$$\left[\frac{1 - C_u}{2}, \frac{1 - C_l}{2} \right] \tag{7.22}$$

其中，$C_u = \dfrac{\hat{\delta} - \hat{\delta}^3 + z\hat{\sigma}\sqrt{(1 - \hat{\delta}^2)^2 + z^2\hat{\sigma}^2}}{1 - \hat{\delta}^2 + z^2\hat{\sigma}^2}$，$C_l = \dfrac{\hat{\delta} - \hat{\delta}^3 - z\hat{\sigma}\sqrt{(1 - \hat{\delta}^2)^2 + z^2\hat{\sigma}^2}}{1 - \hat{\delta}^2 + z^2\hat{\sigma}^2}$。

R 利用 Cliff 方法开展独立组秩次检验的函数为数据包 Rallfun - v37 中的 cidv2(x, y, alpha = 0.05),其中,x 和 y 是两组数值向量,alpha = 0.05 是默认的第一类错误率。

7.7.2　Cliff 方法应用举例

某研究调查低水平组(Low, $n_1 = 25$)和高水平组(High, $n_2 = 25$)英语学习者在英语短文朗读中的语音错误(包括错音、增减音和重音误置)是否存在统计显著性差异,测量结果如下:

低水平组(Low):14,14,8,11,16,6,6,15,10,19,11,5,14,6,10,8,9,8,9,5,11,5,16, 10,9;

高水平组(High):8,5,12,8,7,5,5,8,12,6,11,4,4,6,6,4,6,8,10,5,5,6,6,7,6。

若研究者比较两个独立组秩次差异,可采用 Cliff 方法。本例使用 Cliff 方法的 R 命令和统计分析结果如下:

```
>Low<-c(14,14,8,11,16,6,6,15,10,19,11,5,14,6,10,8,9,8,9,5,11,
5,16,10,9)
>High<-c(8,5,12,8,7,5,5,8,12,6,11,4,4,6,6,4,6,8,10,5,5,6,6,7,6)
>source("Rallfun - v37.txt")
>cidv2(Low,High)
$n1
[1] 25
$n2
[1] 25
$d.hat
[1] 0.5296
$d.ci
[1] 0.2218683 0.7413895
$p.value
[1] 0.002
$p.hat
[1] 0.2352
$p.ci
[1] 0.1293052 0.3890658
$summary.dvals
      P(X<Y) P(X=Y) P(X>Y)
[1,]  0.192 0.0864 0.7216
```

表7.7 概括以上采用 Cliff 方法得到的统计分析结果。

表7.7　高低水平组比较 Cliff 方法

n_1	n_2	$\hat{\delta}$	$\delta\,95\%\,CI$	p	$\hat{P}$	$P\,95\%\,CI$	$\hat{P}(X<Y)$	$\hat{P}(X=Y)$	$\hat{P}(X>Y)$
25	25	0.53	0.22 ~ 0.74	0.002	0.24	0.13 ~ 0.39	0.19	0.09	0.72

表 7.7 显示，$\hat{\delta} = 0.53$。δ 95% 置信区间不包括 0，$p = 0.002 < 0.01$，说明两个水平组语音错误有统计显著性差异。$\hat{P} = 0.24$，置信区间不包括 0.5，$P(X < Y) = 0.19$，表明低水平组所犯的语音错误显著多于高水平组所犯的语音错误。

思考与练习

1. t 分布与正态分布有何异同？

2. 简要介绍独立样本 t 检验的统计假设。

3. 一项实验调查交际压力对外语学习者口语流利度的影响。该实验中，交际压力是什么变量？

  (a) 因变量   (b) 自变量   (c) 干扰变量   (d) 控制变量

4. 随着样本方差的增大，独立样本 t 检验中的统计量 t 值的绝对值会发生怎样的变化？

  (a) 增加   (b) 减少   (c) 不变   (d) 不确定

5. 下面哪个 t 检验结果最有可能表明有统计显著性？

  (a) $t(38) = 3.35$ (b) $t(24) = 3.35$

  (c) $t(18) = 3.35$ (d) $t(30) = 3.35$

6. 如果一项研究报告独立样本双侧 t 检验的结果为：$t(58) = 2.35$，$p = 0.022 < 0.05$，有多少被试参与了该研究？

  (a) 30   (b) 58   (c) 60   (d) 56

7. 如果 t 检验在 $\alpha = 0.05$ 的统计显著性水平上拒绝零假设 $H_0 : \mu_1 = \mu_2$，下面哪项关于 t 检验中统计量 t 值（不考虑符号）的描述是正确的？

  (a) t 值小于 1.96   (b) t 值大于 1.96

  (c) t 值大于 1   (d) t 值大于 0.05

8. 一项研究随机抽取 30 名男生和 30 名女生，测量男生组和女生组词汇量的大小。独立样本 t 检验发现 $p = 0.017$。以下哪项对 p 值的解释是正确的？

  (a) 如果男生和女生总体中的词汇量平均数相同，发现样本平均数有差异的概率为 0.017。

  (b) 如果男生和女生总体中的词汇量平均数相同，得到本研究中发现的平均数差异或比之更极端的样本平均数差异的概率为 0.017。

  (c) 如果男生和女生总体中的词汇量平均数相同，得到零假设为真（即两个总体的词汇量平均数相同）的概率为 0.017。

  (d) 备择假设为真（即两个总体的词汇量平均数不同）的概率为 0.017。

9. 一项研究比较词汇学习任务 A 和任务 B 在促进英语学习者词汇知识习得方面的差异。100 名大学英语学习者被随机分配到这两个任务中（$n_A = n_B = 50$）。任务结束后，所有的学习者参加了新学词汇知识测试。独立样本 t 检验发现，任务 A 和任务 B 平均数差异 95% 置信区间为 $[-2.4, 3.8]$。下面哪一项对这一结果的解释是正确的？

  (a) 平均数差异 95% 置信区间的中心是 0.7，由此推断任务 B 比任务 A 更能促进词汇知识习得。

（b）平均数差异95%置信区间包括大于0的值，由此推断两个任务组平均数不同。

（c）研究者没有报告 t 检验得到的 p 值，因而不能对两个任务组平均数是否有统计显著性差异得出确切的结论。

（d）平均数差异95%置信区间包括0，不能由此推断两个任务组平均数不同。

10．下面哪个或哪些选项是使用 t 分布开展小样本平均数差异独立样本 t 检验的必要条件？

（a）样本必须来自正态分布的总体。

（b）比较组的样本量必须相同。

（c）样本必须是独立的。

（d）比较组的方差齐性。

11．关于 Wilcoxon 秩和检验，下面哪个选项是正确的？

（a）检验统计量的计算需要对合并的两个组分值进行排秩。

（b）检验统计量的计算需要对每个组的数值分别求秩次。

（c）两个组的样本量必须相同。

（d）两个组的数据必须满足正态分布假设。

12．令两个独立样本组在因变量上的测量值分别为向量 A 和 B，根据公式7.9和7.10编写 R 函数，计算独立样本组平均数比较的效应量 Cohen's d，函数名称为Cohen.d。利用7.4.2节关于两个任务组比较的数据，检验函数的正确性。

13．一项研究通过实验检验两种教学方法（A 和 B）对英语学习者学习成就的影响。60 名大学英语学习者（$N=60$）被随机分成两组（$n_A = n_B = 30$），分别接受教学方法 A 和 B 的教学。一段时间后，两组学习者参加英语学习成就测试，测试分数如下表所示：

A：	55.19,58.54,61.29,54.24,60.98,60.15,60.43,65.58,53.91,66.34,56.28,54.34,56.42,61.26,60.76,58.46,55.23,56.76,66.12,61.00,57.11,55.29,58.98,51.67,57.58,56.29,65.80,65.06,25.52,80.25
B：	64.35,54.77,73.11,72.67,71.55,71.63,61.83,71.35,76.70,65.34,56.19,72.14,72.08,62.21,80.29,57.85,68.14,44.61,63.54,75.18,60.90,56.91,71.54,57.72,67.40,49.36,52.30,60.92,20.42,21.63

回答以下问题：

（a）利用箱图诊断两种教学方法中的学习成就测试数据分布是否有异常值？

（b）对每组数据开展 Shapiro-Wilk W 检验，简要解释统计结果。

（c）利用中位数对两组数据开展 Levene 方差齐性检验，简要解释统计结果。

（d）根据以上结果，本例数据适合采用常规的独立样本 t 检验，Welch's t 检验，还是 Yuen 方法比较组间差异？

（e）如果采用 Welch's t 检验，本研究的统计结论是什么？如果采用 Yuen 方法比较组间20%截尾平均数差异，本研究的统计结论又是什么？

（f）组间20%截尾平均数差异比较的效应量 $\hat{\xi}$ 是多少？效应量 $\hat{\xi}$ 大还是小？

14. 来自正态分布总体的两个独立样本数据的描述性统计量如下：$n_1 = 20, \bar{X}_1 = 30.17, S_1 = 6.35, n_2 = 20, \bar{X}_2 = 31.99, S_2 = 8.26$。回答以下问题：

（a）编写 R 命令计算常规的独立样本 t 检验统计量 t 值（保留三位小数）、自由度和双侧检验的 p 值（保留三位小数）。

（b）编写 R 命令计算独立样本 Welch's t 检验统计量 t_w 值（保留三位小数）、自由度（保留三位小数）和双侧检验的 p 值（保留三位小数）。

（c）以上两个检验得到的结果是否基本相同？为什么？

（d）两个独立组比较效应量 Cohen's d 是多少（保留两位小数）？效应量大还是小？

15. 某位研究者设计 16 道短文改错题，比较英语专业大学一年级学生和二年级学生改对题项数的分布差异。研究者随机选取英语专业一、二年级各 30 名学生（$n_1 = n_2 = 30$）参加改错测试。两个年级学生改对题项数如下表所示：

一年级：	4,8,5,5,6,6,4,5,6,7,6,6,6,6,8,10,5,9,11,7,6,3,6,5,6,10,9,11,8,10
二年级：	6,6,5,7,6,6,10,5,7,5,6,9,5,7,7,9,6,7,9,12,8,8,13,15,12,13,10,8,7,9

回答以下问题：

（a）开展 Wilcoxon 秩和检验，得出什么统计结论？

（b）利用 Cliff 方法开展推理统计，得出什么统计结论？

（c）以上两种方法得出的统计结论一致吗？

第 **8** 章

两个相关组比较

相关组设计(related-groups designs),又称相关样本设计,体现样本之间的关联性。构成相关组的参与者或研究单位(units)相同或有关联性(如孪生兄弟姐妹)。相关组设计包括被试内设计(within-subjects designs)和被试匹配设计(matched-subjects designs)。在被试内设计中,同一组被试在实验前后、不同时段或其他不同条件下接受同一个或同一种测量,因而被试内设计又称重复测量设计(repeated-measures designs)。被试内设计的主要优势是减少样本量,提高统计效力。在被试内设计中,同一批被试参与不同的实验条件,研究者无须像在被试间设计(独立组设计)那样为不同的实验条件招募不同的被试。在被试难以招募的情况下,选择被试内设计比选择被试间设计更切合实际。由于同一批被试参与不同的实验条件,被试内设计大大减少了不同实验条件之间被试的个体差异,从而提高了统计效力。假如两个实验条件下总体平均数比较的效应量为 Cohen's $d = 0.5$。若采用被试间设计,每组的样本量为 30(两组总样本量为 60),统计分析采用独立样本双侧 t 检验,统计显著性水平 $\alpha = 0.05$,则实际得到的统计效力只有 0.48。但是,若采用被试内设计,样本量为 30,统计分析采用配对样本双侧 t 检验,统计显著性水平 $\alpha = 0.05$,则实际得到的统计效力达到 0.75 的水平。当然,被试内设计也有弱势。这类设计面临的主要威胁是顺序效应(order effects)。顺序效应包括练习效应、疲劳效应、滞留效应和敏感化效应(Mitchell & Jolley,2010,pp. 476 - 478)。练习和疲劳效应是由被试多次接触同一个测量造成的,滞留效应则是由被试接受多个实验处理造成的前一个处理对后一个处理测量结果的影响。敏感化效应指被试由于多次接受实验处理和测量,对研究的自变量和因变量敏感,猜测研究假设,做出虚假的反应。减少或抵消顺序效应的主要手段是采用抵消抗衡(counterbalancing)技术——系统地改变被试接受实验处理条件的顺序,如采用 ABBA 抵消抗衡或拉丁方(Latin square)设计。关于抵消抗衡技术的详细介绍,参见鲍贵(2019)。

被试匹配设计与被试间设计的共同点是,不同实验条件下的被试不同,因而能够避免被试内设计可能面临的顺序效应威胁。但是,在被试匹配设计中,一个实验条件下的某个被试总有另一个实验条件下的某个被试在若干重要被试特征变量上与之匹配。这种设计类似于被试内设计,通过被试匹配减少不同实验条件下被试个体之间的差异,提高统计效力。被试匹配设计与被试内设计的主要不同之处在于,被试匹配设计只实现了不同实验条件下被试的部分匹配,而被试内设计实现了不同实验条件下被试的完全匹配(因为同一批被试参与不同的实验条件)。被试匹配设计的主要弱点是很难找到在重要特征变量上完全匹配或非常匹配的被试。而且,随着匹配变量数和实验条件数的增加,匹配被试的难度也加大,甚至不可能。

相关组设计不限于上面介绍的实验研究,也适用于观察性研究。譬如,某研究者比较英语文本长度和对应的德语译文文本长度是否存在统计显著性差异。由于研究的两类文本是相关的,因而该设计为相关组设计。不管是实验研究还是观察性研究,统计分析方法是相同的。需要注意的是,被试内设计与统计分析方法并非一一对应的关系。依据测量数据的性质,被试内设计采用的统计分析方法也会不同。本章重点讨论两个相关组比较可能采用的不同统计分析方法,包括经典(常规)的配对样本 t 检验(通常简称配对样本 t 检验)、截尾平均数比较和 Wilcoxon 符号秩次检验(the Wilcoxon signed-rank test)。本章调用的数据包为 `pastecs`、`pwr` 和 `Rallfun-v37`。

8.1 配对样本 t 检验　　　　　◆◆◆◆◇◇◇

8.1.1 配对样本 t 检验方法

配对样本 t 检验(paired-samples t test)用于检验两个相关样本是否来自平均数相同的总体。配对样本 t 检验的零假设是:$H_0:\mu_1=\mu_2$,即总体平均数相等。如果 $d_i=x_i-y_i$(对应观测值之间的差异),则 $\mu_d=\mu_1-\mu_2$。零假设也可写作 $H_0:\mu_d=0$。检验该假设的 t 统计量计算公式为:

$$t=\frac{\bar{d}}{s_d/\sqrt{n}} \tag{8.1}$$

其中,分子 $\bar{d}$ 是配对样本对应值差异平均数($\bar{d}=\bar{x}-\bar{y}$),分母 $s_d/\sqrt{n}$ 是样本平均数标准误差,其中 n 为配对样本量,s_d 是 n 个 d 值的标准差。零假设为真时,统计量 t 服从 $df=n-1$ 的 t 分布。

8.1.2 配对样本 t 检验统计假设

配对样本 t 检验是差异分数的统计显著性检验,本质上是单样本 t 检验,要求因变量为连续性变量,两个配对总体边际分布(marginal distribution)服从正态分布,没有异常值。在两个配对总体正态分布时,差异分数也服从正态分布。

本节利用 g-and-h 分布(g-and-h distribution)模拟数据探索数据分布对配对样本 t 检验实际第一类错误率($\hat{\alpha}$)和统计效力(statistical power)的影响。从标准正态分布中生成 Z 值,令观测值 X 为:

$$X=\frac{\exp(gZ)-1}{g}\exp(hZ^2/2) \tag{8.2}$$

其中,exp 为指数函数,底数为 e(自然对数的底,约为 2.72),g 和 h 是非负数常数。X 来自 g-and-h 分布。若 $g=0$ 时,公式 8.2 转变为:

$$X=Z\exp(hZ^2/2) \tag{8.3}$$

当 $g=h=0$ 时,$X=Z$,即 X 服从标准正态分布。若 $g=0$,X 的分布对称。随着 g 值增加,分布更加偏态。随着 h 值增加,分布的尾巴加重。当 $g=1$、$h=0$ 时,g-and-h 分布对应于对数正态分布(正偏态,轻尾巴)。

g-and-h 分布偏度的计算公式为 $g_1 = \mu_{[3]} / \mu_{[2]}^{3/2}$，峰度的计算公式为 $g_2 = \mu_{[4]} / \mu_{[2]}^2 - 3$，其中 $\mu_{[k]} = E(X - \mu)^k$。关于偏度和峰度的计算，也见第 3 章。根据 Kowalchuk & Headrick(2010, pp. 73 − 74)，当 $0 \leqslant h < 0.25$ 时，g-and-h 分布总体参数偏度（a_1）和峰度（a_2）的计算公式分别为：

$$\alpha_1(g, h) = [(3\exp\{g^2/(2-6h)\} + \exp\{9g^2/(2-6h)\} - 3\exp\{2g^2/(1-3h)\} - 1)/(1-3h)^{1/2} - 3(1 - 2\exp\{g^2/(2-4h)\} + \exp\{2g^2/(1-2h)\})(\exp\{g^2/(2-2h)\} - 1)/((1-2h)^{1/2}(1-h)^{1/2}) + 2(\exp\{g^2/(2-2h)\} - 1)^3/(1-b)^{3/2}]/[g^3(((1 - 2\exp\{g^2/(2-4h)\} + \exp\{2g^2/(1-2h)\})/(1-2h)^{1/2} + (\exp\{g^2/(2-2h)\} - 1)^2/(h-1))/g^2)^{3/2}]$$

$$(8.4)$$

$$\alpha_2(g, h) = [\exp\{8g^2/(1-4h)\}(1 + 6\exp\{6g^2/(4h-1)\} + \exp\{8g^2/(4h-1)\} - 4\exp\{7g^2/(8h-2)\} - 4\exp\{15g^2/(8h-2)\})/(1-4h)^{1/2} - 4(3\exp\{g^2/(2-6h)\} + \exp\{9g^2/(2-6h)\} - 3\exp\{2g^2/(1-3b)\} - 1)(\exp\{g^2/(2-2h)\} - 1)((1-3h)^{1/2}(1-h)^{1/2}) - 6(\exp\{g^2(2-2h)\} - 1)^4/(h-1)^2 - 12(1 - 2\exp\{g^2/(2-4h)\} + \exp\{2g^2/(1-2h)\})(\exp\{g^2/(2-2h)\} - 1)^2/((1-2h)^{1/2}(h-1)) + 3(1 - 2\exp\{g^2/(2-4h)\} + \exp\{2g^2/(1-2h)\})^2/(2h-1)]/[(1 - 2\exp\{g^2/(2-4h)\} + \exp\{2g^2/(1-2h)\})/(1-2h)^{1/2} + (\exp\{g^2/(2-2h)\} - 1)^2/(h-1)]^2$$

$$(8.5)$$

在 $h = 0$ 时，g 分布的偏度和峰度采用以下公式：

$$\alpha_1(g) = g\sqrt{\frac{\exp\{g^2\}(\exp\{g^2\} - 1)}{g^2}}(2 + \exp\{g^2\})\exp\{-g^2/2\} \qquad (8.6)$$

$$\alpha_2(g) = 3\exp\{2g^2\} + 2\exp\{3g^2\} + \exp\{4g^2\} - 6 \qquad (8.7)$$

在 $g = 0$ 时，h 分布的偏度和峰度采用以下公式：

$$a_1(h) = 0 \qquad (8.8)$$

$$a_2(h) = 3(1-2h)^3(1/(1-4h)^{5/2} + 1/(2h-1)^3) \qquad (8.9)$$

本节模拟使用的 g-and-h 分布参数值如表 8.1 所示。

表 8.1　g-and-h 分布参数设置

g	h	g_1（偏度）	g_2（峰度）	μ
0	0	0	0	0
0.5	0	1.75	5.90	0.266 3
1	0	6.18	110.94	0.648 7
0	0.2	0	33.22	0

表 8.1 中，$g = h = 0$，g-and-h 分布为标准正态分布。其他三种非正态分布（以实线表示）与正态分布（以虚线表示）的比较（比较的总体平均数和标准差相同）如图 8.1 所示。

图 8.1 表明，当 $g = 0.5$ 和 $h = 0$ 时，g-and-h 分布为正偏态和正峰态分布，右尾巴较重。当 $g = 1$ 和 $h = 0$ 时，g-and-h 分布为正偏态和正峰态分布，峰顶最为陡峭。当 $g = 0$ 和 $h = 0.2$ 时，g-and-h 分布为对称分布，但是峰顶较为陡峭。

从以上不同配对比较的分布中模拟抽样 $N = 100\,000$ 次，每次抽取的样本量分 4

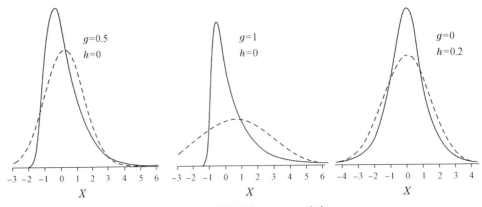

图8.1 三种非正态 g-and-h 分布

种,即配对样本 $n = 20,30,40,50$。随机抽样来自的总体的平均数为 0 或通过线性转化使总体平均数为 0。配对样本 t 检验采用双侧检验,名义显著性水平 $\alpha = 0.05$。实际第一类错误率(错误拒绝零假设的总次数与 N 的比率)记作 $\hat{\alpha}$。表 8.2 报告模拟试验中在零假设为真的情况下配对样本 t 检验的实际第一类错误率。

表8.2 不同分布条件下配对样本 t 检验实际第一类错误率

两个分布正态		一个分布正态,一个分布非正态							两个非正态不同分布			
$g=0,h=0$		$g=0.5,h=0$		$g=1,h=0$		$g=0,h=0.2$		$g_1=0.5,h_1=0$ $g_2=1,h_2=0$		$g_1=1,h_1=0$ $g_2=0,h_2=0.2$	
n	$\hat{\alpha}$	n	$\hat{\alpha}$	n	$\hat{\alpha}$	n	$\hat{\alpha}$	n	$\hat{\alpha}$	n	$\hat{\alpha}$
20	0.050	20	0.053	20	0.085	20	0.047	20	0.066	20	0.070
30	0.049	30	0.051	30	0.079	30	0.047	30	0.065	30	0.065
40	0.050	40	0.051	40	0.079	40	0.047	40	0.065	40	0.065
50	0.050	50	0.052	50	0.075	50	0.048	50	0.064	50	0.065

表 8.2 显示,当两个样本来自同一个正态分布总体时,实际第一类错误率 $\hat{\alpha}$ 保持在 $\alpha = 0.05$ 的水平。当一个样本来自正态分布总体,另一个样本来自非正态分布总体时,实际第一类错误率的大小取决于非正态分布违反正态的程度。当数据分布的偏态和峰态偏离正态的程度较小时($g = 0.5,h = 0$),实际第一类错误率 $\hat{\alpha}$ 基本上保持在 $\alpha = 0.05$ 的水平,样本量对 $\hat{\alpha}$ 的影响不明显。当数据分布的偏态和峰态偏离正态的程度较大时($g = 1,h = 0$),实际第一类错误率 $\hat{\alpha}$ 明显增大,较大程度地偏离 $\alpha = 0.05$。样本量的增加对 $\hat{\alpha}$ 的膨胀有一定程度的遏制作用。当分布为对称分布、数据相对集中时($g = 0,h = 0.2$),实际第一类错误率 $\hat{\alpha}$ 稍低,较接近 $\alpha = 0.05$ 的水平,样本量对 $\hat{\alpha}$ 的影响不明显。当样本来自两个不同的非正态分布总体时,实际第一类错误率 $\hat{\alpha}$ 较明显地大于 $\alpha = 0.05$ 的水平,样本量对 $\hat{\alpha}$ 的影响不明显。

下面采用模拟试验探索不同分布条件下配对样本 t 检验的统计效力。从不同配对比较的分布中模拟抽样 $N = 100\ 000$ 次,每次抽取的样本量分 4 种,即配对样本 $n = 20,30,40,50$。随机抽样来自的总体的平均数差异值为 1 或通过线性转化使总体平均数差异值为 1。配对样本 t 检验采用双侧检验,名义显著性水平 $\alpha = 0.05$。统计效力为正确拒绝零假设的总次数与 N 的比率。表 8.3 报告模拟试验中在零假设为误的情况下配对样本 t 检验的统计效力。

表 8.3 不同分布条件下配对样本 t 检验统计效力

两个分布正态		一个分布正态,一个分布非正态						两个非正态不同分布			
$g=0, h=0$		$g=0.5, h=0$		$g=1, h=0$		$g=0, h=0.2$		$g_1=0.5, h_1=0$ $g_2=1, h_2=0$		$g_1=1, h_1=0$ $g_2=0, h_2=0.2$	
n	效力	n	效力	n	效力	n	效力	n	效力	n	效力
20	0.85	20	0.75	20	0.59	20	0.70	20	0.57	20	0.41
30	0.96	30	0.89	30	0.68	30	0.85	30	0.67	30	0.61
40	0.99	40	0.96	40	0.75	40	0.93	40	0.73	40	0.76
50	1.00	50	0.98	50	0.80	50	0.97	50	0.79	50	0.85

表 8.3 表明,当配对样本来自正态分布时,t 检验的统计效力高;即便样本量 $n = 20$ 时,统计效力也高达 0.85。当一个样本来自正态分布总体,另一个样本来自非正态分布总体时,统计效力的大小取决于非正态分布违反正态的程度。当数据分布的偏态和峰态偏离正态的程度较小时($g = 0.5, h = 0$),统计效力降低,但是降低的幅度较小;样本量的增加明显地提高统计效力。当一个分布是对称的正峰态分布时($g = 0, h = 0.2$),统计效力较前一种情况稍低;样本量的增加明显地提高统计效力。当数据分布的偏态和峰态偏离正态的程度较大时($g = 1, h = 0$),统计效力明显降低。即便配对样本量 n 增加到 50 时,统计效力也只达到 0.80。当抽样来自两个不同的非正态分布总体时,统计效力明显偏低,特别是在配对样本量较小的时候;样本量的增加明显地提高统计效力。

8.1.3 配对样本 t 检验应用举例

某研究调查 38 名英语专业二年级本科生英语口语和书面语产出中的词汇复杂度(lexical sophistication)是否存在统计显著性差异。口语和书面语产出的话题相同,测试分不同时段在语言实验室进行。词汇复杂度定义为每个口语和书面语产出文本中拼写正确的低频类符(types)总数与形符(tokens)总数的比率再乘以 100,表示平均 100 个词中正确使用的低频词数。关于低频词的定义见鲍贵(2010)。口语和书面语文本词汇复杂度测量结果如下:

口语文本(Oral):7.27,6.30,7.50,6.03,4.08,7.96,7.91,5.88,6.48,6.58,6.91,5.80,6.17,7.00,6.96,6.47,4.84,5.06,3.97,7.60,6.67,6.70,4.31,7.94,5.49,6.54,4.84,5.84,7.78,8.22,8.52,7.09,5.69,6.06,6.44,3.02,7.43,7.27。

书面语文本(Written):10.59,8.99,6.64,10.98,4.84,11.29,10.88,8.26,5.69,9.06,10.00,12.27,11.34,14.33,8.67,10.20,8.26,8.76,10.71,8.79,12.50,11.75,4.69,9.27,9.92,10.82,10.64,9.33,8.23,10.38,11.42,13.32,10.80,10.92,16.83,6.50,7.69,11.62。

试问:口语和书面语产出中的词汇复杂度是否有统计显著性差异?

本例是重复测量设计,在确定是否使用配对样本 t 检验之前要先检验两个配对组数据是否服从正态分布。调用 R 数据包 pastecs 中的函数 stat.desc,得到如表 8.4 所示的描述性统计量,包括样本量(n)、平均数($\bar{X}$)、标准差(SD)、平均数 95% 置信区间($95\% \ CI$)、平均数标准误差(SE)、标准化偏度($skew.\ 2SE$)、标准化峰度($kurt.\ 2SE$)、Shapiro-Wilk 正态性检验 W 值和 p 值。

表 8.4　口语和书面语词汇复杂度描述性统计

	n	$\bar{X}$	SD	$95\%\ CI$	SE	$skew.\ 2SE$	$kurt.\ 2SE$	W	p
口语	38	6.38	1.27	[5.97,6.80]	0.21	−0.80	−0.10	0.96	0.260
书面语	38	9.93	2.46	[9.12,10.73]	0.40	0.12	0.38	0.97	0.353

表 8.4 显示,口语词汇复杂度平均数低于书面语词汇复杂度平均数。Shapiro-Wilk W 检验发现两组数据服从正态分布(口语:$W = 0.96,p = 0.260 > 0.05$;书面语:$W = 0.97,p = 0.353 > 0.05$)。标准化偏度和峰度值与之大致吻合。图 8.2 对两组数据分布进行进一步的正态分布诊断。

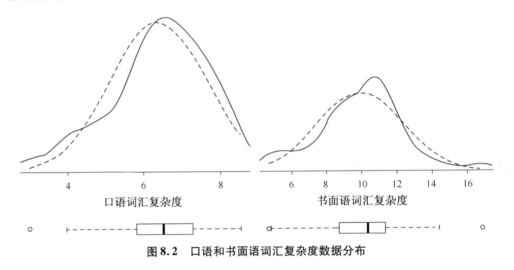

图 8.2　口语和书面语词汇复杂度数据分布

在图 8.2 显示的分布曲线中,实线代表样本数据的分布,虚线代表正态分布(同一个图形中两个分布的平均数和标准差相同)。口语词汇复杂度数据分布呈单峰状,略左偏,左尾巴稍厚,箱图诊断发现一个异常值(3.02)。书面语词汇复杂度数据分布也呈单峰状,略显正峰态,箱图诊断发现两个异常值(4.69,16.83)。概括起来,这两组数据大致呈正态分布,有个别异常值,异常值似乎不是特别极端。研究者似乎可以采用常规的配对样本 t 检验。如果研究者担心异常值对统计检验结果会产生不良影响,可考虑采用其他方法,如下一节讨论的稳健统计方法——截尾平均数比较。

配对样本 t 检验与独立样本 t 检验的 R 函数基本相同,只是将默认的变元 paired = FALSE(独立样本 t 检验)改为变元 paired = TRUE,默认的变元 var.equal = TRUE 不再需要。即,配对样本 t 检验的 R 函数为 t.test(x, y, alternative = "two.sided", paired = TRUE, conf.level = 0.95),其中 x 和 y 是数值向量,alternative = "two.sided" 为函数默认的检验方式(双侧检验),变元

conf.level = 0.95 是默认的平均数差异 95% 置信区间。如果接受默认的参数,配对样本 t 检验的 R 函数为 t.test(x, y, paired = TRUE) 或使用 t.test(x - y)。针对本例,配对样本 t 检验的 R 命令和统计分析结果如下:

```
>Oral<-c(7.27,6.30,7.50,6.03,4.08,7.96,7.91,5.88,6.48,6.58,
6.91,5.80,6.17,7.00,6.96,6.47,4.84,5.06,3.97,7.60,6.67,6.70,4.31,
7.94,5.49,6.54,4.84,5.84,7.78,8.22,8.52,7.09,5.69,6.06,6.44,3.02,
7.43,7.27)
>Written<-c(10.59,8.99,6.64,10.98,4.84,11.29,10.88,8.26,5.69,
9.06,10.00,12.27,11.34,14.33,8.67,10.20,8.26,8.76,10.71,8.79,12.50,
11.75,4.69,9.27,9.92,10.82,10.64,9.33,8.23,10.38,11.42,13.32,10.80,
10.92,16.83,6.50,7.69,11.62)
>t.test(Oral,Written,paired=TRUE)
        Paired t-test
data:  Oral and Written
t = -9.2305, df = 37, p-value = 3.884e-11
alternative hypothesis: true difference in means is not equal to 0
95 percent confidence interval:
 -4.318354 -2.763751
sample estimates:
mean of the differences
           -3.541053
```

以上结果表明,口语和书面语产出中的词汇复杂度平均数差异值为 -3.54,平均数差异值 95% 置信区间为 $[-4.32, -2.76]$,书面语词汇复杂度显著高于口语词汇复杂度 ($t(37) = -9.23, p < 0.001$)。

8.2　截尾平均数比较

8.2.1　截尾平均数比较程序

Wilcox(2012b, p.404)指出,解决平均数比较统计效力低问题的一种方法是使用 20% 截尾平均数。利用 20% 截尾平均数的一个可能好处是,当数据满足正态分布假设时,比较 20% 截尾平均数几乎和平均数配对 t 检验一样表现优良。如果数据分布尾巴很轻,比较平均数或许有统计效力优势。通常情况下,如果分布偏态,平均数比较不同于截尾平均数比较。要在广泛情形中获得较高的统计效力,增加对第一类错误率的控制,使用 20% 截尾平均数比使用平均数更有优势。

相关组截尾平均数比较有两种方法。一种方法是采用差异值截尾平均数,统计检验的零假设为 $H_0:\mu_{tD}=0$,即假设两个相关总体差异值的截尾平均数为 0。另一种方法是采用边际截尾平均数(marginal trimmed means),统计检验的零假设为 $H_0:\mu_{t1}=\mu_{t2}$,即假设两个相关总体边际分布截尾平均数相同。边际分布指忽略另一个组时一个相关组的数据分布。

利用第一种方法时,检验统计量的计算公式为:

$$T_t = \frac{\bar{X}_{tD}}{s_w / [(1 - 2\gamma)\sqrt{n}]} \tag{8.10}$$

其中,n 是配对样本量,γ 是截尾量,$\bar{X}_{tD}$ 表示配对组差异值的截尾平均数,s_w 是缩尾标准差,$s_w / [(1 - 2\gamma)\sqrt{n}]$ 为差异值截尾平均数的标准误差(SE)。令 $g = [\gamma n]$,其中 $[\cdot]$ 表示取整数部分,则配对差异统计显著性检验的自由度 $v = n - 2g - 1$。在零假设为真的情况下,T_t 服从自由度 $v = n - 2g - 1$ 的 t 分布。

利用边际分布截尾平均数开展配对检验的方式与利用两个独立组截尾平均数的检验方式相似,主要差异在于前者考虑配对变量之间的缩尾协方差(协变异)。缩尾协方差是两个样本缩尾值(the Winsorized values)的协方差。缩尾协方差的计算公式为:

$$\text{cov}(Y_1, Y_2) = \frac{1}{n - 1} \sum (Y_{i1} - \bar{Y}_1)(Y_{i2} - \bar{Y}_2) \tag{8.11}$$

其中,Y_{i1} 和 Y_{i2} 代表两个组的缩尾值,$\bar{Y}_1$ 和 $\bar{Y}_2$ 为两个组的缩尾平均数。根据 Wilcox (2012a, p. 196),Yuen 方法计算相关组截尾平均数差异($\bar{Y}_{t1} - \bar{Y}_{t2}$)标准误差的公式为:

$$SE_{\bar{Y}_{t1} - \bar{Y}_{t2}} = \sqrt{\frac{1}{h(h-1)} \left\{ \sum (Y_{i1} - \bar{Y}_1)^2 + \sum (Y_{i2} - \bar{Y}_2)^2 - 2 \sum (Y_{i1} - \bar{Y}_1)(Y_{i2} - \bar{Y}_2) \right\}} \tag{8.12}$$

其中,$h = n - 2g$。

令 $d_j = \frac{1}{h(h-1)} \sum (Y_{ij} - \bar{Y}_j)^2$,$d_{12} = \frac{1}{h(h-1)} \sum (Y_{i1} - \bar{Y}_1)(Y_{i2} - \bar{Y}_2)$。相关组截尾平均数差异($\bar{Y}_{t1} - \bar{Y}_{t2}$)统计显著性检验统计量为:

$$T_y = \frac{\bar{Y}_{t1} - \bar{Y}_{t2}}{\sqrt{d_1 + d_2 - 2d_{12}}} \tag{8.13}$$

双侧检验时,若 $|T_y| > t$(t 为自由度 $v = h - 1$ 的 t 分布中 $1 - \alpha/2$ 的分位数),拒绝零假设。$\mu_{t1} - \mu_{t2}$ 的 $(1 - \alpha) \times 100\%$ 的置信区间为 $\bar{Y}_{t1} - \bar{Y}_{t2} \pm t\sqrt{d_1 + d_2 - 2d_{12}}$。

边际分布配对截尾平均数差异的统计显著性检验和置信区间的计算还可以利用自助 t 方法(bootstrap-t method)。采用带置换(replacement)的方法从配对样本中随机抽取 n 个配对观测值,记作 (X_{i1}^*, X_{i2}^*),其中 $i = 1, \cdots, n$。利用公式 8.13 计算检验统计量 T_{yb}^*。重复以上抽样和检验统计量的计算过程 B 次(通常,$B = 599$),每次计算出的检验统计量记作 T_{yb}^*,$b = 1, \cdots, B$。统计显著性概率 $p = \dfrac{\sum (|T_y| \leqslant |T_{yb}^*|)}{B}$。令 $T_{y(1)}^* \leqslant \cdots \leqslant T_{y(B)}^*$ 为按升序排列的 T_{yb}^* 值。设 $l = \alpha B / 2$,$u = (1 - \alpha/2)B$(等式右边的值取整数,即四舍五入),则下限和上限值为 $T_{y(l+1)}^*$ 和 $T_{y(u)}^*$。令 $a = (1 - \alpha)B$(四舍五入取整数)。总体截尾平均数差异 $(1 - \alpha) \times 100\%$ 对称的置信区间为:

$$(\bar{Y}_{t1} - \bar{Y}_{t2}) \pm T_{y(a)}^* \sqrt{d_1 + d_2 - 2d_{12}} \tag{8.14}$$

8.2.2 截尾平均数比较应用举例

样本差异值截尾平均数的统计显著性检验和总体差异值 μ_{tD} 95% 置信区间的计算

使用的 R 函数为数据包 Rallfun - v37 中的 trimci(x - y, tr = 0.2, alpha = 0.05, null.value = 0),其中,x 和 y 是配对样本数值向量,tr = 0.2 是默认的截尾量,alpha = 0.05 为默认的第一类错误率。如果接受该函数的默认值,则可以使用函数 trimci(x - y)。

在 8.1.3 节关于词汇复杂度的例子中,如果利用配对组差异值 20% 截尾平均数开展统计分析,R 命令和统计分析结果如下:

```
>source("Rallfun - v37.txt")
>trimci(Oral - Written)
[1] "The p - value returned by this function is based on the"
[1] "null value specified by the argument null.value, which
defaults to 0"
[1] "To get a measure of effect size using a Winsorized measure of
scale, use trimciv2"
$ci
[1] -4.337163 -2.694504
$estimate
[1] -3.515833
$test.stat
[1] -8.855223
$se
[1] 0.397035
$p.value
[1] 7.193483e - 09
$n
[1] 38
```

以上结果表明,两个相关样本差异值的 20% 截尾平均数为 - 3.52,标准误差为 0.40。两个相关总体差异值 20% 截尾平均数的 95% 置信区间为 $[-4.34, -2.69]$,书面语词汇复杂度显著高于口语词汇复杂度,$T_t(23) = -8.86, p < 0.001$。注意,以上 R 输出结果中,没有报告检验统计量的自由度。根据 $v = n - 2g - 1$,我们很容易得到 $v = 23$。

检验相关组边际截尾平均数差异统计显著性的 R 函数是数据包 Rallfun - v37 中的 yuend(x, y, tr = 0.2, alpha = 0.05),其中 x 和 y 是配对样本数值向量,默认的截尾量为 tr = 0.2,默认的显著性水平为 alpha = 0.05。在上面关于词汇复杂度的例子中,如果利用函数 yuend 对配对组边际截尾平均数差异开展统计显著性检验,R 命令和统计分析结果如下:

```
>source("Rallfun - v37.txt")
>yuend(Oral, Written)
$ci
[1] -4.225910 -2.749923
$p.value
[1] 1.168093e - 09
```

```
$est1
[1] 6.52375
$est2
[1] 10.01167
$dif
[1] -3.487917
$se
[1] 0.35675
$teststat
[1] -9.776921
$n
[1] 38
$df
[1] 23
```

以上结果表明,两个相关样本 20% 截尾平均数差异值为 -3.49,标准误差为 0.36,相关总体 20% 截尾平均数差异 95% 置信区间为 $[-4.23, -2.75]$,书面语词汇复杂度显著高于口语词汇复杂度,$T_y(23) = -9.78, p < 0.001$。在本例中,边际截尾平均数差异统计显著性检验得出的结论与差异值截尾平均数的统计显著性检验得出的结论相同。

采用自助 t 方法检验相关组 20% 截尾边际平均数差异统计显著性的 R 函数是数据包 Rallfun - v37 中的 ydbt(x, y, tr = 0.2, alpha = 0.05, nboot = 599),其中 x 和 y 是配对样本数值向量,默认的截尾量为 tr = 0.2,默认的显著性水平为 alpha = 0.05,默认的自助样本量为 nboot = 599。在上面关于词汇复杂度的例子中,利用函数 ydbt 对配对组边际平均数差异开展统计显著性检验的 R 命令和统计分析结果如下:

```
> source("Rallfun - v37.txt")
> ydbt(Oral, Written)
[1] "Taking bootstrap samples. Please wait."
$ci
[1] -4.234390 -2.741444
$dif
[1] -3.487917
$p.value
[1] 0
```

以上结果表明,两个相关样本 20% 截尾平均数差异值为 -3.49,相关总体 20% 截尾平均数差异 95% 置信区间为 $[-4.23, -2.74]$,书面语词汇复杂度显著高于口语词汇复杂度,$p < 0.001$。从 95% 置信区间来看,利用函数 ydbt 和函数 yuend 得到的统计分析结果几乎相同。

8.3 配对比较效应量

配对样本平均数差异效应量的计算有多种方法,本节介绍 Cohen(1988)提出的方法(Cohen's d)以及两种稳健效应量(Cohen's d_R 和 $\hat{\xi}$)。Cohen's d 的计算公式为:

$$d = \frac{\bar{D}}{s} \tag{8.15}$$

其中,$\bar{D}$ 是配对组数值差异(D 值)的平均数,s 是 D 值的标准差,计算公式为 $s = \sqrt{s_1^2 + s_2^2 - 2 \times r \times s_1 \times s_2}$,其中,$s_1$ 和 s_2 是配对样本标准差,r 是配对样本的相关系数。如果知道配对样本 t 检验统计量 t 值,也可以利用以下公式计算 Cohen's d:

$$d = \frac{t}{\sqrt{n}} \tag{8.16}$$

在 8.1.3 节关于词汇复杂度研究的例子中,利用公式 8.15,编写并执行以下 R 命令:

```
>mean(Oral - Written)/sqrt(var(Oral) + var(Written) - 2 * cor(Oral,
Written) * sd(Oral) * sd(Written))
[1] -1.497379
```

得到 Cohen's $d = -1.497\,379$。忽略负号,取两位小数,Cohen's $d = 1.50$,说明效应量很大。若利用公式 8.16,编写并执行以下 R 命令:

```
>as.numeric(t.test(Oral - Written) $ statistic)/sqrt(length(Oral))
[1] -1.497379
```

得到同样的结果。

如果研究者采用 20% 截尾平均数计算效应量,可以使用 Cohen's d 的稳健形式 d_R。根据 Wilcox(2017b),配对样本 20% 截尾平均数比较效应量估计 d_R 的计算公式为:

$$d_R = 0.642\left(\frac{\bar{D}_t}{S_w}\right) \tag{8.17}$$

其中,常数 0.642(近似值)的使用是为了确保在总体正态分布时,总体效应 $\delta_R = \delta$,$\bar{D}_t$ 是配对差异值 20% 截尾平均数,S_w 是配对差异值 20% 缩尾标准差。利用公式 8.17 计算 d_R 的 R 函数是数据包 Rallfun-v37 中的 D.akp.effect(x, y, tr = 0.2),其中 x 和 y 是配对样本数值向量,tr = 0.2 是默认的截尾量。① 在 8.1.3 节关于词汇复杂度研究的例子中,执行 R 命令 D.akp.effect(Oral, Written) 得到 $-1.536\,91\,8$。忽略负号,取两位小数,Cohen's $d_R = 1.54$,与常规的效应量 Cohen's d 差异很小。

另外一种效应量是解释性效应量($\hat{\xi}$)。由 7.5 节已知,R 函数 yuenv2 用于计算两个独立样本比较解释性效应量 $\hat{\xi}$。类似地,R 函数 yuendv2 用于计算两个相关样本比较解释性效应量 $\hat{\xi}$。yuendv2 的主要形式为 yuendv2(x, y, tr = 0.2, alpha = 0.05),其中 x 和 y 是两个相关组数值向量,tr = 0.2 是默认的 20% 截尾量,alpha = 0.05 是默认的显著性水平。函数 yuendv2 和 yuend 的主要区别是

---

①　如果 tr = 0,则计算 Cohen's d。例如,在关于词汇复杂度研究的例子中,计算 Cohen's d 的 R 命令和统计结果如下:

```
>D.akp.effect(Oral, Written,tr =0)
[1] -1.497379
```

yuendv2 报告解释性效应量。在 8.1.3 节关于词汇复杂度的例子中,执行 R 命令 yuendv2(Oral, Written) 得到 $\hat{\xi}=0.86$,同样表明语体(口语和书面语)的效应量很大。

8.4 Wilcoxon 符号秩次检验

8.4.1 Wilcoxon 符号秩次检验程序

Wilcoxon 符号秩次检验,又称 Wilcoxon 配对符号秩次检验(Wilcoxon matched-pairs signed-ranks test),是配对样本 t 检验的非参数形式,对数据分布没有严格的统计假设。Wilcoxon 符号秩次检验统计量利用配对值差异的秩次(ranks),因而是对定序数据(ordinal data)的检验。它的零假设是 $H_0 : \theta_D = 0$,即配对差异分数分布以 0 为对称中心,或者两个分布没有发生位置转移(shift in location)。本节关于 Wilcoxon 符号秩次检验相关统计量计算公式的标注依据 Hollander *et al.* (2014)。令 R_i 表示差异绝对值 $|X_1|, \cdots, |X_n|$ 中 $|X_i|$ 的秩次,则 Wilcoxon 符号秩次检验统计量的计算公式是:

$$T^+ = \sum_{i=1}^{n} R_i \psi_i \qquad (8.18)$$

其中,ψ_i 是示性变量(indicator variable),$i = 1, \cdots, n$。ψ_i 的定义为:

$$\psi_i = \begin{cases} 1, & \text{若 } X_i > 0 \\ 0, & \text{若 } X_i < 0 \end{cases} \qquad (8.19)$$

如果在 X_i 中有 0 值,则放弃 0 值,重新将样本量 n 定义为非 0 的 X_i 值数。如果有非 0 的等值 $|X|$,则计算平均秩次(中秩,midranks)。在零假设为真的条件下,T^+ 的期望值(expected value,指反复实验或测量得到的平均值)为 $\dfrac{n(n+1)}{4}$,T^+ 的分布是对称的。假设有两个配对组 $g_1 = c(1, 3, 5, 7, 9, 10)$,$g_2 = c(6, 7, 12, 4, 11, 11)$,那么差异值为 $c(-5, -4, -7, 3, -2, -1)$。在没有等值和 0 值时,可以计算统计量对应的精确 p 值。计算精确 p 值的 R 函数为 psignrank(q, n, lower.tail = TRUE),其中 q 是分位数,n 是样本量。本例中,R 命令 psignrank(3, 6)*2 得到双尾检验的 p 值为 0.156 25,在 $\alpha = 0.05$ 水平上不拒绝零假设,即推断两个配对组秩次分布没有统计显著性差异。

在大样本(譬如大于或等于 50)情况下,T^+ 的分布近似正态。在没有等值的情况下,零假设条件下 T^+ 的方差为:

$$Var_0(T^+) = \frac{n(n+1)(2n+1)}{24} \qquad (8.20)$$

当有非零等值时,采用大样本近似方法计算 p 值。零假设条件下 T^+ 的方差为:

$$Var_0(T^+) = \frac{1}{24}\left[n(n+1)(2n+1) - \frac{1}{2}\sum_{j=1}^{g} t_j(t_j - 1)(t_j + 1) \right] \qquad (8.21)$$

其中,g 表示非零等值组的组数,t_j 是等值组 j 中的等秩数。标准化检验统计量的计算公式为:

$$T^* = \frac{T^+ - \left[\dfrac{n(n+1)}{4}\right]}{\sqrt{Var_0(T^+)}} \tag{8.22}$$

如果在双侧检验时要对检验统计量 T^+ 近似正态性进行连续校正, 则 $T^+ - \left[\dfrac{n(n+1)}{4}\right]$ 变为 $T^+ - \left[\dfrac{n(n+1)}{4}\right] - \mathrm{sign}\left(T^+ - \left[\dfrac{n(n+1)}{4}\right]\right) \times 0.5$。若 $T^+ - \left[\dfrac{n(n+1)}{4}\right]$ 为正值, 则 $\mathrm{sign}\left(T^+ - \left[\dfrac{n(n+1)}{4}\right]\right)$ 取 $+1$; 若 $T^+ - \left[\dfrac{n(n+1)}{4}\right]$ 为负值, 则 $\mathrm{sign}\left(T^+ - \left[\dfrac{n(n+1)}{4}\right]\right)$ 取 -1。如果 $|T^*| \geqslant z_{1-\alpha/2}$, 拒绝零假设, 否则不拒绝零假设。

8.4.2　Wilcoxon 符号秩次检验应用举例

鲍贵(2016)设计组句任务比较了词语意象性对接受性词汇习得的影响。39 名英语学习者在低意象性(Low imageability)生词和高意象性(High imageability)生词上的接受性词汇知识测量结果如下:

低意象性词汇(Low):1,0,0,0,4,3,1,1,0,0,0,3,1,4,2,2,0,1,3,0,6,1,3,1,1,3,1,1,2,3,1,5,1,4,0,0,2,0,2。

高意象性词汇(High):5,3,2,2,3,3,0,0,2,0,0,1,1,4,3,5,1,3,4,4,7,4,4,5,3,6,3,2,3,3,4,6,1,6,1,0,4,1,5。

试分析英语学习者在低和高意象性词汇上的接受性词汇知识习得效果是否存在统计显著性差异。

对低意象性条件数据的正态分布检验发现词汇知识测量数据违反正态分布, $skew.\ 2SE = 1.15, kurt.\ 2SE = -0.02, W = 0.87, p < 0.001$。对高意象性条件数据的正态分布检验发现词汇知识测量数据近似服从正态分布, $skew.\ 2SE = 0.14, kurt.\ 2SE = -0.62, W = 0.95, p = 0.079 > 0.05$。鲍贵(2016)对配对 20% 截尾平均数开展差异显著性检验, 发现在高意象性词上的习得效果显著好于低意象性词上的习得效果, 且效应量大, $T_y(24) = -4.66, p < 0.001, d_R = 0.71$。若研究者对两组配对差异的秩次进行统计显著性检验, 则可以采用 Wilcoxon 符号秩次检验。开展 Wilcoxon 符号秩次检验的 R 函数是: wilcox.test (x, y, alternative = c ("two.sided", "less", "greater"), paired = TRUE, exact = NULL, correct = TRUE)。该函数中, x 和 y 是两组数值向量, alternative = c ("two.sided", "less", "greater") 指三种检验方式。R 函数默认 "two.sided"(双侧检验)。变元 paired = FALSE 是默认的非配对检验, 但是这里采用 paired = TRUE, 表示开展配对差异检验。变元 exact = NULL 表示是否计算精确 p 值。变元 correct = TRUE 表示默认采用连续校正方法计算近似 p 值。如果采用默认的参数设置, 则可以利用简化的函数设置 wilcox.test(x, y, paired = TRUE)或者 wilcox.test (x - y)。本例使用的 R 命令和统计分析结果如下:

```
>Low<-c(1,0,0,0,4,3,1,1,0,0,0,3,1,4,2,2,0,1,3,0,6,1,3,1,
1,2,3,1,5,1,4,0,0,2,0,2)
```

```
>High<-c(5,3,2,2,3,3,0,0,2,0,0,1,1,4,3,5,1,3,4,4,7,4,4,5,3,6,
3,2,3,3,4,6,1,6,1,0,4,1,5)
>wilcox.test(Low,High,paired=TRUE)
    Wilcoxon signed rank test with continuity correction
data: Low and High
V = 39, p-value = 3.501e-05
alternative hypothesis: true location shift is not equal to 0
```

以上结果表明,英语学习者在高意象性词汇上的词汇知识习得效果显著好于在低意象性词汇上的词汇知识习得效果($V = 39, p < 0.001$)。这一结论与20%截尾平均数差异检验的结论相同。注意,R报告的检验统计量 V 等同于 T^+。

思考与练习

1. 配对样本 t 检验与独立样本 t 检验的主要区别是什么?

2. 相关组截尾平均数差异比较有哪几种统计分析方法?

3. 同被试间设计相比,被试内设计有什么优势和局限性?

4. 下面哪一项是开展 Wilcoxon 符号秩次检验的正确步骤?

(a) 计算配对差异分值,然后对差异分值的绝对值排秩。

(b) 计算配对差异分值,然后对正值和负值分别排秩。

(c) 计算配对差异分值,删除非零的等值。

(d) 对所有分值排秩,然后计算配对秩次差异。

5. 评估被试间设计两个条件下的测量分值秩次分布是否有差异,恰当的统计分析方法是下面的哪个选项?

(a) 独立样本 t 检验或 Welch's t 检验

(b) 配对样本 t 检验

(c) Wilcoxon 秩和检验或 Cliff 方法

(d) Wilcoxon 符号秩次检验

6. 如果相关组被试内设计 t 检验和独立组 t 检验的自由度均为40,哪项研究使用较少的被试?

(a) 两项研究的样本量均为21。

(b) 两项研究的样本量均为41。

(c) 开展独立组 t 检验的研究使用较少的被试。

(d) 开展相关组被试内设计 t 检验的研究使用较少的被试。

7. 下面哪个或哪些设计是相关组设计?

(a) 被试间设计　　(b) 被试内设计　　(c) 被试匹配设计　　(d) 以上都对

8. 一项实验研究比较有背景噪声和无背景噪声条件对60名英语学习者听力的影响。30名学习者被随机分配到先有背景噪声后无背景噪声的听力条件配对中,另外30名学习者被随机分配到先无背景噪声后有背景噪声的听力条件配对中。每个条件下的听力测量数据满足正态分布要求。回答以下问题：

（a）本研究两个条件下的听力测量平均数比较适合采用独立样本 t 检验还是配对样本 t 检验？

（b）本研究 t 检验的自由度是多少？

（c）如果本研究中检验统计量 t 值为 -2.91，双尾检验的统计显著性概率 p 值是多少（保留三位小数）？若统计显著性水平 $\alpha=0.05$，由此得出什么统计结论？

9. 假如一项研究在两个条件（G1 和 G2）下对英语学习者的某项语言技能（为连续性因变量）进行测量，测量结果如下表所示：

G1：	47.17,45.19,53.00,36.89,50.32,47.66,65.08,65.77,51.27,46.50,61.07,59.86,59.55, 61.55,51.44,60.16,64.30,53.41,47.85,61.97
G2：	53.66,46.56,45.37,50.33,44.62,44.82,52.90,43.81,58.03,32.95,58.52,61.45,57.51, 49.63,45.57,54.07,62.01,53.86,34.00,50.32

回答以下问题：

（a）设定统计显著性水平 $\alpha=0.05$。如果本研究采用独立组设计，双尾 t 检验得出的统计结论是什么？

（b）设定统计显著性水平 $\alpha=0.05$。如果本研究采用相关组设计，双尾 t 检验得出的统计结论是什么？这一结论与（a）中得出的结论一致吗？

（c）独立组设计中两个条件比较的效应量 Cohen's d 是多少（保留两位小数）？相关组设计中两个条件比较的效应量 Cohen's d 是多少（保留两位小数）？这两个效应量接近吗？

（d）独立样本和配对样本双尾 t 检验的统计效力分析调用 R 数据包 pwr 中的函数 pwr.t.test(n = NULL, d = NULL, sig.level = 0.05, power = NULL, type = c("two.sample", "paired"), alternative = "two.sided")，其中 n 是每个样本的观测值数，d 是效应量 Cohen's d，默认的统计显著性水平为 0.05，独立样本的效力分析使用变元 type = "two.sample"，相关（配对）样本 t 检验的效力分析使用变元 type = "paired"。提供 n、d 和 power（效力）中的任意两个值，这个函数都能计算出第三个值。

针对本例，执行以下计算统计效力的 R 命令：

```
# 独立样本 t 检验统计效力
require(pwr)
sp <- sqrt((var(G1)*(20-1) + var(G2)*(20-1))/(20+20-2))
dind <- (mean(G1) - mean(G2))/sp
pwr.t.test(n=20,d=dind,sig.level=0.05,power=NULL,type="two.sample",alternative="two.sided")
# 配对样本 t 检验统计效力
dpair <- mean(G1-G2)/sqrt(var(G1)+var(G2)-2*cor(G1,G2)*sd(G1)*sd(G2))
pwr.t.test(n=20,d=dpair,sig.level=0.05,power=NULL,type="paired",alternative="two.sided")
```

试问：独立样本双尾 t 检验和配对样本双尾 t 检验的统计效力哪个大？这说明什么？

10. 某研究者创造不同程度的焦虑情境调查听力焦虑对英语学习者听力的影响。15 名大学英语学习者被随机分配到先低焦虑情境后高焦虑情境下接受听力测试，另外 15 名大学英语学习者被随机分配到先高焦虑情境后低焦虑情境下接受听力测试。听力测试结果如下：

低焦虑：	45,51,60,43,50,51,54,49,62,49,53,56,48,44,61,36,55,50,56,53,63,43,60,62,50,35,10,12,35,69
高焦虑：	44,39,46,43,46,44,47,41,38,39,33,37,39,41,40,32,38,52,45,52,40,42,41,36,38,52,20,67,77,75

回答以下问题：

（a）本研究的设计是被试间设计还是被试内设计？

（b）两个听力焦虑条件下的听力测试数据分布是否服从正态分布？

（c）利用箱图诊断本研究每个焦虑条件下的听力数据是否有异常值？

（d）根据以上结果，本研究检验两个焦虑条件下听力分值平均数统计显著性差异适合采用何种统计分析方法？

（e）如果采用相关组 20% 截尾平均数差异检验，统计结论是什么？

（f）如果采用自助 t 方法检验相关组 20% 截尾边际平均数差异，是否得出与（e）相同的统计结论？

（g）配对样本 20% 截尾平均数比较效应量估计 d_R 有多大？

第**9**章

多个独立组比较

独立组设计（independent groups designs），又称被试间设计（between-subjects designs），可以用于实验研究和观察性研究。譬如，在实验研究中，一批被试被随机分配到操纵（manipulated）自变量的不同水平或处理条件中，实验结束后测量被试在结果变量（即因变量）方面的差异。在观察性研究中，将一批被试按照某个被试特征变量（如年级）分类，测量他们在某个因变量（如词汇量）方面的差异。最简单的多个独立组比较是独立样本 t 检验的拓展，即设计形式为单因素设计，统计分析检验一个因素的多个水平在一个因变量测量平均数方面的统计显著性差异。这是单因素单因变量方差分析，通常简称为单因素方差分析（one-way analysis of variance；one-way ANOVA）。多个独立组比较的推理统计不限于单因素方差分析。多组设计可能包括两个或两个以上因素，组间比较涉及两个或两个以上因素水平的组合，统计分析上需要采用因素（或析因）方差分析（factorial ANOVA）。为了控制比较组在前测（pretest）方面的差异，组间比较会采用单因素或多因素协方差分析（analysis of covariance，ANCOVA）。传统的方差分析（通常简称方差分析）需要满足多个方差分析统计假设（如正态分布和方差齐性）。数据违反方差分析统计假设时，稳健统计方法（如稳健方差分析）是恰当的选择。

统计分析方法的选择不仅取决于设计形式，而且还取决于研究目的和测量数据的性质。本章介绍利用平均数和截尾平均数的传统（常规）与稳健方差分析方法、单因素设计秩次型传统与稳健方差分析方法。本章调用的 R 数据包为 afex、boot、car、emmeans、pastecs、pgirmess、phia、Rallfun - v37 和 sjstats。

9.1 方差分析 F 检验的基本概念   ◆◆◆◆◆◆◆

多组（通常为三组或三组以上）平均数差异或差异平均数的统计显著性检验传统上采用方差分析 F 检验。第 7 章、第 8 章讨论的独立样本和配对样本 t 检验分别适用于两个独立组比较和两个相关组比较，是 F 检验的特例。比较组数有三个或三个以上时，如果零假设检验设定的第一类错误率为某个 α 值，在 α 水平上重复采用 t 检验，整体上至少犯一次第一类错误的概率就会超过 α。如果我们对 c 个配对平均数开展 t 检验，每次检验设定同样的 α 值，假如配对比较彼此独立（实际上并非独立），那么整体第一类错误率（overall Type I error rate）不再是 α，而是 $1 - (1 - \alpha)^c$。譬如，对三个独立组平均数差异采用配对检验，设定 $\alpha = 0.05$，若配对比较彼此独立，3 次独立样本 t 检验整体第一类错误率就为 $1 - (1 - 0.05)^3 \approx 0.142\,6$。

重复 t 检验的次数越多,犯第一类错误的概率就越大。除非把显著性水平 α 设得更低,否则我们就不能容忍多次 t 检验造成的第一类错误率。在一组比较或一个比较族(包含多个统计检验)中,犯一次或一次以上错误的概率称作族错误率(FWE, familywise error rate)。方差分析 F 检验能够控制族错误率。

方差分析统计量 F 值分布称作 F 分布。F 分布随机变量 X($X \sim F(\nu_1, \nu_2)$)的概率密度函数为:

$$f(x) = \frac{\Gamma\left(\dfrac{\nu_1 + \nu_2}{2}\right)}{\Gamma\left(\dfrac{\nu_1}{2}\right)\Gamma\left(\dfrac{\nu_2}{2}\right)}\left(\frac{\nu_1}{\nu_2}\right)^{\frac{\nu_1}{2}} x^{\frac{\nu_1}{2}-1}\left(1 + \frac{\nu_1}{\nu_2}x\right)^{-\frac{1}{2}(\nu_1 + \nu_2)}, x > 0 \qquad (9.1)$$

其中,ν_1 和 ν_2 分别为 F 比率中的分子和分母自由度。同 t 分布概率密度函数一样,F 分布概率密度函数也利用伽马函数。X 的期望值 $E(X)$(平均数)和方差 $Var(X)$ 分别为:$E(X) = \dfrac{\nu_2}{\nu_2 - 2}$,$Var(X) = \dfrac{2\nu_2^2(\nu_1 + \nu_2 - 2)}{\nu_1(\nu_2 - 2)^2(\nu_2 - 4)}$,其中,$\nu_2 > 4$。

F 分布取决于自由度 ν_1 和 ν_2。图 9.1 显示不同自由度条件下的 F 分布形状。如图 9.1 所示,$F(2,6)$ 分布曲线最陡峭,随着自由度的增加,F 分布的坡度趋缓。比较图中的三条曲线可以发现,F 值为非负数,几乎总是为正值;F 分布是不对称的,有长长的右尾巴,呈正(右)偏态分布。

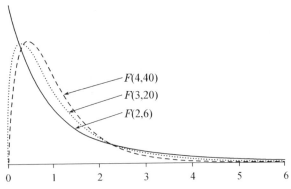

$F(4,40)$

$F(3,20)$

$F(2,6)$

图 9.1 不同自由度条件下的 F 分布

F 分布为多组(或多个条件)平均数差异比较检验提供临界值。假如我们比较三个独立组($n_1 = n_2 = n_3 = 25$)平均数是否有统计显著性差异,即三组是否来自一个平均数相同的总体。零假设是三组平均数在 $\alpha = 0.05$ 水平上没有统计显著性差异,即 H_0:$\mu_1 = \mu_2 = \mu_3$。假如通过计算得到统计量 $F(2,72) = 2.35$。图 9.2 显示 F 统计量(2.35)在 $F(2,72)$ 分布上的位置。

图 9.2 横坐标代表 F 值,纵坐标代表概率密度。如图显示,在 $\alpha = 0.05$、$\nu_1 = 2$ 和 $\nu_2 = 72$ 时,拒绝零假设的 F 临界值 $F(0.95, 2, 72) = 3.12$。即是说,在 F 统计量大于(或等于)F 临界值时(F 比率落入图中阴影部分显示的拒绝区),拒绝零假设,否则不拒绝零假设。本例中 F 统计量 $F(2,72) = 2.35$ 小于 $F(0.95, 2, 72) = 3.12$,落在拒绝区之外,因而保留或接受零假设(严格意义上,不拒绝零假设),推断三组平均数在 $\alpha =$

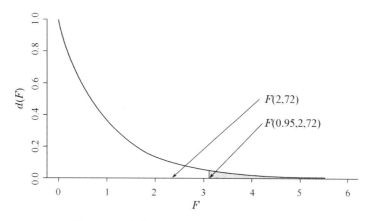

图 9.2　F 分布概率密度曲线 $(\nu_1 = 2, \nu_2 = 72)$

0.05 水平上没有统计显著性差异。需要注意的是,后面我们会看到,虽然 F 检验是平均数差异检验,但是它依据方差比例,方差又依据平均数离差平方(squared deviations),平均数之间的差异为正值还是为负值并不改变方差值。因此,F 检验是无方向性(non-directional)的检验,即双侧检验。这不同于 t 检验,因为 t 检验可以是有方向性的(单侧)检验,也可以是无方向性的(双侧)检验。

　　方差分析是一个总称,包括单因素方差分析、双因素方差分析(two-way ANOVA)、多元方差分析(multivariate ANOVA,MANOVA)、重复测量方差分析(repeated measures ANOVA)和协方差分析,等等。本章讨论的方差分析适用于被试间设计,用于多个独立组平均数之间的比较,包括传统与稳健的单因素方差分析和双因素方差分析。

9.2　单因素方差分析

9.2.1　单因素方差分析程序

　　单因素方差分析是最简单的方差分析方法,适用于单因素被试间设计。所谓的单因素就是数据中只有一个自变量(又叫因素)。单因素方差分析的数学模型是线性模型(linear models)。线性表示量数叠加。假如在一个单因素设计中,因素 A 有 a 个水平(levels,即组别数)。因素 A 某个水平上的效应称作 a_j,$j = 1, \cdots, a$。在因素 A 第 j 水平的第 i 个值记作 Y_{ij},对应的平均数记作 μ_j,所有 a_j 水平上的平均值(即各个总体汇总平均数,grand mean)记作 μ_G,$a_j = \mu_j - \mu_G$。单因素方差分析的线性模型是:

$$Y_{ij} = \mu_j + E_{ij} = \mu_G + a_j + E_{ij} \tag{9.2}$$

其中,E_{ij} 表示随机误差。用线性模型描述测量分值的一个好处是零假设只与模型中的一个项(a_j)相联系,即 $H_0: a_1 = \cdots = a_j = 0$,或者 $H_0: \sum a_j^2 = 0$。用效应表示的零假设在概念上等同于用平均数表示的零假设 $H_0: \mu_1 = \cdots = \mu_j$。

　　方差分析的基本逻辑可以从单因素方差分析程序中得以体现,即平均数离差(deviations)的可分解性。假如有一个单因素设计,因素称作 A,有 a 个水平,每个水平

上的样本量记作 n(出于方便,假设每组样本量相同),则总样本量 $N = an$。因变量称作 Y,在某个 a 水平上的观测值(测量值)记作 Y_{ij},$i = 1, \cdots, n, j = 1, \cdots, a$。第 j 个水平上的

平均值记作 $\bar{Y}_j$,a 个水平总平均数记作 $\bar{Y}_G$,$\bar{Y}_G = \dfrac{\sum_{i=1}^{n} \sum_{j=1}^{a} Y_{ij}}{an} = \dfrac{\sum_{i=1}^{n} \sum_{j=1}^{a} Y_{ij}}{N}$。因素 A 每个水平上各个观测值与总平均数离差为总离差,记作 $Y_{ij} - \bar{Y}_G$。第 j 个水平上的平均数与总平均数的离差为组间离差(即效应),记作 $\bar{Y}_j - \bar{Y}_G$。第 j 个水平上各个观测值与该水平上平均数的离差为组内离差,记作 $Y_{ij} - \bar{Y}_j$。这三个离差具有叠加关系,即 $Y_{ij} - \bar{Y}_G = (\bar{Y}_j - \bar{Y}_G) + (Y_{ij} - \bar{Y}_j)$。相应地,每个水平上各个观测值与总平均数离差平方和(sums of squared deviations)(SS_T;SS_{total})、每个水平上的平均数与总平均数离差平方和(组间平方和,又称效应平方和;$SS_{between}$;SS_A)以及每个水平上各个观测值与该水平上的平均数离差平方和(组内平方和,又称误差平方和;SS_{within};SS_{error};$SS_{S/A}$,S/A 表示被试因素 S 嵌套在因素 A 中)也具有叠加关系,即 $SS_T = SS_A + SS_{S/A}$。图 9.3 显示单因素方差分析平方和的分解。

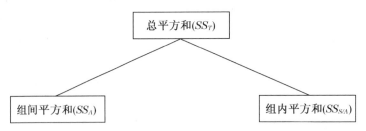

图9.3 单因素方差分析平方和分解

图 9.3 显示总平方和(SS_T)有两个来源,一个是组间平方和(SS_A),另一个是组内平方和($SS_{S/A}$)。它们对应的自由度有以下数学关系:$df_T = \nu_1 + \nu_2 = df_A + df_{S/A}$,其中 $df_T = N - 1 = an - 1$,$df_A = a - 1$,$df_{S/A} = a(n - 1)$。方差分析中的方差估计称作均方(MS,mean square),是平方和与对应自由度的比率,即 $MS_T = \dfrac{SS_T}{df_T}$,$MS_A = \dfrac{SS_A}{df_A}$,$MS_{S/A} = \dfrac{SS_{S/A}}{df_{S/A}}$。方差分析 F 检验的关键是比较组间均方和组内均方的大小。统计分析上采用 F 统计量(或称 F 比率):

$$F = \frac{MS_A}{MS_{S/A}} \tag{9.3}$$

当零假设为真时,F 统计量服从自由度为 $\nu_1 = df_A = a - 1$ 和 $\nu_2 = df_{S/A} = a(n - 1)$ 的 F 理论分布,其中 ν_1 和 ν_2 为 F 比率分子和分母的自由度。统计量的大小参照零假设为真条件下的 F 分布。Keppel & Wickens(2004, pp. 135 – 136)利用线性模型解释了 F 统计量与理论 F 分布比较的合理性。F 比率中误差(组内)均方 $MS_{S/A}$ 的大小只取决于各个分值围绕所在组平均数产生变异的程度,变异的唯一来源是线性模型(公式9.2)中的误差项(E_{ij})。假设每个组的误差方差 σ_{error}^2 相同,$MS_{S/A}$ 的期望值为:

$$E(MS_{S/A}) = \sigma_{error}^2 \tag{9.4}$$

F 比率中效应(组间)均方 MS_A 的大小取决于三个要素:每组样本量 n、效应量 a_j

和误差方差 σ^2_{error}。MS_A 的期望值为：

$$E(MS_A) \ = \ n \ \frac{\sum a_j^2}{a-1} + \sigma^2_{\text{error}} \tag{9.5}$$

零假设为真时，$\sum a_j^2 = 0$，所以 $E(MS_{S/A}) = E(MS_A)$，即 $F=1$。零假设为真时，由于抽样误差的影响，实际研究中计算得到的这两个方差（$MS_{S/A}$ 和 MS_A）通常并不相等，但是它们的期望值是相等的，$F \approx 1$。当零假设为误时，$\sum a_j^2$ 为正值，$E(MS_A) > E(MS_{S/A})$，$F > 1$。随着效应量和样本量的增大，F 比率增大。

如果数据满足单因素方差分析统计假设（见 9.2.2 节），F 比率大小的检验参照自由度为 ν_1 和 ν_2 的 F 分布中某个 α 显著性水平上的 F 检验临界值 $F_{1-\alpha,\nu_1,\nu_2}$。若 $F \geqslant F_{1-\alpha,\nu_1,\nu_2}$，拒绝零假设 $H_0: \sum a_j^2 = 0$，推断样本所在总体的平均数不同或不全相同，否则不拒绝零假设，推断样本所在总体的平均数相同。

单因素方差分析统计量的计算如表 9.1 所示。

表 9.1　单因素方差分析统计量的计算

变异来源	平方和（SS）	自由度（df）	均方（MS）	统计量 F
因素 A	$SS_A \ = \ \sum n(\bar{Y}_j - \bar{Y}_G)^2$	$df_A = a-1$	$MS_A = \dfrac{SS_A}{df_A}$	$F = \dfrac{MS_A}{MS_{S/A}}$
误差	$SS_{S/A} \ = \ \sum (Y_{ij} - \bar{Y}_j)^2$	$df_{S/A} = a(n-1)$	$MS_{S/A} = \dfrac{SS_{S/A}}{df_{S/A}}$	
汇总	$SS_T \ = \ \sum (Y_{ij} - \bar{Y}_G)^2$	$df_T = an-1$		

方差分析中平方和的另外一种计算方法是利用括号项（bracket terms）。Keppel & Wickens（2004）推荐使用括号项。使用括号项的一个重要优势是它们保留方差分析平方和定义中的逻辑（Keppel & Wickens，2004，p.29）。单因素方差分析平方和的计算包括三个括号项：$[Y]$、$[A]$ 和 $[T]$。$[Y]$ 是基于各个 Y_{ij} 值的括号项；$[A]$ 是基于各个组平均数的括号项；$[T]$ 是基于总平均数的括号项。它们的计算公式为：$[Y] = Y_{ij}^2$，$[A] = n\bar{Y}_j^2$，$[T] = an\bar{Y}_G^2$。利用这些括号项，单因素方差分析中对应于三个离差的平方和的计算公式为：

$$SS_T = [Y] - [T]; SS_A = [A] - [T]; SS_{S/A} = [Y] - [A] \tag{9.6}$$

这里举例说明单因素方差分析各个统计量的计算。假如有一个单因素被试间设计，因素 A 有三个水平（$a=3$），各个因素水平上的因变量 Y 值为：

$Y_{i1}(n=10)$：11，9，11，8，7，11，9，10，10，9；

$Y_{i2}(n=10)$：12，11，13，9，13，9，11，11，11，12；

$Y_{i3}(n=10)$：13，16，16，15，17，15，11，13，12，13。

试采用单因素方差分析检验因素 A 对因变量 Y 是否有统计显著性效应。

利用公式 9.6 计算平方和、表 9.1 计算其他统计量。R 命令和计算结果如下：

```
>n =10;a =3;dfT = a*n-1;dfA = a-1;dfSA = a*(n-1)
```

```
>y1 <- c(11,9,11,8,7,11,9,10,10,9)
>y2 <- c(12,11,13,9,13,9,11,11,11,12)
>y3 <- c(13,16,16,15,17,15,11,13,12,13)
>y <- c(y1,y2,y3)
>bracketY <- sum(y^2)
>bracketA <- n*sum(mean(y1)^2,mean(y2)^2,mean(y3)^2)
>bracketT <- a*n*mean(y)^2
>SST <- bracketY - bracketT
>SSA <- bracketA - bracketT
>SSSA <- bracketY - bracketA
>MST <- SST/dfT
>MSA <- SSA/dfA
>MSSA <- SSSA/dfSA
>F <- MSA/MSSA
>p <- 1 - pf(F,dfA,dfSA)
>cat("SST",SST,"\n");cat("dfT",dfT,"\n")
SST 177.2
dfT 29
>cat("SSA",SSA,"\n");cat("dfA",dfA,"\n")
SSA 108.2
dfA 2
>cat("SSSA",SSSA,"\n");cat("dfSA",dfSA,"\n")
SSSA 69
dfSA 27
>cat("MSA",MSA,"\n");cat("MSSA",MSSA,"\n")
MSA 54.1
MSSA 2.555556
>cat("F",F,"\n");cat("p",p,"\n")
F 21.16957
p 2.952586e-06
```

以上结果表明，$F(2,27) = 21.17, p < 0.001$。如要计算零假设为真的条件下 $\alpha = 0.05$ 时的临界值 $F_{1-\alpha,\nu_1,\nu_2}$，则执行 R 命令 qf(0.05, dfA, dfSA, lower = FALSE) 得到 $F_{0.95,2,27} = 3.354131$。很显然，$F(2,27) > F_{0.95,2,27}$。由此推断，因素 A 对因变量 Y 有统计显著性效应，即三组平均数有统计显著性差异。

9.2.2 单因素方差分析统计假设

方差分析 F 检验是参数检验（parametric test）方法。方差分析的四个基本的统计分析假设是：① 因变量（dependent variable）是定距或定比变量。自变量（independent variable）是名义或定序变量；② 观测值独立；③ 总体正态分布，没有异常值；④ 总体方差齐性。在大多数情况下，总体分布是未知的，研究者收集的数据通常只是来自总体的样本。研究者通常只能用样本代替总体来检验统计假设。譬如，在使用 F 检验之前，研究者需要检验样本数据是否服从或近似服从正态分布。单因素方差分析与独立样本 t 检验一样,都需要满足这几个条件。不同的只是,单因素方差分析用于多个组(通常是三组或三组以上)平均数比较,独立样本 t 检验用于两组平均数比较。在统计分析阶段,决定是否使用传统的方差分析之前,必须检验比较组数据分布的正态性和组间方差齐性。本节采用模拟方法简要探讨在违反正态分布和方差齐性假设时传统的方差分析对第一类错误率和统计效力的影响。更多关于这方面的讨论,参见鲍贵(2019)。

首先探讨正态分布条件下方差不齐性对 F 检验实际第一类错误率和统计效力的影响。假如有三个来自正态分布总体的随机样本($n_1 = n_2 = n_3$),$\mu_1 = \mu_2 = \mu_3 = 0$(即零假设为真),$\sigma_1^2 \neq \sigma_2^2 \neq \sigma_3^2$。模拟试验的设计为3(样本量)×4(方差不齐)设计。即,样本量设定为三种情形(20、30 和 50);方差不齐性设定为四种情形,方差比 $\sigma_1^2 : \sigma_2^2 : \sigma_3^2$ 为:1:2:4、1:4:8、1:8:16 和 1:16:25,即第一个总体的方差恒定为1,第二和第三个总体的方差依次增大。每个条件组合模拟抽样的次数为 100 000 次,单因素方差分析 F 检验的名义显著性水平设定为 $\alpha = 0.05$。这一设计的目的是利用 F 检验计算实际第一类错误率($\hat{\alpha}$)。再假设零假设为误,即 $\mu_1 = \mu_2 = 0$,$\mu_3 = 1$。按照与上面同样的方法开展模拟试验,目的是计算不同条件组合中 F 检验的统计效力。模拟试验结果如表9.2 所示。图9.4 是依据表9.2 绘制的第一类错误率和统计效力随样本量和方差比变化的趋势图。

表9.2 正态分布、方差不齐和不同样本量条件下的第一类错误率和统计效力

正态分布,方差不齐,零假设为真			正态分布,方差不齐,零假设为误		
每组样本量/次	方差比	$\hat{\alpha}$	每组样本量/次	方差比	统计效力
20,30,50	1:2:4	0.057,0.055,0.056	20,30,50	1:2:4	0.51,0.69,0.89
20,30,50	1:4:8	0.060,0.058,0.059	20,30,50	1:4:8	0.31,0.43,0.64
20,30,50	1:8:16	0.063,0.061,0.061	20,30,50	1:8:16	0.19,0.26,0.39
20,30,50	1:16:25	0.062,0.060,0.061	20,30,50	1:16:25	0.14,0.18,0.25

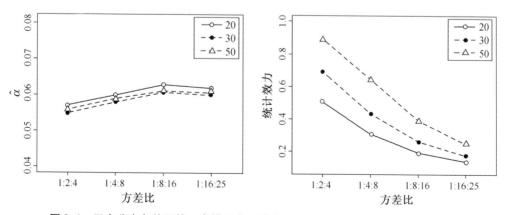

图9.4 正态分布条件下第一类错误率和统计效力随方差不齐性和样本量的变化

图9.4 左分图显示,在零假设为真时,随着方差不齐性的增加,实际第一类错误率

在前三种方差比中呈缓慢的上升趋势,在第三种(1:8:16)和第四种方差比(1:16:25)情况下实际第一类错误率差异很小;样本量的增加一定程度上抑制了实际第一类错误率的膨胀。从本例来看,在正态分布假设满足的条件下,方差不齐性对实际第一类错误率有一定的影响,实际第一类错误率大体上在 0.06 左右。随着比较组数和方差比的变化,实际第一类错误率可能会更严重。Wilcox(2017a)模拟研究发现,在来自正态分布的四个组($n_1 = n_2 = n_3 = n_4 = 50$)中,$\mu_1 = \mu_2 = \mu_3 = \mu_4 = 0$,第一个组抽样分布的方差为 $\sigma_1^2 = 16$,其他三个组抽样分布的方差为 $\sigma_2^2 = \sigma_3^2 = \sigma_4^2 = 1$,在 $\alpha = 0.05$ 的显著性水平上,实际第一类错误率近似为 0.088。

图 9.4 右分图显示,在零假设为误时,样本量和方差不齐性对统计效力的影响较明显。具体而言,在每个样本量条件下,随着方差不齐性的增大,统计效力呈明显的下降之势;样本量的增加有助于提高统计效力。譬如,在样本量 $n_1 = n_2 = n_3 = 50$、$\sigma_1^2 : \sigma_2^2 : \sigma_3^2$ = 1:2:4 时,统计效力为 0.89。但是,当方差比增加到 $\sigma_1^2 : \sigma_2^2 : \sigma_3^2 = 1:16:25$ 时,统计效力骤降至 0.25。相对于第一类错误率,方差分析 F 检验面临的更为严重的问题或许在于它发现真正差异的能力(Wilcox,2017a,p. 330)。

下面探讨非正态分布和方差不齐性对 F 检验实际第一类错误率和统计效力的影响。非正态分布模拟数据来自指数分布(exponential distribution)。指数分布是正偏态分布,随机变量 $X[X \sim Exp(\lambda)$,其中 λ 为参数]的概率密度函数为:$f(x) = \lambda e^{-\lambda x}$,其中 $x \geqslant 0$。X 的期望平均数为 $E(X) = \dfrac{1}{\lambda}$,期望方差为 $Var(X) = \dfrac{1}{\lambda^2}$。

假如有三个来自指数分布总体的随机样本($n_1 = n_2 = n_3$),通过调整平均数使得 $\mu_1 = \mu_2 = \mu_3 = 0$(即零假设为真),但是 $\sigma_1^2 \neq \sigma_2^2 \neq \sigma_3^2$。模拟试验的设计为 3(样本量)×3(方差不齐)设计。即,样本量设定为三种情形:$n_1 = n_2 = n_3 = 20$、$n_1 = n_2 = n_3 = 30$ 和 $n_1 = n_2 = n_3 = 50$。方差比($\sigma_1^2 : \sigma_2^2 : \sigma_3^2$)也有三种情形:1:4:9(对应的 λ 值:$\lambda_1 = 1, \lambda_2 = 1/2, \lambda_3 = 1/3$)、1:9:16(对应的 λ 值为:$\lambda_1 = 1, \lambda_2 = 1/3, \lambda_3 = 1/4$)和 1:16:25(对应的 λ 值为:$\lambda_1 = 1, \lambda_2 = 1/4, \lambda_3 = 1/5$)。每个条件组合模拟抽样的次数为 100 000 次,单因素方差分析 F 检验的名义显著性水平设定为 $\alpha = 0.05$。这一设计的目的是利用 F 检验计算实际第一类错误率($\hat{\alpha}$)。再假设零假设为误,通过调整平均数使得 $\mu_1 = \mu_2 = 0, \mu_3 = 1$,即零假设为误。按照与上面同样的方法开展模拟试验,目的是计算不同条件组合中 F 检验的统计效力。模拟试验结果如表 9.3 所示。图 9.5 是依据表 9.3 绘制的第一类错误率和统计效力随样本量和方差比变化的趋势图。

表 9.3　非正态分布、方差不齐和不同样本量条件下的第一类错误率和统计效力

非正态分布,方差不齐,零假设为真			非正态分布,方差不齐,零假设为误		
每组样本量/次	方差比	$\hat{\alpha}$	每组样本量/次	方差比	统计效力
20,30,50	1:4:9	0.071,0.068,0.064	20,30,50	1:4:9	0.26,0.39,0.61
20,30,50	1:9:16	0.070,0.068,0.064	20,30,50	1:9:16	0.16,0.22,0.36
20,30,50	1:16:25	0.070,0.067,0.063	20,30,50	1:16:25	0.12,0.15,0.24

图 9.5 左分图显示,相对于图 9.4,当零假设为真时,在非正态分布和各种方差比

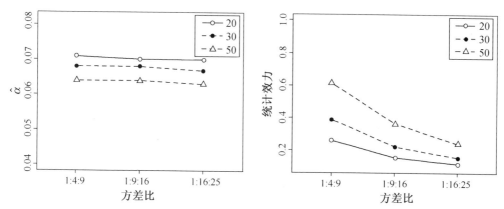

图 9.5　非正态分布条件下第一类错误率和统计效力随方差不齐性和样本量的变化

条件下实际第一类错误率明显膨胀,最低值达到 0.063 的水平;样本量的增加有助于减少实际第一类错误率。简言之,正偏态分布使第一类错误率膨胀。

图 9.5 右分图显示,非正态分布和方差不齐性对统计效力的影响很大。具体而言,非正态分布和方差不齐性使统计效力大大较低,最小的统计效力水平只有 0.12,最大的统计效力水平也莫过于 0.61。虽然样本量的增加有助于提高统计效力,但是效果不理想。

9.2.3　正态分布和方差齐性条件下的多重比较

F 统计量检验只能告诉我们在比较的各组平均数中是否至少在两个组之间有统计显著性差异,但是不能告诉我们显著性差异具体表现在哪个或哪些配对组之间。因此,当方差分析发现不同组之间有显著性差异时,如果要确定显著性差异的具体位置,我们就需要利用事后多重比较(post hoc multiple comparisons)。另一种情况是,研究的焦点不是多组平均数之间是否有统计显著性差异,而是配对平均数比较是否有统计显著性差异,这就牵涉到多重比较的问题。组间配对比较的次数为 $\frac{K(K-1)}{2}$,其中 K 为组数。譬如,如果自变量有三个水平,则需要比较的配对数为三对。由于多重比较涉及多个组之间的配对,因而需要控制族错误率或错误发现率(false discovery rate,FDR)。控制多重比较错误率的方法有多种,本节介绍三种多重比较方法——Scheffé 检验(the Scheffé's test;the Scheffé test)、Tukey's HSD 检验和 Benjamini-Hochberg 方法(the Benjamini-Hochberg method),特别推荐使用后两种方法。

9.2.3.1　Scheffé 检验

Scheffé 检验是最古老的检验方法之一。该检验假设正态分布和方差齐性,适用于对所有的事后比较进行检验,确保族错误率不超过综合检验(omnibus test)设定的显著性水平 α(如 $\alpha = 0.05$)。应用于配对比较时,Scheffé 检验在控制第一类错误方面很保守,缺乏统计效力。Scheffé(1959)自己也认为,如果目标是比较所有的配对组,Tukey-Kramer 方法更好,因为在检验假设满足的条件下,Scheffé 检验效力较低。

Scheffé 检验统计量 $F_{\hat{\psi}}$ 的计算公式为:

$$F_{\hat{\psi}} = \frac{(\bar{X}_j - \bar{X}_k)^2}{(K-1) MS_W \left(\dfrac{1}{n_j} + \dfrac{1}{n_k} \right)} \tag{9.7}$$

其中,$\hat{\psi}$ 表示配对比较平均数差异;$\bar{X}_j$ 和 $\bar{X}_k$ 分别是配对比较的第 j 组和第 k 组的平均数,对应的样本量分别为 n_j 和 n_k;K 是组数,MS_W 是方差分析误差(误差均方)。在零假设为真的情况下,$F_{\hat{\psi}}$ 服从 $\nu_1 = K-1$,$\nu_2 = N-K$ 的 F 分布。在某个 α 显著性水平上,配对检验的临界值为 $F_{1-\alpha, \nu_1, \nu_2}$。若 $F_{\hat{\psi}} \geqslant F_{1-\alpha, \nu_1, \nu_2}$,拒绝零假设,推断两个配对组平均数有统计显著性差异;否则不拒绝零假设,推断两个配对组平均数没有统计显著性差异。配对比较平均数差异的 $(1-\alpha) \times 100\%$ 置信区间为:

$$CI_{1-\alpha} = \hat{\psi} \pm \sqrt{(C-1) F_{1-\alpha, \nu_1, \nu_2}} \sqrt{MS_w \left(\frac{1}{n_j} + \frac{1}{n_k} \right)} \tag{9.8}$$

其中,C 表示对比总数,$\sqrt{(C-1) F_{1-\alpha, \nu_1, \nu_2}}$ 是计算置信区间使用的临界值,$\sqrt{MS_w \left(\dfrac{1}{n_j} + \dfrac{1}{n_k} \right)}$ 是平均数差异标准误差。

在 9.2.1 节的例子中,单因素方差分析 F 检验发现三组平均数有统计显著性差异。已知 $\bar{X}_1 - \bar{X}_2 = -1.7$,$\bar{X}_1 - \bar{X}_3 = -4.6$,$\bar{X}_2 - \bar{X}_3 = -2.9$,$\nu_1 = 2$,$\nu_2 = 27$,$MS_W = 2.5556$。采用 Scheffé 检验,根据公式 9.7,得到 $F_{\bar{X}_1 - \bar{X}_2} = \dfrac{(-1.7)^2}{(3-1) \times 2.5556 \times 2/10} \approx 2.8271$,

$F_{\bar{X}_1 - \bar{X}_3} = \dfrac{(-4.6)^2}{(3-1) \times 2.5556 \times 2/10} \approx 20.6996$,$F_{\bar{X}_2 - \bar{X}_3} = \dfrac{(-2.9)^2}{(3-1) \times 2.5556 \times 2/10} \approx$

8.2270。在 $\alpha = 0.05$ 时,$F_{0.95, 2, 27} \approx 3.3541$。由于 $F_{\bar{X}_1 - \bar{X}_2} < F_{0.95, 2, 27}$,不拒绝零假设,推断组一和组二平均数没有统计显著性差异。但是,$F_{\bar{X}_1 - \bar{X}_3} > F_{0.95, 2, 27}$,$F_{\bar{X}_2 - \bar{X}_3} > F_{0.95, 2, 27}$,推断组一和组二平均数显著小于组三平均数。$F_{\bar{X}_1 - \bar{X}_2}$、$F_{\bar{X}_1 - \bar{X}_3}$ 和 $F_{\bar{X}_2 - \bar{X}_3}$ 对应的统计显著性概率分别为 $p_1 = 0.077 > 0.05$,$p_2 < 0.001$,$p_3 = 0.002 < 0.01$,由此得出的统计结论与上面相同。利用公式 9.8,得到三个配对比较的平均数差异 95% 置信区间依次为:$[-3.55, 0.15]$,$[-6.45, -2.75]$,$[-4.75, -1.05]$。

9.2.3.2 Tukey's HSD 检验

Tukey's HSD 检验,又称 Tukey 检验(Tukey's test),是可靠显著性差异(honestly significant difference,HSD)检验。该检验依据 Tukey(1953)的开创性研究和 Kramer(1956)的拓展性研究,又称作 Tukey-Kramer 方法(the Tukey-Kramer method)。Tukey's HSD 检验假设正态分布和方差齐性,利用学生化极差统计量(Studentized range statistic,q)。同 t 分布一样,学生化极差统计量也用于比较配对平均数。根据 Sahai & Ageel(2000,p.576),令 $(X_1, \cdots, X_2, \cdots, X_p)$ 是来自正态分布 $N(\mu, \sigma^2)$ 的一个随机样本,s^2 是基于自由度 ν 的 σ^2 的无偏估计,则学生化极差统计量定义为:

$$q[p, \nu] = \frac{max(X_i) - min(X_i)}{s} \tag{9.9}$$

通常情况下,学生化极差统计量是来自正态分布总体、大小为 p 的样本的极差与独立变量 $\chi^2[\nu]/\nu$ 平方根的比率。在方差分析应用中,正态分布样本通常是样本量相同的独立样本的平均数,公式 9.9 中的分母是共同标准误差的独立估计(Sahai & Ageel,2000, p. 576)。

计算学生化极差分布临界值 q 的 R 函数是 qtukey(p, nmeans, df),其中 p 是 $1 - \alpha_{FWE}$,nmeans 是比较的平均数个数(K),df 是自由度(ν)。譬如,在三组平均数 ($n_1 = n_2 = n_3$)比较时,df = 27,设定 $\alpha_{FWE} = 0.05$,利用 R 命令 qtukey(0.95,3,27) 得到配对检验的临界值 3.51。检验零假设 $H_0 : \mu_j = \mu_k$ 时,学生化极差统计量的计算公式为:

$$q = \frac{\bar{X}_j - \bar{X}_k}{\sqrt{\dfrac{MS_W}{2}\left(\dfrac{1}{n_j} + \dfrac{1}{n_k}\right)}} \tag{9.10}$$

若 $|q| \geqslant q_{1 - \alpha_{FWE}, K, \nu}$,拒绝零假设,接受无方向性的备择假设 $H_1 : \mu_j \neq \mu_k$。临界值 $q_{1 - \alpha_{FWE}, K, \nu}$ 确保错误拒绝零假设的概率不超过 α_{FWE}。由于 HSD 对第一类错误率进行了最大的控制,因而该检验有些保守。配对平均数差异的 $(1 - \alpha) \times 100\%$ 置信区间为:

$$(\bar{X}_j - \bar{X}_k) \pm q_{1 - \alpha_{FWE}, K, \nu}\sqrt{\frac{MS_w}{2}\left(\frac{1}{n_j} + \frac{1}{n_k}\right)} \tag{9.11}$$

在 9.2.1 节的例子中,单因素方差分析 F 检验发现三组平均数有统计显著性差异。已知 $\bar{X}_2 - \bar{X}_1 = 1.7, \bar{X}_3 - \bar{X}_1 = 4.6, \bar{X}_3 - \bar{X}_2 = 2.9, MS_W = 2.5556$。若采用 Tukey's HSD 检验,利用公式 9.10,得到 $q_1 = 3.3628, q_2 = 9.0994, q_3 = 5.7366$。在多组比较时,HSD 将零假设情况下学生化极差分布中的最大值作为检验的临界值 $q_{1 - \alpha_{FWE}, K, \nu}$,以便控制族第一类错误率。随着比较组数的增多,$q_{1 - \alpha_{FWE}, K, \nu}$ 增大。这里,$K = 3, q_{0.95,3,27} = 3.51$。由于本例中 $q_1 < q_{0.95,3,27} = 3.51$,不拒绝零假设,推断组一和组二平均数没有统计显著性差异。但是,$q_2 > q_{0.95,3,27} = 3.51$,$q_3 > q_{0.95,3,27} = 3.51$,所以拒绝零假设,推断组三平均数显著大于组一和组二平均数。如果根据检验统计量计算概率,利用函数 ptukey(q, nmeans, df) 则得到 $p_1 = 0.062, p_2 < 0.001, p_3 = 0.001$。根据公式 9.11,组二与组一、组三与组一以及组三与组二总体平均数差异 95% 置信区间依次为:$[-0.07, 3.47]$、$[2.83, 6.37]$ 和 $[1.13, 4.67]$。由这些 p 值和置信区间得出的结论与前面相同。从本例来看,Tukey's HSD 检验与 Scheffé 检验的结果相近,均没有发现组一和组二平均数有统计显著性差异。由于 Scheffé 检验更保守,组一和组二平均数差异检验的显著性概率稍大。

需要注意的是,Tukey's HSD 检验的使用不要求方差分析 F 检验先拒绝零假设。Wilcox(2017a, p. 385)指出,对于至少一次错误概率的控制,没有必要在开展方差分析 F 检验拒绝零假设后才认为 Tukey-Kramer 方法的使用是合适的,因为如果这样的话,统计效力可能会降低。

9.2.3.3　Benjamini-Hochberg 方法

Benjamini & Hochberg(1995)提出逐步向下(step-down)的方法控制错误发现率,这一方法称作 Benjamini-Hochberg 方法。同 Tukey's HSD 检验一样,没有必要在开展方差分析 F 检验拒绝零假设后才使用 Benjamini-Hochberg 方法。错误发现率是在所有真实的假设中第一类错误所占的平均比例。设比较的组数为 C,错误发现率为 α,$P_{[k]}$ 表示在降序排列的值序列中位于 k 位置上的未调整 p 值。若 $P_{[k]} \leqslant \frac{(C-k+1)\alpha}{C}$，拒绝零假设 $H_0 : \mu_i = \mu_j$。

以 9.2.1 节三个独立组数据为例。已知 $n_1 = n_2 = n_3 = 10$，$\bar{X}_1 = 9.5$，$\bar{X}_2 = 11.2$，$\bar{X}_3 = 14.1$，$MS_W = 2.555\,6$，$\nu_2 = 27$。合并标准差 $SD = \sqrt{MS_W} = 1.598\,6$，则配对平均数差异标准误差 $SE = SD \times \sqrt{\frac{1}{n_i} + \frac{1}{n_j}}$，其中 i 和 j 表示比较的组别。根据独立样本 t 检验统计量公式 $t = \frac{\bar{X}_i - \bar{X}_j}{SE}$，得到 $t_{\bar{X}_2 - \bar{X}_1} = 2.377\,9$，对应的概率 $P_1 = 0.024\,75$；$t_{\bar{X}_3 - \bar{X}_1} = 6.434\,3$，对应的概率 $P_2 = 6.8e-07$；$t_{\bar{X}_3 - \bar{X}_2} = 4.056\,4$，对应的概率 $P_3 = 0.000\,38$。$P_{1[1]} = 0.024\,75$，$P_{2[3]} = 6.8e-07$，$P_{3[2]} = 0.000\,38$。令 $\alpha = 0.05$，$C = 3$，$k = 1$ 时，$P_{1[1]} < \frac{(C-k+1)\alpha}{C} = 0.05$，拒绝零假设，即组二平均数显著大于组一平均数。在 $k = 2$ 时，$P_{3[2]} < \frac{(C-k+1)\alpha}{C} = 0.033\,33$；在 $k = 3$ 时，$P_{2[3]} < \frac{(C-k+1)\alpha}{C} = 0.016\,67$，由此推断组三平均数显著大于组二和组一的平均数。也可以将公式 $P_{[k]} \leqslant \frac{(C-k+1)\alpha}{C}$ 进行转化，计算调整的概率 p_{adj}。

$p_{adj} = \frac{P_{[k]} C}{(C-k+1)}$。若 $p_{adj} \leqslant \alpha$，拒绝零假设。本例中，$p_{1adj} = P_{1[1]} = 0.024\,75 < 0.05$，$p_{2adj} = P_{2[3]} \times 3 = 2.04e-06 < 0.05$，$p_{3adj} = P_{3[2]} \times 1.5 = 0.000\,57 < 0.05$。与 9.2.3.2 节 Tukey's HSD 检验结果相比较，利用 Benjamini-Hochberg 方法发现组一和组二平均数有统计显著性差异，而利用 Tukey's HSD 则没有发现统计显著性差异。错误发现率反映每个比较的错误率与族错误率之间的折中。Benjamini-Hochberg 方法某种程度上放松对至少犯一次第一类错误的概率的控制，好处是可能增加了统计效力（Wilcox，2012b，p. 580）。

9.2.4　单因素方差分析应用举例

鲍贵（2010）调查低（Low）、中（Intermediate）、高（High）三个英语水平组学习者在口语和书面语产出中语言复杂性方面的差异性。语言复杂性包括词汇复杂性和句法复杂性，其中句法复杂性的一个测量指标是 T 单位长度（即每个 T 单位包括的词语量）。三个语言水平组口语产出中的 T 单位长度测量结果（保留两位小数）如下：

低水平组：9.70，12.57，11.82，9.87，10.50，8.00，11.67，9.54，11.33，9.17，10.89，13.00，7.64，10.52，8.04，9.53，11.37，10.81，14.47，13.28，10.36，9.97，8.00，11.18，13.93，12.67；

中等水平组：10.04，12.28，10.88，10.41，9.57，9.86，10.06，10.12，11.88，12.54，10.25，13.31，8.25，9.07，13.33，9.84，9.80，13.04，10.90，9.11，10.74，9.38，8.04，11.27，9.87；

高水平组：15.33，14.38，9.66，11.07，12.44，10.79，11.43，13.13，13.48，13.38，12.00，11.29，15.29，8.50，11.42，10.00，9.95，13.26，10.21，17.56，12.38，12.50，11.74，9.21，12.50。

试问:三个水平组口语产出中的 T 单位长度是否有统计显著性差异?

在开展推理统计之前首先要描述与探索各个水平组数据的特点。利用 R 数据包 pastecs 中的函数 stat.desc 计算三个水平组描述性统计量。主要统计量如表9.4 所示,包括样本量(n)、平均数($\bar{X}$)、标准差(SD)、平均数 95% 置信区间($95\% CI$)、平均数标准误差(SE)、标准化偏度($skew. 2SE$)、标准化峰度($kurt. 2SE$)、Shapiro-Wilk 正态性检验 W 值和 p 值。

表9.4 三个水平组口语 T 单位长度描述性统计

	n	$\bar{X}$	SD	$95\% CI$	SE	$skew. 2SE$	$kurt. 2SE$	W	p
低水平组	26	10.76	1.85	$[10.01, 11.51]$	0.36	0.15	-0.47	0.97	0.730
中等水平组	25	10.55	1.47	$[9.95, 11.16]$	0.29	0.47	-0.42	0.94	0.161
高水平组	25	12.12	2.11	$[11.25, 12.99]$	0.42	0.59	-0.02	0.97	0.678

表9.4 显示低、中等英语水平组平均数接近,但是都较为明显地小于英语高水平组的平均数。三个组的标准差接近。调用数据包 car 中的函数 leveneTest,利用中位数开展 Levene 方差齐性检验,发现三个水平组方差齐性,$F(2,73) = 1.23, p = 0.299 > 0.05$。Levene 方差齐性检验使用的 R 命令和统计分析结果如下:

```
>Low <- c(9.70,12.57,11.82,9.87,10.50,8.00,11.67,9.54,11.33,
9.17,10.89,13.00,7.64,10.52,8.04,9.53,11.37,10.81,14.47,13.28,
10.36,9.97,8.00,11.18,13.93,12.67)
>Intermediate <- c(10.04,12.28,10.88,10.41,9.57,9.86,10.06,
10.12,11.88,12.54,10.25,13.31,8.25,9.07,13.33,9.84,9.80,13.04,
10.90,9.11,10.74,9.38,8.04,11.27,9.87)
>High <- c(15.33,14.38,9.66,11.07,12.44,10.79,11.43,13.13,13.48,
13.38,12.00,11.29,15.29,8.50,11.42,10.00,9.95,13.26,10.21,17.56,
12.38,12.50,11.74,9.21,12.50)
>library(car)
>Gro <- factor(c(rep(1,26),rep(2,25),rep(3,25)),labels = c("低","
中","高"))
>WT <- c(Low,Intermediate,High) # words per T unit
>Mydata <- data.frame(Gro,WT)
>leveneTest(Mydata $WT,Mydata $Gro,center = median)
Levene's Test for Homogeneity of Variance (center = median)
     Df  F value  Pr(>F)
group 2   1.2262   0.2994
     73
```

Shapiro-Wilk 正态性检验发现,三个水平组数据基本服从正态分布($p > 0.05$),与标准化偏度和标准化峰度值基本一致。为了更充分地了解各个英语水平组数据的性质,本例采用箱图和核密度图进行诊断。

图9.6 为三个水平组 T 单位长度箱图比较。从中位数(箱体中的粗线)来看,高水平组学习者比中、低水平组学习者每个 T 单位产出更多的词,低水平组学习者比中等

水平组学习者每个 T 单位产出更多的词。箱体显示,中等水平组 T 单位长度分布最集中,低水平组次之,高水平组 T 单位长度分布最分散。低水平组 T 单位长度分布基本呈正态,其他两组 T 单位长度分布轻度右偏。箱图诊断发现高水平组 T 单位长度数据中有一个异常值(数值为 17.56),其他两组数据没有异常值。

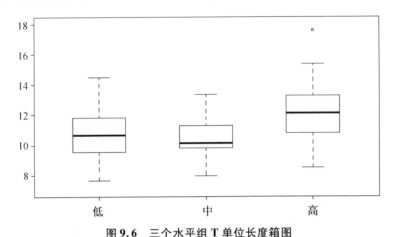

图9.6　三个水平组 T 单位长度箱图

图9.7 显示三个水平组 T 单位长度核密度图。

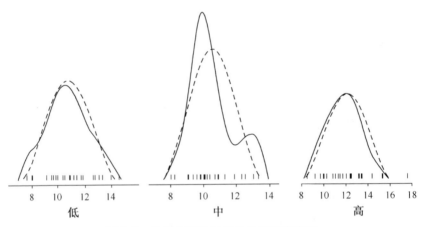

图9.7　三个水平组 T 单位长度核密度图

　　在每幅分图中,实线代表样本数据分布,虚线代表正态分布,两类分布的平均数和标准差相同。横坐标上方的轴须显示样本数据分布的位置。低水平组 T 单位长度分布曲线与对应的正态分布曲线吻合度高。中等水平组 T 单位长度分布曲线与对应的正态分布曲线吻合度偏低,呈尖峰状,一个凸块使尾部抬高。高水平组 T 单位长度分布曲线与对应的正态分布曲线吻合度较高,只是有一个异常值。鉴于异常值距离主体数据不太远,其对推理统计分析的影响不会太大。从轴须图来看,各个水平组数据分布的离散程度差异不大。

　　综上所述,本例数据基本满足单因素方差分析的统计假设,组间平均数差异的比较可以采用方差分析 F 检验。如果研究者对满足统计假设的要求比较严格,则可以采用更为稳健的统计分析方法,如后面讨论的截尾平均数比较。

单因素方差分析 F 检验有多个 R 函数,这里介绍三个。第一个 R 函数是 oneway. test(formula, data, var.equal = TRUE),其中,formula(公式)设定模型, 形式为 DV ~ IV,表示因变量(DV)由自变量(IV)预测;data 是包含模型变量的数据框;var.equal = TRUE 表示假设比较组数据之间方差齐性。

针对本例,利用函数 oneway.test 得到以下统计分析结果:

```
>oneway.test(WT ~ Gro, Mydata,var.equal =TRUE)
        One - way analysis of means

data:   WT and Gro
F = 5.399, num df = 2, denom df = 73, p - value = 0.006505
```

以上结果显示,三个水平组平均数有统计显著性差异,$F(2,73)=5.40, p=0.007 <0.01$。

第二个 R 函数是 aov(formula, data),其中 formula(公式)设定模型,单因素方差分析的模型是 DV ~ IV;data 是包含模型变量的数据框。在报告统计分析结果时要用到函数 summary,用以概括模型分析的结果。函数 aov 给出传统的方差分析报告形式。针对本例,利用 R 函数 aov 得到以下统计分析结果:

```
>Mymodel <- aov(WT ~ Gro,Mydata)
>summary(Mymodel)
            Df  Sum Sq  Mean Sq  F value   Pr(>F)
Gro          2   36.11   18.056    5.399   0.00651 **
Residuals   73  244.14    3.344
- - -
Signif. codes:  0 '***' 0.001 '**' 0.01 '*' 0.05 '.' 0.1 ' ' 1
```

对比函数 oneway.test 和函数 aov 的输出结果发现,oneway.test 的输出结果比较简略,没有包括平方和与均方。

函数 aov 是一般线性模型(general linear model)的特例。关于一般线性模型,多元回归分析一章将详细讨论。因此,第三个 R 函数是利用一般线性模型 R 函数 lm (formula, data)。针对本例,利用 R 函数 lm 得到以下结果:

```
>Mymodel <- lm(WT ~ Gro,Mydata)
>summary(Mymodel)
Call:
lm(formula = WT ~ Gro, data = Mydata)
Residuals:
  Min       1Q      Median     3Q       Max
-3.6160  -1.0904   -0.2527   1.0790    5.4440
Coefficients:
            Estimate  Std. Error  t value   Pr(> |t|)
(Intercept)  10.7627    0.3586     30.009   <2e -16 ***
  Gro 中      -0.2091    0.5123     -0.408    0.6843
  Gro 高       1.3533    0.5123      2.642    0.0101 *
```

```
  - - -
Signif. codes:  0 '***' 0.001 '**' 0.01 '*' 0.05 '.' 0.1 ' ' 1
Residual standard error: 1.829 on 73 degrees of freedom
Multiple R - squared:  0.1289,   Adjusted R - squared:  0.105
F - statistic: 5.399 on 2 and 73 DF,  p - value: 0.006505
```

以上最后一排的报告结果与函数 oneway.test 的输出结果相同。但是,函数 lm 输出结果提供更丰富的信息。例如,上面的结果显示,低水平组与中等水平组在 T 单位长度上没有统计显著性差异($t(73) = -0.41, p = 0.684 > 0.05$)。但是,低水平组与高水平组在 T 单位长度上有统计显著性差异($t(73) = 2.64, p < 0.05$)。拟合模型的残差标准误差为 1.83。多元相关系数的平方(Multiple R-squared,R^2)为 0.13,表示英语水平能够解释 T 单位长度变异的 13%。

通常情况下,配对组差异检验是研究的焦点。如果采用 Scheffé 检验,调用的函数为 R 数据包 Rallfun - v37 中的 Scheffe(x, alpha = 0.05),其中 x 为列表(lists)数据,alpha = 0.05 表示默认的显著性水平。本例利用 R 函数 Scheffe 得到以下统计分析结果:

```
>Mylist <- list()
>Mylist[[1]] <- Low
>Mylist[[2]] <- Intermediate
>Mylist[[3]] <- High
> source("Rallfun - v37.txt")
>Scheffe(Mylist)
[1] "WARNING: Suggest using lincon instead"
$n
[1] 26 25 25
$test
      Group  Group    test      crit       se
[1,]    1      2     0.2886274  1.766947  0.5122541
[2,]    1      3     1.8680827  1.766947  0.5122541
[3,]    2      3     2.1358718  1.766947  0.5172518
$psihat
      Group  Group    psihat    ci.lower    ci.upper    p.value
[1,]    1      2     0.2090923  -1.070949  1.48913386  0.92015709
[2,]    1      3    -1.3533077  -2.633349  -0.07326614  0.03569186
[3,]    2      3    -1.5624000  -2.854930  -0.26986994  0.01358770
```

以上结果显示,低、中等水平组在 T 单位长度上没有统计显著性差异($p = 0.920 > 0.05$),但是高水平组的 T 单位长度显著大于低水平组($p = 0.036 < 0.05$)和中等水平组($p = 0.014 < 0.05$)的 T 单位长度。

如果开展 Tukey's HSD 检验,R 函数是 TukeyHSD(x, conf.level = 0.95),其中 x 是拟合的模型(fitted model),通常的拟合函数为 aov;conf.level = 0.95 是默认的平均数差异 95% 的置信区间。本例利用 R 函数 TukeyHSD 得到以下统计分析

结果：

```
>Gro <- factor(c(rep(1,26),rep(2,25),rep(3,25)),labels = c("低","
中","高"))
>WT <- c(Low,Intermediate,High)
>Mydata <- data.frame(Gro,WT)
>Mymodel <- aov(WT ~ Gro,data = Mydata)
>TukeyHSD(Mymodel)
  Tukey multiple comparisons of means
    95% family-wise confidence level
Fit: aov(formula = WT ~ Gro, data = Mydata)
$Gro
              diff         lwr        upr      p adj
中-低    -0.2090923  -1.4346271  1.016442  0.9123703
高-低     1.3533077   0.1277729  2.578842  0.0269268
高-中     1.5624000   0.3249085  2.799891  0.0096219
```

以上结果也显示,低、中等水平组在 T 单位长度上没有统计显著性差异($p = 0.912 >$ 0.05),但是高水平组的 T 单位长度显著大于低水平组($p = 0.027 < 0.05$)和中等水平组($p = 0.010 < 0.05$)的 T 单位长度。

利用 Tukey's HSD 进行配对检验时,建议绘制在控制族错误率情况下平均数差异 95% 的置信区间。执行 R 命令 plot(TukeyHSD(Mymodel)) 得到如图9.8 所示的三个英语水平组平均数差异族置信区间。

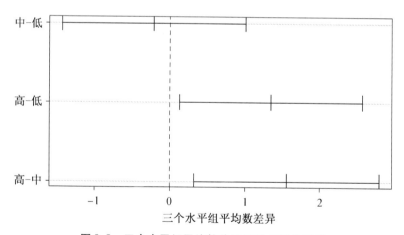

图9.8 三个水平组平均数差异95%族置信区间

图9.8 显示,低、中等水平组 T 单位长度平均数差异 95% 的置信区间包括 0,说明两组没有统计显著性差异。高水平组和低、中等水平组 T 单位长度平均数差异 95% 的置信区间均不包括 0,说明高水平组的 T 单位长度显著大于低、中等水平组的 T 单位长度。

如果采用 Benjamini-Hochberg 方法,R 函数是 pairwise.t.test (x, g, p. adjust.method = "BH", paired = FALSE, alternative = c ("two.

sided", "less", "greater")),其中 x 是因变量数值向量,g 是组别或因素向量。调整 p 值的方法(p.adjust.method)有多种,包括"holm""hochberg""hommel""bonferroni""BH""BY""fdr"和"none",可利用?p.adjust 进行查询。变元 paired = FALSE 为默认的独立样本 t 检验。检验方式包括单侧("less", "greater")和双侧("two.sided")。该函数默认采用双侧检验。本例利用 R 函数 pairwise.t.test 得到以下结果:

```
>pairwise.t.test(Mydata$WT,Mydata$Gro,"BH")
        Pairwise comparisons using t tests with pooled SD
data:  Mydata$WT and Mydata$Gro
      低   中
中 0.684 -
高 0.015 0.010
P value adjustment method: BH
```

以上结果同样显示,低、中等水平组在 T 单位长度上没有统计显著性差异($p = 0.684 > 0.05$),但是高水平组的 T 单位长度显著大于低水平组($p = 0.015 < 0.05$)和中等水平组($p = 0.01$)的 T 单位长度。针对本例,以上三种多重比较方法得出相同的结论,不过它们提供的拒绝零假设证据的强度(即 p 值)有差异。

9.3 Welch's F 检验

9.3.1 Welch's F 检验方法

第 7 章指出,在两个独立样本数据不满足方差齐性假设却满足独立样本 t 检验的其他假设时,可以采用独立样本 t 检验的改进形式——Welch's t 检验。同样,在多组平均数比较时,如果除了违反方差齐性假设之外,研究数据满足常规方差分析的其他统计假设,则统计分析可以采用稳健的 Welch's F 检验(Welch's F test)(Welch,1951)。

令 $n_1, \cdots, n_j$ 为独立样本量,样本平均数依次为 $\bar{X}_1, \cdots, \bar{X}_j$,样本方差依次为 $s_1^2, \cdots, s_j^2$。要计算 Welch's F 检验统计量 F_w,先计算第 j 组权重(weight):$w_j = \dfrac{n_j}{s_j^2}$。每个样本加权平均数(weighted mean)为 $w_j \bar{X}_j$。根据每个样本加权平均数计算所有样本总的加权平均数($\tilde{X}$),即 $\tilde{X} = \dfrac{\sum w_j \bar{X}_j}{\sum w_j}$。Welch's F 检验统计量的计算公式为:

$$F_w = \frac{\sum w_j (\bar{X}_j - \tilde{X})^2 / (J - 1)}{1 + \dfrac{2(J - 2)}{J^2 - 1} \sum \dfrac{1}{n_j - 1}\left(1 - \dfrac{w_j}{\sum w_j}\right)^2} \tag{9.12}$$

F_w 比率分子和分母的自由度依次为 $\nu_1 = J - 1$,$\nu_2 = \left[\dfrac{3}{J^2 - 1} \sum \dfrac{1}{n_j - 1}\left(1 - \dfrac{w_j}{\sum w_j}\right)^2\right]^{-1}$。

在零假设为真的情况下,F_w 比率分布近似服从自由度为 ν_1 和 ν_2 的 F 分布。若 $F_w \geqslant$

$F_{1-\alpha,\nu_1,\nu_2}$，拒绝零假设。

稳健 Welch's F 检验与常规单因素方差分析 F 检验使用的 R 函数均为 oneway. test (formula, data)。在开展 Welch's F 检验时，oneway.test 默认 var. equal = FALSE（不假设方差齐性）。Welch's F 检验的另外一个 R 函数是数据包 Rallfun - v37 中的 t1way(x, tr = 0)，其中 x 是列表数据，tr = 0 表示利用平均数开展 Welch's F 检验。如果对 9.2.4 节关于三个水平组 T 单位平均长度的比较采用 Welch's F 检验，利用 R 函数 oneway.test 得到以下统计分析结果：

```
> oneway.test (Mydata $ WT ~ Mydata $ Gro)
        One - way analysis of means (not assuming equal variances)
  data:  Mydata $ WT and Mydata $ Gro
  F = 4.7973, num df = 2.000, denom df = 47.636, p - value = 0.01264
```

结果表明，三个水平组 T 单位平均长度有统计显著性差异，$F_w(2,47.64)=4.80$，$p=0.013<0.05$。虽然传统的 F 检验和 Welch's F 检验都拒绝零假设，但是从 p 值来看，传统的方差分析 F 检验拒绝零假设的证据更强。当方差分析统计假设得到满足时，传统的方差分析 F 检验比 Welch's F 检验有更高的统计效力。但是，方差不齐时，在传统的方差分析 F 检验没有发现平均数真正差异的情况下，Welch's F 检验却能够发现它（Wilcox，2017a，p.332）。由于本例中的数据满足方差齐性假设，传统的方差分析 F 检验似乎更合适一点。

9.3.2　正态分布、允许方差不齐条件下的多重比较

Welch's F 检验发现各个组有整体上的统计显著性差异时，通常还需要利用多重配对比较发现具体的差异在哪些组之间。一种合适的多重比较方法是 Dunnett T3（Dunnett's T3）程序。它有些保守，适用于正态分布、允许方差不齐条件下的配对比较（Dunnett，1980）。Dunnett T3 程序的使用并不要求 Welch's F 检验先要在整体上拒绝零假设。该程序类似于 Welch's t 检验（见第 7 章），但是它通过调整事后配对比较的临界值，使得抽样来自正态分布时族错误率近似等于 α。

根据 Wilcox（2012b，p. 575），令 s_j^2 为第 j 组方差，n_j 为样本量，设 $q_j^2 = \dfrac{s_j^2}{n_j}$，$j=1,\cdots,$ J，则配对检验统计量的计算公式为：

$$W = \frac{\bar{X}_j - \bar{X}_k}{\sqrt{q_j + q_k}} \tag{9.13}$$

对应的自由度为：

$$\hat{\nu}_{jk} = \frac{(q_j + q_k)^2}{\dfrac{q_j^2}{n_j - 1} + \dfrac{q_k^2}{n_k - 1}} \tag{9.14}$$

$\mu_j - \mu_k$ 的 $(1-\alpha)\times 100\%$ 置信区间为：$(\bar{X}_j - \bar{X}_k) \pm c\sqrt{\dfrac{s_j^2}{n_j} + \dfrac{s_k^2}{n_k}}$，其中 $\sqrt{\dfrac{s_j^2}{n_j} + \dfrac{s_k^2}{n_k}}$ 是标准误差，临界值 c 是某个 α 水平（如 0.05）上的学生化最大模数分布（Studentized maximum modulus distribution）的分位数。即，临界值 c 是自由度为 v、比较的总数为 C

的学生化最大模数分布中 $1 - \alpha$ 对应的值。如果对 J 个组所有的配对进行比较,则 $C = \frac{J(J-1)}{2}$。譬如, $J = 3$,所有的配对比较数为 $C = 3$; $J = 4$,所有的配对比较数为 $C = 6$。

利用标准差对一组独立的正态随机变量的最大绝对值学生化(Studentized)后得到的值为学生化最大模数统计量。根据 Sahai & Ageel(2000,p.577),令 $X_1, \cdots, X_p$ 是来自正态分布 $N(\mu, \sigma^2)$ 的一个随机样本,则学生化最大模数统计量定义为:

$$m[p, \nu] = \frac{max \mid (X_i - \bar{X}) \mid}{s} \tag{9.15}$$

其中, $\bar{X} = \sum_{i=1}^{p} X_i/p$, $s^2 = \sum_{i=1}^{p} (X_i - \bar{X})^2/(p-1)$, ν 是自由度。若比较数 $C = 1$, $\alpha = 0.05$,则 $1 - \alpha$ 对应的学生化最大模数统计量 c(作为临界值)等同于自由度为 ν 的 t 分布中 0.975 分位数。多重比较时,来自数据包 Rallfun-v37 的函数 smmcrit (nuhat, C) 可以用于计算在 $\alpha = 0.05$ 水平上每个配对比较学生化最大模数分布的临界值,其中 nuhat 为自由度($\hat{\nu}_{jk}$), C 是配对比较的总数。如果 $\mid W \mid \geqslant c$,或者 $\mu_j - \mu_k$ 的置信区间不包括 0,拒绝零假设 $H_0 : \mu_j = \mu_k$。

如果采用 Dunnett T3 程序对 9.2.4 节中的三个水平组进行配对比较,根据公式 9.13 和 9.14,在低、中等水平组中 $\mid W_{12} \mid = 0.4473$, $\hat{\nu}_{12} = 47.3633$。在 $\alpha = 0.05$ 时,对应的学生化最大模数分布的临界值 $c = 2.4713$, 95% $CI[-0.95, 1.36]$,因此不拒绝零假设,推断低、中等水平组之间 T 单位平均长度没有统计显著性差异。同理,在低、高水平组中, $\mid W_{13} \mid = 2.4338$, $c = 2.4707$, $\hat{\nu}_{13} = 47.6571$, 95% $CI[-2.73, 0.02]$,因此不拒绝零假设,推断低、高水平组之间在 T 单位平均长度上没有统计显著性差异。但是,在中、高水平组中, $\mid W_{23} \mid = 3.0402$, $\hat{\nu}_{23} = 42.9408$, $c = 2.4818$, 95% $CI[-2.84, -0.29]$,因此拒绝零假设,推断中、高水平组之间 T 单位平均长度有统计显著性差异。

利用 R 软件时,Dunnett T3 程序的使用调用数据包 Rallfun-v37 中的 lincon (x, tr = 0, alpha = 0.05),其中 x 是列表数据,tr = 0 表示对样本平均数开展线性对比,alpha = 0.05 为默认的统计显著性水平。如果要对 9.2.4 节中的三个水平组进行配对比较,利用 R 函数 lincon(x, tr = 0) 得到以下统计分析结果:

```
>Mylist <- list()
>Mylist[[1]] <- Low
>Mylist[[2]] <- Intermediate
>Mylist[[3]] <- High
> source("Rallfun-v37.txt")
>lincon(Mylist, tr = 0)
[1] "Note: confidence intervals are adjusted to control FWE"
[1] "But p-values are not adjusted to control FWE"
[1] "Adjusted p-values can be computed with the R function p.
adjust"
$n
[1] 26 25 25
$test
```

	Group	Group	test	crit	se	df
[1,]	1	2	0.4472822	2.471344	0.4674729	47.36328
[2,]	1	3	2.4338074	2.470720	0.5560455	47.65709
[3,]	2	3	3.0401742	2.481782	0.5139179	42.94076

$psihat

	Group	Group	psihat	ci.lower	ci.upper	p.value
[1,]	1	2	0.2090923	-0.9461942	1.3643788	0.65671022
[2,]	1	3	-1.3533077	-2.7271402	0.0205248	0.01874102
[3,]	2	3	-1.5624000	-2.8378322	-0.2869678	0.00401792

以上结果中,p 值没有能控制族错误率,但是 95% 置信区间控制了族错误率。95%置信区间显示,低水平组与中、高水平组之间在 T 单位长度上均没有统计显著性差异,但是中、高水平组之间 T 单位长度上有统计显著性差异。这些结果与 9.2.4 节方差齐性条件下的三个配对检验的结论不完全一致,差异主要体现在低、高水平组的比较上。实际研究中,当组间方差齐性(和正态分布,且没有异常值)时,应优先考虑使用 Tukey检验或 Benjamini-Hochberg 方法。

9.4　截尾平均数比较 Welch 型方法

9.4.1　截尾平均数比较 Welch 型方法的程序

Welch's F 检验能够很好解决方差不齐性对方差分析结果的不利影响,但是不能解决非正态分布(如偏态和异常值)对方差分析结果的影响。Welch's F 检验的一个推广是用截尾平均数(常用 20% 截尾平均数)代替(算术)平均数,减少统计效力低、第一类错误率控制不力和偏差(bias)等问题,是稳健的统计分析方法。这一推广方法称作截尾平均数比较 Welch 型方法(the Welch-type method)。

截尾平均数差异检验的零假设是 $H_0 : \mu_{t1} = \cdots = \mu_{tj}$。令 n_j 代表第 j 组样本量,h_j 为截尾后留在样本中的观测值数(即有效样本量),s_{wj}^2 是缩尾方差,$d_j = \dfrac{(n_j - 1)s_{wj}^2}{h_j \times (h_j - 1)}$,$w_j = \dfrac{1}{d_j}$。各个组截尾平均数加权平均数为 $\tilde{X} = \dfrac{1}{\sum w_j} \sum w_j \bar{X}_{tj}$。根据 Wilcox(2017b, p. 321),

令 $A = \dfrac{1}{J-1} \sum w_j (\bar{X}_{tj} - \tilde{X})^2$,$B = \dfrac{2(J-2)}{J^2-1} \sum \dfrac{\left(1 - \dfrac{w_j}{\sum w_j}\right)^2}{h_j - 1}$,则截尾平均数 F 检验统计量的计算公式为:$F_t = \dfrac{A}{1+B}$。对应的分子和分母自由度分别为 $\nu_1 = J - 1$ 和 $\nu_2 = \left[\dfrac{3}{J^2-1} \sum \dfrac{(1 - w_j / \sum w_j)^2}{h_j - 1}\right]^{-1}$。在零假设为真时,统计量 F_t 近似服从自由度为 ν_1 和 ν_2 的 F 分布。

9.4.2 截尾平均数多重比较

利用推广的 Dunnett T3 程序可以对多组截尾平均数进行配对比较。该方法是 Yuen 方法(Yuen's method)的延伸,允许方差不齐和非正态分布(含异常值)。

根据 Wilcox (2012a,pp. 317 - 319;2017b,pp. 347 - 348),截尾平均数对比$\hat{\psi}$的标准误差平方估计是: $A = \sum d_j$,其中 $d_j = \dfrac{c_j^2 (n_j - 1) s_{wj}^2}{h_j (h_j - 1)}$,$c$ 是对比系数,n_j 是单元格样本量,h_j 是有效样本量,s_{wj}^2 是缩尾方差。对比检验的零假设是 $H_0 : \psi_k = 0$,其中 $k = 1, \cdots, C$。检验统计量的计算公式为: $T_k = \dfrac{\hat{\psi}_k}{\sqrt{A_k}}$。$T_k$ 分布的自由度 $\hat{\nu}_k = \dfrac{A^2}{\sum \dfrac{d_j^2}{h_j - 1}}$。$T_k$ 检验的临界值 t_k 是自由度为 $\hat{\nu}_k$ 的包括 C 个对比的学生化最大模数分布的 $1 - \alpha$ 分位数。临界值 t_k 可以利用 R 函数 smmcrit(nuhat, C) 计算得到。若 $|T_k| > t_k$,拒绝零假设 $H_0 : \psi_k = 0$,否则不拒绝零假设。ψ_k 的 $(1 - \alpha) \times 100\%$ 置信区间为:

$$\hat{\psi}_k \pm t_k \sqrt{A_k} \tag{9.16}$$

多组截尾平均数配对比较的 R 函数是 Rallfun - v37 中的 lincon(x, tr = 0.2, alpha = 0.05),其中 x 是列表数据,tr = 0.2 表示默认对样本 20% 截尾平均数进行线性对比,alpha = 0.05 为默认的统计显著性水平。

9.4.3 截尾平均数比较 Welch 型方法应用举例

某研究者采用被试间实验设计调查三个词汇学习任务(Tasks)对英语学习者生词词形(Forms)记忆的影响。英语水平相近的三个平行班级的大学英语学习者($n_1 = n_2 = n_3 = 30$)参加了实验。对学习者 20 个生词词形记忆的测量结果如下:

任务 1:7.5,6.75,7.25,4.5,4,8,7,6.5,7,8.75,3,6,5,7.5,5,5,4.5,5.75,3,4,6.75,6, 6.5,4,6.25,6.5,5.75,7,5.5,14;

任务 2:2.5,1.5,6,4.5,3,4,3,2,5.5,3.5,4.25,3,2.5,2,4,2,4.5,2.5,1,3.5,5,6,7.5, 3,4,5,9,12.5,14,16;

任务 3:5.5,2.5,5.25,3,6.25,2,5.5,2,5,2,3.75,5.5,6,4,2.5,4,5.25,3.25,3.5, 2.75,4.5,3.75,3.75,4.25,5,4,3,2.5,3,4.5。

试问:三个词汇学习任务对学习者生词记忆的影响是否存在统计显著性差异?

在开展推理统计之前首先要探索各个任务数据的特点。利用数据包 pastecs 中的函数 stat.desc 对三个任务数据开展正态分布检验发现,任务 1 数据违反正态分布($skew. 2SE = 1.83, kurt. 2SE = 2.76, w = 0.86, p < 0.001$)。任务 2 数据也违反正态分布($skew. 2SE = 1.98, kurt. 2SE = 1.27, w = 0.78, p < 0.001$)。任务 3 数据基本服从正态分布($skew. 2SE = 0.12, kurt. 2SE = -0.73, w = 0.96, p = 0.240 > 0.05$)。

图 9.9 利用核密度图进一步揭示三个任务数据分布的特点。图 9.9 显示,三个任务数据分布均为单峰。任务 1 数据分布呈尖峰状,有一个较大的异常值。任务 2 数据分布也呈尖峰状,有三个较大的异常值。任务 3 数据分布肩部稍宽,没有异常值,接近正态分布。部分由于异常值的影响,任务 1 和任务 2 数据分布的离散程度较大。利用

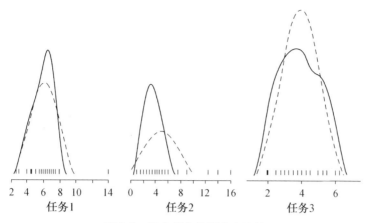

图9.9 三个任务数据分布比较

平均数的 Levene 方差齐性检验发现,三个任务数据方差不齐,$F(2,87) = 5.61, p = 0.005 < 0.01$。根据这些结果,本例适合采用利用 20% 截尾平均数的 Welch 型方法开展统计分析。

表 9.5 报告主要统计量,包括样本量(n)、20% 截尾平均数($\bar{X}_t$)、20% 缩尾标准差(s_w)、20% 截尾平均数 95% 置信区间($95\% CI$)和标准误差(SE)。

表9.5 三个任务组词形记忆描述性统计

	n	$\bar{X}_t$	s_w	95% CI	SE
任务 1	30	6.04	1.02	5.39 – 6.69	0.31
任务 2	30	3.93	1.38	3.04 – 4.82	0.42
任务 3	30	3.90	0.99	3.27 – 4.54	0.30

表 9.5 显示,任务 1 数据的 20% 截尾平均数明显大于任务 2 和任务 3 数据的 20% 截尾平均数,任务 2 和任务 3 数据的 20% 截尾平均数几乎相同。

利用 20% 截尾平均数的 Welch 型方法开展统计分析的 R 函数是数据包 Rallfun-v37 中的 t1way(x, tr = 0.2),其中 x 是数据列表或矩阵,变元 tr = 0.2 为默认的截尾量。多组截尾平均数配对比较可以采用 Dunnett T3 方法的拓展式,R 函数为数据包 Rallfun-v37 中的 lincon(x, tr = 0.2, alpha = 0.05),其中 x 是列表数据,tr = 0.2 是默认的截尾量,alpha = 0.05 是默认的统计显著性水平。本例使用 R 函数 t1way 的统计分析结果如下:

```
>Task1<-c(7.5,6.75,7.25,4.5,4,8,7,6.5,7,8.75,3,6,5,7.5,5,5,
4.5,5.75,3,4,6.75,6,6.5,4,6.25,6.5,5.75,7,5.5,14)
>Task2<-c(2.5,1.5,6,4.5,3,4,3,2,5.5,3.5,4.25,3,2.5,2,4,2,4.5,
2.5,1,3.5,5,6,7.5,3,4,5,9,12.5,14,16)
>Task3<-c(5.5,2.5,5.25,3,6.25,2,5.5,2,5,2,3.75,5.5,6,4,2.5,4,
5.25,3.25,3.5,2.75,4.5,3.75,3.75,4.25,5,4,3,2.5,3,4.5)
>Mylist<-list()
>Mylist[[1]]<-Task1
```

```
>Mylist[[2]] <- Task2
>Mylist[[3]] <- Task3
>source("Rallfun - v37.txt")
>t1way(Mylist,tr = 0.2)
$TEST
[1] 13.99234
$nu1
[1] 2
$nu2
[1] 33.40901
$n
[1] 30 30 30
$p.value
[1] 3.851814e - 05
```

以上结果表明,三个任务对学习者词形记忆的影响存在统计显著性差异,F_t $(2,33.41) = 13.99, p < 0.001$。

利用 R 函数 lincon 开展多重比较,得到以下主要统计分析结果:

```
>lincon(Mylist,tr = 0.2)
[1] "Note: confidence intervals are adjusted to control FWE"
[1] "But p - values are not adjusted to control FWE"
[1] "Adjusted p - values can be computed with the R function p.adjust"
$n
[1] 30 30 30
$test
```

	Group	Group	test	crit	se	df
[1,]	1	2	4.00309957	2.515252	0.5273691	31.23583
[2,]	1	3	4.90318918	2.505958	0.4362240	33.97567
[3,]	2	3	0.05316133	2.516839	0.5225185	30.81167

```
$psihat
```

	Group	Group	psihat	ci.lower	ci.upper	p.value
[1,]	1	2	2.11111111	0.7846447	3.437577	3.585148e - 04
[2,]	1	3	2.13888889	1.0457297	3.232048	2.296154e - 05
[3,]	2	3	0.02777778	-1.2873171	1.342873	9.579466e - 01

以上结果表明,任务 1 和任务 2 数据 20% 截尾平均数有统计显著性差异($\hat{\psi} = 2.11, T_1(31.24) = 4.00 > 2.52, 95\% CI[0.78, 3.44]$)。同样,任务 1 和任务 3 数据 20% 截尾平均数也有统计显著性差异($\hat{\psi} = 2.14, T_2(33.98) = 4.90 > 2.51, 95\% CI [1.05, 3.23]$)。但是,任务 2 和任务 3 数据 20% 截尾平均数没有统计显著性差异($\hat{\psi} = 0.03, T_3(30.81) = 0.05 < 2.52, 95\% CI[-1.29, 1.34]$)。

为了直观地显示多重比较的结果,建议研究者在研究报告中使用线图。本例多重比较的线图如图 9.10 所示。

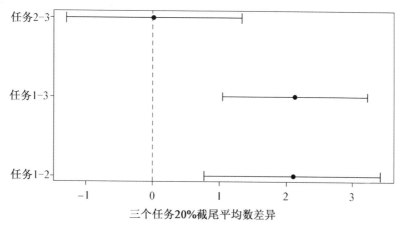

图 9.10　三个任务 20% 截尾平均数配对差异 95% 置信区间

图 9.10 清晰地表明,任务 1 和任务 2 配对比较 20% 截尾平均数差异 95% *CI* 偏离零点线,两个任务对学习者词形记忆的影响存在统计显著性差异。相比较而言,任务 1 和任务 3 配对比较 20% 截尾平均数差异 95% *CI* 与零点线更远一些,两个任务对学习者词形记忆的影响存在统计显著性差异的证据更强。但是,任务 2 和任务 3 配对比较 20% 截尾平均数差异接近 0 值,95% *CI* 与零点线交叉,两个任务对学习者词形记忆的影响没有统计显著性差异。

9.5　方差分析中的效应量

本节首先介绍方差分析综合效应量(omnibus effect sizes)估计,然后介绍配对比较效应量估计。

9.5.1　综合效应量估计

在常规方差分析综合检验中,两个最常用的效应量测量是 η^2(eta-squared)和 ω^2(omega-squared)。η^2 是方差比(proportion of variance;PV),是 r^2 的广义形式,表示组别关系解释因变量总方差的比率(Cohen,1988,p.280)。效应量 η^2 估计的计算公式为:

$$\hat{\eta}^2 = \frac{SS_{\text{effect}}}{SS_{\text{total}}} \tag{9.17}$$

其中,SS_{effect} 和 SS_{total} 分别是方差分析中的效应平方和与总平方和。η^2 既用于单因素方差分析,又用于因素(析因)方差分析(factorial ANOVA)。在因素方差分析中,η^2 表示各个因素解释因变量总变异的比率。根据 Richardson(2011),η^2 有以下特点:① 在因素方差分析中,η^2 具有叠加性(additive),各个效应量之和不可能超过 1;② 由于 η^2 计算公式中的分母为因变量总变异,因而它可以用于比较同一个研究设计中不同因素的效应,不仅适用于被试间因素效应比较,也适用于被试内因素以及被试间与被试内因素交互效应比较。

效应量$\hat{\eta}^2$计算简单,且有直觉上的吸引力,但是它高估总体效应,在样本量小的时候尤为如此。不过,如果我们只对样本数据做描述,或者希望大致地了解效应的幅度,$\hat{\eta}^2$是非常好的测量;而且,随着样本量的增加,$\hat{\eta}^2$会和其他偏差较小的效应量测量(如$\hat{\omega}^2$)趋同(Howell,2013,p. 355)。

比$\hat{\eta}^2$估计更精确的效应量估计是$\hat{\omega}^2$。$\hat{\omega}^2$的计算比$\hat{\eta}^2$的计算要复杂一些(Olejnik & Algina,2000)。在固定因素(fixed factors)被试间设计中,$\hat{\omega}^2$的计算公式为:

$$\hat{\omega}^2 = \frac{df_{\text{effect}}(MS_{\text{effect}} - MS_{\text{error}})}{SS_{\text{total}} + MS_{\text{error}}} \tag{9.18}$$

在固定因素被试内设计(within-subjects designs)中,$\hat{\omega}^2$的计算公式为:

$$\hat{\omega}^2 = \frac{df_{\text{effect}}(MS_{\text{effect}} - MS_{\text{error}})}{SS_{\text{total}} + MS_{\text{subjects}}} \tag{9.19}$$

其中,MS_{subjects}为被试间均方差。

以双因素混合设计(即裂区设计,split-plot design)为例,A 代表被试间因素,B 代表被试内因素,则$\hat{\omega}^2$的计算公式如下:

被试间因素效应量:

$$\hat{\omega}^2 = \frac{df_A(MS_A - MS_{S/A})}{SS_{\text{total}} + MS_{S/A} + N \times MS_{BS/A}} \tag{9.20}$$

其中,$MS_{S/A}$是被试间误差均方;$MS_{BS/A}$是被试内误差均方,即被试内因素 B 与被试因素(subjects factor)的交互作用均方,N 是总样本量。

被试内因素效应量:

$$\hat{\omega}^2 = \frac{df_B(MS_B - MS_{BS/A})}{SS_{\text{total}} + MS_{S/A} + N \times MS_{BS/A}} \tag{9.21}$$

交互作用效应量:

$$\hat{\omega}^2 = \frac{df_{AB}(MS_{AB} - MS_{BS/A})}{SS_{\text{total}} + MS_{S/A} + N \times MS_{BS/A}} \tag{9.22}$$

关于因素设计方差分析效应量的计算示例放在本章后面和下一章。这里只以被试间设计单因素方差分析为例说明效应量的计算方法。

根据公式9.17,编写以下 R 函数 eta.squared 计算(被试间设计)单因素方差分析中的$\hat{\eta}^2$值:

```
eta.squared <- function(X){
# X is a model fitted by aov
mod <- summary(X)
sseffect <- mod[[1]][1,2]
sserror <- mod[[1]][2,2]
sstotal <- sseffect + sserror
eta.squared <- sseffect/sstotal
cat("eta squared:",eta.squared,"\n")
}
```

根据公式9.18,编写以下 R 函数 omega.squared 计算(被试间设计)单因素方

差分析中的 $\hat{\omega}^2$ 值：

```
omega.squared <- function(X) {
# X is a model fitted by aov
mod <- summary(X)
mseffect <- mod[[1]][1,3]
mserror <- mod[[1]][2,3]
dfeffect <- mod[[1]][1,1]
dferror <- mod[[1]][2,1]
sstotal <- mseffect*dfeffect + mserror*dferror
omega.squared <- dfeffect* (mseffect - mserror) / (sstotal + mserror)
cat ("omega squared:", omega.squared, "\n")
}
```

9.2.4 节利用函数 aov 开展单因素方差分析检验英语水平对口语 T 单位长度的影响。如果要计算 $\hat{\eta}^2$ 和 $\hat{\omega}^2$，利用以上自编 R 函数 eta.squared 和 omega.squared 得到以下统计分析结果：

```
> Mymodel <- aov(WT ~ Gro, Mydata)
> eta.squared(Mymodel)
eta squared: 0.1288571
> omega.squared(Mymodel)
omega squared: 0.103752
```

以上结果表明，$\hat{\eta}^2 = 0.13$，$\hat{\omega}^2 = 0.10$。$\hat{\omega}^2$ 总是小于 $\hat{\eta}^2$。在本例中，英语水平的效应量较大。

实际研究中，在得到常规方差分析表之后，可以直接调用 R 数据包 sjstats 中的函数 eta_sq(model) 和 omega_sq(model) 依次计算效应量 $\hat{\eta}^2$ 和 $\hat{\omega}^2$。这些函数中的 model 指常规的方差分析表。针对上面的例子，执行以下 R 命令可以得到同样的统计分析结果：

```
Mymodel <- aov(WT ~ Gro, data = Mydata)
require(sjstats)
eta_sq(Mymodel) # eta squared
omega_sq(Mymodel) # omega squared
```

$\hat{\eta}^2$ 和 $\hat{\omega}^2$ 依据常规的方差分析统计结果，要求常规方差分析的统计假设得到满足。7.5 节简要解释了应用于两个独立组的稳健型解释性效应量 ξ。它的拓展式可以用于多组。Wilcox(2017b, pp. 322 – 323) 简要介绍了多组比较效应量 ξ 的计算方法。假如有 J 个组，每组样本量相同(n)，每组样本观测值为 $Y_{ij}(i = 1, \cdots, n; j = 1, \cdots, J)$。总方差 $\sigma^2(Y)$ 的估计量为：

$$\hat{\sigma}^2(Y) = \frac{1}{nJ - 1} \sum_{j=1}^{J} \sum_{i=1}^{n} (Y_{ij} - \bar{Y})^2 \qquad (9.23)$$

其中，$\bar{Y} = \sum_{j=1}^{J} \sum_{i=1}^{n} Y_{ij} / (nJ)$。回归方差 $\sigma^2(\hat{Y})$ 的估计量为：

$$\hat{\sigma}^2(\hat{Y}) = \frac{1}{J-1}\sum_{j=1}^{J}(\bar{Y}_j - \bar{Y})^2 \qquad (9.24)$$

其中,$\hat{Y}$是预测值,$\bar{Y}_j = \sum_{i=1}^{n} Y_{ij}/n$。$\xi$的估计量为:

$$\hat{\xi} = \sqrt{\frac{\hat{\sigma}^2(\hat{Y})}{\hat{\sigma}^2(Y)}} \qquad (9.25)$$

在$\hat{\xi}$的计算中,用截尾平均数和缩尾方差(截尾量和缩尾量通常为 20%)代替常规的平均数和方差。在各个比较组样本量不相等时,令 m 为 J 组中最小的样本量。若 $m < n_j$,则从该组中不带置换地(without replacement)随机抽取 m 个观测值。依据每个组的 m 个观测值按照上述方法计算$\hat{\xi}^2$。重复这一过程 K 次,计算一系列$\hat{\xi}^2$值的平均数,得到最终估计$\hat{\xi}^2$。$\hat{\xi}$为$\hat{\xi}^2$的平方根。计算$\hat{\xi}$的 R 函数为数据包 Rallfun - v37 中的 t1wayv2(x, tr = 0.2),其中 x 是数据列表,tr = 0.2 是默认的截尾量。针对 9.4.3 节的例子,利用该函数得到任务效应量$\hat{\xi}$ = 0.58,说明任务效应量大。

9.5.2 配对比较效应量估计

配对比较(pairwise comparisons)是聚焦对比(focused contrasts),其效应量估计通常比综合效应量估计更有意义。方差分析配对比较效应量估计方法有多种,本节报告三种方法——传统型 Cohen's d、稳健型 Cohen's d_R 和$\hat{\xi}$。计算 Cohen's d 使用的标准差主要分为两种。第一种方法是依据组内变异的所有信息,采用同一个标准化方法,如采用 $\sqrt{MS_w}$ 作为标准差(Kline,2013,p.197)。第二种方法是采用针对两个组(或条件)的标准化方法。在组数(或条件数)大于或等于 3 的设计中,标准化方法依据对比中涉及的两个组(或条件)的数据。采用这种方法时,每个对比依据一个不同的标准化方法,忽略未包含在对比中的其他组变异信息。

下面首先介绍利用第一种标准化方法计算配对比较效应量估计。配对比较是线性对比(linear contrasts)。线性对比是非标准化的效应,用符号 ψ 表示(样本估计使用的符号为$\hat{\psi}$)。线性对比通常是两个组平均数的差异,即配对比较。以三组为例,对比系数/权重(contrast coefficients/weights)($c_1 = 1, c_2 = -1, c_3 = 0$)表示比较前两个组平均数,也可以是不同权重的平均数之间的比较,如($c_1 = 1/2, c_2 = 1/2, c_3 = -1$)表示前两个组平均数的平均数与第三个组的平均数比较。因此,$\psi = \sum_{i=1}^{a} c_i \mu_i$,$\hat{\psi} = \sum_{i=1}^{a} c_i \bar{X}_i$,其中 a 是组数。根据 Kline(2013),对比系数遵循以下原则:① 所有系数之和为 0;② 至少有两个平均数的系数不为 0;③ 系数为正值的平均数与系数为负值的平均数对比,系数为 0 的平均数不在对比之列(p.190)。两个独立组配对平均数比较的对比系数是 1 和 -1,其他组没有被比较的平均数的系数均为 0。配对比较效应量 d 的计算公式为:

$$d = \frac{\hat{\psi}}{\sqrt{MS_w}} \qquad (9.26)$$

其中,$\hat{\psi}$是配对平均数差异,$\sqrt{MS_w}$是标准差,MS_w是方差分析中的误差均方。

9.2.4 节举例说明英语水平对口语 T 单位长度的影响。如果采用同一个标准差 $\sqrt{MS_w}$ 计算配对比较效应量估计 d,计算过程如下:已知$\hat{\psi}_{低-中}$ = 0.209 1,$\hat{\psi}_{低-高}$ =

$-1.353\,3$,$\hat{\psi}_{中-高}=-1.562\,4$,$MSE=3.344$,因此,$d_{低-中}=0.11$,$d_{低-高}=-0.74$,$d_{中-高}=-0.85$。由此认为,低、中等水平组比较效应量很小,低、高水平组比较和中、高水平组比较的效应量大。

实际研究中,本书编写的 R 函数 cohens.d 可以用于计算基于同一个标准差的效应量 d:

```
cohens.d <- function(y,grp,data){
Means <- tapply(y,grp,FUN = mean,data = data)
J <- length(Means)
JALL = (J^2 - J)/2
model <- aov(y ~ grp,data)
mod <- summary(model)
mse = summary(model)[[1]][2,3]
est = matrix(NA,JALL,3)
dimnames(est) = list(NULL,c("Group","Group","Cohen's d"))
ic = 0
for(j in 1:J){
for(k in 1:J){
if(j < k){
ic = ic +1
est[ic,1] = j
est[ic,2] = k
est[ic,3] = (Means[j] - Means[k])/sqrt(mse)
}}}
list(Estimates = est)
}
```

针对上面的例子,利用 R 函数 cohens.d 得到:

```
> cohens.d(WT,Gro,Mydata)
$Estimates
     Group Group  Cohen's d
[1,]   1     2    0.1143355
[2,]   1     3   -0.7400133
[3,]   2     3   -0.8543487
```

我们再来看利用第二种标准化方法计算配对比较效应量估计。如果配对比较效应量的计算采用两个比较组的标准差作为平均数差异标准化手段,7.5 节介绍的针对两个独立样本设计的 Cohen's d、稳健型 Cohen's d_R 和 $\hat{\xi}$ 的算法同样适合于多个独立组样本的设计。计算 Cohen's d、d_R 和 $\hat{\xi}$ 的 R 函数依次为:akp.effect(x, y, EQVAR = TRUE, tr = 0);akp.effect(x, y, EQVAR = TRUE, tr = 0.2);yuenv2(x, y, tr = 0.2)。

在 9.2.4 节的例子中,使用 R 数据包 Rallfun - v37 中的函数 akp.effect(x, tr = 0)(利用两个比较组的合并标准差)得到以下 Cohen's d:

```
> source("Rallfun - v37.txt")
> akp.effect(Low,Intermediate,tr =0)
[1] 0.1247255
> akp.effect(Low,High,tr =0)
[1] -0.6834843
> akp.effect(Intermediate,High,tr =0)
[1] -0.8598911
```

由于 9.2.4 节数据满足方差齐性假设,因而使用以上两种计算标准差方法得到的 d 值趋于一致。

如果配对比较 20% 截尾平均数,使用 R 函数 akp.effect(x, tr = 0.2)得到以下统计分析结果:

```
> akp.effect(Low,Intermediate,tr =0.2)
[1] 0.2174829
> akp.effect(Low,High,tr =0.2)
[1] -0.651937
> akp.effect(Intermediate,High,tr =0.2)
[1] -0.9396954
```

以上结果表明,稳健效应量 Cohen's d_R 与常规效应量估计 Cohen's d 存在少许的差异,但是统计结论不变。

在 9.4.3 节关于任务对学习者词形记忆影响的例子中,如果要计算稳健效应量估计 $\hat{\xi}$,则利用 R 函数 yuenv2 得到以下结果:

```
> yuenv2(Task1,Task2,tr =0.2)$Effect.Size
[1]0.6136898
> yuenv2(Task1,Task3,tr =0.2)$Effect.Size
[1]0.7710865
> yuenv2(Task2,Task3,tr =0.2)$Effect.Size
[1]0.01090843
```

由于三个任务数据 20% 缩尾方差差异不是很大,假设方差齐性,利用函数 akp.effect(x, tr = 0.2)得到:

```
> akp.effect(Task1,Task2,tr =0.2)
[1] 1.118778
> akp.effect(Task1,Task3,tr =0.2)
[1] 1.370333
> akp.effect(Task2,Task3,tr =0.2)
[1] 0.01485742
```

以上结果表明,这两种效应量估计得出的结论相同:任务 1 和任务 2 配对、任务 1 和任务 3 配对比较的效应量大,任务 2 和任务 3 配对比较的效应量很小。

9.6 双因素设计方差分析

9.6.1 因素设计的特点

本节介绍的因素设计（析因设计）是固定效应因素设计（fixed-effect factorial designs）。因素设计指包括多个因素（即自变量）的设计，可以有不同的名称。根据因素的数量，将因素方差分析分为双因素方差分析（two-way ANOVA）和三因素方差分析（three-way ANOVA）等。虽然理论上因素的数量可以有三个以上，实际研究中主要采用双因素和三因素方差分析。根据因素的水平数，通常赋予某个研究设计以一个特定的名称。譬如，在双因素设计中，因素 A 有三个水平，因素 B 有四个水平，这种设计称作 3×4 因素设计，水平数之间的乘号表示两个因素水平完全交叉（completely crossed）。在三因素设计中，因素 A 有两个水平，因素 B 有三个水平，因素 C 有两个水平，这种设计称作 2×3×2 因素设计。因素设计是包括各个因素水平所有可能组合的设计。譬如，3×4 因素设计中，两个因素水平构成 3×4＝12 个水平组合。

因素方差分析是多因素方差分析，是语言学定量研究中最常用的方差分析方法。相对于单因素方差分析，因素方差分析不仅可以分析各个因素的主效应（main effects），而且还可以分析各个因素之间的交互效应（interaction effects；interactions；又称交互作用），以探索变量之间复杂的关系。在因素方差分析中，一个因素在另一个因素的每一个水平（或其他因素水平的一个组合）上的效应称作简单效应或简单主效应（simple effects/simple main effects）。换言之，简单效应是在其他变量水平被恒定（held constant）的情况下一个变量的效应。一个因素的主效应是一个因素平均化的简单效应，即在忽略其他因素情况下的一个因素效应。交互效应是简单效应比较，即一个因素在另一个因素（或其他因素水平组合）不同水平上的差异。如果简单效应之间没有差异，交互效应就不存在。如果没有交互效应，研究的焦点为主效应，因为主效应能够代表简单效应。如果发现交互效应，解释主效应通常没有太大的意义，因为主效应不能代表简单效应。Keppel & Wickens（2004）指出因素方差分析相对于单因素方差分析具有的三个优势：经济性、控制力和推广性（economy，control and generality）（p. 194）。因素方差分析减少人力（包括研究参与者或被试）、物力和时间成本，因而显得很经济。譬如，在一个 3×3 的实验设计中，因素 A 和 B 都有三个水平。如果采用单因素实验，就需要在因素 B 的每个水平上设计三个实验调查因素 A 的简单效应，同样需要在因素 A 的每个水平上设计三个实验调查因素 B 的简单效应。因此，我们需要设计 6 个实验，在每个实验中需要三个组的被试，一共需要 18 个被试组。如果采用被试间双因素设计，我们只需要 9（3×3）个组即可获得同样的信息，节约了一半的被试组。因素设计能够将重要的却又不需要的变异来源从误差方差中排除出去，提高统计效力和结果的解释力。譬如，在一个 3×3 的实验设计中，如果因素 A 是研究的焦点变量，B 是已知的一个误差来源，双因素方差分析会将与因素 B 有关的方差从误差方差中排除出去，减少实际误差，提高统计效力。因素设计有利于研究者在不同条件下或针对不同类型被试研究某个因素的效应，以便评价某个发现的推广度。譬如，在双因素设计中，如果因素

A 和 B 没有交互效应,则因素 A 的主效应能够代表在因素 B 的每个水平的简单效应,从而提高研究发现的推广度(即外部效度,external validity)。

9.6.2　因素之间的交互效应

因素方差分析与单因素方差分析的原理是相同的,最明显的一个区别是因素方差分析考虑交互效应。在介绍方差分析程序之前,从非技术的角度理解交互效应是有意义的。

交互效应的出现表明主效应不能充分描述研究结果,对一个因素效应的解释必须结合其他因素的水平才有意义。交互效应分析通常采用线性图形诊断和统计显著性检验相结合的方法。在图形诊断中,如果显示两个因素不同水平平均数变化的曲线平行或近似平行(parallel),说明两个因素之间可能没有交互作用。如果显示两个因素不同水平平均数变化的线条交叉、线条变化的方向不一致或者线条变化趋势一致,但是幅度(magnitudes)不同,两个因素就有可能存在交互效应。

交互效应允许有不同的定义。我们前面将交互效应定义为一个因素的简单效应在另外一个因素的不同水平上不一致。Keppel & Wickens(2004, pp. 201 - 202)罗列了其他一些定义。下面结合最简单的双因素(A 和 B)2 × 2 设计和线图(图 9.11)讨论其中的两个定义。

交互效应的一个定义是:一个自变量中的一个或多个对比(contrasts)的值在另一个变量不同水平上发生变化时,交互效应便出现了。另一个定义是:在因素 B 一个水平上代表因素 A 效应的单元格(cells,代表不同因素水平组合)平均数差异与因素 B 另一个水平上对应的单元格平均数差异不同。这两个定义涉及一个因素不同水平上的配对比较是否随另一个因素水平的变化而变化,与推理统计分析中采用的简单比较(simple comparisons)相一致。譬如,在图 9.11(1)中,在 b1 水平上 a2 与 a1 对比(平均)值为 $\hat{\psi}_{a2-a1} = \bar{X}_{a2} - \bar{X}_{a1} = 6 - 3 = 3$;在 b2 水平上 a2 与 a1 对比值为 $\hat{\psi}_{a2-a1} = \bar{X}_{a2} - \bar{X}_{a1} = 9 - 6 = 3$,两个对比值相同,因而因素 A 和 B 没有交互效应。同样,在图 9.11(2)中,在 b1 水平上 a2 与 a1 对比值为 $\hat{\psi}_{a2-a1} = 3 - 6 = -3$;在 b2 水平上 a2 与 a1 对比值 $\hat{\psi}_{a2-a1} = 6 - 9 = -3$,两个对比值相同,因而因素 A 和 B 也没有交互效应。这两幅图中的两条线都是平行的。其他 4 幅图显示的两条线段都不是平行的,说明交互效应是存在的。当然,我们在实际研究中需要利用方差分析检验交互效应的显著性。在图 9.11(3)中,在 b1 水平上 a2 与 a1 对比值为 $\hat{\psi}_{a2-a1} = 7 - 5 = 2$;在 b2 水平上 b2 与 b1 对比值为 $\hat{\psi}_{a2-a1} = 4 - 9 = -5$,这两个对比值不仅不同,而且符号相反,因而因素 A 和 B 有交互效应。同样,在图 9.11(4)中,在 b1 水平上 a2 与 a1 对比值为 $\hat{\psi}_{a2-a1} = 4 - 5 = -1$;在 b2 水平上 a2 与 a1 对比值为 $\hat{\psi}_{a2-a1} = 9 - 6 = 3$,这两个对比值不仅不同,而且符号相反,因而因素 A 和 B 也有交互效应。图 9.11(3)和图 9.11(4)显示的一个区别是,在图 9.11(3)中,两条线交叉,而在图 9.11(4)中,两条线不交叉。但是,图 9.11(3)和图 9.11(4)的共同点是,b1 水平上 a2 与 a1 的平均数秩次(rank order)与 b2 水平上 a2 与 a1 平均数秩次相反。譬如,在图 9.11(3)中,在 b1 水平上,$\bar{X}_{a2} > \bar{X}_{a1}$,但是在 b2 水平上,$\bar{X}_{a2} < \bar{X}_{a1}$。图 9.11(4)显示,在 b1 水平上,$\bar{X}_{a2} < \bar{X}_{a1}$,但是在 b2 水平上,$\bar{X}_{a2} > \bar{X}_{a1}$。这种交互称作无序交互(disordinal interaction)。如果表示一个因素不同水平中相对效应的因变量平均数

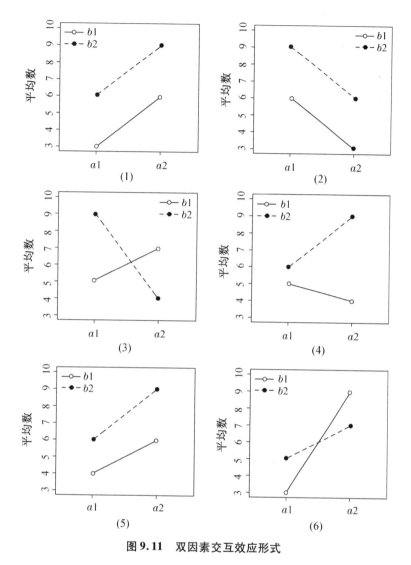

图 9.11 双因素交互效应形式

排列的秩次随另一个因素水平的变化而变化,交互效应是无序的(Gould,2002,p.340)。无序交互与两条线是否交叉没有必然的联系。如果表示一个因素不同水平中相对效应的因变量平均数排列的秩次在另一个因素不同水平上保持不变,交互效应则是有序的(ordinal)(Gould,2002,p.339)。有序交互与两条线是否交叉也没有必然的联系。图9.11(5)中两条线不交叉,而图9.11(6)中两条线交叉,但是它们显示的交互效应均为有序交互效应。具体而言,在图9.11(5)和(6)中,在 $b1$ 和 $b2$ 水平上,平均数秩次变化模式相同($\bar{X}_{a2} > \bar{X}_{a1}$),但是差异幅度不同。

9.6.3 双因素方差分析程序

　　双因素方差分析是方差分析中最简单的因素设计。在双因素方差分析中,因素 A 有 a 个水平,某个水平记作 a_j,如第一个水平记作 a_1,第二个水平记作 a_2,以此类推;因素 B 有 b 个水平,某个水平记作 b_k,如第一个水平记作 b_1,第二个水平记作 b_2,以此类推。假设每个组(又称作单元格,cell)的样本量相同,记作 n,则总样本量 $N = abn$。在双因素方差分析的线性模型中,因变量为 Y,随机观测值记作 Y_{ijk},单元格平均数为 μ_{jk},误差为 σ^2_{error};因素 A 第 j 个水平上的平均数(称作边际平均数,marginal mean)记作 μ_j,因素 B 第 k 个水平上的平均数(边际平均数)记作 μ_k,所有总体的总平均数(grand mean)记作 μ_G。边际平均数和总平均数的计算公式为:

$$\mu_j = \frac{1}{b} \sum_{k=1}^{b} \mu_{jk}, \mu_k = \frac{1}{a} \sum_{j=1}^{a} \mu_{jk}, \mu_G = \frac{1}{ab} \sum_{j=1}^{a} \sum_{k=1}^{b} \mu_{jk} \qquad (9.27)$$

总体主效应(α_j 和 β_k)为边际平均数与总平均数之差,即 $\alpha_j = \mu_j - \mu_G$,$\beta_k = \mu_k - \mu_G$。交互效应($(\alpha\beta)_{jk}$)是从单元格平均数与总平均数的离差($\mu_{jk} - \mu_G$)中排除主效应 α_j 和 β_k 后剩下的部分,即 $(\alpha\beta)_{jk} = (\mu_{jk} - \mu_G) - \alpha_j - \beta_k = \mu_{jk} - \mu_j - \mu_k + \mu_G$。双因素方差分析的线性模型是:

$$Y_{ijk} = \mu_G + \alpha_j + \beta_k + (\alpha\beta)_{jk} + E_{ijk} \qquad (9.28)$$

其中,E_{ijk} 为随机误差。根据这一模型,主效应的零假设是 H_0:所有的 $\alpha_j = 0$,所有的 $\beta_k = 0$;交互效应的零假设是 H_0:所有的 $(\alpha\beta)_{jk} = 0$。

在双因素设计样本研究中,因变量记作 Y,实际观测值记作 Y_{ijk},单元格样本量记作 n,单元格平均数记作 $\bar{Y}_{jk}$,因素 A 第 j 个水平上的边际平均数记作 $\bar{Y}_{A_j}$,因素 B 第 k 个水平上的边际平均数记作 $\bar{Y}_{B_k}$,总样本平均数记作 $\bar{Y}_G$。同单因素方差分析一样,在双因素方差分析中,观测值 Y_{ijk} 总离差($Y_{ijk} - \bar{Y}_G$)为组间离差($\bar{Y}_{jk} - \bar{Y}_G$)与组内离差($Y_{ijk} - \bar{Y}_{jk}$)之和,即 $Y_{ijk} - \bar{Y}_G = (\bar{Y}_{jk} - \bar{Y}_G) + (Y_{ijk} - \bar{Y}_{jk})$。组间离差($\bar{Y}_{jk} - \bar{Y}_G$)进一步分解成三类离差(或效应):$A_j$ 效应(因素 A 边际平均数 $\bar{Y}_{A_j}$ 与总样本平均数 $\bar{Y}_G$ 的离差,$\bar{Y}_{A_j} - \bar{Y}_G$);$B_k$ 效应(因素 B 边际平均数 $\bar{Y}_{B_k}$ 与总样本平均数 $\bar{Y}_G$ 的离差,$\bar{Y}_{B_k} - \bar{Y}_G$);$(AB)_{jk}$ 交互效应(从组间离差中排除 A_j 效应和 B_k 效应后剩下的部分,$(\bar{Y}_{jk} - \bar{Y}_G) - (\bar{Y}_{A_j} - \bar{Y}_G) - (\bar{Y}_{B_k} - \bar{Y}_G) = \bar{Y}_{jk} - \bar{Y}_{A_j} - \bar{Y}_{B_k} + \bar{Y}_G$。组间离差与各个离差之间的关系为:$\bar{Y}_{jk} - \bar{Y}_G = (\bar{Y}_{A_j} - \bar{Y}_G) + (\bar{Y}_{B_k} - \bar{Y}_G) + (\bar{Y}_{jk} - \bar{Y}_{A_j} - \bar{Y}_{B_k} + \bar{Y}_G)$。因此,观测值 Y_{ijk} 总离差($Y_{ijk} - \bar{Y}_G$)的分解为:$Y_{ijk} - \bar{Y}_G = (\bar{Y}_{A_j} - \bar{Y}_G) + (\bar{Y}_{B_k} - \bar{Y}_G) + (\bar{Y}_{jk} - \bar{Y}_{A_j} - \bar{Y}_{B_k} + \bar{Y}_G) + (Y_{ijk} - \bar{Y}_{jk})$。以上各个离差的平方值相加后得到对应项的平方和(sum of squares),平方和的叠加方式与离差的叠加方式相同,即 $SS_T = SS_A + SS_B + SS_{A \times B} + SS_{S/AB}$,其中 S/AB 表示被试因素 S 嵌套在因素 A 和 B 中。

在单因素方差分析中,组间平方和是研究的焦点,但是在双因素方差分析中,组间平方和不是研究的焦点,研究的主要兴趣是组间平方和被分解后的三个效应平方和——A 因素平方和(SS_A)、B 因素平方和(SS_B)和 A、B 因素交互效应平方和($SS_{A \times B}$)。A、B 因素对因变量的各自作用称作主效应;A、B 对因变量的共同作用称作交互效应。组内(误差)平方和($SS_{S/AB}$)是因变量总变异中主效应和交互效应不能解释的部分。在双因素方差分析中,不同平方和之间的关系如图 9.12 所示。

图 9.12 显示总平方和(SS_T)有两大来源,一个是组间平方和($SS_{between}$),一个是组内平方和($SS_{S/AB}$)。总平方和与组内平方和对应的自由度分别为 $df_T = abn - 1$ 和 $df_{S/AB} = ab(n-1)$。组间平方和又分解为三个效应平方和:因素 A 平方和(SS_A)、因素 B 平方和(SS_B)与 A×B 交互平方和($SS_{A \times B}$)。它们对应的自由度分别为 $df_A = a - 1$、$df_B = b - 1$,$df_{A \times B} = (a-1)(b-1)$。总平方和对应的自由度与各个效应以及组内平方和对应

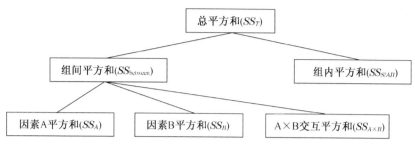

图9.12 双因素方差分析平方和分解

的自由度之间的关系为:$df_T = df_A + df_B + df_{A \times B} + df_{S/AB}$。三个效应均方(方差)与组内均方(误差)为:$MS_A = \dfrac{SS_A}{df_A}, MS_B = \dfrac{SS_B}{df_B}, MS_{A \times B} = \dfrac{SS_{A \times B}}{df_{A \times B}}, MS_{S/AB} = \dfrac{SS_{S/AB}}{df_{S/AB}}$。方差分析 F 检验的关键是比较各个效应均方和组内均方的大小。统计分析上采用 F 统计量(又称 F 比率):

$$F(df_A, df_{S/AB}) = \frac{MS_A}{MS_{S/AB}}$$

$$F(df_B, df_{S/AB}) = \frac{MS_B}{MS_{S/AB}}$$

$$F(df_{A \times B}, df_{S/AB}) = \frac{MS_{A \times B}}{MS_{S/AB}} \tag{9.29}$$

根据 Keppel & Wickens(2004, p.226),双因素方差分析中各个平方和的期望值为:

$$E(MS_A) = \frac{bn}{a-1} \sum \alpha_j^2 + \sigma_{\text{error}}^2$$

$$E(MS_B) = \frac{an}{b-1} \sum \beta_k^2 + \sigma_{\text{error}}^2$$

$$E(MS_{A \times B}) = \frac{n}{(a-1)(b-1)} \sum (\alpha\beta)_{jk}^2 + \sigma_{\text{error}}^2$$

$$E(MS_{S/AB}) = \sigma_{\text{error}}^2 \tag{9.30}$$

双因素方差分析统计假设与单因素方差分析统计假设相同。在满足双因素方差分析统计假设且零假设为真时,公式 9.30 中的效应量为 0,$E(MS_A) = E(MS_B) = E(MS_{A \times B}) = E(MS_{S/AB})$,即 F 的期望值为 1。零假设为真时,各个 F 统计量服从自由度为 ν_1 和 ν_2 的 F 分布,其中 ν_1 为各个效应对应 F 比率分子自由度,如因素 A 效应 F 比率分子自由度 $\nu_1 = df_A$,ν_2 为各个 F 比率分母自由度,均为 $\nu_2 = df_{S/AB}$。在自由度为 ν_1 和 ν_2 的 F 分布中,某个 α 显著性水平上的 F 检验临界值为 $F_{1-\alpha, \nu_1, \nu_2}$。若 $F \geqslant F_{1-\alpha, \nu_1, \nu_2}$,拒绝零假设,否则不拒绝零假设。

双因素方差分析平方和的计算采用 Keppel & Wickens(2004)建议的使用括号项(bracket terms)的方法。双因素方差分析平方和的计算包括五个括号项:$[Y]$、$[A]$、$[B]$、$[AB]$ 和 $[T]$。$[Y]$ 是基于各个 Y_{ijk} 值的括号项;$[A]$ 和 $[B]$ 是分别基于边际平均数 $\bar{Y}_{A_j}$ 和 $\bar{Y}_{B_k}$ 的括号项;$[AB]$ 基于单元格平均数 $\bar{Y}_{jk}$ 的括号项,$[T]$ 是基于总平均数 $\bar{Y}_G$ 的括号项。它们的计算公式为:$[Y] = \sum Y_{ijk}^2, [A] = bn \sum \bar{Y}_{A_j}^2, [B] = an \sum \bar{Y}_{B_k}^2, [AB] = n \sum \bar{Y}_{jk}^2,$

$[T] = abn\bar{Y}_G^2$。双因素方差分析中各统计量的计算见表9.6。

表9.6　双因素方差分析 F 检验统计量的计算

变异来源	平方和(SS)	自由度(df)	均方(MS)	统计量 F
因素 A	$SS_A = [A] - [T]$	$df_A = a - 1$	$MS_A = \dfrac{SS_A}{df_A}$	$F = \dfrac{MS_A}{MS_{S/AB}}$
因素 B	$SS_B = [B] - [T]$	$df_B = b - 1$	$MS_B = \dfrac{SS_B}{df_B}$	$F = \dfrac{MS_B}{MS_{S/AB}}$
A×B 交互	$SS_{A \times B} = [AB] - [A] - [B] + [T]$	$df_{A \times B} = (a-1)(b-1)$	$MS_{A \times B} = \dfrac{SS_{A \times B}}{df_{A \times B}}$	$F = \dfrac{MS_{A \times B}}{MS_{S/AB}}$
误差	$SS_{S/AB} = [Y] - [AB]$	$df_{S/AB} = ab(n-1)$	$MS_{S/AB} = \dfrac{SS_{S/AB}}{df_{S/AB}}$	
汇总	$SS_T = [Y] - [T]$	$df_T = abn - 1$		

我们在研究中最关注的是三个 F 统计量。我们可以用之回答三个主要问题：① 因素 A 是否对因变量有显著性影响？② 因素 B 是否对因变量有显著性影响？③ 因素 A 和因素 B 是否对因变量有显著性交互影响？

9.6.4　双因素方差分析应用举例

本节以 Wiley & Voss(1999)的研究为例,说明如何用 R 命令开展双因素方差分析和后续检验。

64 名美国大学的本科生参加了一项 2×4 被试间设计的实验,实验中要求被试阅读有关爱尔兰马铃薯荒(1800—1850 年)的文献。一个因素是材料呈现方式(format),有两个水平:文本格式(text format)和网页格式(web format)。在文本格式中,材料的呈现类似于教材的章节。在网页格式中,8 个不同的文献以书本的形式呈现在网页型情境中,这些书放置在主页的一个书架上。以上两种文本呈现方式涉及的内容相同。不同之处在于,文本格式在自然段的开头包括一个导入句和若干过渡句,段落安排大致以时间为序。在网页格式中,8 个文献以非系统的顺序陈列在书架上。另一个因素是作文指令(instructions),有四个水平:记叙(narrative,N)、概述(summary,S)、解释(explanation,E)和议论(argument,A)。即是说,被试被要求根据指令就 1800—1850 年间爱尔兰人口变化的原因写一篇记叙文、一份概述、一份原因解释或一篇议论文。64 名被试被随机分配到 2×4 设计的一个单元格中,每个单元格样本量相同($n=8$)。Wiley & Voss(1999)采用三种任务测试被试对材料的理解,即句子验证任务(sentence verification task)、推理验证任务(inference verification task)和原理辨别任务(principle identification task)。这里只考虑测量被试推理判断力的推理验证测试(IVT)。推理验证测试要求被试根据阅读的材料判断内容陈述是否正确,包括 10 道题,其中 5 道题陈述正确,5 道题陈述错误。各个被试的推理判断力的测试分数(正确率)如表9.7 所示。

表 9.7 Wiley & Voss(1999)研究中推理判断力测量分数

呈现方式	指令类型			
	记叙(N)	概述(S)	解释(E)	议论(A)
文本格式(Text)	70	50	70	70
	80	90	80	70
	80	60	70	60
	70	80	60	60
	60	70	60	70
	50	80	80	90
	80	80	70	90
	80	70	60	80
网页格式(Web)	100	70	60	100
	80	70	60	90
	60	80	80	100
	60	50	80	80
	60	90	80	90
	70	60	60	100
	90	100	80	70
	90	70	80	90

数据来源:Myers & Well(2003,p.285)。

9.6.4.1 描述性统计分析

在使用(常规的)方差分析之前,先要检验正态分布(含异常值)和方差齐性假设(由于采用随机分配,基本可以认为观测值独立性假设得到满足)。使用 R 开展统计分析时,将表9.7数据转化为数据框格式,文件名称为 IVTData,R 命令如下:

```
TextN <- c(70,80,80,70,60,50,80,80)
TextS <- c(50,90,60,80,70,80,80,70)
TextE <- c(70,80,70,60,60,80,70,60)
TextA <- c(70,70,60,60,70,90,90,80)
WebN <- c(100,80,60,60,60,70,90,90)
WebS <- c(70,70,80,50,90,60,100,70)
WebE <- c(60,60,80,80,80,60,80,80)
WebA <- c(100,90,100,80,90,100,70,90)
IVT <- c(TextN,TextS,TextE,TextA,WebN,WebS,WebE,WebA)
Format <- gl(2,32,labels = c("Text","Web"))
Instructions <- gl(4,8,64,labels = c("N","S","E","A"))
IVTData <- data.frame(IVT,Format,Instructions)
```

利用 R 函数 by、list 和 stat.desc 计算每个单元格描述性统计量。函数 by 与 stat.desc 混用得到主效应相关统计量。例如,执行 R 命令 by(IVTData

$IVT, IVTData$Format, stat.desc, norm = TRUE)得到变量 Format 的边际平均数和其他相关统计量。R 函数 list 创建自变量列表。本例计算单元格平均数和相关统计量的 R 命令为:by(IVTData$IVT,list(IVTData$Instructions, IVTData$Format), stat.desc, norm = TRUE)。执行以上命令得到的主要统计量如表 9.8 所示,包括样本量(n)、平均数($\bar{X}$)、标准差(SD)、平均数 95% 置信区间($95\%CI$)、平均数标准误差(SE)、标准化偏度($skew.2SE$)、标准化峰度($kurt.2SE$)、Shapiro-Wilk 正态性检验 W 值和 p 值。

表 9.8　2×4 因素设计推理判断力测量描述性统计

单元格	n	$\bar{X}$	SD	$95\%CI$	SE	$skew.2SE$	$kurt.2SE$	W	p
TextN	8	71.25	11.26	[61.84,80.66]	3.98	−0.49	−0.37	0.81*	0.036
TextS	8	72.50	12.82	[61.78,83.22]	4.53	−0.27	−0.41	0.94	0.592
TextE	8	68.75	8.35	[61.77,75.73]	2.95	0.12	−0.58	0.84	0.067
TextA	8	73.75	11.88	[63.82,83.68]	4.20	0.17	−0.56	0.87	0.168
WebN	8	76.25	15.98	[62.89,89.61]	5.65	0.11	−0.62	0.87	0.162
WebS	8	73.75	15.98	[60.39,87.11]	5.65	0.13	−0.43	0.96	0.840
WebE	8	72.50	10.35	[63.85,81.15]	3.66	−0.28	−0.69	0.64***	<0.001
WebA	8	90.00	10.69	[81.06,98.94]	3.78	−0.41	−0.37	0.86	0.120

TextN:文本+记叙;TextS:文本+概述;TextE:文本+解释;TextA:文本+议论。WebN:网页+记叙;WebS:网页+概述;WebE:网页+解释;WebA:网页+议论。* 和 *** 分别表示在 $\alpha = 0.05$ 和 0.001 水平上有统计显著性。

由表 9.8 可知,所有单元格数据 $skew.2SE$ 和 $kurt.2SE$ 的绝对值均小于 1,说明各个单元格数据近似服从正态分布。但是,从 Shapiro-Wilk 正态性检验结果来看,TextN(文本+记叙)单元格和 WebE(网页+解释)单元格数据违反正态分布($p<0.05$)。各个单元格数据标准差差异不大,说明它们的方差可能满足方差分析对组间方差齐性的要求。利用平均数的 Levene 方差齐性检验发现,各个单元格之间方差齐性,$F(7,56) = 1.08,p = 0.389 > 0.05$。①

图 9.13 显示各个单元格平均数的变化趋势。绘制图 9.13 使用函数 interaction.plot(x.factor, trace.factor, response, fun = mean),其中 x.factor 指水平数显示在 X 轴上的因素,trace.factor 指水平数形成轨迹(traces)的另外一个因素,response 指数值型因变量,fun = mean 是默认的计算平均数的函数。关于该函数的其他论元设置,可利用 R 命令?interaction.plot 查阅。本例图形绘制的 R 命令如下:

```
>par(mai =c(0.72,0.72,0,0), omi = c(0, 0,0.02,0.02),tcl = -0.25,
```

---

①　R 命令为:require(car);leveneTest(IVT,interaction(Format,Instructions),data = IVTData, center = mean)

```
cex = 0.9)
    > interaction.plot (IVTData $ Instructions,IVTData $ Format, IVTData
$ IVT, fun = mean, type = "b", lty = c (1, 2), pch = c (16, 18), xlab = "指令类
型",ylab = "平均数",main = "",legend = F)
    > legend ("topleft", legend = c ("文本格式","网页格式"), cex = 0.9, lty
= c (1, 2), pch = c (16,18), inset = 0.02, y.intersp = 1.2)
```

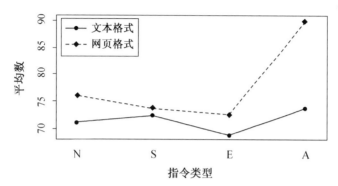

图 9.13 推理判断力平均数随指令类型和呈现方式的变化

图 9.13 显示,在所有指令条件下,网页格式中的平均数均高于文本格式中的平均数。从差异的大小来看,两种呈现方式下的平均数差异在指令 A(议论)中最明显,在其他三种指令中平均数差异较小,特别是在指令 S(概述)中。另外,在每种格式中,指令 A(议论)的平均数最大,特别是在网页格式中;在指令 E(解释)中平均数最小。图中两条曲线的变化趋势显示指令类型和呈现格式之间似乎有交互作用倾向,特别是 E(解释)与 A(议论)在不同格式的对比上。

为了进一步了解 TextN(文本格式 + 记叙)和 WebE(网页格式 + 解释)单元格数据的分布特点,图 9.14 显示分位数 Q-Q 图。绘制 Q-Q 图的 R 命令如下:

```
    > opar <- par (no.readonly = TRUE)
    > par (mfrow = c (1,2),mar = c (2.5,2.5,0.15,0.5),oma = c (0,0,0,0),
mgp = c (0.5,0.3,0),tcl = - 0.25,cex = 0.75,cex.axis = 0.75)
    > my.qq <- qqnorm (y = sort (TextN),xlim = c (-3,3),ylim = c (45,85),
axes = FALSE,ylab = "",xlab = "",main = "")
    > axis (side = 1,seq (-3,3,1))
    > axis (side = 2,seq (45,85,5))
    > box ()
    > mtext (side = 1,line = 1.25,at = 0,"正态分位数",cex = 0.75)
    > mtext (side = 2,line = 1.25,at = 65,"经验分位数",cex = 0.7)
    > qqline (TextN,lty = 2)
    > library (boot)
    > TextN.gen <- function (data,mle) {
rnorm (n = length (data),mean = mean (data),sd = sd (data))
}
    > TextN.qqboot <- boot (data = TextN,statistic = sort,R = 4999,sim = "
```

```
parametric",ran.gen = TextN.gen)
    > TextN.env <- envelope(boot.out = TextN.qqboot)
    > lines(x = my.qq $ x, y = TextN.env $ overall[1,])
    > lines(x = my.qq $ x, y = TextN.env $ overall[2,])
    > text(2.5,85,"TextN",cex = 0.8)
    > WebE.gen <- function(data,mle){
rnorm(n = length(data),mean = mean(data),sd = sd(data))
    }
    > WebE.qqboot <- boot(data = WebE,statistic = sort,R = 4999,sim = "
parametric",ran.gen = WebE.gen)
    > WebE.env <- envelope(boot.out = WebE.qqboot)
    > my.qq <- qqnorm(y = sort(WebE),xlim = c(-3,3),ylim = c(55,85),axes
= FALSE,ylab = "",xlab = "",main = "")
    > axis(side = 2,seq(55,85,5))
    > axis(side = 1,seq(-3,3,1))
    > box()
    > mtext(side = 1,line = 1.25,at = 0,"正态分位数",cex = 0.75)
    > mtext(side = 2,line = 1.25,at = 70,"经验分位数",cex = 0.7)
    > qqline(WebE,lty = 2)
    > lines(x = my.qq $ x, y = WebE.env $ overall[1,])
    > lines(x = my.qq $ x, y = WebE.env $ overall[2,])
    > text(2.5,85,"WebE",cex = 0.8)
    > par(opar)
```

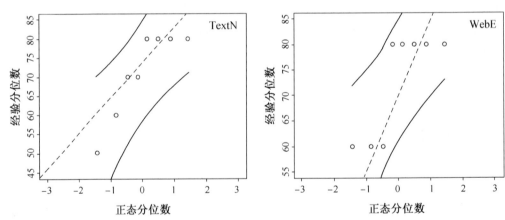

图 9.14　TextN 和 WebE 数据分布 Q-Q 图

图 9.14 显示,有些 TextN 和 WebE 数值偏离正态分布参照线(虚线),但是所有数据均在参照线 95% 置信区域(confidence envelope)内,没有异常点,说明数据基本来自正态分布总体。可能由于样本量较小的缘故($n=8$),前面的 Shapiro-Wilk 正态性检验发现 TextN 和 WebE 数据违反正态分布。图 9.14 揭示的一个明显特征是,由于测量的缘故,数据具有很强的离散性。综合以上诊断,本例大体上可以采用(常规的)的双因素方差分析。

9.6.4.2 综合方差分析

综合方差分析 R 函数的一般形式为 aov(formula, data)。如果因变量为 y,双因素(即预测变量,predictors)为 A 和 B,数据存储在数据框中,双因素方差分析的 R 函数可以表示为 aov(y ~ A + B + A:B, data = dataframe),其中"~"表示"由…预测"(predicted from),因素之间用加号(+)连接,因素间的交互作用项用冒号(:)表示。这一函数还可以改为简略的形式 aov(y ~ A*B, data = dataframe),其中星号(*)表示各个因素及其交互项包括在模型中。R 函数 summary 汇总报告 aov 模型统计的结果。针对本例,R 命令和统计分析结果如下:

```
> IVTmodel <- aov(IVT ~ Format + Instructions + Format:Instructions,
data = IVTData)

> summary(IVTmodel)

                       Df  Sum Sq  Mean Sq  F value  Pr(>F)
Format                  1     689    689.1    4.467  0.0390 *
Instructions            3    1142    380.7    2.468  0.0714 .
Format:Instructions     3     530    176.6    1.145  0.3391
Residuals              56    8638    154.2
- - -
Signif. codes:  0 '***' 0.001 '**' 0.01 '*' 0.05 '.' 0.1 ' ' 1
```

以上结果表明,呈现方式对推理判断力有显著主效应($F(1,56) = 4.47, p = 0.039 < 0.05$);指令类型对推理判断力没有显著主效应($F(3,56) = 2.47, p = 0.071 > 0.05$);呈现方式和指令类型对推理判断力没有显著交互效应($F(3,56) = 1.15, p = 0.339 > 0.05$)。呈现方式显著主效应表明,阅读网页材料比阅读书本章节更有助于学习者提高推理判断力。

另外一种采用第三类平方和(Type Ⅲ sums of squares)的方差分析方法是调用 R 数据包 afex 中的函数 aov_car(formula, data, observed = NULL)。在这个函数中,formula 为方差分析模型公式,公式中应包括误差项(Error)。被试(subjects)因素被视作被试间设计误差变异源。误差项之外的因素被视作被试间因素。变元 data 指包括模型中设定变量的数据框。变元 observed 用于设定模型中的测量变量,以便正确计算广义效应量估计(见第 10 章)。函数 aov_car 自动调用数据包 car 中的函数 Anova,默认方差分析采用常用的第三类平方和。使用函数 aov_car 需要设定被试因素,本例开展方差分析的 R 命令和统计分析结果如下:

```
> require(afex)
> Subject <- seq(1:length(IVTData $ IVT))
> IVTData $ Subject <- Subject
> fit <- aov_car(IVT ~ Format * Instructions + Error(Subject), data =
IVTData)
  Contrasts set to contr.sum for the following variables: Format,
Instructions
> summary(fit)
```

```
Anova Table (Type 3 tests)
Response: IVT
                    num Df   den Df    MSE       F        ges      Pr(>F)
Format                1       56     154.24   4.4674   0.073882  0.03901 *
Instructions          3       56     154.24   2.4684   0.116792  0.07139 .
Format:Instructions   3       56     154.24   1.1447   0.057781  0.33906
- - -
Signif. codes:  0 '***' 0.001 '**' 0.01 '*' 0.05 '.' 0.1 ' ' 1
```

利用函数 aov_car 得到的方差分析结果与函数 aov 得到的结果本质上相同。在输出的方差分析结果中,num DF 为 F 比率分子自由度,den DF 为 F 比率分母自由度。MSE 为误差均方,ges 是广义效应量估计 $\hat{\eta}_G^2$。从效应量来看,指令类型的效应量最大($\hat{\eta}_G^2 = 0.12$),呈现方式次之($\hat{\eta}_G^2 = 0.07$),交互作用的效应量最小($\hat{\eta}_G^2 = 0.06$)。

9.6.4.3　主效应对比检验

由于本例发现呈现方式有显著主效应,但是没有发现呈现方式与指令类型之间有显著交互效应,分析的焦点转向呈现方式主效应。如果产生主效应的因素有两个以上的水平,则需要采用主效应对比(main effect contrasts;main-effect comparisons)。如果两个因素都有主效应,进一步分析时它们通常被分别对待,每个因素主效应对比的族错误率(familywise error rate,FWE)等同于综合方差分析的显著性水平(如 $\alpha = 0.05$)(Keppel & Wickens,2004,p.262)。对于交互效应的进一步分析,交互对比检验(interaction contrasts tests)的族错误率也等同于综合方差分析的显著性水平(如 $\alpha = 0.05$)。这是因为主效应和交互效应检验被视作计划的检验(planned tests),用于回答不同的研究问题,是彼此正交的(orthogonal),因而无需进行错误率校正。本例的呈现方式因素只有两个水平,无需再进行主效应对比检验。如果一个因素有两个以上的水平,主效应对比检验的一种方法是 Tukey's HSD 检验(见 9.2.3 节)。出于说明的目的,假如我们对本例中的指令因素开展主效应对比,Tukey's HSD 检验的 R 命令和统计分析结果如下:①

```
>TukeyHSD(IVTmodel,"Instructions")
  Tukey multiple comparisons of means
    95% family-wise confidence level
Fit: aov(formula = IVT ~ Format + Instructions + Format:Instructions,
data = IVTData)
  $Instructions
```

---

① 如果利用 aov_car 得到的模型开展后续分析,则调用数据包 emmeans。执行以下 R 命令将得到同样的 Tukey's HSD 检验结果:

```
require(emmeans)
Instruction <- emmeans(fit, ~ Instructions)
pairs(Instruction)
```

```
            diff        lwr        upr        p adj
S - N      -0.625   -12.2516481   11.001648   0.9989587
E - N      -3.125   -14.7516481    8.501648   0.8920487
A - N       8.125    -3.5016481   19.751648   0.2611647
E - S      -2.500   -14.1266481    9.126648   0.9407769
A - S       8.750    -2.8766481   20.376648   0.2029748
A - E      11.250    -0.3766481   22.876648   0.0613291
```

以上结果显示,所有配对比较均没有发现统计显著性差异($p > 0.05$)。值得注意的是,结果中报告的平均数差异95%置信区间很宽,说明估计不准确。

9.6.4.4　交互对比检验

如果发现有统计显著性交互效应,后续的主效应对比通常意义不大。通常有两种方法可供选择。一是采用交互对比检验(interaction contrasts tests);二是采用针对简单比较(simple comparisons)的简单效应检验(simple effects tests)。

在双因素设计(或更高阶的因素设计)中,如果综合方差分析交互效应的自由度大于1(即至少有一个因素的水平数大于2),要发现综合方差分析交互作用的具体来源,就需要采用多个自由度为1的交互成分对比检验,即将原交互作用成分分解成多个 2×2 交互(即 $\psi_A \times \psi_B$)成分,对之开展推理统计。交互对比检验的好处在于发现相关因素的哪些配对比较存在交互作用。交互对比检验的零假设是 $H_0 : \psi_{AB} = \sum c_{jk} \mu_{jk}$,其中 $\sum c_{jk} = 0$。令 $\psi_A = \sum c_{A_j} \mu_j$,$\psi_B = \sum c_{B_k} \mu_k$,则 $c_{jk} = c_{A_j} c_{B_k}$。以 Wiley & Voss(1999)的研究为例说明交互对比系数。呈现方式 A 有两个水平(Text 和 Web,$j = 2$),指令类型 B 有四个水平(N、S、E 和 A,$k = 4$)。假如我们要在呈现方式两个水平配对(对比系数为 1 和 -1)和第一个指令类型成分配对(N-S,成分对比系数为 1 和 -1,非成分对比的系数设为 0)上开展交互对比检验,系数的设定方式如表9.9所示。

表9.9　2×2 交互对比系数

$c_{A_{1j}}$ \ $c_{B_{1k}}$	1	-1	0	0
1	1	-1	0	0
-1	-1	1	0	0

置于表9.9边缘的 $c_{A_{1j}}$ 的两个系数用于比较边际平均数差异。同样,置于表9.9边缘的 $c_{B_{1k}}$ 的四个系数用于比较 N 和 S 的边际平均数差异(系数为 0 表示对应项不包括在对比之中)。单元格中的系数为 $c_{A_{1j}}$ 和 $c_{B_{1k}}$ 对应系数的乘积项。不难发现,$\sum c_{jk} = 0$。$\psi_{A_1 B_1} = (\mu_{11} - \mu_{12}) - (\mu_{21} - \mu_{22})$。由此可以发现,交互对比检验本质上检验单元格平均数差异的差异(differences of differences)或对比之间的对比(contrasts between contrasts)。在这个例子中,$\hat{\psi}_{A_1 B_1} = (\bar{X}_{\text{TextN}} - \bar{X}_{\text{TextS}}) - (\bar{X}_{\text{WebN}} - \bar{X}_{\text{WebS}}) = -3.75$。交互对比平方和的计算公式为:

$$SS_{\hat{\psi}_{AB}} = \frac{n \hat{\psi}_{AB}^2}{\sum c_{jk}^2} \tag{9.31}$$

其中, n 是单元格样本量, $\hat{\psi}_{AB} = \sum c_{jk}\bar{Y}_{jk}$, $\sum c_{jk}^2$ 是系数平方和。在 2×2 设计中, 交互效应的自由度为 1, 因此 $SS_{\hat{\psi}_{AB}} = MS_{\hat{\psi}_{AB}}$ 。本例对比中, $n = 8$, $\hat{\psi}_{A_1B_1} = -3.75$, $\sum c_{jk}^2 = 4$, 所以 $MS_{\hat{\psi}_{AB}} = 28.125$ 。由前面的综合方差分析已知, $MS_{S/AB} = 154.24$ 。 $F = \dfrac{MS_{\psi_{AB}}}{MS_{S/AB}} = 0.182$ 。利用 R 命令 $1 - \mathrm{pf}(0.182, 1, 56)$ 得到 $p = 0.671 > 0.05$, 由此推断呈现方式配对与 $N-S$ 配对之间没有统计显著性交互效应。随着交互成分的增多, 统计效力会下降。为了保证合理的统计效力, 研究者可以将族错误率 α_{FWE} 设定为 0.10。

   控制族错误率的方法有多种, 较传统的方法是 Bonferroni 校正 α 值或者 Šidák-Bonferroni 校正 α 值。根据 Keppel & Wickens(2004, p.117), Bonferroni 校正方法依据每个比较(per-comparison)与 c 个独立检验的族错误率之间的以下关系: $\alpha_{FWE} = 1 - (1 - \alpha)^c$ 。实际研究中, 各个比较或检验并非彼此正交(orthogonal)。譬如, 在三个独立组比较中, 如果组一既与组二对比, 又与组三对比, 那么组一在每个比较中被重复, 因而这种对比不是正交对比。但是, 对于任何一个对比族, 都有 $\alpha_{FWE} \leq 1 - (1 - \alpha)^c$, 由此得到 $\alpha_{FWE} < c\alpha$, 即 Bonferroni 不等式(the Bonferroni inequality)。Bonferroni 不等式表明, 族错误率总是小于每个比较检验的错误率之和。利用 Bonferroni 不等式, 每个比较检验的错误率 (α) 等于族错误率 (α_{FWE}) 除以检验次数 (c) , 即 $\alpha = \dfrac{\alpha_{FWE}}{c}$ 。譬如, 开展三个配对比较时, 若 $\alpha_{FWE} = 0.05$, 则对于每个比较, $\alpha = 0.0167$ 。在实际使用中, 可以将配对比较未校正的 p 值与 $\dfrac{\alpha_{FWE}}{c}$ 进行比较。若 $p \leq \dfrac{\alpha_{FWE}}{c}$, 拒绝零假设 H_0 , 否则不拒绝零假设 H_0 。另外一种方法是, 将配对比较未校正的 p 值与检验次数 (c) 的乘积(若校正 p 值大于 1, 则调整为 1, 因为概率不可能大于 1)与 α_{FWE} 比较。若 $cp \leq \alpha_{FWE}$, 拒绝零假设 H_0 , 否则保留零假设 H_0 。Bonferroni 校正方法最大限度地控制了族第一类错误率, 同时也显示其保守性, 降低统计效力。一个更好的校正方法不依据 $\alpha_{FWE} < c\alpha$, 而是依据 $\alpha_{FWE} \leq 1 - (1 - \alpha)^c$ 。校正公式为: $\alpha = 1 - (1 - \alpha_{FWE})^{1/c}$ 。这种方法称作 Šidák-Bonferroni 校正(the Šidák-Bonferroni correction)。譬如, 如果 $\alpha_{FWE} = 0.05$, 比较检验次数 $c = 4$, 则每个检验 Šidák-Bonferroni 校正的 α 值为 0.01274, 而 Bonferroni 校正的 α 值为 0.0125。虽然 Šidák-Bonferroni 校正也保守, 但是 Šidák-Bonferroni 校正的 α 值比 Bonferroni 校正的 α 值稍大一些, 因而统计效力也更高一些。就统计效力而言, 还有比这两种方法更好的方法, 如 BH 方法(见 9.2.3 节)。要了解更多的其他方法, 可以利用 R 命令 $?\mathrm{p.adjust}$ 进行查阅。

   在关于 Wiley & Voss(1999)研究的例子中, 我们没有发现交互作用, 没有必要开展交互对比检验。出于说明的目的, 我们对本例开展交互对比检验。本例的设计是 2×4 设计, 交互对比的数量为 $\dfrac{a(a-1)}{2} \times \dfrac{b(b-1)}{2} = \dfrac{2 \times (2-1)}{2} \times \dfrac{4 \times (4-1)}{2} = 6$ 。即, 比较 $N-S$ (记叙与概述)、 $N-E$ (记叙与解释)、 $N-A$ (记叙与议论)、 $S-E$ (概述与解释)、 $S-A$ (概述与议论)和 $E-A$ (解释与议论)在文本格式中的平均数差异与在网页格式中的平均数差异。这意味着我们要开展六次 2×2 交互对比检验。如果采用 BH 方法控制族错误率,则调用数据包 phia 中的 R 函数 testInteractions(model, adjustment = "")可以开展交互成分对比检验,其中 model 可以是由函数 aov 或 lm 得到的拟合模型,adjustment 指 p 值调整方法,详见 R 函数 p.adjust。本例关于交互成分对比检验的 R 命令和统计分析结果如下:

```
>require(phia)
>testInteractions(IVTmodel,adjustment = "BH")
F Test:
P - value adjustment method: BH
                      Value   Df   Sum of Sq      F      Pr( >F)
Text - Web : N - S   - 3.75   1      28.1      0.1823   0.8873
Text - Web : N - E   - 1.25   1       3.1      0.0203   0.8873
Text - Web : N - A    11.25   1     253.1      1.6411   0.4109
Text - Web : S - E     2.50   1      12.5      0.0810   0.8873
Text - Web : S - A    15.00   1     450.0      2.9175   0.4109
Text - Web : E - A    12.50   1     312.5      2.0260   0.4109
Residuals                    56    8637.5
```

可以预见的是,所有的 2×2 交互对比检验均没有发现统计显著性交互效应($p >$ 0.05)。

9.6.4.5 简单效应与简单比较检验

简单效应检验本质上是在另一个因素每个水平上对某个因素开展的单因素方差分析。如果简单效应检验的因素有两个以上的水平,统计显著性的简单效应不能说明究竟在哪些配对比较的平均数之间有统计显著性差异,需要进一步开展只有一个自由度的简单比较(通常为配对比较,pairwise comparisons)。当然,即使没有发现统计显著性交互效应,研究者也可以开展简单效应检验和简单比较检验,以便进一步了解平均数差异变化的模式。

在开展简单效应检验时,通常将每个简单效应族(families of simple effects)检验的错误率等同于综合方差分析的显著性水平(如 $\alpha = 0.05$)。这实际上意味着将效应平方和分解为简单效应平方和,作为一个计划的检验族,因为 $SS_{\text{between}} = SS_A + SS_B + SS_{A \times B}$,$SS_{\text{between}} = \sum SS_{A \text{ at } b_k} + SS_B, SS_{\text{between}} = SS_A + \sum SS_{B \text{ at } a_j}$。

简单效应检验的 R 函数为数据包 phia 中的 testInteractions(model, fixed = "", across = "", adjustment = ""),其中 model 可以是由函数 aov 或 lm 得到的拟合模型,fixed 指由固定水平代表的因素名称,across 指由一整套对比代表的因素名称;adjustment 指 p 值调整方法,详见 p.adjust。针对本例,采用 BH 方法控制族错误率,在呈现方式每个水平上指令类型效应的 R 命令和统计分析结果如下:

```
>require(phia)
>testInteractions(IVTmodel,fixed = "Format", across = "Instructions",
adjustment = "BH")
F Test:
```

```
P-value adjustment method: BH
```

	Instructions1	Instructions2	Instructions3	Df
Text	-2.50	-1.25	-5.0	3
Web	-13.75	-16.25	-17.5	3
Residuals				56

	Sum of Sq	F	Pr(>F)
Text	109.4	0.2364	0.8706
Web	1562.5	3.3767	0.0490*
Residuals	8637.5		

```
---
Signif. codes:  0 '***' 0.001 '**' 0.01 '*' 0.05 '.' 0.1 ' ' 1
```

以上结果报告对比值(所有其他指令中的平均数与议论文指令中的平均数的差异)和方差分析表。方差分析结果显示,在文本格式中,指令类型没有统计显著性效应($F(3,56)=0.24, p=0.871>0.05$)。在网页格式中,指令类型有统计显著性效应($F(3,56)=3.38, p=0.049<0.05$)。由于指令类型有四个水平,简单效应不能明确效应的具体位置。

当对比的因素水平数大于2时,简单效应检验不够具体,研究者往往更关注简单比较,即在哪个或哪些配对比较之间有统计显著性差异。简单比较的一个R函数是testInteractions(model, pairwise = "Instructions", fixed = "Format", adjustment = "BH"),其中model是由函数aov或lm得到的拟合模型,pairwise指由配对比较代表的因素名称,fixed指由固定水平代表的因素名称,adjustment指p值调整方法。出于说明的目的,下面对本例在呈现方式的每个水平上进行简单比较。简单比较的R命令和统计分析结果如下:

```
> testInteractions(IVTmodel, pairwise = "Instructions", fixed = "
  Format", adjustment = "BH")
F Test:
P-value adjustment method: BH
```

	Value	Df	Sum of Sq	F	Pr(>F)
N-S : Text	-1.25	1	6.2	0.0405	0.84119
N-E : Text	2.50	1	25.0	0.1621	0.84119
N-A : Tex	-2.50	1	25.0	0.162	0.84119
S-E : Text	3.75	1	56.2	0.3647	0.84119
S-A : Text	-1.25	1	6.2	0.0405	0.84119
E-A : Text	-5.00	1	100.0	0.6483	0.84119
N-S : Web	2.50	1	25.0	0.1621	0.84119
N-E : Web	3.75	1	56.2	0.3647	0.84119
N-A : Web	-13.75	1	756.2	4.9030	0.12359
S-E : Web	1.25	1	6.2	0.0405	0.84119
S-A : Web	-16.25	1	1056.2	6.8480	0.06833.
E-A : Web	-17.50	1	1225.0	7.9421	0.06833.
Residuals		56	8637.5		

```
- - -
Signif. codes:  0 '***' 0.001 '**' 0.01 '*' 0.05 '.' 0.1 ' ' 1
```

以上简单效应检验结果中的 Value 指单元格平均数差异。结果表明,在呈现方式的每个水平上,若 $\alpha_{FWE} = 0.05$,所有的简单配对比较均没有显著差异($p > 0.05$)。若 $\alpha_{FWE} = 0.1$,在网页格式中概要(S)与议论(A)之间、解释(E)与议论(A)之间有统计显著性差异($p < 0.1$)。

不同的族错误率控制方法得到的配对检验的结果未必相同。譬如,对本例数据采用函数 aov_car 和 emmeans 开展 Tukey's HSD 检验,配对检验的 R 命令和统计分析结果如下:

```
>interaction<-emmeans(fit, ~ Instructions|Format)
>pairs(interaction)
Format = Text:
contrast   estimate    SE    df    t.ratio   p.value
N - S        -1.25     6.21   56   -0.201    0.9971
N - E         2.50     6.21   56    0.403    0.9777
N - A        -2.50     6.21   56   -0.403    0.9777
S - E         3.75     6.21   56    0.604    0.9304
S - A        -1.25     6.21   56   -0.201    0.9971
E - A        -5.00     6.21   56   -0.805    0.8517
Format = Web:
contrast   estimate    SE    df    t.ratio   p.value
N - S         2.50     6.21   56    0.403    0.9777
N - E         3.75     6.21   56    0.604    0.9304
N - A       -13.75     6.21   56   -2.214    0.1319
S - E         1.25     6.21   56    0.201    0.9971
S - A       -16.25     6.21   56   -2.617    0.0539
E - A       -17.50     6.21   56   -2.818    0.0328
P value  adjustment:  tukey  method  for  comparing  a  family  of
4 estimates
```

以上结果表明,在网页格式中,当 $\alpha_{FWE} = 0.05$ 时,解释(E)与议论(A)之间有统计显著性差异($p = 0.033 < 0.05$);概要(S)与议论(A)之间基本达到统计显著性差异的水平($p = 0.054 \approx 0.05$)。

如果要在指令类型的每个水平上配对比较文本格式效应,利用函数 aov_car 和 emmeans 的 R 命令和统计分析结果如下:

```
>interaction<-emmeans(fit, ~ Format|Instructions)
>pairs(interaction)
Instructions = N:
contrast      estimate    SE    df    t.ratio   p.value
Text - Web      -5.00     6.21   56   -0.805    0.4241
Instructions = S:
```

```
contrast      estimate    SE    df   t.ratio   p.value
Text - Web    -1.25       6.21  56   -0.201    0.8412
Instructions = E:
contrast      estimate    SE    df   t.ratio   p.value
Text - Web    -3.75       6.21  56   -0.604    0.5484
Instructions = A:
contrast      estimate    SE    df   t.ratio   p.value
Text - Web    -16.25      6.21  56   -2.617    0.0114
```

以上结果表明,文本类型效应主要表现在议论指令(A)中($p = 0.011 < 0.05$),即网页格式比文本格式更有利于学习者提高推理判断力。

有一点需要强调,一个因素在另一个因素不同水平上简单效应的不一致性并不能一定表明交互作用的存在。统计显著性简单效应只表明在另一个因素 B 的某个水平上因素 A 各个水平上的平均数不相同或不全相同,统计显著性交互作用则指简单效应之间有统计显著性差异。

在一个大于 2×2 的因素设计中,如果发现统计显著性交互作用,采用聚焦型 2×2 交互对比检验发现交互作用的具体位置是有必要的,仅凭借简单效应检验(包括简单比较检验)的不同结果判断交互作用的具体位置是很危险的,甚至是错误的。简单效应之间的差异只能由交互作用检验来发现,绝不能依据各个简单效应检验的不同结果(Keppel & Wickens,2004,p. 254)。

9.6.4.6　效应量报告

效应量是研究结果报告的重要组成部分。根据公式 9.17 和 9.18,编写以下 R 函数计算 $\hat{\eta}^2$ 和 $\hat{\omega}^2$:

```
# eta.squared
eta.squared <- function(X){
# X is a model fitted by aov
sumAov <- summary(X)[[1]]
residRow <- nrow(sumAov)
sseffects <- sumAov[1:residRow-1,2]
sstotal <- sum(sumAov[1:residRow,2])
eta.squared <- sseffects/sstotal
names(eta.squared) <- rownames(sumAov)[1:residRow-1]
eta.squared
}
# omega.squared
omega.squared <- function(X){
# X is a model fitted by aov
sumAov <- summary(X)[[1]]
residRow <- nrow(sumAov)
mserror <- sumAov[residRow,3]
dfeffects <- sumAov[1:residRow-1,1]
```

```
sseffects <- sumAov[1:residRow -1,2]
mseffects <- sumAov[1:residRow -1,3]
sstotal <- sum(sumAov[1:residRow, 2])
omega.squared <- abs((sseffects - dfeffects * mserror)/(sstotal +
mserror))
    names(omega.squared) <- rownames(sumAov)[1:residRow -1]
omega.squared
}
```

这两个 R 函数是 9.5.1 节单因素方差分析计算 $\hat{\eta}^2$ 和 $\hat{\omega}^2$ 的 R 函数的推广,适用于所有的被试间因素方差分析效应量的计算。针对本例,利用这两个函数得到各个因素主效应和交互效应的效应量:

```
>eta.squared(IVTmodel)
    Format          Instructions        Format:Instructions
    0.06265094      0.10384998          0.04816025
>omega.squared(IVTmodel)
    Format          Instructions        Format:Instructions
    0.047954527     0.060923865         0.006004323
```

以上结果显示,呈现方式效应量 $\hat{\eta}^2 = 0.06$,$\hat{\omega}^2 = 0.05$;指令类型效应量 $\hat{\eta}^2 = 0.10$,$\hat{\omega}^2 = 0.06$;呈现方式与指令类型交互作用效应量 $\hat{\eta}^2 = 0.05$,$\hat{\omega}^2 = 0.01$。虽然指令类型效应量达到较高水平,或许由于样本量偏小,导致指令类型效应没有统计显著性意义。实际研究中,我们可以调用 R 数据包 sjstats 计算 $\hat{\eta}^2$ 和 $\hat{\omega}^2$ 等效应量。例如,执行 R 命令 eta_sq(IVTmodel) 能够得到与上面相同的结果。

对交互对比检验的效应量的计算方法与上面的方法相同,这里从略。简单效应检验中配对比较的效应量可以采用 Cohen's d。本节研究实例中配对比较的效应量计算的函数为 R 数据包 Rallfun-v37 中的 akp.effect(x, tr = 0)。以指令类型在呈现方式每个水平上配对比较效应量计算为例,利用 R 函数 akp.effect 得到如表 9.10 所示的效应量 Cohen's d。

表 9.10　指令类型在呈现方式每个水平上配对比较效应量

	N-S	N-E	N-A	S-E	S-A	E-A
文本格式	-0.10	0.25	-0.22	0.35	-0.10	-0.49
网页格式	0.16	0.28	-1.01	0.09	-1.20	-1.66

N-记叙,S-概述,E-解释,A-议论。

表 9.10 显示,在文本格式中,忽略符号,E-A 对比效应量达到中等水平(Cohen's d =0.49);在网页格式中,N-A 对比(Cohen's d =1.01)、S-A 对比(Cohen's d =1.20)和 E-A 对比(Cohen's d =1.66)效应量大。但是,在前面利用 BH 方法控制族第一类错误率的简单效应检验中,这些对比检验均未达到统计显著性($p > 0.05$)。这一定程度上说明,由于本研究样本量较小,统计效力较低。采用更大样本的重复性研究是有必要的。

9.7 双因素设计 Q 检验

9.7.1 双因素设计 Q 检验程序

双因素和更高阶因素方差分析假设数据服从正态分布,无异常值,且组间方差齐性。违背这些假设可能导致 F 检验对平均数差异之外的特征敏感,也可能会降低统计效力(Wilcox,2017a,p.342)。基于截尾平均数的 Welch 检验的拓展式对方差不齐和偏度差异不敏感,能够更好地控制第一类错误率,也可能提高统计效力。这种稳健方差分析方法称作 Q 检验(Q-test)。该方法检验截尾平均数(通常为 20% 截尾平均数)差异的统计显著性,是 Johansen(1980)研究成果的推广。[①] 检验程序的实施依据 Algina & Olejnik(1984)研究成果的推广。参考 Algina & Olejnik(1984)和 Wilcox(2017b,pp.333 − 338),本节简要介绍双因素设计 Q 检验程序。

在双因素设计中,A 和 B 代表两个被试间因素,因素 A 有 J 个水平,因素 B 有 K 个水平。因素 A 的对比矩阵(contrast matrix)C 为 $C_J \otimes J_K'$,其中 C_J 为 $(J-1) \times J$ 矩阵,J_K' 是系数为 1 的 $1 \times K$ 矩阵,$\otimes$ 表示矩阵克罗内克积(Kronecker product)。矩阵 C_J 的特点是:$c_{ii} = 1, c_{i,i+1} = -1$,矩阵其他位置上的系数(如果有的话)为 0。譬如,在 3×2 被试间设计中,因素 A 有三个水平,矩阵 C_J 为:

```
>cj<-matrix(c(1,0,-1,1,0,-1),ncol=3)
>cj
[,1] [,2] [,3]
[1,]   1   -1    0
[2,]   0    1   -1
```

此例中因素 B 有 $K = 2$ 个水平,矩阵 J_K' 为:

```
>ik<-matrix(c(1,1),ncol=2)
>ik
     [,1] [,2]
[1,]    1    1
```

调用 R 数据包 Rallfun-v37,利用 R 命令 cmat <- kron(cj,ik) 得到因素 A 的对比矩阵:

```
>cmat<-kron(cj,ik)
>cmat
     [,1] [,2] [,3] [,4] [,5] [,6]
[1,]    1    1   -1   -1    0    0
[2,]    0    0    1    1   -1   -1
```

因素 B 的对比矩阵 C 为 $J_J' \otimes C_K$,其中 J_J' 是系数为 1 的 $1 \times J$ 矩阵,C_K 是 $(K-1) \times$

[①] 如果只要解决方差不齐性问题,Q 检验可以用于比较因素设计中的平均数差异。

K 矩阵。矩阵 C_K 与矩阵 C_J 的特点相同。譬如,在 3×2 被试间设计中,因素 B 有两个水平,矩阵 J'_J 为:

```
>ij <- matrix(c(1,1,1),ncol =3)
>ij
    [,1] [,2] [,3]
[1,]   1    1    1
```

矩阵 C_K 为:

```
>ck <- matrix(c(1, -1),ncol =2)
>ck
     [,1] [,2]
[1,]   1   -1
```

因此,利用 R 命令 cmat <- kron(ij,ck) 得到因素 B 对比矩阵:

```
>cmat <- kron(ij,ck)
>cmat
     [,1] [,2] [,3] [,4] [,5] [,6]
[1,]   1   -1    1   -1    1   -1
```

交互作用 A×B 的对比矩阵 C 为 $C_J \otimes C_K$。前面已经指出,C_J 为 $(J-1) \times J$ 矩阵,C_K 是 $(K-1) \times K$ 矩阵。在 3×2 被试间设计中,利用 R 命令 cmat <- kron(cj, ck) 得到 A×B 的对比矩阵:

```
>cmat <- kron(cj,ck)
>cmat
     [,1] [,2] [,3] [,4] [,5] [,6]
[1,]   1   -1   -1    1    0    0
[2,]   0    0    1   -1   -1    1
```

以上三个对比矩阵分别用于检验因素 A、B 和 A×B 中 20% 截尾平均数差异。令 $p = J \times K$ 个独立组的 20% 截尾平均数为 $\boldsymbol{\mu}_t = (\boldsymbol{\mu}_{t11}, \cdots, \boldsymbol{\mu}_{tJK})'$,检验主效应和交互效应的零假设为 $H_0 : \boldsymbol{C}\boldsymbol{\mu}_t = 0$,其中 C 是秩为 k 的 $k \times p$ 系数矩阵。

检验统计量 Q 的计算公式为:

$$Q = \bar{X}' C' (CVC')^{-1} C\bar{X} \tag{9.32}$$

其中,$\bar{X}$ 为 $p \times 1$ 平均数矩阵(稳健统计中 $\bar{X}$ 为 20% 截尾平均数矩阵);$\bar{X}'$ 为 $\bar{X}$ 的转置矩阵,为 $1 \times p$ 矩阵;C' 为 C 的转置矩阵;V 是对角元素值为 20% 截尾平均数标准误差平方估计的 $p \times p$ 对角矩阵。标准误差平方估计依据公式 7.6 计算得到,即 $v_{jj} = \dfrac{(n_j - 1)s_{wj}^2}{h_j(h_j - 1)}$;$(CVC')^{-1}$ 为 CVC' 的逆矩阵。

统计量 Q 本质上为截尾平均数对比平方值与合并标准误差平方估计的比率。统计显著性检验的临界值近似为自由度 $\nu = k$(对比矩阵的排数)的卡方分布中的 $1 - \alpha$ 对应的分位数,记作 c。当样本量小的时候,需要调整临界值 c,调整值记作 c_{ad}。令 $R =$

$\boldsymbol{VC'}(\boldsymbol{CVC'})^{-1}\boldsymbol{C}$，$A = \sum_{j=1}^{p} \dfrac{r_{jj}^2}{h_j - 1}$，其中 h_j 是第 j 组数据截尾后的有效样本量，r_{jj} 是矩阵 $\boldsymbol{R}$ 中的第 j 个对角元素。调整的临界值 c_{ad} 计算公式为：

$$c_{ad} = c + \frac{c}{2k}\left[A\left(1 + \frac{3c}{k+2}\right)\right] \tag{9.33}$$

如果 $Q \geqslant c_{ad}$，拒绝零假设，否则保留零假设。

9.7.2 双因素 Q 检验应用举例

9.6.4 节以 Wiley & Voss(1999)的研究为例，说明如何用 R 函数开展常规双因素方差分析。这项研究采用 2×4 被试间设计，调查呈现方式与指令类型对推理判断力的影响。探索性数据分析发现，8 个单元格数据中有 2 个单元格(TextN，文本 + 记叙；WebE，网页 + 解释)数据轻度违反正态分布；Levene 方差齐性检验发现，各个单元格之间方差齐性。本节以 Wiley & Voss(1999)的研究数据为例，采用双因素 Q 检验推断呈现方式与指令类型对推理判断力的影响。

9.7.2.1 呈现方式与指令类型数据描述性统计

在双因素 Q 检验之前，先对 Wiley & Voss(1999)研究数据开展描述性统计。表 9.11 概括数据的主要统计量，包括单元格样本量(n)、20% 截尾平均数($\bar{X}_t$)、20% 缩尾标准差(S_w)、20% 截尾平均数标准误差(SE)以及 95% 置信区间(95% CI)。图 9.15 显示单元格 20% 截尾平均数的变化模式，图中的误差条表示 20% 截尾平均数的 95% 置信区间。

表 9.11　呈现方式与指令类型数据描述性统计

	n	$\bar{X}_t$	S_w	95% CI	SE
TextN	8	73.33	8.86	59.91 – 86.76	5.22
TextS	8	73.33	8.86	59.91 – 86.76	5.22
TextE	8	68.33	8.35	55.69 – 80.97	4.92
TextA	8	73.33	11.88	55.34 – 91.32	7
WebN	8	75	14.14	53.58 – 96.42	8.33
WebS	8	73.33	11.88	55.34 – 91.32	7
WebE	8	73.33	10.35	57.65 – 89.01	6.1
WebA	8	91.67	8.35	79.03 – 104.31	4.92

TextN：文本 + 记叙；TextS：文本 + 概述；TextE：文本 + 解释；TextA：文本 + 议论。WebN：网页 + 记叙；WebS：网页 + 概述；WebE：网页 + 解释；WebA：网页 + 议论。

表 9.11 和图 9.15 表明，在文本格式中，记叙、概述、解释和议论四种指令类型条件下的 20% 截尾平均数接近，甚至相同，如记叙和概述条件下的截尾平均数相同。此外，截尾平均数 95% 置信区间高度重合，基本可以断定各个条件下的截尾平均数很可能没有统计显著性差异。在网页格式中，前三种指令类型(记叙、概述和解释)条件下的 20% 截尾平均数接近，甚至相同，如概述和解释条件下的截尾平均数，高度重合的截尾

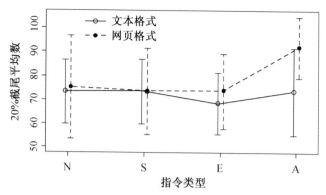

图 9.15　推理判断力 20% 截尾平均数随指令类型和呈现方式的变化

平均数 95% 置信区间说明各个截尾平均数之间没有显著性差异。第四种指令（议论）条件下的 20% 截尾平均数比其他三个条件下的 20% 截尾平均数要高一些，但是它的 95% 置信区间与其他三个置信区间有接近一半的重合度，截尾平均数差异是否达到显著性不太好判断。另外，比较两种呈现方式发现，20% 截尾平均数差异主要体现在议论指令中，在其他指令中差异很小，尤其在记叙和概述指令中。

9.7.2.2　呈现方式与指令类型对推理判断力影响的 Q 检验

利用截尾平均数的双因素稳健方差分析的 R 函数是数据包 Rallfun-v37 中的函数 t2way(J, K, x, tr = 0.2)，其中 J 和 K 分别表示因素 A 和因素 B 的水平数，x 是数据列表，tr = 0.2 是默认的截尾量。在数据列表中，因素 B 第一个 K 组存储因素 A 第一个水平的数据，因素 B 第二个 K 组存储因素 A 第二个水平的数据，以此类推。譬如，在一个 2×3 设计数据列表 x 中，x[[1]]、x[[2]] 和 x[[3]] 包含因素 A 第一个水平和因素 B 三个水平的数据，x[[4]]、x[[5]] 和 x[[6]] 包含因素 A 第二个水平和因素 B 三个水平的数据。针对本例，使用函数 t2way 之前先将单元格数据向量转化为列表，取文件命 ForIns，R 命令如下：

```
TextN <- c(70,80,80,70,60,50,80,80)
TextS <- c(50,90,60,80,70,80,80,70)
TextE <- c(70,80,70,60,60,80,70,60)
TextA <- c(70,70,60,60,70,90,90,80)
WebN <- c(100,80,60,60,60,70,90,90)
WebS <- c(70,70,80,50,90,60,100,70)
WebE <- c(60,60,80,80,80,60,80,80)
WebA <- c(100,90,100,80,90,100,70,90)
ForIns <- list()
ForIns[[1]] <- TextN
ForIns[[2]] <- TextS
ForIns[[3]] <- TextE
ForIns[[4]] <- TextA
ForIns[[5]] <- WebN
ForIns[[6]] <- WebS
```

```
ForIns[[7]] <- WebE
ForIns[[8]] <- WebA
```

双因素 Q 检验的 R 命令是 t2way(2, 4, ForIns, tr = 0.2),命令执行结果如下:

```
> source("Rallfun - v37.txt")
> t2way(2, 4, ForIns, tr = 0.2)
$ Qa
[1] 3.024194
$ A.p.value
[1] 0.091
$ df.A
[1] 1
$ Qb
[1] 6.517381
$ B.p.value
[1] 0.138
$ df.B
[1] 3
$ Qab
[1] 4.086237
$ AB.p.value
[1] 0.307
$ df.AB
[1] 3
$ means
           [,1]      [,2]      [,3]      [,4]
[1,] 73.33333 73.33333 68.33333 73.33333
[2,] 75.00000 73.33333 73.33333 91.66667
```

以上结果表明,呈现方式对推理判断力没有统计显著性主效应($Q(1) = 3.02, p = 0.091 > 0.05$),指令类型对推理判断力没有显著主效应($Q(3) = 6.52, p = 0.138 > 0.05$),呈现方式与指令类型对推理判断力也没有显著交互效应($Q(3) = 4.09, p = 0.307 > 0.05$)。这些结果与常规方差分析 F 检验的结果(见 9.6.4.2 节)不太一致。具体而言,双因素 Q 检验和 F 检验均没有发现指令类型有显著主效应,也没有发现指令类型与呈现方式有显著交互效应;F 检验发现呈现方式有显著主效应,Q 检验却没有。除了统计分析方法不同之外,单元格样本量($n = 8$)过小也是导致统计结论差异的主要原因。

9.7.2.3　主效应对比与简单交互对比

双因素设计 Q 检验没有发现呈现方式与指令类型有显著交互效应。如果各个因素有主效应存在,则应开展主效应对比检验。本例中,呈现方式和指令类型既没有显著主效应,又没有显著交互效应,Q 检验的后续分析通常可以省去。不过,如果研究者关注具体的检验(通常如此),不管综合检验(Q检验)有没有发现显著主效应或交互效应,都可以开展具体的(线性)对比检验,因为这些对比检验对族第一类错误率的控制不以综合检验拒绝零假设为前提。主要出于说明的目的,我们就指令类型开展主效应对比和简单交互对比检验。

主效应对比和简单交互对比检验的 R 函数是数据包 Rallfun - v37 中的 bbmcp (J, K, x, tr = 0.2, alpha = 0.05)或 mcp2atm(J, K, x, tr = 0.2, alpha = 0.05),其中 J 和 K 分别表示因素 A 和因素 B 的水平数,x 是数据列表,tr = 0.2 是默认的截尾量,alpha = 0.05 是默认的第一类错误率。针对本例,执行 R 命令 bbmcp(2, 4, ForIns, tr = 0.2)得到以下统计分析结果:

```
>source("Rallfun - v37.txt")
>bbmcp(2,4,ForIns,tr=0.2)
[1] "Note: confidence intervals are adjusted to control FWE"
[1] "But p - values are not adjusted to control FWE"
[1] "Adjusted p - values can be computed with the R function p.adjust"
$Factor.A
$Factor.A $ n
[1] 8 8 8 8 8 8 8 8
$Factor.A $ test
      con.num    test      crit      se        df
[1,]    1     -1.739021  2.030924  14.37591  34.61114
$Factor.A $ psihat
      con.num  psihat   ci.lower  ci.upper   p.value
[1,]    1      -25    -54.19637  4.196366  0.0909198
$Factor.B
$Factor.B $ n
[1] 8 8 8 8 8 8 8 8
$Factor.B $ test
      con.num    test       crit      se        df
[1,]    1      0.1545796  2.945310  10.781929  17.17813
[2,]    2      0.6467617  2.957256  10.307764  16.58716
[3,]    3     -1.5598365  2.951291  10.684880  16.87708
[4,]    4      0.5198752  2.918546   9.617692  18.53061
[5,]    5     -1.8295258  2.925175  10.020812  18.21978
[6,]    6     -2.4538756  2.923967   9.508768  18.27563
$Factor.B $ psihat
      con.num   psihat      ci.lower   ci.upper   p.value
[1,]    1      1.666667   -30.08946  33.422791  0.87895440
[2,]    2      6.666667   -23.81604  37.149369  0.52663547
[3,]    3    -16.666667   -48.20086  14.867527  0.13735267
[4,]    4      5.000000   -23.06968  33.069680  0.60930561
[5,]    5    -18.333333   -47.64596  10.979295  0.08373457
[6,]    6    -23.333333   -51.13666   4.469992  0.02437585
```

$ Factor.AB

$ Factor.AB $ n

[1] 8 8 8 8 8 8 8 8

$ Factor.AB $ test

	con.num	test	crit	se	df
[1,]	1	-0.1545796	2.945310	10.781929	17.17813
[2,]	2	0.3233808	2.957256	10.307764	16.58716
[3,]	3	1.5598365	2.951291	10.684880	16.87708
[4,]	4	0.5198752	2.918546	9.617692	18.53061
[5,]	5	1.8295258	2.925175	10.020812	18.21978
[6,]	6	1.4022146	2.923967	9.508768	18.27563

$ Factor.AB $ psihat

	con.num	psihat	ci.lower	ci.upper	p.value
[1,]	1	-1.666667	-33.42279	30.08946	0.87895440
[2,]	2	3.333333	-27.14937	33.81604	0.75044813
[3,]	3	16.666667	-14.86753	48.20086	0.13735267
[4,]	4	5.000000	-23.06968	33.06968	0.60930561
[5,]	5	18.333333	-10.97929	47.64596	0.08373457
[6,]	6	13.333333	-14.46999	41.13666	0.17760877

$ All.Tests

[1] NA

$ conA

	[,1]
[1,]	1
[2,]	1
[3,]	1
[4,]	1
[5,]	-1
[6,]	-1
[7,]	-1
[8,]	-1

$ conB

	[,1]	[,2]	[,3]	[,4]	[,5]	[,6]
[1,]	1	1	1	0	0	0
[2,]	-1	0	0	1	1	0
[3,]	0	-1	0	-1	0	1
[4,]	0	0	-1	0	-1	-1
[5,]	1	1	1	0	0	0
[6,]	-1	0	0	1	1	0
[7,]	0	-1	0	-1	0	1
[8,]	0	0	-1	0	-1	-1

$ conAB

	[,1]	[,2]	[,3]	[,4]	[,5]	[,6]
[1,]	1	1	1	0	0	0
[2,]	-1	0	0	1	1	0
[3,]	0	-1	0	-1	0	1
[4,]	0	0	-1	0	-1	-1
[5,]	-1	-1	-1	0	0	0
[6,]	1	0	0	-1	-1	0
[7,]	0	1	0	1	0	-1
[8,]	0	0	1	0	1	1

　　以上输出结果的最后三张表（＄conA、＄conB 和 ＄conAB）为对比系数表。＄conA 表显示一个主效应对比，即 $\hat{\psi}_{A_1} = (\bar{Y}_{t11} + \bar{Y}_{t21} + \bar{Y}_{t31} + \bar{Y}_{t41}) - (\bar{Y}_{t51} + \bar{Y}_{t61} + \bar{Y}_{t71} + \bar{Y}_{t81})$。它表示文本格式下的边际平均数（即 20% 截尾平均数）与网页格式下的边际平均数差异。＄conB 表显示六个主效应对比：

$$\hat{\psi}_{B_1} = (\bar{Y}_{t11} + \bar{Y}_{t51}) - (\bar{Y}_{t21} + \bar{Y}_{t61}), \hat{\psi}_{B_2} = (\bar{Y}_{t12} + \bar{Y}_{t52}) - (\bar{Y}_{t32} + \bar{Y}_{t72}),$$
$$\hat{\psi}_{B_3} = (\bar{Y}_{t13} + \bar{Y}_{t53}) - (\bar{Y}_{t43} + \bar{Y}_{t83}), \hat{\psi}_{B_4} = (\bar{Y}_{t24} + \bar{Y}_{t64}) - (\bar{Y}_{t34} + \bar{Y}_{t74}),$$
$$\hat{\psi}_{B_5} = (\bar{Y}_{t25} + \bar{Y}_{t65}) - (\bar{Y}_{t45} + \bar{Y}_{t85}), \hat{\psi}_{B_6} = (\bar{Y}_{t36} + \bar{Y}_{t76}) - (\bar{Y}_{t46} + \bar{Y}_{t86})。$$

它们依次表示记叙指令中的边际平均数与概述指令中的边际平均数差异、记叙指令中的边际平均数与解释指令中的边际平均数差异、记叙指令中的边际平均数与议论指令中的边际平均数差异、概述指令中的边际平均数与解释指令中的边际平均数差异、概述指令中的边际平均数与议论指令中的边际平均数差异以及解释指令中的边际平均数与议论指令中的边际平均数差异。＄conAB 表显示六个简单交互对比，对比系数是因素 A（呈现方式）与 B（指令类型）对比系数的乘积。这些简单对比系数是：

$$\hat{\psi}_{AB_1} = (\bar{Y}_{t11} - \bar{Y}_{t51}) - (\bar{Y}_{t21} - \bar{Y}_{t61}), \hat{\psi}_{AB_2} = (\bar{Y}_{t12} - \bar{Y}_{t52}) - (\bar{Y}_{t32} - \bar{Y}_{t72}),$$
$$\hat{\psi}_{AB_3} = (\bar{Y}_{t13} - \bar{Y}_{t53}) - (\bar{Y}_{t43} - \bar{Y}_{t83}), \hat{\psi}_{AB_4} = (\bar{Y}_{t24} - \bar{Y}_{t64}) - (\bar{Y}_{t34} - \bar{Y}_{t74}),$$
$$\hat{\psi}_{AB_5} = (\bar{Y}_{t25} - \bar{Y}_{t65}) - (\bar{Y}_{t45} - \bar{Y}_{t85}), \hat{\psi}_{AB_6} = (\bar{Y}_{t36} - \bar{Y}_{t76}) - (\bar{Y}_{t46} - \bar{Y}_{t86})。$$

它们表示的简单交互对比是：呈现方式两个水平在记叙指令中的单元格平均数差异与它们在概述指令中的单元格平均数差异的差异、呈现方式两个水平在记叙指令中的单元格平均数差异与它们在解释指令中的单元格平均数差异的差异、呈现方式两个水平在记叙指令中的单元格平均数差异与它们在议论指令中的单元格平均数差异的差异、呈现方式两个水平在概述指令中的单元格平均数差异与它们在解释指令中的单元格平均数差异的差异、呈现方式两个水平在概述指令中的单元格平均数差异与它们在议论指令中的单元格平均数差异的差异以及呈现方式两个水平在解释指令中的单元格平均数差异与它们在议论指令中的单元格平均数差异的差异。

　　输出结果显示，主效应对比和简单交互对比检验 95% 置信区间控制族错误率（利用学生化最大模数分布，Studentized maximum modulus distribution）；各个检验得到的 p 值没有控制族错误率，但是可以利用 R 函数 p.adjust 进行调整。＄Factor.A＄n、＄Factor.B＄n 和 ＄FactorAB＄n 报告每个单元格样本量。＄Factor.A＄test、＄Factor.B＄test 和 ＄Factor.AB＄test 报告报告检验统计量（test）、临界值

（crit）、标准误差（se）和自由度（df）。$Factor.A$psihat、$Factor.B$psihat 和 $Factor.AB$psihat 报告对比差异（psihat）、95%置信区间的下限（ci.lower）和上限（ci.upper）以及 p 值（p.value）。譬如，在因素 A 的一个主效应对比中，文本格式下的边际 20%截尾平均数与网页格式下的边际 20%截尾平均数差异$\hat{\psi}_{A_1} = -25$。

下面利用 9.4.2 节提供的公式，简要介绍因素 A 的主效应对比各个统计量的计算方法。因素 A 的主效应对比中，$n_1 = \cdots = n_8 = 8$，$h_1 = \cdots = h_8 = 6$，$s_{w1}^2 = 78.571\,43$，$s_{w2}^2 = 78.571\,43$，$s_{w3}^2 = 69.642\,86$，$s_{w4}^2 = 141.071\,4$，$s_{w5}^2 = 200$，$s_{w6}^2 = 141.071\,4$，$s_{w7}^2 = 107.142\,9$，$s_{w8}^2 = 69.642\,86$，$A = \sum d_j = \dfrac{1 \times 7 \times 885.714\,3}{6 \times 5} \approx 206.666\,7$。$\hat{\psi}_{A_1}$ 的标准误差估计为

$$SE = \sqrt{A} = 14.375\,91, \quad T_{A_1} = \frac{-25}{14.375\,91} \approx -1.739\,02, \quad \sum d_j^2 = 6\,170.139, \quad \sum \frac{d_j^2}{h_j - 1} =$$

$1\,234.028$，所以 T_{A_1} 的自由度$\hat{v}_{A_1} = \dfrac{206.666\,7^2}{1\,234.028} \approx 34.611\,15$。$T_{A_1}$ 检验的临界值 t_{A_1} 是自由度为 $\hat{v}_k$ 且包括 C 个对比的学生化最大模数分布的 $1 - \alpha$ 分位数。利用 R 函数 `smmcrit(nuhat, C)` 执行命令 `smmcrit(34.61115,1)`，得到 $t_{A_1} = 2.030\,924$。由于 $|T_{A_1}| < t_{A_1}$，保留零假设 $H_0 : \psi_k = 0$，即文本格式下的边际 20%截尾平均数与网页格式下的边际 20%截尾平均数没有统计显著性差异。ψ_{A_1} 的 95%置信区间为：$[-25 - 2.030\,924 \times 14.375\,91, -25 + 2.030\,924 \times 14.375\,91]$，即 $[-54.196\,38, 4.196\,38]$。以上计算结果与函数 bbmcp 的计算结果基本相同，很小的误差是由计算中的四舍五入造成的。

根据以上 R 函数 bbmcp 输出的结果，因素 A、B 主效应对比以及简单交互对比的 95%置信区间均包括 0 值，由此推断这些 20%截尾平均数差异比较均没有统计显著性。值得注意的是，这些置信区间过宽，估计不准确。

9.7.2.4　简单比较检验

简单比较检验在一个因素的每个水平上对比另一个因素的不同水平。简单比较检验的 R 函数是 lincon。假如我们要在呈现方式的每个水平上配对比较指令类型条件下 20%截尾平均数差异，R 命令和主要统计分析结果如下：

```
>lincon(ForIns[1:4],tr=0.2)
[1] "Note: confidence intervals are adjusted to control FWE"
[1] "But p-values are not adjusted to control FWE"
[1] "Adjusted p-values can be computed with the R function p.adjust"
$n
[1] 8 8 8 8
$test
```

	Group	Group	test	crit	se	df
[1,]	1	2	0.0000000	3.190000	6.055301	10.000000
[2,]	1	3	0.8502303	3.192613	5.880760	9.963841
[3,]	1	4	0.0000000	3.248299	7.158911	9.250948
[4,]	2	3	0.8502303	3.192613	5.880760	9.963841
[5,]	2	4	0.0000000	3.248299	7.158911	9.250948
[6,]	3	4	0.7130740	3.272461	7.011895	8.969338

$psihat

	Group	Group	psihat	ci.lower	ci.upper	p.value
[1,]	1	2	0	-19.31641	19.31641	1.0000000
[2,]	1	3	5	-13.77499	23.77499	0.4151605
[3,]	1	4	0	-23.25428	23.25428	1.0000000
[4,]	2	3	5	-13.77499	23.77499	0.4151605
[5,]	2	4	0	-23.25428	23.25428	1.0000000
[6,]	3	4	-5	-27.94615	17.94615	0.4939331

```
>lincon(ForIns[5:8],tr=0.2)
[1] "Note: confidence intervals are adjusted to control FWE"
[1] "But p-values are not adjusted to control FWE"
[1] "Adjusted p-values can be computed with the R function p.adjust"
$n
[1] 8 8 8 8
$test
```

	Group	Group	test	crit	se	df
[1,]	1	2	0.1868262	3.211493	8.920949	9.710141
[2,]	1	3	0.1968748	3.255809	8.465617	9.162537
[3,]	1	4	2.1011928	3.349449	7.932003	8.105581
[4,]	2	3	0.0000000	3.203453	7.610300	9.816584
[5,]	2	4	2.6146048	3.272461	7.011895	8.969338
[6,]	3	4	2.8544961	3.222397	6.422616	9.569420

$psihat

	Group	Group	psihat	ci.lower	ci.upper	p.value
[1,]	1	2	1.666667	-26.98290	30.316231	0.85564252
[2,]	1	3	1.666667	-25.89576	29.229094	0.84822342
[3,]	1	4	-16.666667	-43.23451	9.901173	0.06836130
[4,]	2	3	0.000000	-24.37924	24.379236	1.00000000
[5,]	2	4	-18.333333	-41.27949	4.612821	0.02813499
[6,]	3	4	-18.333333	-39.02955	2.362884	0.01785142

以上结果表明,在 $\alpha_{FWE}=0.05$ 时,所有 20% 截尾平均数差异比较的 95% 置信区间均包括 0 值,这些比较均没有统计显著性,与双因素 Q 检验的结果一致。

9.7.2.5　稳健效应量报告

简单比较效应量通常是研究关注的效应量估计。20% 截尾平均数比较的效应量估计可以是 Cohen's d_R 或者 $\hat{\xi}$。为了便于与 9.6.4.6 节报告的效应量 Cohen's d 做比较,本节报告简单比较效应量 Cohen's d_R。计算 Cohen's d_R 的函数是数据包 Rallfun - v37 中的 akp.effect(x, tr = 0.2)。表 9.12 显示两类效应量估计。

表 9.12　呈现方式每个水平上指令类型配对比较

		N - S	N - E	N - A	S - E	S - A	E - A
文本格式	Cohen's d	− 0.10	0.25	− 0.22	0.35	− 0.10	− 0.49
	Cohen's d_R	0	0.37	0	0.37	0	− 0.31
网页格式	Cohen's d	0.16	0.28	− 1.01	0.09	− 1.20	− 1.66
	Cohen's d_R	0.08	0.09	− 0.92	0	− 1.15	− 1.25

表 9.12 显示，两类效应量估计存在一些差异，最明显的差异体现在网页格式条件下解释指令和议论指令配对比较中。在网页格式中，记叙与议论指令、概述与议论指令以及解释与议论指令配对比较的效应量大，但是在 $\alpha_{FWE} = 0.05$ 时，简单比较检验没有发现对比效应的统计显著性。如果这些效应在总体中果真存在，Wiley & Voss(1999)研究使用的样本显然过小，降低了统计效力。

9.8　单因素设计秩次型 Kruskal-Wallis 检验

9.8.1　单因素设计秩次型 Kruskal-Wallis 检验程序

如果独立组比较的数据为离散数据(discrete data)，如定序数据(ordinal data)和计数数据(count data)，多组比较推理统计的常规方法是 Kruskal-Wallis 非参数检验。

Kruskal-Wallis 检验，又称 Kruskal-Wallis H 检验，是秩次型方差分析，是 Wilcoxon 秩和检验向多个(两个以上)独立样本的拓展，其目的是检验多个独立样本是否来自同一个秩次分布。秩次型方差分析的一个优点是对异常值不敏感，即减少或消除异常值的影响。

令 $S^2 = \dfrac{1}{N-1}\left(\sum_{j=1}^{J}\sum_{i=1}^{n_j} R_{ij}^2 - \dfrac{N(N+1)^2}{4}\right)$，其中 N 为各组合并样本量，n_j 为第 j 组样本量，R_{ij} 为第 j 组第 i 个秩次。若有等值，多个独立组比较 Kruskal-Wallis 检验统计量 H 的计算公式为：

$$H = \frac{1}{S^2}\left(-\frac{N(N+1)^2}{4} + \sum \frac{R_j^2}{n_j}\right) \tag{9.34}$$

若没有等值，则 $S^2 = \dfrac{N(N+1)}{12}$。H 统计量的计算公式简化为：

$$H = \frac{12}{N(N+1)}\sum_{j=1}^{J}\frac{R_j^2}{n_j} - 3(N+1) \tag{9.35}$$

其中，12 和 3 是常数，N 是各个组合并样本量，J 是独立组数，R_j 是第 j 组秩和，即 $R_j = \sum_{i=1}^{n_j} R_{ij}$。公式 9.34 是等值校正公式。等值校正还可以利用以下公式：

$$H_c = \frac{H}{C} \tag{9.36}$$

其中，$C = 1 - \dfrac{\sum\limits_{i=1}^{s} (t_i^3 - t_i)}{N^3 - N}$，其中的 s 表示等值集合数，t_i 表示第 i 个集合中的等值数。

在开展 Kruskal-Wallis 检验时，首先要合并多个独立组 $N = \sum n_j$ 个观测值，对之分配秩次。如有等值(tied values)，则使用中秩(midranks)。然后，利用秩次数据，根据 H 统计量的公式计算 H 值。最后，做统计推理判断。H 统计量近似服从自由度为 $v = J - 1$ 的 χ^2 分布。如果 H 统计量小于某个 α 水平上的 χ^2 临界值，不拒绝零假设，推断多个独立样本来自同一个分布，它们之间没有显著性差异。如果 H 统计量大于(或等于)某个 α 水平上的 χ^2 临界值，拒绝零假设，推断多个样本不是来自同一个秩次分布，至少有两组之间存在显著性秩次差异。

假如有三个独立组($J = 3$)，每组样本量相同($n = 15$)，因变量(DV)测量的数据如下：

组 1(G1)：7,15,7,8,10,10,13,12,11,9,14,11,10,10,6；

组 2(G2)：14,10,10,7,14,18,8,12,8,10,4,18,9,12,13；

组 3(G3)：14,18,9,17,24,17,20,16,19,19,14,18,17,19,13。

试采用 Kruskal-Wallis 检验比较组间差异。

首先，合并三组数据，分配秩次。各个组观测值对应的秩次如下：

组 1(G1)：4.0,32.0,4.0,7.0,15.0,15.0,25.0,22.0,19.5,10.0,29.0,19.5,15.0,15.0,2.0；

组 2(G2)：29.0,15.0,15.0,4.0,29.0,38.5,7.0,22.0,7.0,15.0,1.0,38.5,10.0,22.0,25.0；

组 3(G3)：29.0,38.5,10.0,35.0,45.0,35.0,44.0,33.0,42.0,42.0,29.0,38.5,35.0,42.0,25.0。

本例秩次数据中有等值现象，应利用校正公式计算检验统计量。已知 $N = 45$，$n_1 = n_2 = n_3 = 15$，通过计算得到 $S^2 = 171.1932$，$R_{G1}^2 = 54\,756$，$R_{G2}^2 = 77\,284$，$R_{G3}^2 = 273\,529$。利用公式 9.34，得到 $H = \dfrac{1}{171.1932}\left(-\dfrac{45(45+1)^2}{4} + \dfrac{54\,756 + 77\,284 + 273\,529}{15}\right) \approx 18.89$。如果利用公式 9.35，则未校正的 $H = 18.7416$。本例中，等秩 19.5 重复 2 次，4、7、10、22、25、35 和 42 各重复 3 次，38.5 重复 4 次，29 重复 5 次，15 重复 7 次。根据公式 9.36，得到校正值 $C = 0.9924$，$H_c = \dfrac{H}{C} = \dfrac{18.7416}{0.9924} \approx 18.89$，与利用公式 9.34 得到的计算结果相同。本例 H 检验的自由度为 $H = J - 1 = 2$。在 $\alpha = 0.05$ 时，卡方检验临界值为 $\chi^2(2) = 5.99$。由于 $H > \chi^2(2)$，因而拒绝零假设，推断三个组在因变量(DV)测量方面有统计显著性差异。如要计算统计显著性检验的概率，则执行 R 命令 `pchisq(18.89,2,lower = FALSE)` 得到 $p < 0.001$。

统计显著性结果表明至少有一个配对组之间有统计显著性差异。对组间差异的初步了解可以检查平均秩次。本例组 1、组 2 和组 3 的平均秩次依次为 15.6、18.53 和 34.87，组 3 的平均秩次明显高于组 1 和组 2 的平均秩次，组 1 和组 2 的平均秩次接近。

不过,确定显著性差异的具体位置需要采用正式的多重比较检验。Siegel & Castellan (1988)提出一种简单方法检验任一配对比较组 u 和 v 平均秩次的差异。配对比较组 u 和 v 平均秩次差异绝对值记作 $|\bar{R}_u - \bar{R}_v|$。在大样本情况下,$|\bar{R}_u - \bar{R}_v|$ 近似服从正态分布。令族第一类错误率为 α,配对差异检验的临界值(critical value, CV)为 $CV = z_{\alpha/k(k-1)}$ $\sqrt{\dfrac{N(N+1)}{12}\left(\dfrac{1}{n_u}+\dfrac{1}{n_v}\right)}$,其中 N 为各组合并样本量,n_u 和 n_v 是配对比较组 u 和 v 的样本量,k 是组数,$z_{\alpha/k(k-1)}$ 表示标准正态分布 z 分数。如果 $|\bar{R}_u - \bar{R}_v| \geqslant CV$,拒绝零假设 H_0: $\theta_u = \theta_v$,推断两个配对比较组平均秩次有统计显著性差异。如果 $|\bar{R}_u - \bar{R}_v| < CV$,保留零假设 $H_0:\theta_u = \theta_v$,推断两个配对组平均秩次没有统计显著性差异。

本例中,$k = J = 3$,$N = 45$,$n_1 = n_2 = n_3 = 15$。设定族错误率 $\alpha = 0.05$,则 $z_{\alpha/k(k-1)} = 2.39398$。因此,组间平均秩次差异检验的临界值为 $CV = 2.39398 \times$ $\sqrt{\dfrac{45 \times 46}{12} \times \left(\dfrac{1}{15}+\dfrac{1}{15}\right)} \approx 11.48$。各个配对平均秩次差异绝对值为:$|\bar{R}_{G1} - \bar{R}_{G2}| = 2.93$,$|\bar{R}_{G1} - \bar{R}_{G3}| = 19.27$,$|\bar{R}_{G2} - \bar{R}_{G3}| = 16.33$。由此推断,组 3 显著好于组 1 和组 2,组 1 和组 2 之间没有统计显著性差异。

Kruskal-Wallis H 检验既是为了推断各个独立组观测值秩次分布是否相同,又是为了检验至少一个总体(population)中的观测值大于或小于所有其他总体中观测值的趋势。该检验的本质是检验随机同质性(stochastic homogeneity),即检验组间平均秩次是否相同。这与传统的方差分析检验组间平均数差异是不同的。虽然 Kruskal-Wallis H 检验主要用于离散数据,但是它也可以用于连续性数据,依研究的具体目的而定。如果研究目的是发现不同总体(或条件)中的分值是否相似,或者发现一个总体(或条件)中的分值是否普遍大于或小于其他总体(或条件)中的分值,且秩次方差齐性,则可以使用 Kruskal-Wallis H 检验(Vargha & Delaney,1998,p. 187)。如果秩次方差不齐,则可以使用稳健秩次方差分析方法(如 9.9 节介绍的方法)。在只有两个比较组时,Kruskal-Wallis H 检验等同于 Mann-Whitney 秩和检验。同 Mann-Whitney 秩和检验一样,Kruskal-Wallis 检验允许等秩,但是要求满足秩次方差齐性(rank variance homogeneity)假设。常用的方差齐性检验方法是 Levene 方差齐性检验。

9.8.2　单因素设计秩次型 Kruskal-Wallis 检验应用举例

Murphy(2004)采用 $3 \times 2 \times 3$ 三因素混合设计调查学习者类别(简称组别,group)、仿真动词(nonce verbs)类型(verb type)和仿真动词熟悉度(familiarity)对仿真动词过去式产出的影响。组别是被试间因素,有三个水平:母语为英语的儿童(母语儿童组)、母语为英语的本科生(母语成人组)和以英语为二语的成年初学者(二语成人组)。每组被试数均为 20 人($n_1 = n_2 = n_3 = 20$)。仿真动词类型为被试内因素,有两个水平:规则动词和不规则动词。每类仿真动词各有 15 个。每类仿真动词又按熟悉度被划分为动词数量相等的三个类别:原型仿真动词(prototypical nonce verbs)、半仿真动词(intermediate nonce verbs)和生疏仿真动词(distant nonce verbs)。原型仿真动词是指与真实英语动词押韵的假词,譬如规则仿真动词 plip 和真词 drip(过去式为 dripped),不规则仿真动词 spling 和真词 cling(过去式为 clung)。半仿真动词与英语真实动词有相同的音丛模式（如 CCV_），如规则仿真动词 smeeb 和真词 cream（过去式为 creamed），不规则仿真动词 cleef 和真词 bleed（过去式为 bled）。生疏仿真动词与真实英语动词没有相同的音丛模式，如规则仿真动词 ploamph 和真词 croak（过去式为 croaked），不规则仿真动词 goav 和真词 blow（过去式为 blew）。在研究实施期间，英语真词练习后，被试听、读每个"有趣"词（即仿真词），然后写出自认为正确的每个动词（共 30 个仿真词）过去式。被试反应按是否在动词词尾加词缀计数。加缀词形指以[−ed]、[−d]或[−t]结尾的词形；不加缀词形指有内部元音变化或词根和过去式之间没有变化的词形。每个仿真词加后缀构成过去式计数为 1，不加词缀计数为 0。Murphy（2004）采用混合因素方差分析检验组别、仿真动词类型和熟悉度对仿真动词过去式产出的影响，将计数数据视作连续性数据。

　　Murphy（2004）研究中的数据具有离散性，采用秩次型方法分析是合适的。出于演示的目的，本节只考虑原型仿真不规则动词，检验三个组产出的加缀词形数秩次分布是否有统计显著性差异。三组产出的含后缀词形数如下：[①]

　　　母语儿童组（NS children）:2,4,2,2,5,3,2,1,3,2,2,2,4,2,4,5,3,4,4,1;
　　　母语成人组（NS adults）:2,4,4,2,2,4,2,2,2,2,3,2,0,2,2,2,3,2,2,2;
　　　二语成人组（NNS adults）:4,5,3,2,3,3,3,5,4,3,3,5,3,5,2,1,3,2,4,4。

　　采用 Kruskal-Wallis H 检验之前，先开展各组秩次方差齐性检验。将以上数据转化为数据框格式，利用 R 函数 rank 计算各个数值的秩次，再利用平均数开展 Levene 方差齐性检验。R 命令和方差齐性检验结果如下：

```
>NSchildren<-c(2,4,2,2,5,3,2,1,3,2,2,2,4,2,4,5,3,4,4,1)
>NSadults<-c(2,4,4,2,2,4,2,2,2,2,3,2,0,2,2,2,3,2,2,2)
>NNSadults<-c(4,5,3,2,3,3,3,5,4,3,3,5,3,5,2,1,3,2,4,4)
>Group<-gl(3,20,labels=c("NSC","NSA","NNSA"))
>IrregProto<-c(NSchildren,NSadults,NNSadults)
>Proto<-data.frame(Group,IrregProto)
>Proto$ranks<-rank(Proto$IrregProto)
>require(car)
>leveneTest(Proto$ranks,Proto$Group,center=mean)
Levene's Test for Homogeneity of Variance (center = mean)
        Df  F value   Pr(>F)
group   2   2.7655   0.07141 .
        57
- - -
Signif. codes:  0 '***' 0.001 '**' 0.01 '*' 0.05 '.' 0.1 ' ' 1
```

以上结果表明，本例数据满足秩次方差齐性假设（$F(2,57)=2.77, p=0.071>0.05$）。[②]

Kruskal-Wallis H 检验的 R 函数为 kruskal.test(x, G)，其中 x 为数值向量，G 为

---

① 数据来源:http://cw.routledge.com/textbooks/9780805861853/spss-data-sets.asp.
② 利用中位数的 Levene 方差齐性检验发现，本例数据轻度违反秩次方差齐性假设，$F(2,57)=3.56, p=0.035<0.05$。

组别变量或因素。针对本例,开展 Kruskal-Wallis H 检验的 R 命令和统计分析结果如下:

```
>kruskal.test(IrregProto,Group)
        Kruskal-Wallis rank sum test
data: IrregProto and Group
Kruskal-Wallis chi-squared = 8.6431, df = 2, p-value = 0.01328
```

输出的结果中将统计量 H 称作 chi-squared(χ^2),因为 H 近似服从卡方分布。结果表明,三个组产出的加缀词形数秩次分布有统计显著性差异($\chi^2(2) = 8.64, p = 0.013 < 0.05$)。三个组的平均秩次依次为:30.38(母语儿童组)、22.83(母语成人组)和38.3(二语成人组),其中二语成人组的平均秩次最高,母语儿童组次之,母语成人组的平均秩次最低。① 调用 R 数据包 pgirmess 中的函数 kruskalmc 开展配对平均秩次差异检验。本例配对检验的 R 命令和统计分析结果如下:

```
>require(pgirmess)
>kruskalmc(IrregProto,Group,data = Proto)
Multiple comparison test after Kruskal-Wallis
p.value: 0.05
Comparisons
            obs.dif   critical.dif   difference
NSC-NSA     7.550     13.22119       FALSE
NSC-NNSA    7.925     13.22119       FALSE
NSA-NNSA    15.475    13.22119       TRUE
```

以上结果表明,族错误率控制在 $\alpha = 0.05$ 时,二语成人组产出的含后缀词形数显著多于母语成人组产出的含后缀词形数,其他两个配对组产出的含后缀词形数没有统计显著性差异。

利用本书编写的 R 函数 wilcox.r(见7.6节)得到,母语儿童组和母语成人组比较的效应量较小($r = 0.22$),母语儿童组和二语成人组比较的效应量也较小($r = 0.21$),但是母语与二语成人组比较的效应量大($r = 0.48$)。

9.9 单因素设计秩次型稳健方差分析

9.9.1 单因素设计秩次型稳健方差分析程序

Brunner *et al.*(1997)提出一种稳健的秩次型方差分析方法,允许方差不齐和有等值现象,是 Kruskal-Wallis 检验的稳健形式。本节参考 Brunner *et al.*(1997)和 Wilcox(2017b,pp.391 − 392)简要介绍秩次型单因素稳健方差分析的基本程序。

首先,合并 J 个独立组数据,对之分配秩次,得到各个组数值的秩次 R_{ij}(即第 j 组第

---

① 计算每组平均秩次的 R 命令为:

by(Proto $ ranks,Group,mean)

i 个秩次)。如有等值,则使用中秩。各个组平均秩次 $\bar{R}_j$ 为:$\bar{R}_j = \dfrac{1}{n_j}\sum\limits_{i=1}^{n_j} R_{ij}$,其中 n_j 为

第 j 组样本量。相对效应(relative effects)值向量 $\boldsymbol{Q} = \dfrac{1}{N}\left(\bar{R}_1 - \dfrac{1}{2}, \cdots, \bar{R}_J - \dfrac{1}{2}\right)$,其中 N

为各组合并样本量。第 j 组秩次型方差为:$s_j^2 = \dfrac{1}{N^2(n_j-1)}\sum\limits_{i=1}^{n_j}(R_{ij} - \bar{R}_j)^2$。

接下来,计算检验统计量 F 及其自由度 v_1 和 v_2。令 $\boldsymbol{V} = N\mathrm{diag}\left\{\dfrac{s_1^2}{n_1}, \cdots, \dfrac{s_j^2}{n_j}\right\}$,其中

diag 表示对角矩阵,对角线上的值为 $\dfrac{s_1^2}{n_1}, \cdots, \dfrac{s_J^2}{n_J}$。令 $\boldsymbol{I}$ 为 $J\times J$ 单位矩阵(identity matrix),

$\boldsymbol{J}$ 是元素为 1 的 $J\times J$ 矩阵。再令矩阵 $\boldsymbol{M} = \boldsymbol{I} - \dfrac{1}{J}\boldsymbol{J}$,它的对角元素相同。检验统计量 F

的计算公式为:

$$F = \frac{N}{\mathrm{tr}(M_{11}V)}\boldsymbol{QMQ'} \tag{9.37}$$

其中,tr 表示矩阵迹(trace),矩阵 $\boldsymbol{Q'}$ 为矩阵 $\boldsymbol{Q}$ 的转置矩阵。统计量 F 的自由度为:$v_1 = \dfrac{M_{11}^2[\mathrm{tr}(\boldsymbol{V})]^2}{\mathrm{tr}(\boldsymbol{MVMV})}$,$v_2 = \dfrac{[\mathrm{tr}(\boldsymbol{V})]^2}{\mathrm{tr}(\boldsymbol{V}^2\boldsymbol{\Lambda})}$,其中 $\boldsymbol{\Lambda} = \mathrm{diag}\{(n_1-1)^{-1}, \cdots, (n_J-1)^{-1}\}$。

最后,推断组间平均秩次是否有统计显著性差异。令 f 为 F 分布 $1-\alpha$ 的分位数(即统计显著性检验临界值)。若 $F\geq f$ 或显著性检验得到的 p 值小于(或等于)α,拒绝零假设 $H_0:F_1(x) = \cdots = F_J(x)$(即各个独立组秩次分布相同),推断各组平均秩次有统计显著性差异。为了便于对以上统计量的理解,下面举一个例子。假如三个独立组测量数值如下:

x1:6,3,2,5,2,0,2,10,2,3;

x2:7,11,4,4,7,1,0,4,9,1;

x3:8,3,9,2,2,14,3,20,9,20。

试采用秩次型稳健方差分析检验三个组平均秩次是否有统计显著性差异。

先计算各组数值对应的秩次,根据各组秩次计算相对效应(relative effects)值向量 $\boldsymbol{Q}$。假如已经得到各组秩次向量值(rvec),计算向量 $\boldsymbol{Q}$ 的 R 命令和统计分析结果如下:

```
>N = 30
>rvec <- list()
>rvec[[1]] <- c(19.0,12.5,7.5,18.0,7.5,1.5,7.5,26.0,7.5,12.5)
>rvec[[2]] <- c(20.5,27.0,16.0,16.0,20.5,3.5,1.5,16.0,24.0,3.5)
>rvec[[3]] <- c(22.0,12.5,24.0,7.5,7.5,28.0,12.5,29.5,24.0,29.5)
>rbar <- c(mean(rvec[[1]]),mean(rvec[[2]]),mean(rvec[[3]]))
>Q <- (rbar - 0.5)/N
>Q
[1] 0.3816667  0.4783333  0.6400000
```

然后,计算检验统计量 F 值及其自由度 v_1 和 v_2。计算各个统计量的 R 命令如下:

```
> svec <- NA
> nvec <- c(10,10,10)
> JK <- 3
> for(j in 1:JK)svec[j] <- (sum((rvec[[j]] - rbar[j])^2)/(nvec[j] -
1))/N^2
> V <- N*diag(svec/nvec)
> J <- 3
> Ja <- matrix(1,J,J)
> Ia <- diag(1,J)
> M <- Ia - Ja/J
> Q <- as.matrix(Q)
> F <- N*(t(Q)%*% M%*%Q)/(sum(M[1,1]*diag(V)))
> nu1 <- M[1,1]^2*sum(diag(V))^2/sum(diag(M%*%V%*%M%*%V))
> lambda <- diag(1/(nvec - 1))
> nu2 <- sum(diag(V))^2/sum(diag(V%*%V%*%lambda))
```

最后,计算 $\alpha = 0.05$ 时的临界值 f 或 p 值,做统计推理。R 命令和统计分析结果如下:

```
> f <- qf(0.95,nu1,nu2)
> p <- pf(F,nu1,nu2,lower.tail = FALSE)
> stat <- matrix(c(F,nu1,nu2,f,p),ncol = 5)
> colnames(stat) <- c("F","nu1","nu2","f","p")
> stat
          F       nu1       nu2        f         p
[1,] 2.164758  1.966793  26.11804  3.385191  0.1356023
```

根据以上结果,本例三个组秩次分布没有统计显著性差异($F(1.97,26.12) = 2.16 < f = 3.39$ 或 $F(1.97,26.12) = 2.16, p = 0.136 > 0.05$)。

当秩次型稳健单因素方差分析拒绝零假设时,需要开展配对比较检验。在 J 个独立组中对于组 j 和组 $k(1 \leq j < k \leq J)$,令 $p_{jk} = P(X_{ij} < X_{ik}) + 0.5(X_{ij} = X_{ik})$,则配对检验的零假设为 $H_0 : p_{jk} = 0.5$。稳健配对检验方法采用 Cliff 方法,族第一类错误率的控制采用 Hochberg 方法。

9.9.2　单因素设计秩次型稳健方差分析应用举例

9.8.2 节以 Murphy(2004)研究中的原型仿真不规则动词测量数据为例,利用 Kruskal-Wallis H 检验推断三个组产出的加后缀词数秩次分布是否有统计显著性差异。利用平均数的秩次方差齐性检验发现三组数据方差齐性,但是利用中位数的方差齐性检验发现三组数据轻度违反方差齐性假设。本节采用秩次型稳健方差分析检验三个组数据的秩次分布是否来自同一个分布。

开展前一节介绍的秩次型稳健方差分析的 R 函数为来自数据包 Rallfun - v37 中的 bdm(x),其中 x 为数据列表。R 命令和统计分析结果如下:

```
> NSchildren <- c(2,4,2,2,5,3,2,1,3,2,2,2,4,2,4,5,3,4,4,1)
```

```
>NSadults<-c(2,4,4,2,2,4,2,2,2,2,3,2,0,2,2,2,3,2,2,2)
>NNSadults<-c(4,5,3,2,3,3,3,5,4,3,3,5,3,5,2,1,3,2,4,4)
>Proto<-list()
>Proto[[1]]<-NSchildren
>Proto[[2]]<-NSadults
>Proto[[3]]<-NNSadults
>source("Rallfun-v37.txt")
>bdm(Proto)
$F
     [,1]
[1,] 4.891621
$nu1
[1] 1.938537
$nu2
[1] 53.60106
$q.hat
     [,1]
[1,] 0.4979167
[2,] 0.3720833
[3,] 0.6300000
$p.value
     [,1]
[1,] 0.01188075
```

以上结果表明,三个组秩次分布有统计显著性差异($F(1.94, 53.60) = 4.89$, $p = 0.012 < 0.05$)。三个组的相对效应中,二语成人组的相对效应最大($\hat{q} = 0.63$),其次是母语儿童组的相对效应($\hat{q} = 0.50$),母语成人组的相对效应最低($\hat{q} = 0.37$)。

采用 Cliff 方法开展配对比较的 R 函数为来自数据包 Rallfun-v37 中的 cidmulv2(Proto, CI.FWE = TRUE),其中 x 为数据列表,CI.FWE = TRUE 表示使用 Hochberg 方法控制族第一类错误率($\alpha = 0.05$)。针对本例,R 命令和统计分析结果如下:

```
>source("Rallfun-v37.txt")
>cidmulv2(Proto,CI.FWE=TRUE)
$n
    [,1] [,2] [,3]
[1,]  20   20   20
$test
    Group Group  p.hat  p.ci.lower  p.ci.uppper  p-value   p.crit
[1,]  1     2    0.38375  0.2227407   0.5750395    0.180   0.02500000
[2,]  1     3    0.62250  0.4430656   0.7736568    0.190   0.05000000
[3,]  2     3    0.76750  0.5535644   0.8978365    0.003   0.01666667
$summary.dvals
```

	Group	Group	P(X < Y)	P(X = Y)	P(X > Y)
[1,]	1	2	0.2175	0.3325	0.450
[2,]	1	3	0.5250	0.1950	0.280
[3,]	2	3	0.6800	0.1750	0.145

以上结果显示,母语儿童组产出的含后缀词数量少于和等于母语成人组产出的含后缀词数量的概率估计 $\hat{P} = 0.38$,即 $\hat{P} = \hat{P}(X < Y) + 0.5\hat{P}(X = Y) = 0.2175 + 0.3325/2$。总体 P 的 95%CI 为 $[0.22, 0.58]$,包括 0.5,不拒绝零假设。同样,$\hat{P} = 0.38$ 对应的 $p = 0.180 > p.crit = 0.025$,说明母语儿童组和母语成人组产出的含后缀词数分布没有统计显著性差异。母语儿童组和二语成人组产出的含后缀词数分布也没有统计显著性差异($\hat{P} = 0.62, 95\%CI[0.44, 0.77], p = 0.19 > p.crit = 0.05$),但是母语成人组和二语成人组产出的含后缀词数分布有统计显著性差异($\hat{P} = 0.77, 95\%CI[0.55, 0.90], p = 0.003 < p.crit = 0.017$)。本例数据没有严重违反秩次方差齐性,秩次型稳健方差分析与 Kruskal – Wallis H 检验得出同样的结论。

思考与练习

1. 以被试间单因素设计为例,简述常规方差分析的基本原理。

2. 简要说明 F 分布的特点。

3. 被试间设计常规方差分析有哪些统计假设?

4. 在因素方差分析中,主效应平均数和单元格(cell)平均数有何区别?

5. 在包括两个因素(A 和 B)的方差分析中,检验因素 A 效应、因素 B 效应以及 A×B 交互效应的零假设是什么?

6. 在被试间设计中,如果只有两个比较组,常规单因素方差分析得到的 F 比率等于下面哪一项?

(a) t 检验得到的 t 值的平方

(b) t 检验得到的 t 值的平方根

(c) t 检验得到的 t 值的两倍

(d) t 检验得到的 t 值的二分之一

7. 在被试间设计常规方差分析中,如果零假设为真,即各个总体的平均数相同,组间均方($MS_{between}$)近似等于下面哪一项?

(a) F 比率　　　(b) 0　　　(c) 1　　　(d) 组内均方(MS_{within})

8. 2×3 被试间设计有几个因素?

(a) 2　　　(b) 3　　　(c) 5　　　(d) 6

9. 在 2×4 被试间均衡设计中,每个单元格的样本量为 15,常规双因素方差分析中误差自由度是多少?

(a) 114　　　(b) 116　　　(c) 112　　　(d) 119

10. 常规单因素方差分析的统计假设包括下面哪一项?

(a) 各个总体(populations)的平均数相同。

（b）各个总体的方差相同。

（c）各个样本的方差相同。

（d）每组的样本量相同。

11. 如果在常规方差分析中得到 $F = 0.05$，下面哪一项是正确的？

（a）在统计显著性水平 $\alpha = 0.05$ 时，不能拒绝零假设。

（b）F 值的计算出现了错误。

（c）不知道 F 比率的分子和分母自由度，因而不能做出任何统计推论。

（d）在统计显著性水平 $\alpha = 0.05$ 时，拒绝零假设。

12. 在以下哪种情况下，Kruskal – Wallis 检验统计量 H 会增加？

（a）各组秩和增加　　　　　　　（b）各组秩和差异增加

（c）各组秩和接近　　　　　　　（d）各组秩和减少

13. 如果一项实验研究操纵不止一个自变量，下面哪个选项正确？

（a）该研究为因素设计。

（b）该研究有一个显著主效应。

（c）该研究是混合设计。

（d）该研究至少有一个显著交互效应。

14. 在方差分析中，如果一个因素的效应依赖于另一个因素的水平，以下哪种效应存在？

（a）一个因素有主效应，另一个因素是否有主效应不确定。

（b）两个因素有交互效应。

（c）两个因素都有主效应。

（d）一个因素有主效应，另一个因素没有主效应。

15. 在包括两个因素的实验设计中，如果因变量测量平均数随因素水平变化的线条不平行，下面哪个选项最有可能正确？

（a）两个因素有交互效应。

（b）两个因素没有交互效应。

（c）两个因素都有主效应。

（d）两个因素都没有主效应。

16. 一项实验研究利用被试间设计调查任务类型和英语水平对英语学习者词汇知识习得的影响。任务类型包括用生词在短文中填空、用生词造句和翻译包括生词的英文句子。学习者的英语水平分为低和高两个水平。生词知识测试在实验结束后实施。每个单元格中的被试数均为 10 人。回答以下问题：

（a）用数字描述本研究的设计形式。

（b）在开展常规方差分析计算任务主效应平均数时，每个组的样本量是多少？

（c）在开展常规方差分析计算英语水平主效应平均数时，每个组的样本量是多少？

（d）若使用 Tukey's HSD 开展交互效应进一步检验，每个组的样本量是多少？

（e）本研究的总样本量是多少？

17. 某研究采用 2×2 被试间实验设计调查文本体裁和难易度对外语学习者阅读理解力的影响。文本体裁包括记叙文和议论文，文本难易度包括较难和较易两个水平。

方差分析结果表明,被试的阅读理解力在记叙文和议论文之间没有统计显著性差异;在每类体裁中,被试在较易文本上的阅读理解力均显著好于在较难文本上的阅读理解力。试问:本研究中有统计显著性的效应是什么?

18. 一项实验研究采用 2×2 被试间实验设计调查话题熟悉度和交际情境对外语学习者演讲焦虑度(连续性变量)的影响。话题熟悉度包括熟悉和不熟悉两个水平;交际情境包括小组演讲和班级演讲两个水平。两个因素水平组合构成的每个单元格的样本量均为 20 名学习者。常规因素方差分析得到的部分结果如下表所示:

变异来源	平方和	自由度	均方	F
话题熟悉度	9 178.474	＿＿＿＿	＿＿＿＿	＿＿＿＿
交际情境	2 272.064	＿＿＿＿	＿＿＿＿	＿＿＿＿
话题熟悉度×交际情境	176.562	＿＿＿＿	＿＿＿＿	＿＿＿＿
误差	5 993.436	＿＿＿＿	＿＿＿＿	

回答以下问题:

(a) 在上表的横线上填写缺失的统计量值(保留三位小数)。

(b) 本研究的样本量是多少?

(c) 设定统计显著性水平 $\alpha = 0.05$,本研究的统计结论是什么?

(d) 计算本研究主效应和交互效应的效应量 $\hat{\eta}^2$,并判断各个效应量的大小。

19. 某项实验研究设计三种词汇学习任务(任务一、任务二和任务三)调查任务对不同词汇量水平英语学习者新词知识习得的影响。词汇量被分为低和高两个水平。45 名词汇量低水平和 45 名词汇量高水平大学英语学习者被随机分配到三种任务中。各个单元格中新词知识测量结果如下表所示:

任务一 + 词汇量低水平:	9.0,14.5,12.5,7.5,8.5,11.0,16.5,18.5,10.0,9.0,10.0,10.0,17.5,15.5,9.0
任务一 + 词汇量高水平:	13.0,12.5,12.0,9.0,11.5,13.5,9.0,10.0,8.0,7.0,21.5,12.5,17.5,11.0,14.5
任务二 + 词汇量低水平:	9.0,15.0,12.5,10.0,9.5,8.5,12.5,5.0,15.5,10.5,11.0,10.5,13.0,10.0,15.5
任务二 + 词汇量高水平:	17.0,10.0,7.0,9.0,21.5,15.0,19.5,13.0,20.0,20.0,15.5,9.0,14.0,13.0,17.5
任务三 + 词汇量低水平:	8.0,21.0,17.0,17.5,12.0,13.0,8.0,12.5,13.5,15.5,12.0,10.0,12.0,16.0,10.5
任务三 + 词汇量高水平:	15.0,13.5,26.0,17.0,26.5,26.5,16.0,9.0,19.5,10.0,23.0,22.5,15.0,16.0,19.0

本研究中,设定统计显著性水平 $\alpha = 0.05$。回答以下问题:

(a) 检验每个单元格数据是否均服从正态分布? 利用箱图诊断每个单元格数据分布是否有异常值存在?

（b）若开展常规方差分析,利用中位数对本研究数据开展 Levene 方差齐性检验,统计结论是什么?

（c）若调用 R 数据包 afex 开展常规方差分析,统计结论是什么?

（d）若调用 R 数据包 Rallfun－v37 开展稳健方差分析 Q 检验,统计结论是什么? 这些结论与(c)中的结论是否一致?

（e）若在开展常规方差分析后,利用 Tukey's HSD 对任务类型和词汇量水平开展简单比较检验,统计结论是什么?

（f）若在 Q 检验后,利用 20% 截尾平均数对任务类型和词汇量水平开展简单比较检验,统计结论是什么? 与(e)中得出的结论是否一致?

（g）针对本研究,你在研究中倾向于报告常规方差分析得出的统计结果,还是倾向于报告稳健统计方法得出的统计结果?

20. 某研究者想知道不同年级的英语专业学习者在听觉材料的内容记忆方面是否会有差异,从大学一、二、三个年级中各自随机抽取 20 名学生听一则英文故事,要求在听完后口述故事的主要内容。研究者将故事内容划分为 20 个意义单位(idea units),以每个学生正确记忆的意义单位数作为内容记忆效果的测量。下表显示对每位学生记忆内容的测量结果:

一年级:	7,10,9,7,12,12,7,11,9,9,9,8,10,7,9,11,13,8,9,6
二年级:	7,11,8,8,9,9,7,8,9,10,9,9,9,9,11,11,7,10,11,8
三年级:	13,16,14,14,13,10,11,9,11,10,12,12,13,12,13,12,9,13,11,13

回答以下问题:

（a）如果对本研究的数据开展 Kruskal-Wallis H 检验,各个年级组秩次数据是否满足方差齐性假设?

（b）设定统计显著性水平 $\alpha = 0.05$,对本研究数据开展 Kruskal-Wallis H 检验,统计结论是什么?

（c）如果 Kruskal-Wallis H 检验发现统计显著性结果,调用 R 数据包 pgirmess 检验组间配对平均秩次差异。

第10章

多个相关组比较

第 8 章介绍了两个相关组的比较。本章介绍的多个相关组比较是两个相关组比较的推广。相关组设计包括被试内设计和被试匹配设计。这两类设计使用的统计分析方法相同。被试内设计比被试匹配设计更常用。同第 8 章一样,本章介绍的多个相关组比较仍以被试内设计为例。被试内方差分析(within-subjects ANOVA)又称重复测量方差分析(repeated-measures ANOVA)。根据被试内因素的数量,重复测量方差分析分为单因素重复测量方差分析(one-way repeated-measures ANOVA)和双因素重复测量方差分析(two-way repeated-measures ANOVA)等。在语言学定量研究中,另外一种常用的方差分析类型是混合方差分析(mixed ANOVA)。混合方差分析适用于混合设计(mixed designs)。混合设计是被试内设计和被试间设计的组合,又称裂区设计(split-plot designs)。本章重点介绍传统的与稳健的单因素重复测量方差分析、传统的与稳健的混合设计方差分析。除此之外,本章还介绍用于多个相关组比较的 Friedman 秩次检验和单因素设计秩次型稳健方差分析。本章调用的 R 数据包为 `afex`、`biotools`、`car`、`emmeans`、`ez`、`ggplot2`、`matrixStats`、`pastecs`、`pgirmess` 和 `Rallfun - v37`。

10.1 单因素重复测量方差分析

10.1.1 单因素重复测量方差分析程序

比较两个相关样本的平均数差异时,在满足统计假设的前提下,我们采用配对样本 t 检验。如果要对两个以上相关样本的平均数差异进行比较,在满足统计假设的前提下,则要使用重复测量方差分析。本节介绍单因素重复测量方差分析。

单因素重复测量方差分析是最简单的重复测量方差分析方法。在第 9 章讨论的单因素被试间设计方差分析中,因素 A 不同水平中的被试不同,即每个被试被嵌套(nested)在因素 A 的某一个水平中(S/A)。在单因素重复测量设计方差分析中,每个被试都代表因素 S 的一个水平,出现在因素 A 的每个水平中,因而被试因素 S 与因素 A 交叉($A \times S$)。这使得单因素重复测量设计有些像双因素(A 和 B)被试间设计,因为在这一设计中因素 A 和 B 交叉($A \times B$)。不同的是,在单因素设计重复测量方差分析中,被试因素 S 与因素 A 的交互作用被视作误差,而在双因素(A 和 B)被试间设计中,因素 A 和 B 的交互作用是被试间交互效应。单因素重复测量方差分析的线性模型是:

$$Y_{ij} = \mu_G + \alpha_j + S_i + (Sa)_{ij} + E_{ij} \tag{10.1}$$

其中,Y_{ij} 是因素 A 第 j 个水平上第 i 个观测值,$j = 1, \cdots, a$;μ_G 是总平均数(grand mean)。

α_j 是因素 A 第 j 个水平上的效应。S_i 是第 i 个被试在因素 A 所有水平上的平均效应。$(Sa)_{ij}$ 是第 i 个被试与因素 A 第 j 个水平上的交互效应。E_{ij} 表示随机误差。在第 9 章公式 9.2 介绍的被试间设计单因素方差分析线性模型 $Y_{ij} = \mu_G + a_j + E_{ij}$ 中,虽然三个非系统变异源 $S_i + (Sa)_{ij} + E_{ij}$ 也存在,但是它们无法被区分。由此,被试内设计中的三个方差 σ_S^2、$\sigma_{A \times S}^2$ 和 σ_{error}^2 在被试间设计中被合并在一起,构成一个误差项 σ_{error}^2。这就是我们为什么说被试内方差分析的误差比被试间方差分析的误差几乎总是小的原因。误差小使得统计效力提高。

根据 Keppel & Wickens(2004,pp. 374 - 375),重复测量方差分析中三个效应均方的期望值为:

$$E(MS_A) = \frac{n}{a-1} \sum a_j^2 + \sigma_{A \times S}^2 + \sigma_{error}^2, E(MS_S) = a\sigma_S^2 + \sigma_{error}^2;$$
$$E(MS_{A \times S}) = \sigma_{A \times S}^2 + \sigma_{error}^2 \tag{10.2}$$

因素 A 效应受到两个误差源的影响——因素 A 与被试因素 S 的交互作用($\sigma_{A \times S}^2$)和各个观测值的变异(σ_{error}^2)。误差方差 σ_{error}^2 存在于每个效应中,是一个非孤立性的变异源,不能被独立地估计。在零假设条件下,$\sum a_j^2 = 0$,因此 $E(MS_A) = \sigma_{A \times S}^2 + \sigma_{error}^2$。$F$ 比率的分母必须是 $\sigma_{A \times S}^2 + \sigma_{error}^2$,这两项之和正是因素 A 与被试因素 S 的交互效应均方 $E(MS_{A \times S})$。实际研究中,如果 F 比率接近 1,基本可以判断因素 A 没有统计显著性效应。被试因素效应的检验没有合适的误差项。如果对其效应的检验采用误差项 $E(MS_{A \times S})$,则 F 检验产生负偏差(negatively biased)(Keppel & Wickens,2004,p. 353)。

在单因素重复测量方差分析中,样本观测值与样本总平均数的总离差为 $Y_{ij} - \bar{Y}_G$。总离差可以进一步分解为以下三个部分:因素 A 效应 $a_j = \bar{Y}_j - \bar{Y}_G$、被试因素 S 效应 $S_i = \bar{Y}_{S_i} - \bar{Y}_G$ 和因素 A 和 S 的交互效应 $(Sa)_{ij} = Y_{ij} - \bar{Y}_j - \bar{Y}_{S_i} + \bar{Y}_G$。相应地,单因素重复测量方差分析的总平方和($SS_T$,代表总变异)被分解成因素 A 平方和($SS_A$)、被试因素 S 平方和($SS_S$)以及因素 A 与 S 的交互作用平方和($SS_{A \times S}$),如图 10.1 所示。

图10.1　单因素重复测量方差分析平方和分解

图 10.1 显示,总平方和 SS_T 由三个平方和构成,即 $SS_T = SS_A + SS_S + SS_{A \times S}$。$SS_A$ 反映因素 A 水平之间的效应差异程度。如果因素 A 每个水平上的平均数相同,则 $SS_A = 0$。SS_S 反映每个被试平均数之间的差异程度。$SS_{A \times S}$ 反映被试在因素 A 不同水平上反应的差异程度。如果不同被试在因素 A 不同水平上的反应模式相同,$SS_{A \times S}$ 就小。反之,如果不同被试在因素 A 不同水平上的反应模式不同,$SS_{A \times S}$ 就大。

表 10.1 显示单因素重复测量方差分析中各个统计量的计算方法。

表 10.1　单因素重复测量方差分析统计量的计算

变异来源	平方和(SS)	自由度(df)	均方(MS)	统计量 F
因素 A	$n\sum(\bar{Y}_j - \bar{Y}_G)^2$	$a-1$	$\dfrac{SS_A}{df_A}$	$\dfrac{MS_A}{MS_{A\times S}}$
被试因素 S	$a\sum(\bar{Y}_{S_i} - \bar{Y}_G)^2$	$n-1$	$\dfrac{SS_S}{df_S}$	
因素 A 与 S 交互作用	$\sum(Y_{ij} - \bar{Y}_j - \bar{Y}_{S_i} + \bar{Y}_G)^2$	$(a-1)(n-1)$	$\dfrac{SS_{A\times S}}{df_{A\times S}}$	
汇总	$\sum(Y_{ij} - \bar{Y}_G)^2$	$an-1$		

在表 10.1 中，$\bar{Y}_j = \dfrac{\sum Y_{ij}}{n}$ 表示因素 A 第 j 个水平上的平均数，$j=1,\cdots,a$，a 是因素

A 水平数，Y_{ij} 表示因素 A 第 j 个水平上第 i 个观测值，n 是样本量。$\bar{Y}_{S_i} = \dfrac{\sum Y_{S_i}}{a}$ 代表第 i

个被试在因素 A 所有水平上的平均数。$\bar{Y}_G = \dfrac{\sum Y_{ij}}{an}$ 代表样本总平均数。从表 10.1 很

容易看出，$an-1 = (a-1) + (n-1) + (a-1)(n-1)$，即 $df_T = df_A + df_S + df_{A\times S}$。在被
试间设计单因素方差分析中，$SS_T = SS_A + SS_{S/A}$，$SS_{S/A}$ 反映在因素 A 同一个水平上与被试
有关的变异，包括被试个体差异和未被控制的变异源。相比之下，在单因素重复测量方
差分析中，与被试有关的变异被明确地分解为两个变异源：被试之间的变异(SS_S)和被
试在因素 A 不同水平上反应的变异($SS_{A\times S}$)。SS_S 是被试间效应。被试间效应通常不
是研究者关注的效应，因为不同被试在因素 A 的作用下有不同的反应是显而易见的。
研究者关注的是因素 A 效应。SS_A 和 $SS_{A\times S}$ 均为被试内效应。要检验被试内因素 A 不
同水平产生的系统变异的大小就需要使用一个误差项，能够体现因素 A 在被试中效应
的不一致性。这个误差项即为 $SS_{A\times S}$。在其他条件相同的情况下，$SS_{A\times S}$ 几乎总是小于
单因素被试间设计方差分析中的合并组内误差项 $SS_{S/A}$，因此被试内设计增加了统计效
力。因素 A 效应检验的 F 统计量为：

$$F = \frac{MS_A}{MS_{A\times S}} \tag{10.3}$$

零假设为真时，F 统计量服从自由度为 $\nu_1 = a-1$ 和 $\nu_2 = (a-1)(n-1)$ 的 F 理论分布，
其中 ν_1 和 ν_2 为 F 比率中分子和分母的自由度。统计量的大小参照零假设为真的条件
下 F 分布。若 $F \geqslant F_{1-\alpha,\nu_1,\nu_2}$，拒绝零假设，推断样本所在总体的平均数不同或不全相同，
否则不拒绝零假设，推断样本所在总体的平均数相同。

假如同一批被试($N=15$)接受三种不同的实验处理(T1、T2 和 T3)，得到以下因变
量测量(DV)结果：

T1:16,10,8,4,10,13,5,11,10,11,10,12,13,2,12；
T2:15,15,16,14,16,16,13,22,14,16,13,10,18,14,14；
T3:14,13,19,20,19,17,9,16,14,13,16,17,16,13,11。

　　试根据表 10.1 对本例开展单因素重复测量方差分析。

　　先将以上数据转化为 R 接受的数据框格式。注意,在这个数据框中,被试因素 S 作为一个变量。本例利用表 10.1 开展方差分析的 R 命令和统计分析结果如下:

```
># dataframe for repeated measures
>T1 <- c(16,10,8,4,10,13,5,11,10,11,10,12,13,2,12)
>T2 <- c(15,15,16,14,16,16,13,22,14,16,13,10,18,14,14)
>T3 <- c(14,13,19,20,19,17,9,16,14,13,16,17,16,13,11)
>subject <- gl(15,3,labels = c("s1","s2","s3","s4","s5","s6","
s7","s8","s9","s10","s11","s12","s13","s14","s15"))
>T <- gl(3,1,45,labels = c("T1","T2","T3"))
>DVm <- matrix(c(T1,T2,T3),ncol = 3)
>DV <- as.vector(t(DVm))
>Data <- data.frame(subject,T,DV)
># means
>n = 15
>MeanYj <- tapply(Data[,3],T,mean)
>MeanYG <- mean(Data[,3])
>MeanYS <- tapply(Data[,3],subject,mean)
># SS
>SSA <- n*sum((MeanYj - MeanYG)^2)
>SSS <- sum((MeanYS - MeanYG)^2)*3
>SSAS <- sum((Data[,3] - rep(MeanYj,15) - as.vector(t(kronecker
(matrix(MeanYS,ncol = 1),matrix(rep(1,3),ncol = 3)))) + MeanYG)^2)
>SST <- sum((Data[,3] - MeanYG)^2)
># MS
>a = 3
>dfA <- a - 1
>dfAS <- (a - 1)*(n - 1)
>MSA <- SSA/dfA
>MSAS <- SSAS/dfAS
># F and p
>F <- MSA/MSAS
>p <- pf(F,dfA,dfAS,lower.tail = FALSE)
># results table
>statistics <- c(SSA,dfA,MSA,F,p,SSAS,dfAS,MSAS,NA,NA)
>results <- matrix(statistics,byrow = TRUE,ncol = 5)
>colnames(results) <- c("SS","df","MS","F","p")
>rownames(results) <- c("A","A×S")
>results <- round(results,digits = 3)
>as.table(results)
         SS       df       MS        F       p
A    280.933   2.000   140.467   16.005   0.000
A×S  245.733  28.000     8.776
```

以上结果显示,因素 A 有统计显著性效应,$F(2,28)=16.01, p<0.001$。这一结果是在满足球性假设(sphericity assumption)的情况下得到的。如果不满足球性假设,则需要调整 F 检验的自由度。关于球性假设,详见下一节。

10.1.2 单因素重复测量方差分析统计假设

重复测量方差分析满足以下条件:① 因变量是定距或定比变量,即连续性变量。自变量是名义或定序变量;② 观测值独立。观测值独立是指对一个被试的观测值与对另一个被试的观测值没有关联;③ 总体呈正态分布,没有异常值;④ 球性假设成立。该假设要求所有实验条件组(或被试内因素不同水平)之间观测值差异的方差($\sigma^2_{x_i-x_j}$)都相等,即差异方差齐性。如果被试内因素只有两个水平,球性假设总是成立,无需开展球性检验。球性假设类似于被试间设计单因素方差分析中的方差齐性假设,但是比方差齐性假设更严格。如果研究数据违背了球性假设,则需要调整被试内因素 F 检验的 p 值。

常用的球性假设检验方法是 Mauchly 球性检验(Mauchly's test of sphericity),统计量为似然比(likelihood-ratio)检验统计量 W。W 的计算公式为:

$$W = \frac{\Pi\lambda_l}{\left[\frac{1}{J-1}\sum\lambda_l\right]^{(J-1)}} \tag{10.4}$$

其中,J 表示因素水平数,Π 表示乘积,λ_l 为总体协方差估计的第 l 个特征值。由于精确计算 W 的概率 p 值相当复杂,通常将 W 值转化为卡方值(χ^2),采用近似卡方值计算 p 值。近似卡方值的计算公式为:$\chi^2 = -(N-1)d\ln W$,其中 N 为总样本量,$d=1-[2(J-1)^2+(J-1)+2]/[6(J-1)(N-1)]$,$\ln$ 是自然对数。χ^2 值对应的自由度 $\nu=\frac{1}{2}J(J-1)-1$。如果 $p>0.05$,不拒绝零假设,推断球性假设成立,否则拒绝零假设,推断球性假设不成立。不过,Mauchly 球性检验缺乏稳健性(Huynh & Mandeville, 1979;Keppel & Wickens, 2004)。Huynh & Mandeville(1979)发现,对于轻尾巴分布,W 检验具有中度保守性;对于重尾巴分布,实际第一类错误率超过名义显著性水平 α。Keppel & Wickens(2004)总结认为,Mauchly 球性检验对轻度违反球性假设(这些违反会影响 F 检验)不敏感,数据中极端值偏多时导致正偏差(p.377)。

下面以 10.1.1 节中的三个处理组数据为例说明球性检验方法。本例数据的样本协方差矩阵为:

$$S_s = \begin{pmatrix} 13.7429 & 2.1571 & 0.4571 \\ 2.1571 & 7.0667 & 1.4190 \\ 0.4571 & 1.4190 & 9.5524 \end{pmatrix}$$

利用双重中心化方法(double-centering)将样本协方差矩阵转化为总体(population)协方差矩阵估计(Salkind, 2010, p.545)。具体的做法是,计算样本协方差矩阵排向量和列向量平均数以及矩阵所有元素的总平均数,样本协方差矩阵中的每个元素减去对应的排平均数和列平均数再加上总平均数,由此得到的矩阵即为总体协方差矩阵估计。针对本例,样本协方差排平均数构成的矩阵为:

$$\boldsymbol{R}_M = \begin{pmatrix} 5.452\,4 & 5.452\,4 & 5.452\,4 \\ 3.547\,6 & 3.547\,6 & 3.547\,6 \\ 3.809\,5 & 3.809\,5 & 3.809\,5 \end{pmatrix}$$

样本协方差列平均数构成的矩阵是排平均数矩阵的转置矩阵,即:

$$\boldsymbol{C}_M = \begin{pmatrix} 5.452\,4 & 3.547\,6 & 3.809\,5 \\ 5.452\,4 & 3.547\,6 & 3.809\,5 \\ 5.452\,4 & 3.547\,6 & 3.809\,5 \end{pmatrix}$$

样本协方差矩阵所有元素的总平均数构成的矩阵为:

$$\boldsymbol{G}_M = \begin{pmatrix} 4.269\,8 & 4.269\,8 & 4.269\,8 \\ 4.269\,8 & 4.269\,8 & 4.269\,8 \\ 4.269\,8 & 4.269\,8 & 4.269\,8 \end{pmatrix}$$

因此,总体协方差矩阵估计为:

$$\boldsymbol{S}_p = \boldsymbol{S}_s - \boldsymbol{R}_M - \boldsymbol{C}_M + \boldsymbol{G}_M = \begin{pmatrix} 7.107\,9 & -2.573\,0 & -4.534\,9 \\ -2.573\,0 & 4.241\,3 & -1.668\,3 \\ -4.534\,9 & -1.668\,3 & 6.203\,2 \end{pmatrix}$$

总体协方差矩阵估计 $\boldsymbol{S}_p$ 的特征值为: $\lambda_1 = 11.314\,4$, $\lambda_2 = 6.237\,9$。根据公式 10.4 计算得到 $W = 0.916\,4$。$N = 15$, $d = 0.928\,6$, $J = 3$, $\chi^2 = -(N-1)d\ln W = 1.135\,6$, $\nu = 2$, $p = 0.567 > 0.05$,由此推断球性假设成立。W 值介于 $0 \sim 1$ 之间,越接近于 1,协方差矩阵球性就越强。

违反球性假设不会使重复测量方差分析无效,但是会导致 F 检验结果产生正偏差,使第一类错误率膨胀。违反球性假设有四种解决方法:上调 F 临界值、依据球性假设违反的最大限度使用保守的 F 临界值、采用多元统计方法(因为多元统计方法不需要满足球性假设)和开展对比检验(即一个自由度的假设检验,因而不受违反球性假设的影响)(Keppel & Wickens, 2004, pp.377 - 379)。调整 F 临界值方法本质上为 F 值自由度调整方法。下面主要介绍 F 值自由度调整方法(鲍贵,2019)。

F 值自由度调整通常有三种校正方法:Geisser-Greenhouse ε 下限(lower-bound)校正、Greenhouse-Geisser $\hat{\varepsilon}$ 校正和 Huynh-Feldt $\tilde{\varepsilon}$ 校正,最常用的校正方法是后两种。它们通过调整 F 比率的分子和分母自由度使 F 检验更趋保守,减少第一类错误。ε 是校正因子,是球性程度的度量,其值介于 $1/(J-1)$ 和 1 之间,其中 J 是实验条件数。若 $\varepsilon = 1$,球性假设成立。$1/(J-1)$ 是违反球性假设的最大可能限度。校正值 ε 越接近 1,球性假设满足程度就越大;ε 值越接近下限,球性假设违反的程度就越大。如果 $J = 3$,则 ε 下限值为 $1/2$,ε 值分别乘以检验统计量 F 比率的分子和分母自由度,便能通过计算得到 ε 下限校正后 F 检验的 p 值。Geisser-Greenhouse ε 下限校正很保守。Greenhouse-Geisser $\hat{\varepsilon}$ 也介于 $1/(J-1)$ 和 1 之间。$\hat{\varepsilon}$ 校正常常也具有某种程度的保守性,倾向于系统地低估总体 ε,尤其在 ε 接近于 1 的时候(Maxwell & Delaney, 2004, p.544)。鉴于 $\hat{\varepsilon}$ 的保守性,Huynh & Feldt(1976)进一步提出了 $\tilde{\varepsilon}$ 校正。

根据 Howell(2013),Greenhouse-Geisser $\hat{\varepsilon}$ 和 Huynh-Feldt $\tilde{\varepsilon}$ 的校正公式分别为:[1]

---

[1]　Howell(2013)指出,Lecoutre(1991)对 Huynh & Feldt(1976)提出的 $\tilde{\varepsilon}$ 公式进行了修正。

$$\hat{\varepsilon} = \frac{i^2(\bar{s}_{jj} - \bar{s})^2}{(i-1)(\sum s_{jk}^2 - 2i\sum \bar{s}_j^2 + i^2\bar{s}^2)} \tag{10.5}$$

$$\tilde{\varepsilon} = \frac{(N-g+1)(i-1)\hat{\varepsilon} - 2}{(i-1)[N-g-(i-1)\hat{\varepsilon}]} \tag{10.6}$$

其中,i 为被试内因素水平数,$\bar{s}_{jj}$ 为样本协方差矩阵对角线上所有元素的平均数,$\bar{s}$ 为协方差矩阵中所有元素的平均数,s_{jk} 为协方差矩阵第 jk 个元素,$\bar{s}_j$ 为协方差矩阵第 j 排所有元素的平均数,g 是不同被试组数(在单因素被试内设计中,$g=1$),$N = n \times g$(n 为单元格样本量)。

$\tilde{\varepsilon}$ 可能低估,也可能高估 ε,$\tilde{\varepsilon}$ 甚至还会大于 1。当 $\tilde{\varepsilon}$ 大于 1 时,将其设为 1,因为总体参数不可能大于 1。$\tilde{\varepsilon}$ 调整后的 F 比率分子和分母的自由度总是大于或等于 $\hat{\varepsilon}$ 调整后的自由度,因而 F 检验临界值趋于减小,更有可能拒绝零假设。

在前面的例子中,校正前的重复测量方差分析发现,$F(2,28) = 16.01$,$p < 0.001$。根据公式 10.5,计算得到 $\hat{\varepsilon} = 0.9228$。采用 $\hat{\varepsilon}$ 调整 F 统计量的自由度,则 $F(2 \times 0.9228, 28 \times 0.9228) = 16.01$,$p < 0.001$。根据公式 10.6,计算得到 $\tilde{\varepsilon} = 1.0566$。本例 $\tilde{\varepsilon} > 1$,校正因子调整为 $\tilde{\varepsilon} = 1$。这意味着 F 比率的分子和分母自由度不变,概率值 p 也保持不变。概括起来,本例数据满足球性假设,校正与不校正的重复测量方差分析得出的结论相同:三个处理条件下的重复测量平均数有统计显著性差异。通常情况下,校正值小于 0.75 时,使用 Greenhouse-Geisser 校正($\hat{\varepsilon}$);校正值大于 0.75 时,使用 Huyn-Feldt 校正($\tilde{\varepsilon}$)。

针对 Mauchly 球性检验缺乏稳健性,Maxwell & Delaney(2004)认为,通常情况下,使用 ε 程序调整 F 临界值的自由度为宜,可以不用进行 Mauchly 球性检验(p. 585)。Howell(2013)也建议,不管 Mauchly 球性检验结果如何,我们都应酌情使用 $\hat{\varepsilon}$ 或 $\tilde{\varepsilon}$ 调整自由度,或者采用多元程序(p. 477)。当然,选择单因变量检验利用 $\hat{\varepsilon}$ 或 $\tilde{\varepsilon}$ 调整自由度还是使用多元程序涉及到统计效力问题。球性假设成立时,单因变量检验比多元检验更有效力,理应选择单因变量检验。当球性假设违背时,有些情况下单因变量检验效力高,有些情况下多元检验效力高,两种方法都可以常规性地使用(Stevens,2007,p. 189)。

10.1.3 单因素重复测量方差分析应用举例

本节利用 R 软件开展单因素重复测量方差分析,调查季节变化是否对人的忧郁度有影响。14 名 35 岁以下的成年男性在春、夏、秋、冬四个季节接受了忧郁度测量,测量结果如下:

表 10.2 不同季节忧郁度测量

Subject	Winter	Spring	Summer	Fall
1	7.500	11.554	1.000	1.208
2	7.000	9.000	5.000	15.000
3	1.000	1.000	0.000	0.000
4	0.000	0.000	0.000	0.000

（续表）

Subject	Winter	Spring	Summer	Fall
5	1.059	0.000	1.097	4.000
6	1.000	2.500	0.000	2.000
7	2.500	0.000	0.000	2.000
8	4.500	1.060	2.000	2.000
9	5.000	2.000	3.000	5.000
10	2.000	3.000	4.208	3.000
11	7.000	7.354	5.877	9.000
12	2.500	2.000	0.009	2.000
13	11.000	16.000	13.000	13.000
14	8.000	10.500	1.000	11.000

数据来源：Myers & Well（2003，p.343）。

表 10.2 中，每排代表一个不同的被试，每列代表一个不同的季节。被试在每个因素水平（季节）上都有一个测量值，因而本研究的设计为重复测量设计。

在推理统计之前，需开展描述性统计，检验数据的正态分布和球性假设。球性假设检验和下面的方差分析放在一起。利用 pastecs 数据包中的函数 stat.desc 得到如表 10.3 所示的主要描述性统计结果。图 10.2 显示抑郁度随季节的变化，图中的误差条为平均数 95% 置信区间。

表 10.3　季节性抑郁度描述性统计

	n	$\bar{X}$	SD	SE	$skew.2SE$	$kurt.2SE$	W	p
Winter	14	4.29	3.36	0.90	0.35	−0.53	0.92	0.231
Spring	14	4.71	5.18	1.39	0.68	−0.36	0.84*	0.016
Summer	14	2.59	3.60	0.96	1.39	0.93	0.74***	0.001
Fall	14	4.94	4.97	1.33	0.69	−0.40	0.84*	0.015

* 和 *** 分别表示在 $\alpha=0.05$ 和 $\alpha=0.001$ 的水平上有统计显著性。

表 10.3 和图 10.2 显示，在冬、春和秋季人的抑郁度相当，在夏季人的忧郁度较低。表 10.3 还显示，春、夏、秋季抑郁度数据违反正态分布假设（$p<0.05$），只有冬季数据基本服从正态分布（$p>0.05$）。从标准化偏态值和峰态值来看，夏季抑郁数据违反正态分布的程度最严重。核密度图 10.3 比较了四个季节数据的分布。

图 10.3 中的实线为样本数据的分布曲线，虚线是为了对比而添加的正态分布曲线，横轴下方的轴须代表样本观测值。同各自的正态分布曲线相比，四季数据分布均呈单峰，但是有凸块。夏季数据的凸块位于分布的右尾部，说明有异常值存在。夏季数据另外一个特点是尖峰状明显，而其他季节数据分布相对扁平。概而言之，本例数据有违反正态分布假设现象，特别是夏季数据。这使得常规的单因素重复测量方差分析不是

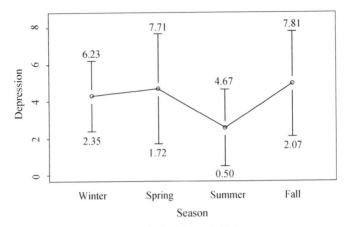

图 10.2　抑郁度的季节性变化

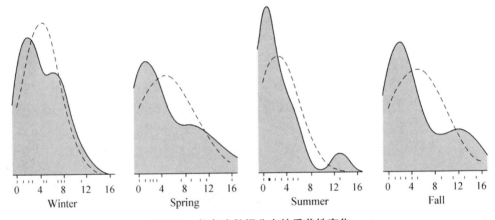

图 10.3　抑郁度数据分布的季节性变化

很理想。实际研究遇到这种情况，可以考虑使用稳健统计分析方法。

　　开展单因素重复测量方差分析的 R 函数为来自数据包 ez 中的函数 ezANOVA (data, dv, wid, within = NULL, between = NULL, observed = NULL, type = 2, detailed = FALSE)。在这个函数中，data 为数据框，dv 代表因变量名；wid 代表被试变量名；within 代表被试内因素名；between 代表被试间因素名；observed 指观察性变量或测量变量（即非操纵变量）名，等同于 within 或 between 中设定的变量；type = 2 指方差分析采用默认的第二类平方和，type = 3（第三类平方和）是更常用的方差分析平方和计算方法；detailed = FALSE 指不返还额外信息（如平方和与截距项）。本例采用第三类平方和开展方差分析，设置 detailed = TRUE，R 命令和统计分析结果如下：①

```
>Depression <- c(7.500,11.554,1.000,1.208,7.000,9.000,5.000,
```

---

　　①　函数 ezANOVA 中的有些变元采用"."的形式。将变量或因素置于"."之后只是该函数的表达法。

```
15.000,1.000, 1.000,0.000,0.000,0.000,0.000,0.000,0.000,1.059,
0.000,1.097,4.000,1.000, 2.500,0.000,2.000,2.500,0.000,0.000,2.000,
4.500,1.060,2.000,2.000,5.000, 2.000,3.000,5.000,2.000,3.000,4.208,
3.000,7.000,7.354,5.877,9.000,2.500, 2.000,0.009,2.000,11.000,
16.000,13.000,13.000,8.000,10.500,1.000,11.000)
        > Subject <- as.vector
        (t(kronecker(matrix(seq(1,14),ncol = 1),matrix(rep(1,4),ncol =
        4))))
        > Subject <- as.factor(Subject)
        > Season <- rep(gl(4,1,labels = c("Winter","Spring","Summer",
        "Fall")),14)
        > Data <- data.frame(Subject,Season,Depression)
        > require(ez)
        > Fit <- ezANOVA(Data,dv = .(Depression),wid = .(Subject),within =
        .(Season),detailed = TRUE,type = 3)
        > Fit
        $ ANOVA
```

	Effect	DFn	DFd	SSn	SSd	F	p	p <.05	ges
1	(Intercept)	1	13	956.39274	779.0988	15.95832	0.001526999	*	0.49236363
2	Season	3	39	47.77842	206.9605	3.00115	0.042021950	*	0.04621462

```
        $ 'Mauchly's Test for Sphericity'
```

	Effect	W	p	p <.05
2	Season	0.648444	0.4078981	

```
        $ 'Sphericity Corrections'
```

	Effect	GGe	p[GG]	p[GG] <.05	HFe	p[HF]	p[HF] <.05
2	Season	0.8316087	0.05321143		1.044805	0.04202195	*

　　以上结果表明,本例数据满足球性假设($W = 0.65, p = 0.408 > 0.05$)。结果中的 GGe 为 Greenhouse-Geisser $\hat{\varepsilon}$,校正值为 0.83。校正后的方差分析 p 值为 0.053,接近 0.05,但是该方法较保守。HFe 为 Huynh-Feldt $\tilde{\varepsilon}$,校正值为 1.04,略大于 1,校正因子调整为 $\tilde{\varepsilon} = 1$,由此得到的 p 值为 0.042。由于本例没有违反球性假设,通常只需看校正前的方差分析结果。在方差分析结果中,第一排的截距项相关值无需考虑,只需看被试内因素 Season 的相关统计结果。DFn 为 F 比率分子自由度,DFd 为 F 比率分母自由度。SSn 为 F 比率分子的平方和,SSd 为 F 比率分母的平方和。重复测量方差分析发现,季节变化对人的抑郁度有统计显著性影响($F(3,39) = 3.00, p = 0.042 < 0.05$)。效应量 ges 为广义 $\hat{\eta}^2$ 测量值(generalized eta-squared measure, $\hat{\eta}_G^2$)。本例季节的效应量估计为 $\hat{\eta}_G^2 = 0.046$。关于重复测量方差分析效应量的介绍,见下一节。

　　另外一种与 ezANOVA 相似的方差分析方法是调用 R 数据包 afex 中的函数 aov_car(formula, data, observed = NULL)。在这个函数中,formula 限定方差分析模型公式,公式中应包括误差项(Error(subj/))。误差项中的正向斜杠"/"(forward slash)表示函数 aov_car 斜杠后的变量嵌套在被试因素(subj)中。如果只是被试内设计,在函数的误差项中设定被试内因素之后,误差项之外可以不用再设定被试内因素。变元 data 指包括模型中被设定的变量的数据框。变元 observed 用于设定模型中的测量变量,以便正确计算广义效应量估计。函数 aov_car 自动调用数据包 car 中的函数 Anova,默认方差分析采用常用的第三类平方和。本例利用函数 aov_car 开展方差分析的 R 命令和统计分析结果如下:

```
> require(afex)
> fit1 <- aov_car(Depression ~ Error(Subject/Season), data = Data)
> summary(fit1)
Univariate Type III Repeated-Measures ANOVA Assuming Sphericity
              Sum Sq   num Df   Error SS   den Df   F value      Pr(>F)
(Intercept)   956.39     1       779.10      13     15.9583   0.001527 **
Season         47.78     3       206.96      39      3.0012   0.042022 *
- - -
Signif. codes:  0 '***' 0.001 '**' 0.01 '*' 0.05 '.' 0.1 ' ' 1
Mauchly Tests for Sphericity
           Test statistic    p-value
Season       0.64844          0.4079
Greenhouse-Geisser and Huynh-Feldt Corrections
for Departure from Sphericity
         GG eps     Pr(>F[GG])
Season   0.83161      0.05321 .
- - -
Signif. codes:  0 '***' 0.001 '**' 0.01 '*' 0.05 '.' 0.1 ' ' 1
         HF eps     Pr(>F[HF])
Season   1.044805     0.04202195
Warning message:
In summary.Anova.mlm(object $ Anova, multivariate = FALSE):
    HF eps > 1 treated as 1
```

如果用命令 fit1 代替 summary(fit1),则本例方差分析的输出结果报告 Greenhouse-Geisser $\hat{\varepsilon}$ 校正结果和广义效应量估计 η_G^2:

```
> fit1
Anova Table (Type 3 tests)
Response: Depression
  Effect       df        MSE      F    ges   p.value
1 Season   2.49,32.43   6.38    3.00 +  .05     .05
- - -
Signif. codes:  0 '***' 0.001 '**' 0.01 '*' 0.05 '+' 0.1 ' ' 1
Sphericity correction method: GG
```

由于本例发现季节对人的忧郁度有统计显著性影响,通常需要开展事后多重比较。事后多重比较有多种方法。出于探索的目的,我们采用两种控制族第一类错误率(α_{FWE} = 0.05)的方法开展配对比较。第一种控制族第一类错误率的方法为 BH 方法(the

Benjamini-Hochberg method)，利用的 R 函数是 pairwise.t.test。第 9 章使用过该函数开展独立组之间的配对比较。由于该函数默认配对比较组是独立的，因而用于相关组比较时，需设置函数的变元 paired = TRUE。本例的 R 命令和统计分析结果如下：

```
>pairwise.t.test(Data$Depression,Data$Season,paired=TRUE,p.
adjust.method="BH")
      Pairwise comparisons using paired t tests
data:  Data$Depression and Data$Season
          Winter  Spring  Summer
Spring  0.646     -       -
Summer  0.091   0.105     -
Fall    0.646   0.822   0.091
P value adjustment method: BH
```

控制族第一类错误率的第二种方法为 Tukey's HSD 方法。配对检验 R 命令和统计分析结果如下：

```
>afex_options(emmeans_model="multivariate")
>require(emmeans)
>season<-emmeans(fit1,~Season)
>pairs(season)
contrast        estimate   SE    df   t.ratio  p.value
Winter-Spring   -0.422   0.667   13   -0.633   0.9197
Winter-Summer    1.705   0.701   13    2.432   0.1195
Winter-Fall     -0.653   0.855   13   -0.764   0.8689
Spring-Summer    2.127   0.998   13    2.131   0.1943
Spring-Fall     -0.231   1.009   13   -0.229   0.9955
Summer-Fall     -2.358   0.931   13   -2.533   0.1009
P value adjustment: tukey method for comparing a family of 4 estimates
```

以上结果表明，在这两种方法控制族第一类错误率的情况下，在各个季节中人的抑郁度都没有统计显著性差异（$p > 0.05$）。这一结果与单因素重复测量方差分析的综合检验结果不太一致。在第一种方法控制族第一类错误率的情况下，夏、秋季之间有统计显著性差异的倾向，或者有边际显著性差异（$p = 0.091 < 0.1$），即人在秋季的抑郁度倾向显著高于在夏季的忧郁度。如果研究者有先验的理论假设，则可以根据假设开展计划的对比（planned contrasts）检验，在每个对比上将第一类错误率控制在 $\alpha = 0.05$ 的水平。如果多重比较具有探索性质，则应控制族第一类错误率（如 $\alpha_{FWE} = 0.05$）。

10.2　重复测量方差分析效应量

同被试间设计方差分析一样，被试内设计方差分析因素效应量估计采用方差比率的形式(Olejnik & Algina, 2000)。第 9 章介绍了适合于被试间和被试内设计的效应量 $\hat{\eta}^2$。根据公式 9.17, $\hat{\eta}^2 = \dfrac{SS_{\text{effect}}}{SS_{\text{total}}}$。公式 9.19 给出被试内设计 $\hat{\omega}^2$ 的计算公式: $\hat{\omega}^2 = \dfrac{df_{\text{effect}}(MS_{\text{effect}} - MS_{\text{error}})}{SS_{\text{total}} + MS_{\text{subjects}}}$。

在前一节关于抑郁度的季节性变化研究中, $SS_{\text{Season}} = 47.778\,42$, $df_{\text{Season}} = 3$, $MS_{\text{Season}} = 15.926\,14$; $SS_{\text{Season} \times \text{Subject}} = 206.960\,5$, $df_{\text{Season} \times \text{Subject}} = 39$, $MS_{\text{Season} \times \text{Subject}} = 5.306\,679$; $SS_{\text{Subject}} = 779.098\,8$, $df_{\text{Subject}} = 13$, $MS_{\text{Subject}} = 59.930\,68$。根据效应量的计算公式,得到季节效应量:

$$\hat{\eta}^2 = \frac{47.778\,42}{47.778\,42 + 206.960\,5 + 779.098\,8} \approx 0.05$$

$$\hat{\omega}^2 = \frac{3 \times (15.926\,14 - 5.306\,679)}{(47.778\,42 + 206.960\,5 + 779.098\,8) + 59.930\,68} \approx 0.03$$

效应量 $\hat{\eta}^2$ 和 $\hat{\omega}^2$ 的一个局限是它们在不同研究设计(如被试间设计和被试内设计)之间缺乏可比性。为此,Olejnik & Algina(2003)提出广义效应量 η_G^2 和 ω_G^2,使不同研究方差分析设计中相同因素的效应量具有可比性。Bakeman(2005)推荐使用 $\hat{\eta}_G^2$。$\hat{\eta}_G^2$ 的计算公式为:

$$\hat{\eta}_G^2 = \frac{SS_{\text{effect}}}{\delta \times SS_{\text{effect}} + \sum_{\text{meas}} SS_{\text{meas}} + \sum_k SS_k} \tag{10.7}$$

其中,SS_{effect} 指被估计的因素效应的平方和。如果效应因素是操纵因素(manipulated factor),$\delta = 1$,否则 $\delta = 0$;SS_{meas} 指测量因素(measured factor)效应的平方和;SS_k 指与被试因素或协变量有关变异源的平方和。在公式 10.7 中,被试内因素(即重复测量因素)被视作操纵因素。在前一节关于抑郁度的季节性变化研究中,季节的广义效应量估计 $\hat{\eta}_G^2 = \dfrac{47.778\,42}{1 \times 47.778\,42 + 0 + 779.098\,8 + 206.960\,5} \approx 0.05$。

重复测量方差分析因素水平配对比较的效应量计算方法与第 8 章介绍的两个相关组比较效应量计算方法相同。在利用平均数的统计分析中,最常见的效应量是 Cohen's d。针对前一节关于抑郁度的季节性变化数据,利用数据包 Rallfun-v37 中的 R 函数 D.akp.effect(x, y, tr = 0) 得到以下配对比较的效应量:冬季与春季比较,Cohen's $d = 0.17$;冬季与夏季比较,Cohen's $d = 0.65$;冬季与秋季比较,Cohen's $d = 0.20$;春季与夏季比较,Cohen's $d = 0.57$;春季与秋季比较,Cohen's $d = 0.06$;夏季与秋季比较,Cohen's $d = 0.68$。

10.3 相关组截尾平均数比较

如果重复测量数据满足正态分布假设,没有异常值,只是违反球性假设,可以继续使用常规的方差分析,并通过调整 F 比率的自由度控制第一类错误率。但是,如果重复测量数据违反正态分布假设,有异常值,则建议使用稳健统计分析方法。本节根据 Wilcox(2017b)介绍利用边际分布截尾平均数和差异分值开展的稳健型方差分析方法,解决非正态分布(和异常值)以及非球性问题。这两类方法孰优孰劣,没有定论。它们为不同条件组之间的差异比较提供不同的视角。

10.3.1　边际分布截尾平均数比较

边际分布截尾平均数差异检验的零假设是:$H_0 : \mu_{t1} = \cdots = \mu_{tJ}$,其中 J 为相关组的组数。令 Y_{ij} 是观测值 X_{ij}($i = 1, \cdots, n; j = 1, \cdots, J$)的缩尾值(Winsorized values)。令 $h = n - 2g$ 是有效样本量,其中 $g = [\gamma n]$,γ 是截尾量,$[\cdot]$ 表示取整数部分。总截尾平均数 $\bar{X}_t = \frac{1}{J} \sum \bar{X}_{tj}$。令 $\bar{Y}_{.j} = \frac{1}{n} \sum_{i=1}^{n} Y_{ij}$,$\bar{Y}_{i.} = \frac{1}{J} \sum_{j=1}^{J} Y_{ij}$,$\bar{Y}_{..} = \frac{1}{nJ} \sum_{j=1}^{J} \sum_{i=1}^{n} Y_{ij}$,则 $Q_c = (n - 2g) \sum_{j=1}^{J} (\bar{X}_{tj} - \bar{X}_t)^2$,$Q_e = \sum_{j=1}^{J} \sum_{i=1}^{n} (Y_{ij} - \bar{Y}_{.j} - \bar{Y}_{i.} + \bar{Y}_{..})^2$。检验统计量 F 比率的计算公式为:

$$F = \frac{R_c}{R_e} \tag{10.8}$$

其中,$R_c = \frac{Q_c}{J - 1}$,$R_e = \frac{Q_e}{(h - 1)(J - 1)}$。由于边际分布截尾平均数差异检验解决违反球性假设面临的问题,F 检验自由度的计算较为复杂。令 $\nu_{jk} = \frac{1}{n-1} \sum_{i=1}^{n} (Y_{ij} - \bar{Y}_{.j})(Y_{ik} - \bar{Y}_{.k})$。若 $j = k$,$\nu_{jk} = s_{wj}^2$,即第 j 组样本缩尾方差;若 $j \neq k$,ν_{jk} 是样本缩尾协方差。令 $A = \frac{J^2 (\bar{\nu}_d - \bar{\nu}_{..})^2}{J - 1}$,$B = \sum_{j=1}^{J} \sum_{k=1}^{J} \nu_{jk}^2 - 2J \sum_{j=1}^{J} \bar{\nu}_{j.}^2 + J^2 \bar{\nu}_{..}^2$,其中 $\bar{\nu}_{..} = \frac{1}{J^2} \sum_{j=1}^{J} \sum_{k=1}^{J} \nu_{jk}$,$\bar{\nu}_d = \frac{1}{J} \sum_{j=1}^{J} \nu_{jj}$,$\bar{\nu}_{j.} = \frac{1}{J} \sum_{k=1}^{J} \nu_{jk}$,则 $\hat{\epsilon} = \frac{A}{B}$,$\tilde{\epsilon} = \frac{n(J-1)\hat{\epsilon} - 2}{(J-1)\{n - 1 - (J-1)\hat{\epsilon}\}}$。$F$ 比率的分子和分母自由度为:

$$\nu_1 = (J-1)\tilde{\epsilon}, \quad \nu_2 = (J-1)(h-1)\tilde{\epsilon} \tag{10.9}$$

10.3.2　差异分值自助方法

差异分值自助方法有实际价值,特别是在样本量很小的情况下对第一类错误率的控制(Wilcox, 2017b, p.439)。该方法检验的零假设是:$H_0 : \theta_1 = \cdots = \theta_L = 0$,其中 θ_l 代表第 l 组差异分值(D_{il},其中 $i = 1, \cdots, n, l = 1, \cdots, L$)的任一位置测量,包括截尾平均数,$L = \frac{J(J-1)}{2}$ 为配对比较数,其中 J 是相关组数。自助方法的检验程序如下:

第一步,通过置换型随机抽样的方法从原始 D 值矩阵 $\begin{pmatrix} D_{11} & \cdots & D_{1L} \\ \vdots & \ddots & \vdots \\ D_{n1} & \cdots & D_{nL} \end{pmatrix}$ 中得到一个自助样本 $\begin{pmatrix} D_{11}^* & \cdots & D_{1L}^* \\ \vdots & \ddots & \vdots \\ D_{n1}^* & \cdots & D_{nL}^* \end{pmatrix}$。计算矩阵 D^* 中每一列的位置测量值,记作 $\hat{\theta}_l^*$。

第二步,重复上一步 B 次,得到自助位置估计 $\hat{\theta}_{lb}^*$,其中 $b = 1, \cdots, B$。

第三步,计算 $L \times L$ 矩阵元素 $S_{ll'} = \dfrac{1}{B-1} \sum_{b=1}^{B} (\hat{\theta}_{lb}^{*} - \hat{\theta}_{l}) (\hat{\theta}_{l'b}^{*} - \hat{\theta}_{l'})$。

第四步,令 $\hat{\theta} = (\hat{\theta}_1, \cdots, \hat{\theta}_L)$,$\hat{\theta}_b^{*} = (\hat{\theta}_{1b}^{*}, \cdots, \hat{\theta}_{Lb}^{*})$,计算 $d_b = (\hat{\theta}_b^{*} - \hat{\theta}) S^{-1} (\hat{\theta}_b^{*} - \hat{\theta})'$,其中 S 是对应于 $S_{ll'}$ 的矩阵。

第五步,将 B 个 d_b 值按照升序排列,得到 $d_{(1)} \leq \cdots \leq d_{(B)}$。

第六步,确定长度为 L 的向量 $\mathbf{0} = (0, \cdots, 0)$ 嵌套在自助值($\hat{\theta}_{lb}^{*}$)中的深度 D。深度 D 的计算公式为:

$$D = (\mathbf{0} - \hat{\theta}) S^{-1} (\mathbf{0} - \hat{\theta})' \tag{10.10}$$

第七步,计算自助方法检验的临界值 $d_{(u)}$,其中 $u = (1 - \alpha)B$(四舍五入取整数)。若 $D \geq d_{(u)}$,拒绝零假设,否则不拒绝零假设。

10.3.3　截尾平均数比较应用举例

某研究者计划通过教学干预减少外语学习者的听力焦虑。在教学干预之前,研究者利用听力焦虑量表测量了 33 名外语学习者($n = 33$)的听力焦虑(分值越高,焦虑程度越高)。在干预教学实施两周和四周后,这些学习者接受了内容相同的听力焦虑量表的测量。该研究的三次测量结果如下(Pre 代表前测;Post1 代表后测;Post2 代表跟踪后测):

```
    Pre<-c(17,15,14,17,17,13,15,18,15,14,11,15,11,20,19,8,13,19,
15,16,18,15,17,19,16,22,9,16,18,12,5,30,35)
    Post1<-c(12,14,7,12,12,6,9,15,13,11,11,14,12,9,12,8,12,19,9,
13,14,12,15,11,14,13,11,10,15,7,20,22,24)
    Post2<-c(12,10,5,8,7,6,9,13,14,15,6,5,11,8,10,8,8,13,8,11,13,
11,12,12,11,14,10,10,12,9,18,22,20)
```

试问:教学干预是否对学习者听力焦虑有显著影响?

本例设计为单组前后测设计。由于没有对照组,因果推论可能会受到教学干预之外的因素的影响,如研究者期望效应。假如没有其他因素的影响,教学干预是否有效可以采用单因素重复测量方差分析进行检验。重复测量因素为时间,包括三个水平——前测、后测和跟踪后测,因变量为听力焦虑。

在确定是否使用常规的重复测量方差分析之前,先要检验三组听力焦虑测量数据是否满足正态分布和球性假设。利用数据包 pastecs 中的函数 stat.desc 检验发现,三次测量数据均不同程度违反正态分布:$skew.2SE = 1.50, kurt.2SE = 1.91, W = 0.88, p = 0.001$(前测);$skew.2SE = 1.12, kurt.2SE = 0.50, W = 0.92, p = 0.015 < 0.05$(后测);$skew.2SE = 1.06, kurt.2SE = 0.41, W = 0.93, p = 0.045 < 0.05$(跟踪后测)。本例数据也违反球性假设($W = 0.61, p < 0.001$)。因此,本例数据不再适合使用常规的重复测量方差分析方法,应选择稳健统计分析方法。

如果比较边际分布截尾平均数,可以利用 R 数据包 Rallfun - v37 中的函数 rmanova(x, tr = 0.2),其中数据 x 为列表式(list mode),tr = 0.2 为默认的边际分布 20% 截尾平均数。本例的 R 命令和统计分析结果如下:

```
>Data <- list()
>Data[[1]] <- Pre
>Data[[2]] <- Post1
>Data[[3]] <- Post2
>source("Rallfun - v37.txt")
>rmanova(Data)
[1] "The number of groups to be compared is"
[1] 3
$test
[1] 43.4892
$df
[1] 1.843962 36.879246
$p.value
[1] 4.36537e -10
$tmeans
[1] 15.85714 12.23810 10.52381
$ehat
[1] 0.8754285
$etil
[1] 0.9219811
```

以上结果表明,三次测量的 20% 截尾平均数依次为 $\bar{X}_{t(\mathrm{Pre})} = 15.86$, $\bar{X}_{t(\mathrm{Post1})} = 12.24$, $\bar{X}_{t(\mathrm{Post2})} = 10.52$。它们之间有统计显著性差异($F(1.84,36.88) = 43.49, p < 0.001$)。$F$ 校正值 $\hat{\epsilon} = 0.88$, $\tilde{\epsilon} = 0.92$。

如果采用自助方法检验差异分值,则可以利用 R 数据包 Rallfun - v37 中的函数 rmdzero(x, est = tmean, nboot =500),其中数据 x 为列表式,est = tmean 表示位置测量估计为差异分值 20% 截尾平均数,nboot =500 为默认的自助样本量。本例的 R 命令和统计分析结果如下:

```
>source("Rallfun - v37.txt")
>rmdzero(Data,est =tmean)
$p.value
[1] 0.001996008
$center
[1] 3.809524 5.809524 1.571429
```

以上结果表明,后测与前测、跟踪后测与前测以及跟踪后测与后测分值差异 20% 截尾平均数依次为 3.81,5.81 和 1.57。三次测量差异分值 20% 截尾平均数并不都与 0 值没有统计显著性差异($p =0.002 <0.01$)。

以上不同综合检验方法得出的结论相同:教学干预显著降低了对学习者的听力焦虑。至于在哪两个时间段之间学习者焦虑有统计显著性差异,则需要开展配对检验。相关组配对检验在下一节介绍。

10.4 相关组截尾平均数配对比较 ◆◆◆◆◆◆

本节根据 Wilcox(2017b)简要介绍两种相关样本配对比较检验方法。这两种方法与前一节介绍的多个相关组比较检验方法一致。

10.4.1 边际分布截尾平均数配对比较

边际分布截尾平均数线性对比的计算公式为：

$$\psi = \sum_{j=1}^{J} c_j \mu_j \tag{10.11}$$

其中，$\sum c_j = 0$。线性对比的零假设是 $H_0 : \psi = 0$。已知 $Y_{ij}(i=1,\cdots,n;j=1,\cdots,J)$ 为缩尾值。令 $q_j = (n-1)s_{w_j}^2$，$q_k = (n-1)s_{w_k}^2$，$q_{jk} = (n-1)s_{w_{jk}}^2$，其中 $s_{w_j}^2$ 和 $s_{w_k}^2$ 为两个配对组缩尾方差，$s_{w_{jk}}^2$ 为两个配对比较缩尾协方差，n 为样本量。配对比较标准误差 SE 的计算公式为：

$$SE = \sqrt{\frac{q_j + q_k - 2q_{jk}}{h(h-1)}} \tag{10.12}$$

其中，$h = n - 2g$ 是有效样本量，$g = [\gamma n]$，γ 是截尾量，$[\cdot]$ 表示取整数部分。检验统计量为：

$$T = \frac{\hat{\psi}}{SE} \tag{10.13}$$

令 t 是自由度 $\nu = h - 1$ 的 t 分布中的 $1 - \alpha/2$ 分位数。若 $|T| \geq t$，拒绝零假设，否则保留零假设。

10.4.2 配对差异分值自助方法

百分位数自助方法可以用于相关组配对差异分值的检验（Wilcox，2017b，pp. 442 - 444）。根据 10.3.2 节介绍的方法，随机生成一个自助样本，得到 D_{il}^*，其中 $i=1,\cdots,n$，$l=1,\cdots,L$，$L = \frac{J(J-1)}{2}$。在 L 个配对比较中，$l=1$ 对应于第一组和第二组之间的比较，$l=2$ 对应于第一组和第三组之间的比较，以此类推。令 $\hat{p}_l^*$ 为 B 个自助样本中 $D_{il}^* > 0$ 的比率，$\hat{p}_{ml}^* = min(\hat{p}_l^*, 1 - \hat{p}_l^*)$，其中 $min[\cdot]$ 表示取较小值，则第 l 个比较的 p 值估计为 $2\hat{p}_{ml}^*$。

10.4.3 截尾平均数配对比较应用举例

边际分布截尾平均数配对比较的 R 函数为数据包 Rallfun - v37 中的函数 rmmcp(x, con =0, tr =0.2, alpha =0.05, dif = TRUE, hoch = TRUE)，其中数据 x 为列表式，tr =0.2 表示位置估计为 20% 截尾平均数，alpha =0.05 是默认的显著性水平，dif = TRUE 表示检验差异分值，dif = FALSE 表示比较边际分布截尾平均数,hoch = TRUE 表示默认采用 Hochberg(1988)介绍的方法控制族第一类错误率。

在 10.3.3 节的例子中,若开展边际分布截尾平均数配对检验,则 R 命令和统计分析结果如下:

```
> source("Rallfun - v37.txt")
> rmmcp(Data,dif = FALSE)
$ n
[1] 33
$ test
      Group  Group    test       p.value       p.crit        se
[1,]    1      2    5.589692  1.800343e - 05  0.02500000  0.6474503
[2,]    1      3    8.538115  4.202836e - 08  0.01666667  0.6246500
[3,]    2      3    3.710785  1.382064e - 03  0.05000000  0.4619739
$ psihat
      Group  Group   psihat    ci.lower   ci.upper
[1,]    1      2    3.619048  2.050200   5.187895
[2,]    1      3    5.333333  3.701382   6.965285
[3,]    2      3    1.714286  0.750625   2.677946
$ con
      [,1]
[1,]   0
$ num.sig
[1]  3
```

以上结果表明,前测和后测之间有统计显著性差异($\hat{\psi}_{\text{Pre-Post1}} = 3.62, 95\% CI$ [2.05, 5.19], $T = 5.59, p < 0.001$)。在前测和跟踪后测之间也有统计显著性差异($\hat{\psi}_{\text{Pre-Post2}} = 5.33, 95\% CI$ [3.70, 6.97], $T = 8.54, p < 0.001$)。同样,后测和跟踪后测之间有统计显著性差($\hat{\psi}_{\text{Post1-Post2}} = 1.71, 95\% CI$ [0.75, 2.68], $T = 3.71, p < 0.01$)。

若使用百分位数自助方法对相关组配对差异分值开展统计显著性检验,则 R 函数为数据包 Rallfun - v37 中的 wmcppb(x, alpha = 0.05, est = tmean, plotit = FALSE, dif = TRUE, nboot = NA, hoch = TRUE),其中数据 x 为列表式,alpha = 0.05 是默认的显著性水平,est = tmean 表示默认的位置测量估计为 20% 截尾平均数,plotit = FALSE 表示不绘制配对组比较散点图,dif = TRUE 表示默认使用差异分值,nboot = NA 表示默认的自助样本量依对比数而定,hoch = TRUE 表示默认采用 Hochberg(1988)介绍的方法控制族第一类错误率。在 10.3.3 节的例子中,若使用百分位数自助方法开展差异分值的统计显著性检验,则 R 命令和统计分析结果如下:

```
> source("Rallfun - v37.txt")
> wmcppb(Data)
[1] "dif = TRUE, so analysis is done on difference scores."
[1] "Each confidence interval has probability coverage 1 - alpha."
[1] "Also note that a sequentially rejective method is being used"
$ output
```

```
          con.num   psihat   p.value    p.crit     ci.lower  ci.upper
[1,]         1     3.809524     0      0.05000000   2.5238095  5.047619
[2,]         2     5.809524     0      0.02500000   4.3809524  6.761905
[3,]         3     1.571429     0      0.01666667   0.8095238  2.428571
$con
          [,1]   [,2]   [,3]
[1,]       1      1      0
[2,]      -1      0      1
[3,]       0     -1     -1
$num.sig
[1] 3
```

以上结果表明,前测和后测之间有统计显著性差异,$\hat{\psi}_{\text{Pre-Post1}} = 3.81, 95\% CI\ [2.52,$
$5.05], p < 0.001$。在前测和跟踪后测之间也有统计显著性差异,$\hat{\psi}_{\text{Pre-Post2}} = 5.81, 95\% CI$
$[4.38, 6.76], p < 0.001$。同样,后测和跟踪后测之间有统计显著性差异,$\hat{\psi}_{\text{Post1-Post2}} =$
$1.57, 95\% CI\ [0.81, 2.43], p < 0.001$。稳健效应量计算发现,前测和后测比较效应量
很大(Cohen's $d_R = 1.02$),前测和跟踪后测比较效应量也很大(Cohen's $d_R = 1.73$),后测
和跟踪后测比较效应量达到中等水平(Cohen's $d_R = 0.63$)。以上结果表明,教学干预有
效减少了外语学习者的听力焦虑。

10.5 双因素混合设计方差分析

10.5.1 双因素混合设计方差分析程序

混合方差分析是有别于完全被试间设计和完全被试内设计的因素方差分析,设计
形式至少包括一个被试间因素和一个被试内因素。最简单的混合方差分析是包括一个
被试间因素和一个被试内因素的双因素混合方差分析,各个因素的水平数可以是两个
或两个以上,如 2×4 设计中一个因素有两个水平,另一个因素有四个水平。本节介绍
双因素混合方差分析方法,其原理适用于更高阶的混合设计方差分析。

双因素混合方差分析的线性模型是:

$$Y_{ijk} = \mu_G + \alpha_j + \beta_k + (\alpha\beta)_{jk} + S_{ij} + (S\beta)_{ijk} + E_{ijk} \qquad (10.14)$$

其中,Y_{ijk} 是被试间因素 A 第 j 个水平和被试内因素 B 第 k 个水平组合上第 i 个观测值,
$j = 1, \cdots, a, k = 1, \cdots, b$;$\mu_G$ 是总平均数(grand mean)。α_j 和 β_k 分别是因素 A 第 j 个水平
和因素 B 第 k 个水平上的效应。$(\alpha\beta)_{jk}$ 是因素 A 第 j 个水平和因素 B 第 k 个水平上的
交互效应。S_{ij} 是第 i 个被试在因素 A 第 j 个水平上的效应(即误差项)。$(S\beta)_{ijk}$ 是嵌套
在被试间因素 A 第 j 个水平中的第 i 个被试与被试内因素 B 第 k 个水平之间的交互效
应(即误差项)。E_{ijk} 表示随机误差。根据公式 10.14,总离差 $(Y_{ijk} - \bar{Y}_G)$ 可以分解为以
下五个部分:$Y_{ijk} - \bar{Y}_G$(总离差)$= (\bar{Y}_{\cdot j \cdot} - \bar{Y}_G)$(因素 A 效应)$+ (\bar{Y}_{ij\cdot} - \bar{Y}_{\cdot j\cdot})$(因素 A 误差
项)$+ (\bar{Y}_{\cdot\cdot k} - \bar{Y}_G)$(因素 B 效应)$+ (\bar{Y}_{\cdot jk} - \bar{Y}_{\cdot j\cdot} - \bar{Y}_{\cdot\cdot k} + \bar{Y}_G)$(因素 A 与因素 B 交互效应)
$+ Y_{ijk} - \bar{Y}_{\cdot jk} - \bar{Y}_{ij\cdot} + \bar{Y}_{\cdot j\cdot}$(被试因素 S 与 B 的交互作用项,为因素 B 及其交互作用误差项)。
相应地,双因素混合方差分析中的总变异(即总平方和)可做如图 10.4 所示的分解。

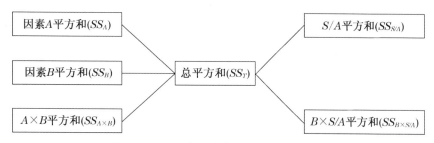

图 10.4　双因素混合方差分析平方和分解

图 10.4 显示,总平方和(SS_T)分解为五个部分:$SS_T = SS_A + SS_B + SS_{A \times B} + SS_{S/A} + SS_{B \times S/A}$。最左边三项是因素 A、B 主效应及其交互效应平方和,即 SS_A、SS_B 和 $SS_{A \times B}$。最右边两项是因素 A 误差平方和($SS_{S/A}$)、因素 A 和因素 B 交互效应误差平方和($SS_{B \times S/A}$)。被试内因素 B 及其与被试间因素 A 交互效应使用同一个误差项 $SS_{B \times S/A}$。相应地,总自由度 $abn - 1$ 也分解为五个部分:因素 A 效应平方和对应的自由度为 $a - 1$,因素 B 效应平方和对应的自由度为 $b - 1$,因素 A 和因素 B 交互效应平方和对应的自由度为 $(a-1)(b-1)$,因素 A 效应误差项平方和对应的自由度为 $a(n-1)$,被试内因素 B 及其与被试间因素 A 交互效应误差项平方和对应的自由度为 $a(b-1)(n-1)$。

双因素混合方差分析统计量的计算如表 10.4 所示。

表 10.4　双因素混合方差分析中各个统计量的计算

变异来源(SS)	自由度(df)	均方(MS)	统计量 F
$SS_T = \sum (Y_{ijk} - \bar{Y}_G)^2$	$abn - 1$		
$SS_A = nb \sum (\bar{Y}_{.j.} - \bar{Y}_G)^2$	$a - 1$	$MS_A = \dfrac{SS_A}{a-1}$	$F_A = \dfrac{MS_A}{MS_{S/A}}$
$SS_{S/A} = b \sum (\bar{Y}_{ij.} - \bar{Y}_{.j.})^2$	$a(n-1)$	$MS_{S/A} = \dfrac{SS_{S/A}}{a(n-1)}$	
$SS_B = na \sum (\bar{Y}_{..k} - \bar{Y}_G)^2$	$b - 1$	$MS_B = \dfrac{SS_B}{b-1}$	$F_B = \dfrac{MS_B}{MS_{B \times S/A}}$
$SS_{A \times B} = n \sum (Y_{.jk} - \bar{Y}_{.j.} - \bar{Y}_{..k} + \bar{Y}_G)^2$	$(a-1)(b-1)$	$MS_{A \times B} = \dfrac{SS_{A \times B}}{(a-1)(b-1)}$	$F_{A \times B} = \dfrac{MS_{A \times B}}{MS_{B \times S/A}}$
$SS_{B \times S/A} = \sum (Y_{ijk} - \bar{Y}_{.jk} - \bar{Y}_{ij.} + \bar{Y}_{.j.})^2$	$a(b-1)(n-1)$	$MS_{B \times S/A} = \dfrac{SS_{B \times S/A}}{a(b-1)(n-1)}$	

同双因素被试间方差分析一样,双因素混合方差分析也回答三个研究问题:① 因素 A 在因变量测量上是否有显著主效应? ② 因素 B 在因变量测量上是否有显著主效应? ③ 因素 A 和 B 在因变量测量上是否有显著交互效应? 以上每个问题的回答均采用 F 检验。零假设为真时,F 统计量服从自由度为 ν_1 和 ν_2 的 F 理论分布,其中的 ν_1 和 ν_2 分别为 F 比率分子和分母的自由度。若检验统计量 $F \geqslant F_{1-\alpha, \nu_1, \nu_2}$,拒绝零假设,推断

有显著效应存在,否则不拒绝零假设,推断没有可靠证据拒绝零假设。如果因素 A 或因素 B 有主效应,且它们之间没有交互效应,事后分析则为简单主效应(simple main effects)检验,即忽略其他因素在一个因素上开展配对比较。如果因素之间有交互效应,则采用简单效应(simple effects)检验(即简单比较,simple comparisons)——在一个因素的每个水平上配对比较另一个因素的水平。根据研究需要,交互效应后的分析还可以使用交互对比(interaction contrasts)检验。

下面用一个数值例子说明表 10.4 中主要统计量的计算方法。假如有一个 2 × 2 混合实验设计,因素 A 和 B 分别为被试间和被试内因素,因素水平数均为 2。每个单元格中因变量(DV)的测量结果以 R 向量的形式显示如下:

```
A1B1 <- c(17,23,26,19,20,20,5,17,13,22,25,11,13,26,18)
A1B2 <- c(13,39,24,29,23,24,9,21,21,13,26,25,23,26,26)
A2B1 <- c(32,20,35,26,29,17,27,28,26,31,29,24,27,25,25)
A2B2 <- c(22,18,25,18,25,31,22,35,23,25,21,24,18,25,30)
```

利用 R 软件开展双因素混合方差分析的计算程序如下:

```
># 总平方和
>Subject <- c(rep(paste("s",sep = "",seq(1,15)),2),rep(paste("s",
sep = "",seq(16,30)),2))
>A <- gl(2,30,labels = c("A1","A2"))
>B <- rep(gl(2,15,labels = c("B1","B2")),2)
>DV <- c(A1B1,A1B2,A2B1,A2B2)
>AB.df <- data.frame(Subject,A,B,DV)
>SST <- sum((AB.df[,4] - mean(AB.df[,4]))^2)
># A 效应平方和、自由度和均方
>a = b = 2;n = 15
>SSA <- b*n*sum((as.vector(tapply(AB.df[,4],INDEX = AB.df[,2],
FUN = mean)) - mean(AB.df[,4]))^2)
>dfA <- a - 1
>MSA <- SSA/dfA
># A 效应误差项平方和、自由度和均方
>SSAS <- sum((c(rep((A1B1 + A1B2)/2,2),rep((A2B1 + A2B2)/2,2)) -
as.vector(kronecker(as.vector(tapply(AB.df[,4],INDEX = AB.df[,2],
FUN = mean)),matrix(rep(1,30),ncol = 1))))^2)
>dfAS <- a*(n - 1)
>MSAS <- SSAS/dfAS
># B 效应平方和、自由度和均方
>SSB <- a*n*sum((as.vector(tapply(AB.df[,4],INDEX = AB.df[,3],
FUN = mean)) - mean(AB.df[,4]))^2)
>dfB <- b - 1
>MSB <- SSB/dfB
># A 和 B 交互效应平方和、自由度和均方
>SSAB <- n*sum((c(mean(A1B1),mean(A1B2),mean(A2B1),mean(A2B2))
```

```
- as.vector(kronecker(as.vector(tapply(AB.df[,4],INDEX=AB.df[,2],
FUN=mean)),matrix(c(1,1),ncol=1)))-as.vector(kronecker(as.vector
(tapply(AB.df[,4],INDEX=AB.df[,3],FUN=mean)),matrix(c(1,1),ncol=
2)))+mean(AB.df[,4]))^2)
    >dfAB <- (a-1)*(b-1)
    >MSAB <- SSAB/dfAB
    > # A 和 B 交互效应误差项平方和、自由度和均方
    > SSABS <- sum((AB.df[,4]-as.vector(kronecker(c(mean(A1B1),mean
(A1B2),mean(A2B1),mean(A2B2)),matrix(rep(1,15),ncol=1)))-c(rep
((A1B1+A1B2)/2,2),rep((A2B1+A2B2)/2,2))+as.vector(kronecker(as.
vector(tapply(AB.df[,4],INDEX=AB.df[,2],FUN=mean)),matrix(rep(1,
30),ncol=1))))^2)
    >dfABS <- a*(b-1)*(n-1)
    >MSABS <- SSABS/dfABS
    > # 方差分析表
    > results <- round(matrix(c(SSA,dfA,MSA,MSA/MSAS,pf(MSA/MSAS,
dfA,dfAS,lower.tail=FALSE),SSAS,dfAS,MSAS,NA,NA,SSB,dfB,MSB,MSB/
MSABS,pf(MSB/MSABS,dfB,dfABS,lower.tail=FALSE),SSAB,dfAB,MSAB,
MSAB/MSABS,pf(MSAB/MSABS,dfAB,dfABS,lower.tail=FALSE),SSABS,dfABS,
MSABS,NA,NA),byrow=TRUE,ncol=5),3)
    >colnames(results) <- c("SS","df","MS","F","p")
    >rownames(results) <- c("A","S/A","B","A×B","B×S/A")
    >as.table(results)
               SS        df        MS        F        p
    A        355.267    1.000    355.267   8.382   0.007
    S/A      1186.733   28.000    42.383
    B         13.067    1.000     13.067   0.560   0.461
    A×B      187.267    1.000    187.267   8.022   0.008
    B×S/A    653.667    28.000    23.345
```

以上统计结果显示,因素 A 有显著主效应($F(1,28)=8.38,p<0.01$),因素 B 没有显著主效应($F(1,28)=0.56,p>0.05$),但是 A 和 B 有显著交互效应($F(1,28)=8.02,p<0.01$)。

10.5.2　混合设计方差分析统计假设

混合方差分析要求满足被试间设计和被试内设计方差分析的所有统计假设,包括:① 有一个因变量、一个被试间因素和一个被试内因素。因变量数据为定距(或定比)数据;② 因素各个水平组合中的测量数据服从或近似服从正态分布,没有异常值;③ 观测值独立;④ 被试间因素各个水平上的重复测量数据满足方差齐性假设;⑤ 重复测量数据满足球性假设。另外,混合方差分析还要求满足协方差矩阵齐性(equality of covariance matrices)假设,即在被试间因素的每个水平上,重复测量数据的协方差矩阵相同。单元格数据正态分布假设检验常用 Shapiro-Wilk W 检验。被试间因素各个水平

上的方差齐性假设常用 Levene 方差齐性检验。球性假设常用 Mauchly 球性检验。协方差矩阵齐性假设常用 Box 检验(Box's test;Box's M test)。前面章节已经介绍过 Shapiro-Wilk W 检验(见 3.3.3 节)和 Levene 方差齐性检验(见 7.2.2 节)和 Mauchly 球性检验(见 10.1.2 节),本节只介绍 Box 检验。

Box 检验是协方差矩阵齐性假设检验。该检验的零假设是 $H_0: \sum_1 = \cdots = \sum_K$,即 K 个组协方差矩阵相同。Box 检验统计量为 M,计算公式为:

$$M = \nu_e \ln|S_e| - \sum_{k=1}^{K} \nu_k \ln|S_k| \qquad (10.15)$$

其中,K 表示因素水平数或组数,$\ln$ 为自然对数,ν_e 为误差自由度,S_e 为误差协方差矩阵(E/ν_e,其中 E 是误差平方和与交乘积矩阵),ν_k 为第 k 组自由度($n_k - 1$,其中 n_k 是第 k 组样本量),S_k 是第 k 组协方差矩阵。

Box's M 统计量的显著性检验可以利用卡方分布。检验时,需将 Box's M 统计量转化为卡方统计量 χ^2(Rencher & Christensen,2012,pp. 266 - 268)。$\chi^2 = (1 - C_1)M$。如果各组样本量不相等,C_1 的计算公式为:

$$C_1 = \left[\sum_{k=1}^{K} \frac{1}{\nu_k} - \frac{1}{\sum_{k=1}^{K} \nu_k}\right]\left[\frac{2p^2 + 3p - 1}{6(p+1)(K-1)}\right] \qquad (10.16)$$

其中,p 是因变量数或被试内因素水平数,K 表示被试间因素水平数或组数,ν_k 为第 k 组自由度($n_k - 1$,其中 n_k 是第 k 组样本量)。

在各组样本量相等时,$\nu_1 = \cdots = \nu_K = \nu$,$C_1$ 的计算公式简化为:

$$C_1 = \frac{(K+1)(2p^2 + 3p - 1)}{6K\nu(p+1)} \qquad (10.17)$$

其中,p 是因变量数或被试内因素水平数,K 是被试间因素水平数或组数。在零假设为真时,卡方统计量 χ^2 近似服从自由度 $\nu = \frac{1}{2}(K-1)p(p+1)$ 的卡方分布。如果 Box 检验得到的统计显著性概率 p 值大于 0.001,协方差矩阵齐性假设成立,否则协方差矩阵齐性假设不成立。

我们以前一节的数值为例开展 Box's M 检验。本例 R 命令和统计分析结果如下:

```
># 误差协方差矩阵
>n =15;K =2
>ve =K*(n -1)
>MM <- matrix(c(rep(mean(A1B1),n),rep(mean(A2B1),n),rep(mean(A1B2),n),rep(mean(A2B2),n)),ncol =2) #matrix of cell means
>Data <-matrix(c(A1B1,A2B1,A1B2,A2B2),ncol =2)
>Se <-t(Data -MM)%*%(Data -MM)/ve
># Box's M
>df1 =df2 =n -1
>S1 =cov(Data[1:15,])
>S2 =cov(Data[16:30,])
>M =ve*log(det(Se)) -sum(df1*log(det(S1)),df2*log(det(S2)))
```

```
> # 计算卡方值和 p 值
> P = 2
> v = n - 1
> C1 <- (K + 1) * (2 * P^2 + 3 * P - 1) / (6 * K * v * (P + 1))
> Chisq <- (1 - C1) * M
> Chi.v = 0.5 * (K - 1) * P * (P + 1)
> p.value <- pchisq(Chisq, Chi.v, lower = FALSE)
> result <- matrix(c(round(Chisq, 2), Chi.v, round(p.value, 3)), ncol = 3)
> colnames(result) <- c("Chi squared", "df", "p")
> result
      Chi squared  df     p
[1,]       4.16     3   0.244
```

以上结果表明,本例混合设计数据满足协方差矩阵齐性假设($\chi^2(3) = 4.16, p = 0.244 > 0.05$)。

10.5.3 双因素混合设计方差分析应用举例

一项实验研究调查任务类型和测试时间对英语学习者词汇习得的影响。91 名英语学习者被随机分配到三个阅读附带词汇学习任务中。三个任务(tasks)组在阅读同一篇包含 14 个目标词(生词)的短文后做各自的词汇练习。翻译(translating)组学习者做包括目标词的英汉句子翻译练习。改写(paraphrasing)组学习者做包括目标词的英文句子改写练习,目标词不得在改写中重复。造句(sentence writing)组学习者仿造例句用目标词造句。这三个词汇练习任务使用相同的句子。实验结果后,所有学习者参加了目标词词汇知识即时测试和一周后的延时测试。两次测试的内容相同,均要求学习者写出目标词的中文意思。各个单元格词义(meaning)知识测量结果如下:

```
TI <- c(0.5,0.0,8.0,6.5,6.0,6.5,4.0,1.5,2.5,3.0,4.5,4.5,3.5,1.5,
8.5,2.0,9.5,7.0,7.0,4.0,1.5,4.0,13.0,6.0,2.0,10.5,7.0,2.0,8.0,5.0)
# 翻译 + 即时
    PI <- c(3.0,1.5,4.5,8.5,1.5,8.0,0.0,1.0,3.0,2.0,2.0,2.5,4.5,6.0,
3.0,3.0,5.0,4.0,2.5,4.5,12.0,7.0,4.0,6.5,4.0,0.5,2.5,4.0,1.0,8.0)
# 改写 + 即时
    WI <- c(8.0,4.0,4.0,6.0,7.5,4.0,13.0,3.0,4.0,3.0,4.0,6.5,8.0,
4.0,2.0,5.0,2.0,8.0,7.0,11.5,12.5,2.0,7.0,3.0,6.5,3.0,8.0,4.0,10.0,
1.0,3.5) # 造句 + 即时
    TD <- c(0.0,0.0,1.5,3.5,1.5,1.5,0.5,1.0,0.0,0.0,6.0,2.5,3.0,1.0,
5.0,1.0,5.5,8.0,3.5,3.0,0.0,1.5,2.0,5.0,1.0,9.5,3.5,0.0,0.5,6.5)
# 翻译 + 延时
    PD <- c(0.0,0.5,4.5,4.0,1.0,2.0,0.0,0.0,1.5,2.0,1.0,4.0,2.0,0.5,
1.0,0.0,3.5,2.0,3.0,3.5,5.5,8.0,1.0,5.0,1.5,0.0,2.0,1.0,1.0,11.5)
# 改写 + 延时
    WD <- c(1.0,0.0,2.5,3.5,1.0,1.0,4.5,2.5,1.0,1.0,2.0,2.0,0.5,0.0,
0.0,2.5,1.0,5.5,0.0,6.5,4.5,0.0,1.0,1.0,5.0,5.5,4.0,2.0,7.5,0.0,
```

1.5) # 造句 + 延时

试问:任务类型和测试时间如何影响英语学习者词义习得?

在开展双因素混合方差分析之前先探索各个单元格数据的性质,检验方差分析统计假设。表 10.5 报告本例数据的描述性统计量。

表 10.5 任务类型和测试时间单元格数据描述性统计

		n	$\bar{X}$	SD	SE	skew. 2SE	kurt. 2SE	W	p
翻译	即时	30	4.98	3.15	0.58	0.57	−0.26	0.96	0.405
	延时	30	2.58	2.57	0.47	1.16	0.04	0.88**	0.002
改写	即时	30	3.98	2.72	0.50	1.11	0.35	0.93*	0.044
	延时	30	2.42	2.58	0.47	2.01	1.89	0.81***	< 0.001
造句	即时	31	5.65	3.15	0.57	0.86	−0.23	0.92*	0.022
	延时	31	2.26	2.13	0.38	0.99	−0.29	0.88**	0.002

*、** 和 *** 分别表示在 α =0.05、0.01 和 0.001 水平上有统计显著性。

表 10.5 显示,在即时和延时测试方面三个任务组数据标准差接近,说明任务组数据可能满足方差齐性假设。调用数据包 car,利用中位数的 Levene 方差齐性检验发现,在即时($F(2,88) = 0.54, p = 0.584 > 0.05$)和延时($F(2,88) = 0.20, p = 0.821 > 0.05$)测试方面三个任务组数据均满足方差齐性假设。根据 W 检验的结果,除了翻译任务条件下即时测试数据满足正态分布假设之外,其他单元格数据均不同程度地违反正态分布假设。从偏度值和峰度值来看,改写任务条件下延时测试数据违反正态分布假设的程度要严重一些。

Box's M 协方差矩阵齐性检验利用 R 数据包 biotools 中的函数 boxM(data, grouping),其中 data 为包括 P 个因变量或被试内因素水平上数据的数据框,grouping 代表组别变量或被试间因素。本例中,被试内因素或重复测量因素每个水平(即时和延时测试)上的词义知识分别用 Meaning1 和 Meaning2 表示,被试间因素是 Task。对本例数据开展协方差矩阵齐性检验的 R 命令和统计分析结果如下:

```
>Meaning1 <-c(TI,PI,WI) # meaning on the immediate test
>Meaning2 <-c(TD,PD,WD) # meaning on the delayed test
>Task <-factor(c(rep(1,30),rep(2,30),rep(3,31)),labels =c("T","P","W"))
>Data <-data.frame(Task,Meaning1,Meaning2)
>require(biotools)
>boxM(Data[,2:3],Data[,1])
    Box's M-test for Homogeneity of Covariance Matrices
data: Data[, 2:3]
Chi-Sq (approx.) = 3.6986, df = 6, p-value = 0.7174
```

以上结果表明,本例数据满足协方差矩阵齐性假设($\chi^2(6) = 3.70, p = 0.717 > 0.05$)。

利用 R 数据包 ggplot2 和 afex 中的函数 afex_plot 可以绘制包括箱图的平均数变化趋势图。图 10.5 的绘制利用以下 R 命令：

```
>Subject <- c(rep(paste("s",sep = "",seq(1,30)),2),rep(paste
("s",sep = "",seq(31,60)),2),rep(paste("s",sep = "",seq(61,91)),2))
    >Task <- factor(c(rep(1,60),rep(2,60),rep(3,62)),labels = c("T","
P","W"))
    Time <- factor(c(rep(1,30),rep(2,30),rep(1,30),rep(2,30),rep(1,
31),rep(2,31)),labels = c("I","D"))
    >Meaning <- c(TI,TD,PI,PD,WI,WD)
    >Task.df <- data.frame(Subject,Task,Time,Meaning)
    >require(afex)
    >Model <- aov_car(Meaning ~ Task + Error(Subject/Time),data = Task.
df)
    >afex_plot(Model,x = "Task",trace = "Time",data_geom = ggplot2::
geom_boxplot,data_arg = list(width = 0.3),error = "none")
```

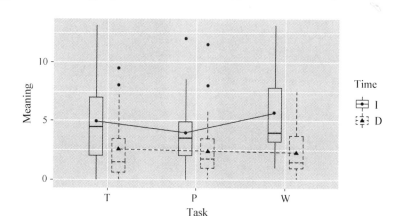

图 10.5　词义知识平均数随任务类型与测试时间的变化

在图 10.5 中，箱体内的粗实线代表中位数，圆点和三角形代表平均数。箱图外的圆点显示异常值。翻译任务（T）组数据在延时测试（D）、改写任务（P）组数据在即时（I）和延时（D）测试中均有异常值，造句任务（W）组数据没有异常值。所有单元格数据均正偏，改写任务中两次测量的数据较为严重地偏离正态。图 10.5 还显示，即时测试词义知识平均数在任务之间的差异较大，而延时测试词义知识在任务之间的差异很小，变化的线条表明任务类型和测试时间之间在词义知识测量方面有交互作用倾向。

综上所述，本例数据满足方差齐性假设和协方差矩阵齐性假设，但是单元格数据并不都满足正态分布假设，且有异常值存在，因而常规的方差分析不是很理想的选择。我们在后面会利用稳健方差分析。主要出于演示的目的，我们下面对本例数据开展常规的方差分析。

本例双因素混合方差分析利用数据包 afex 中的函数 aov_car。我们在前面绘制图 10.5 时已经调用了函数 aov_car，并开展了方差分析。利用函数 summary 得到以下统计分析结果：

```
> summary (Model)
Univariate Type III Repeated-Measures ANOVA Assuming Sphericity
```

	Sum Sq	num Df	Error SS	den Df	F value	Pr (> F)
(Intercept)	2417.46	1	1052.39	88	202.1460	< 2.2e - 16 ***
Task	18.86	2	1052.39	88	0.7884	0.45777
Time	273.33	1	269.21	88	89.3459	4.806e - 15 ***
Task: Time	25.35	2	269.21	88	4.1427	0.01908 *

```
Signif. codes: 0 '***' 0.001 '**' 0.01 '*' 0.05 '.' 0.1 ' ' 1
```

以上结果表明,任务类型没有显著主效应($F(2,88)=0.79,p=0.458>0.05$),但是测试时间有显著主效应($F(1,88)=89.35,p<0.001$),且与任务类型有显著交互效应($F(2,88)=4.14,p<0.05$)。

后续检验采用简单效应检验。开展简单效应检验调用的 R 数据包为 emmeans。本例在每个任务水平上测试时间配对比较简单效应检验的 R 命令和统计分析结果如下:

```
> afex_options (emmeans_model = "multivariate")
> require (emmeans)
> time.emm <- emmeans (Model, ~ Time |Task)
> pairs (time.emm)
```

Task = T:

contrast	estimate	SE	df	t.ratio	p.value
I - D	2.40	0.452	88	5.314	<.0001

Task = P:

contrast	estimate	SE	df	t.ratio	p.value
I - D	1.57	0.452	88	3.469	0.0008

Task = W:

contrast	estimate	SE	df	t.ratio	p.value
I - D	3.39	0.444	88	7.624	<.0001

以上结果表明,在每个任务中,即时测试词义平均数均显著大于延时测试词义平均数,$p<0.001$。每次测量上任务类型配对简单效应检验的 R 命令和统计分析结果如下:

```
> task.emm <- emmeans (Model, ~ Task |Time)
> pairs (task.emm)
```

Time = I:

contrast	estimate	SE	df	t.ratio	p.value
T - P	1.000	0.779	88	1.283	0.4084
T - W	-0.662	0.773	88	-0.856	0.6692
P - W	-1.662	0.773	88	-2.150	0.0858

Time = D:

contrast	estimate	SE	df	t.ratio	p.value
T - P	0.167	0.628	88	0.266	0.9619
T - W	0.325	0.623	88	0.522	0.8606
P - W	0.159	0.623	88	0.255	0.9649

P value adjustment：tukey method for comparing a family of 3 estimates

以上结果表明,在即时和延时测试中,所有任务配对比较均没有统计显著性差异($p > 0.05$),造句和改写任务在即时测试中只有边际显著性差异($p < 0.1$)。在延时测试方面,所有任务配对均没有统计显著性差异($p > 0.05$)。若要计算各个配对比较的效应量 Cohen's d,可以调用 R 数据包 Rallfun‐v37 中 akp.effect(x, y, tr = 0)和 D.akp.effect(x, tr = 0)。例如,计算翻译任务与改写任务在即时测试中配对比较的效应量的 R 命令和统计分析结果如下:

```
>source("Rallfun‐v37.txt")
>akp.effect(TI,PI,tr=0)
[1] 0.3395762
```

以上结果表明,两个任务在即时测试中配对比较的效应量小(Cohen's $d = 0.34$),与没有统计显著性差异的结果一致。

计算翻译任务中两次测试配对比较的效应量的 R 命令和统计分析结果如下:

```
>D.akp.effect(TI,TD,tr=0)
[1] 0.8935717
```

以上结果表明,翻译任务中两次测试配对比较的效应量大(Cohen's $d = 0.89$),说明测量时间对英语学习者词义记忆有明显的影响。

10.6 双因素混合设计稳健方差分析

10.6.1 双因素混合设计稳健方差分析程序

双因素混合设计稳健方差分析采用 Q 检验,放宽对数据正态分布和方差齐性的要求,减少异常值的影响。本节参考 Wilcox(2017b, pp. 449‐453),以 2×2 混合设计为例介绍混合设计稳健方差分析程序。在这个例子中,因素 A 和 B 分别代表被试间和被试内因素,均有两个水平($J = K = 2$)。令 $m = 2$,系数对比矩阵 $\boldsymbol{C}_m$ 为 $(m-1) \times m$ 矩阵,即:

```
     [,1]  [,2]
[1,]  1    -1
```

矩阵 $\boldsymbol{C}_m$ 的特点是:$c_{ii} = 1$,$c_{i,i+1} = -1$,矩阵其他位置上的系数(如果有的话)为 0。$\boldsymbol{j}'_m$ 是元素为 1 的 $1 \times m$ 矩阵,即:

```
     [,1]  [,2]
[1,]  1     1
```

因素 A 的对比矩阵为 $\boldsymbol{C}_A = \boldsymbol{C}_J \otimes \boldsymbol{j}'_K$,其中 $\otimes$ 表示矩阵克罗内克积(Kronecker product);因素 B 的对比矩阵为 $\boldsymbol{C}_B = \boldsymbol{j}'_J \otimes \boldsymbol{C}_K$;因素 A 和 B 交互对比矩阵为 $\boldsymbol{C}_{A \times B} = \boldsymbol{C}_J \otimes \boldsymbol{C}_K$。

利用 20% 截尾平均数开展混合设计稳健方差分析检验的零假设为 $H_0: \boldsymbol{C}\boldsymbol{\mu}_t = \boldsymbol{0}$,其中 $\boldsymbol{\mu}_t$ 是总体截尾平均数的列向量。对比矩阵 $\boldsymbol{C}$ 是一个 $k \times JK$ 矩阵,其中 k 是与零假设

有关的矩阵秩,如因素 A 对比矩阵 C_A 的 $k = J - 1$,因素 B 对比矩阵 C_B 的 $k = K - 1$,A 与 B 交互对比矩阵 $C_{A \times B}$ 的 $k = (J-1)(K-1)$。在一个 2×2 混合设计中,被试间因素 A 的对比矩阵为:

```
      [,1]   [,2]   [,3]   [,4]
[1,]   1      1     -1     -1
```

被试内因素 B 的对比矩阵为:

```
      [,1]   [,2]   [,3]   [,4]
[1,]   1     -1      1     -1
```

A 和 B 交互对比矩阵为:

```
      [,1]   [,2]   [,3]   [,4]
[1,]   1     -1     -1      1
```

令 X_{ijk} 为因素 A 第 j 个水平、因素 B 第 k 个水平上的第 i 个观测值。在因素 A 第 j 个水平上因素 B 第 m 和第 l 个水平之间的缩尾协方差(Winsorized covariance)估计为:

$$s_{jml} = \frac{1}{n_j - 1} \sum_{i=1}^{n_j} (Y_{ijm} - \bar{Y}_{.jm})(Y_{ijl} - \bar{Y}_{.jl}) \tag{10.18}$$

其中,Y_{ijk} 是缩尾值,$\bar{Y}_{.jm}$ 和 $\bar{Y}_{.jl}$ 是缩尾值的平均数。

因素 A 第 j 个水平缩尾方差与协方差矩阵 $\sum_j$ 的样本估计记作 $S_j = (s_{jml})$。令 $V_j = \frac{(n_j - 1)S_j}{h_j(h_j - 1)}$,其中 n_j 是第 j 组样本量,h_j 是有效样本量,$j = 1, \cdots, J$。又令区组对角矩阵 $V = \text{diag}(V_1, \cdots, V_J)$,则稳健方差分析检验统计量的计算公式为:

$$Q = \bar{X}'C'(CVC')^{-1}C\bar{X} \tag{10.19}$$

其中,向量 $\bar{X}' = (\bar{X}_{t11}, \cdots, \bar{X}_{ijk})$,$\bar{X}$ 是其转置向量。令 Q_j 为因素 A 第 j 个水平上的 $JK \times JK$ 区组对角矩阵,区组对角线上的元素为 1,其他位置上的元素均为 0。2×2 混合设计中,区组对角矩阵 Q_1 为:

```
      [,1]   [,2]   [,3]   [,4]
[1,]   1      0      0      0
[2,]   0      1      0      0
[3,]   0      0      0      0
[4,]   0      0      0      0
```

区组对角矩阵 Q_2 为:

```
      [,1]   [,2]   [,3]   [,4]
[1,]   0      0      0      0
[2,]   0      0      0      0
[3,]   0      0      1      0
[4,]   0      0      0      1
```

令 $A = \dfrac{\sum_{j=1}^{J} [\text{tr}(\{VC'(CVC')^{-1}CQ_j\}^2) + \{\text{tr}(VC'(CVC')^{-1}CQ_j)\}^2]}{2(h_j - 1)}$,其中 tr 表示矩阵

迹，h_j 为第 j 组有效样本量，则 $c = k + 2A - \dfrac{6A}{k+2}$，其中 k 为对比矩阵的秩（即排数）。在零假设为真时，Q/c 近似服从自由度 $\nu_1 = k$、$\nu_2 = k(k+2)/(3A)$ 的 F 分布。若 $Q/c > F_{1-\alpha, \nu_1, \nu_2}$，拒绝零假设，推断有统计显著性效应存在。

下面以 10.5.1 节的数据为例开展稳健方差分析。这些数据的列表形式为：

```
AB <- list()
AB[[1]] <- A1B1
AB[[2]] <- A1B2
AB[[3]] <- A2B1
AB[[4]] <- A2B2
```

以上列表中，AB[[1]] 代表因素 A 和因素 B 第一个水平上的数据，AB[[2]] 代表因素 A 第一个水平和因素 B 第二个水平上的数据，以此类推。

利用上面介绍的公式对本例数据开展稳健混合方差分析的 R 命令和统计分析结果如下：

```
> # A 效应检验统计量
> source("Rallfun - v37.txt")
> tmeans <- NULL
> for(i in 1:length(AB)) tmeans[i] <- tmean(AB[[i]]) # 20% trimmed means
> cmat <- matrix(c(1,1,-1,-1),ncol=4) # contrast matrix for A
> J = K = 2;p = J*K;grp = c(1:p);tr = 0.2
> n <- length(AB[[grp[1]]])
> h <- length(AB[[grp[1]]]) - 2*floor(tr*length(AB[[grp[1]]])) # effective sample size
> covest <- matrix(0,p,p)
> covest[1,1] <- (n-1)*winvar(AB[[grp[1]]],tr)/(h*(h-1))
> for (j in 2:p){
jk <- j-1
covest[j,j] <- (n-1)*winvar(AB[[grp[j]]],tr)/(h*(h-1)) # squared standard error of each sample trimmed mean
for (k in 1:jk){
covest[j,k] <- (n-1)*wincor(AB[[grp[j]]],AB[[grp[k]]],tr)$cov/(h*(h-1))
covest[k,j] <- covest[j,k]
}
}
> covest[c(3:4),c(1:2)] <- 0
> covest[c(1:2),c(3:4)] <- 0 # covariance matrix between samples
> invc <- solve(cmat%*%covest%*%t(cmat))
> Qa <- t(tmeans)%*%t(cmat)%*%invc%*%cmat%*%tmeans
> # A 效应检验显著性概率 p 值
```

```
> h <- c(9,9)
> Q1 <- matrix(c(1, rep(0,4), 1, rep(0,10)), ncol = 4)
> mtem <- covest%*%t(cmat)%*%invc%*%cmat%*%Q1
> temp1 <- (sum(diag(mtem%*%mtem)) + (sum(diag(mtem)))^2)/(h[1] - 1)
> Q2 <- matrix(c(rep(0,10), 1, rep(0,4), 1), ncol = 4)
> mtem <- covest%*%t(cmat)%*%invc%*%cmat%*%Q2
> temp2 <- (sum(diag(mtem%*%mtem)) + (sum(diag(mtem)))^2)/(h[2] - 1)
> A <- 0.5*sum(temp1, temp2)
> df1 <- nrow(cmat)
> df2 <- nrow(cmat)*(nrow(cmat) + 2)/(3*A)
> cval <- nrow(cmat) + 2*A - 6*A/(nrow(cmat) + 2)
> test <- Qa/cval
> pa <- 1 - pf(test, df1, df2)
> # B 效应检验统计量
> cmat <- matrix(c(1, -1, 1, -1), ncol = 4) # contrast matrix for B
> Qb <- t(tmeans)%*%t(cmat)%*%solve(cmat%*%covest%*%t(cmat))%*%
cmat%*%tmeans
> # B 效应检验显著性概率 p 值
> invc <- solve(cmat%*%covest%*%t(cmat))
> mtem <- covest%*%t(cmat)%*%invc%*%cmat%*%Q1
> temp1 <- (sum(diag(mtem%*%mtem)) + (sum(diag(mtem)))^2)/(h[1] - 1)
> mtem <- covest%*%t(cmat)%*%invc%*%cmat%*%Q2
> temp2 <- (sum(diag(mtem%*%mtem)) + (sum(diag(mtem)))^2)/(h[2] - 1)
> A <- 0.5*sum(temp1, temp2)
> df1 <- nrow(cmat)
> df2 <- nrow(cmat)*(nrow(cmat) + 2)/(3*A)
> cval <- nrow(cmat) + 2*A - 6*A/(nrow(cmat) + 2)
> test <- Qb/cval
> pb <- 1 - pf(test, df1, df2)
> # A 和 B 交互效应检验统计量
> cmat <- matrix(c(1, -1, -1, 1), ncol = 4) # contrast matrix for A by B
> Qab <- t(tmeans)%*%t(cmat)%*%solve(cmat%*%covest%*%t(cmat))%*%
cmat%*%tmeans
> # A 和 B 交互效应检验显著性概率 p 值
> invc <- solve(cmat%*%covest%*%t(cmat))
> mtem <- covest%*%t(cmat)%*%invc%*%cmat%*%Q1
> temp1 <- (sum(diag(mtem%*%mtem)) + (sum(diag(mtem)))^2)/(h[1] - 1)
> mtem <- covest%*%t(cmat)%*%invc%*%cmat%*%Q2
> temp2 <- (sum(diag(mtem%*%mtem)) + (sum(diag(mtem)))^2)/(h[2] - 1)
> A <- 0.5*sum(temp1, temp2)
> df1 <- nrow(cmat)
> df2 <- nrow(cmat)*(nrow(cmat) + 2)/(3*A)
> cval <- nrow(cmat) + 2*A - 6*A/(nrow(cmat) + 2)
```

```
>test <-Qab/cval
>pab <-1 -pf(test,df1,df2)
># 稳健统计分析表
>results <-matrix(c(Qa,Qb,Qab,pa,pb,pab),ncol =2)
>rownames(results) <-c("A","B","A×B")
>colnames(results) <-c("Q","p")
>round(results,5)
          Q         p
A     9.36839   0.01046
B     0.66160   0.42925
A×B  18.48439   0.00069
```

以上结果表明,因素 A 有统计显著性主效应($Q = 9.37, p < 0.05$),因素 B 没有统计显著性主效应($Q = 0.66, p > 0.05$),但是因素 A 和 B 有统计显著性交互效应($Q = 18.48, p < 0.001$)。

10.6.2 双因素混合设计稳健方差分析应用举例

10.5.3 节利用常规方差分析检验任务类型和测试时间对英语学习者词汇习得的影响,本节则利用稳健方差分析对同批数据开展统计检验。开展双因素混合设计稳健方差分析的 R 函数为数据包 Rallfun - v37 中的 bwtrim(J, K, x,tr =0.2),其中 J 和 K 分别为被试间因素和被试内因素的水平数,x 是列表数据,tr =0.2 是函数默认的截尾量。在数据列表中,x[[1]]包含被试间因素 A 和被试内因素 B 第一个水平上的数据;x[[2]]包含 A 第一个水平、B 第二个水平上的数据;x[[K +1]]包含 A 第二个水平、B 第一个水平上的数据,以此类推。

在开展推理统计之间,先报告描述性统计量。表 10.6 显示本例数据的描述性统计量,包括单元格样本量(n)、20% 截尾平均数($\bar{X}_t$)、20% 缩尾标准差(S_w)、标准误差(SE)和 95% 置信区间($95\%CI$)。

表 10.6　任务类型和测试时间单元格数据描述性统计

		n	$\bar{X}_t$	S_w	SE	$95\%CI$
翻译	即时测试	30	4.72	2.09	0.64	$[3.38, 6.06]$
	延时测试	30	2.06	1.78	0.54	$[0.91, 3.20]$
改写	即时测试	30	3.56	1.56	0.47	$[2.56, 4.56]$
	延时测试	30	1.86	1.39	0.42	$[0.97, 2.75]$
造句	即时测试	31	5.21	2.08	0.62	$[3.90, 6.52]$
	延时测试	31	1.87	1.57	0.47	$[0.88, 2.86]$

表 10.6 显示,在每个任务条件下,即时测试中的 20% 截尾平均数均高于延时测试中的 20% 截尾平均数。在即时测试中,造句任务好于翻译任务,翻译任务又好于改写任务。在延时测试中,各个任务条件下的 20% 截尾平均数接近。

图 10.6 显示词义知识 20% 截尾平均数随任务类型和测试时间变化的趋势,图中

的误差条为 20% 截尾平均数 95% 置信区间。

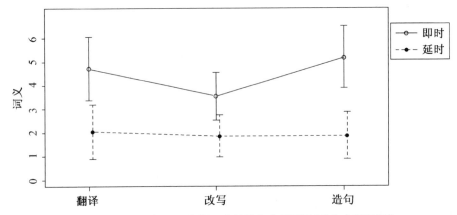

图 10.6　词义知识 20% 截尾平均数随任务类型和测试时间的变化

如图 10.6 所示，在即时测试中，相对于改写任务，翻译和造句任务在促进词义方面略有优势，但是各个任务条件下 20% 截尾平均数 95% 置信区间重合度高，说明它们之间可能没有统计显著性差异。在延时测试中，三个任务条件下的 20% 截尾平均数很接近，而且 95% 置信区间重合度很高，基本可以推断它们之间没有统计显著性差异。从测试时间来看，每个任务中两次测试条件下的 20% 截尾平均数差异甚大，且 95% 置信区间不重合或重合度很小，基本可以推断测试时间有显著效应存在。

针对本例数据，开展稳健方差分析的 R 命令和统计分析结果如下：

```
>TPW <- list()
>TPW[[1]] <- TI
>TPW[[2]] <- TD
>TPW[[3]] <- PI
>TPW[[4]] <- PD
>TPW[[5]] <- WI
>TPW[[6]] <- WD
>source("Rallfun-v37.txt")
>bwtrim(3,2,TPW,tr=0.2)
$Qa
[1] 1.01506
$Qa.p.value
        [,1]
[1,] 0.3732316
$Qb
[1] 78.97862
$Qb.p.value
        [,1]
[1,] 1.120992e-11
$Qab
```

```
[1] 2.983571
$Qab.p.value
      [,1]
[1,] 0.06432056
```

以上结果表明,任务类型没有统计显著性主效应($Q=1.02, p>0.05$),但是测试时间有统计显著性主效应($Q=78.98, p<0.001$),任务类型与测试时间没有统计性显著性交互效应($Q=2.98, p>0.05$)。常规方差分析也得出任务类型没有统计显著性主效应、测试时间有统计显著性主效应的结论。但是与稳健统计分析结果不同的是,常规方差分析发现任务类型与测试时间有统计显著性交互效应($p<0.05$)。

由于本例稳健统计分析发现测试时间有统计显著性主效应,与任务类型没有统计显著性交互效应,且测试时间只有两个水平,结合表 10.6 可以得出以下结论:即时测试中的词义记忆效果好于延时测试中的记忆效果。如果统计分析中发现主效应或交互效应,需要开展多重比较,则可以使用数据包 Rallfun-v37 中的函数 bwmcp(J, K, x, tr=0.2, nboot=599),其中 J 和 K 分别为被试间因素和被试内因素的水平数,x 是列表数据,tr=0.2 是函数默认的截尾量,nboot=599 是默认的自助样本量。该函数采用自助 t 方法对所有的主效应和交互效应开展多重线性对比,族错误率控制在 $\alpha=0.05$ 的水平。如果只在被试内因素 B 的每个水平上配对比较被试间因素 A 的水平,可以调用函数 bwamcp(J, K, x, tr=0.2),其中 J 和 K 分别为被试间因素和被试内因素的水平数,x 是列表数据,tr=0.2 是函数默认的截尾量。该函数调用函数 lincon,族错误率的控制可以调用 R 函数 p.adjust。如果只在被试间因素 A 的每个水平上配对比较被试内因素 B 的水平,可以调用函数 bwbmcp(J, K, x, tr=0.2),其中 J 和 K 分别为被试间因素和被试内因素的水平数,x 是列表数据,tr=0.2 是函数默认的截尾量。该函数将族错误率控制在 $\alpha=0.05$ 的水平。如果要对一个复杂设计(如 3×4 设计)的交互效应开展多重比较,检验在哪个或哪些 2×2 设计形式上有交互效应存在,则可以调用函数 bwimcp(J, K, x, tr=0.2),其中 J 和 K 分别为被试间因素和被试内因素的水平数,x 是列表数据,tr=0.2 是函数默认的截尾量。该函数控制族错误率($\alpha=0.05$)的方法为 Hochberg 方法(Hochberg's method)。

出于演示的目的,我们利用 R 函数 bwamcp 对任务类型开展简单比较检验,即在每个测试时间上配对比较任务类型在词义测量方面的 20% 截尾平均数差异。本例简单比较的 R 命令和统计分析结果如下:

```
>source("Rallfun-v37.txt")
>bwamcp(3,2,TPW,tr=0.2)
[1] "Contrast Matrix Used:"
     [,1]  [,2]  [,3]  [,4]  [,5]  [,6]
[1,]   1     1     0     0     0     0
[2,]   0     0     0     1     1     0
[3,]  -1     0     1     0     0     0
[4,]   0     0     0    -1     0     1
[5,]   0    -1    -1     0     0     0
[6,]   0     0     0     0    -1    -1
```

```
[1] "Note: confidence intervals are adjusted to control FWE"
[1] "But p - values are not adjusted to control FWE"
[1] "Adjusted p-values can be computed with the R function p.adjust"
$n
[1] 30 30 30 30 31 31
$test
```

	con.num	test	crit	se	df
[1,]	1	1.45464889	2.792645	0.8020263	31.44560
[2,]	2	-0.54843253	2.777840	0.8903631	34.82308
[3,]	3	-2.11999297	2.783591	0.7806492	33.42828
[4,]	4	0.28015297	2.789562	0.6940653	32.09379
[5,]	5	0.26026672	2.781967	0.7190105	33.81062
[6,]	6	-0.01156419	2.777631	0.6321188	34.87582

```
$psihat
```

	con.num	psihat	ci.lower	ci.upper	p.value
[1,]	1	1.166666667	-1.073108	3.4064410	0.15567658
[2,]	2	-0.488304094	-2.961590	1.9849818	0.58689407
[3,]	3	-1.654970760	-3.827979	0.5180372	0.04151368
[4,]	4	0.194444444	-1.741693	2.1305823	0.78115804
[5,]	5	0.187134503	-1.813129	2.1873981	0.79623657
[6,]	6	-0.007309942	-1.763103	1.7484828	0.99083922

以上结果中,第一张表显示任务类型配对比较系数矩阵,给出6对比较,如第一列比较即时测试中的翻译任务和改写任务,第二列比较即时测试中的翻译任务和造句任务。第二张表报告检验统计量及其相关统计量,包括检验统计量(test)、临界值(crit)、标准误差(se)和自由度(df)。第三张表报告各个配对任务20%截尾平均数差异(psihat,$\hat{\psi}$)及其相关统计量,包括截尾平均数差异的95%置信区间(ci.lower和ci.upper)和显著性概率p值(p.value)。需要注意的是,该函数计算显著性概率p值时没有控制族错误率,但是95%置信区间控制了族错误率。第三张表显示,所有配对比较20%截尾平均数差异的95%置信区间均包括0值,因而没有可靠证据推断任务配对比较有统计显著性差异。如果要使用校正p值检验统计显著性,利用Hochberg方法的R命令和统计分析结果如下:

```
>p.values<-c(0.15567658,0.58689407,0.04151368,0.78115804,
0.79623657,0.99083922)
>p.adjust(p.values,method="hochberg")
[1] 0.7783829 0.9908392 0.2490821 0.9908392 0.9908392 0.9908392
```

以上结果表明,所有的任务配对比较检验均没有统计显著性差异($p>0.05$)。

10.5.3节采用常规方差分析的事后简单效应检验发现,造句与改写任务在即时测试中有边际显著性差异($p<0.1$),与稳健方差分析事后任务配对比较的结果有所不同。造成这一差异的主要原因是单元格数据违反正态分布假设,且有异常值存在。研究报告中需要包括效应量。配对比较稳健性效应量测量可以采用Cohen's d_R 或$\hat{\xi}$(见第7章、第8章)。

10.7　Friedman 秩次检验 ◆◆◆◆◆◆

10.7.1　Friedman 秩次检验程序

在传统的非参数检验中,多个(两个以上)相关组数据秩次分布比较的常用方法是 Friedman 秩次检验(Friedman's rank test;简称 Friedman 检验,Friedman's test),又称作 Friedman 秩和检验(Friedman rank sum test)或 Friedman 秩次方差分析(Friedman analysis of variance by ranks)。

Friedman 秩次检验是与利用平均数的单因素被试内方差分析对应的非参数形式,也是 Wilcoxon 符号秩次检验向多个相关组或重复测量条件的推广。它用于检验不同条件下的秩次分布是否相同。零假设为真时,各个相关组中的秩次分布相同(H_0: $F_1(x) = \cdots = F_k(x)$,其中 k 为相关组数),平均秩次相同。Friedman 秩次检验适用于离散性数据,包括秩次数据或定距、定比数据秩次转化后的定序数据。没有等秩时,Friedman 秩次检验使用的统计量近似为秩次卡方统计量(χ_R^2),计算公式为:

$$\chi_R^2 = \frac{12}{nk(k+1)} \sum_{j=1}^{k} \left(\sum R_j \right)^2 - 3n(k+1) \tag{10.20}$$

其中,n 是配对样本量,k 是比较条件数(即相关组数),$j = 1, \cdots, k$,$\sum_{j=1}^{k} \left(\sum R_j \right)^2$ 是每个条件下秩和平方和。

有等秩时,卡方检验统计量的校正因子为:

$$C = 1 - \frac{\sum_{i=1}^{s} (t_i^3 - t_i)}{n(k^3 - k)} \tag{10.21}$$

其中,n 是样本量,k 是比较条件数,s 表示等值集合数,t_i 表示第 i 个集合中的等秩数($i = 1, \cdots, s$)。

等秩校正后秩次卡方统计量的计算公式为:

$$\chi_{R_C}^2 = \frac{\chi_R^2}{C} \tag{10.22}$$

零假设为真时,秩次卡方统计量服从 $\nu = k - 1$ 的卡方分布。如果卡方统计量 χ_R^2 或 $\chi_{R_C}^2$ 在自由度为 ν 的卡方分布中的显著性概率 $p \leq \alpha$(通常 $\alpha = 0.05$),拒绝零假设,推断不同条件组数据秩次分布不同,平均秩次有差异。Friedman 秩次检验对协方差矩阵有一个限制性很强的条件,即假设复合对称(compound symmetry),即所有的组方差相同(方差齐性),所有的配对组协方差相同(Wilcox, 2017c, p.434)。

下面用一个数值例子增加对 Friedman 秩次检验程序的理解。15 名被试在三个实验条件(conditions)下的因变量测量结果如下所示:

```
Condition1 <- c(37,45,45,44,45,49,45,47,51,44,41,49,43,42,47)
Condition2 <- c(36,41,37,44,41,44,37,44,41,40,35,40,40,42,38)
Condition3 <- c(28,32,33,30,29,32,26,30,33,30,26,28,27,34,32)
```

将以上 R 向量转化为矩阵,文件名定为 Data,开展 Friedman 秩次检验的 R 命令和统计分析结果如下:

```
> Data <- matrix(c(Condition1,Condition2,Condition3),ncol = 3)
> require(matrixStats) # for ranking row data
> n = dim(Data)[1]; k = dim(Data)[2]
> RowR <- rowRanks(Data,ties.method = "average") # replace ties by
their mean
> chisq <- 12/(n*k*(k + 1))*sum(sum(RowR[,1])^2,sum(RowR[,2])^2,
sum(RowR[,3])^2) - 3*n*(k + 1)
> t1 = 2;t2 = 2 # ties
> C <- 1 - sum(t1^3 - t1,t2^3 - t2)/(n*(k^3 - k))
> p <- pchisq(chisq/C,k - 1,lower.tail = FALSE)
> cat("Friedman
chi - squared"," = ",chisq/C,",","df"," = ",2,",","p"," = ",p,"\n")
Friedman chi - squared = 29.10345, df = 2, p = 4.789239e - 07
```

以上结果表明,三个实验条件组平均秩次有统计显著性差异($\chi^2(2) = 29.10, p < 0.001$)。

10.7.2　Friedman 秩次检验应用举例

在一项认知实验中,10 名参与者学习低(Low)、中(Medium)、高(High)频词,学习结束后被要求在三分钟内尽可能多地重复记住的词语。本研究的假设是高频词更容易被记忆。参与者在三种条件下的记忆(Recall)分数如下面的数据向量所示(数据来源:Dancey & Reidy, 2011, p. 559):

```
Low <- c(10,5,7,8,10,15,21,18,20,8)
Medium <- c(15,8,9,16,9,18,29,25,36,16)
High <- c(25,17,18,25,8,20,31,31,40,30)
```

试问:三种学习条件下记忆分值的秩次分布是否相同?

这是小样本研究。开展 Friedman 秩次检验的 R 函数是 `friedman.test(x)`,其中 x 为数据矩阵,矩阵列对应于组别或重复测量条件。本例矩阵数据 R 文件名定为 Recall,R 命令和统计分析结果如下:

```
> Recall <- matrix(c(Low,Medium,High),ncol = 3)
> colnames(Recall) <- c("Low","Medium","High")
> friedman.test(Recall)
        Friedman rank sum test
data:  Recall
Friedman chi - squared = 12.8, df = 2, p - value = 0.001662
```

以上结果表明,三种学习条件下的词语记忆数据秩次分布有统计显著性差异($\chi^2(2) = 12.8, p < 0.01$)。

由于 Friedman 秩次检验发现三个学习条件之间有统计显著性差异,需要开展事后多重比较,推断在哪些配对比较之间有统计显著性差异,哪些配对比较之间没有统计显著性差异。Friedman 秩次检验事后多重比较调用数据包 pgirmess 中的函数 friedmanmc,默认的族错误率为 $\alpha = 0.05$。本例配对检验 R 命令和统计分析结果如下:

```
> require(pgirmess)
> friedmanmc(Recall)
Multiple comparisons between groups after Friedman test
p.value: 0.05
Comparisons
       obs.dif   critical.dif   difference
1 - 2     8         10.7062       FALSE
1 - 3    16         10.7062       TRUE
2 - 3     8         10.7062       FALSE
```

以上结果显示三列数据:配对条件组秩次之和差异的绝对值(obs.dif)、差异临界值(critical.dif)和差异显著性(difference)。在 difference 一列中,TRUE 表示配对组比较有统计显著性差异($p < 0.05$),FALSE 表示配对组比较没有统计显著性差异($p > 0.05$)。本例低、中、高词频条件下的词语记忆分数的秩和依次为 12、20 和 28。低、高词频条件有统计显著性差异,但是其他两个配对比较没有统计显著性差异。这一结论部分支持本研究关于高频词更容易被记忆的假设。

10.8 单因素设计秩次型稳健方差分析

10.8.1 单因素设计秩次型稳健方差分析程序

在控制第一类错误率和提高统计效力方面,Agresti & Pendergast(1986)提出了一种比 Friedman 秩次检验更好的统计检验方法,即 Agresti-Pendergast 秩次检验(Agresti-Pendergast rank test)。本节依据 Wilcox(2017b, p.448)简要介绍 Agresti-Pendergast 秩次检验。

Agresti-Pendergast 秩次检验程序合并所有组的观测值,然后对之行排秩。令第 j 组 $(j = 1, \cdots, J)$ 第 i 个观测值的秩次为 R_{ij},则第 j 组的平均秩次为 $\bar{R}_j = \dfrac{1}{n} \sum_{i=1}^{n} R_{ij}$,其中 n 是样本量。第 j 组与第 k 组 $(k = 1, \cdots, J, j \neq k)$ 的协方差为 $s_{jk} = \dfrac{1}{n - J + 1} \sum_{i=1}^{n} (R_{ij} - \bar{R}_j)(R_{ik} - \bar{R}_k)$。方差与协方差矩阵记作 $\boldsymbol{S} = (s_{jk})$。令向量 $\boldsymbol{R}' = (\bar{R}_1, \cdots, \bar{R}_J)$。系数对比矩阵 $\boldsymbol{C}$ 为 $(J - 1) \times J$ 矩阵。例如,$J = 3$ 时的系数对比矩阵 $\boldsymbol{C}$ 为 $\begin{pmatrix} 1 & -1 & 0 \\ 0 & 1 & -1 \end{pmatrix}$。

检验统计量 F 的计算公式为:

$$F = \frac{n}{J-1} (\boldsymbol{CR})' (\boldsymbol{CSC}')^{-1} \boldsymbol{CR} \qquad (10.23)$$

F 比率的自由度为 $\nu_1 = J - 1$,$\nu_2 = (J - 1)(n - 1)$。若检验统计量在自由度为 ν_1 和 ν_2

的 F 分布中的显著性概率 $p \leqslant \alpha$(通常 $\alpha = 0.05$),拒绝零假设,推断不同条件组数据秩次分布不同,平均秩次有差异。

下面利用 10.7.1 节的示例数据开展 Agresti-Pendergast 秩次检验,以便理解检验程序。本例开展 Agresti-Pendergast 秩次检验的 R 命令和统计分析结果如下:

```
> grp <- c(1:ncol(Data))
> J <- ncol(Data)
> n <- nrow(Data)
> rm <- matrix(rank(Data),n,J) # rank pooled data
> rv <- colMeans(rm) # group means
> S <- matrix(0,J,J)
> for (j in 1:J){
  jp <- j
  for (k in jp:J){
  S[j,k] <- 1/(n-J+1)*(rm[,j] - rv[j])%*%(rm[,k] - rv[k])
  S[k,j] <- S[j,k]
  }
  } # variance and covariance matrix
> C <- matrix(c(1,-1,0,0,1,-1),byrow = TRUE,ncol = 3)
> F <- n/(J-1)*t(C%*%rv)%*%solve(C%*%S%*%t(C))%*%C%*%rv
> df1 <- J-1
> df2 <- (J-1)*(n-1)
> p <- 1 - pf(F,df1,df2)
> cat("F"," = ",F,","，"df1"," = ",df1,","，"df2"," = ",df2,","，"p",
" = ",p,"\n")
  F = 130.7418, df1 = 2, df2 = 28, p = 6.217249e-15
```

以上结果表明,三个实验条件组平均秩次有统计显著性差异($F(2,28) = 130.74$, $p < 0.001$)。这一结论与 10.7.1 节开展 Friedman 秩次检验得出的结论相同,但是两种检验方法得出的作为拒绝零假设证据的概率 p 值有较大差异。

10.8.2　单因素设计秩次型稳健方差分析应用举例

本节对 10.7.2 节的数据开展稳健秩次方差分析,统计分析方法为 Agresti-Pendergast 秩次检验。该检验利用数据包 Rallfun - v37 中的 R 函数 apanova(data, grp = 0),其中 data 为 $n \times J$ 矩阵,n 是样本量,J 是相关组数。变元 grp 可以被用于设定具体的若干比较组。不设定此变元,该函数对所有组开展统计分析。

本例开展 Agresti-Pendergast 秩次检验的 R 命令和统计分析结果如下:

```
> source("Rallfun - v37.txt")
> apanova(Recall)
[1] "With n < =20, suggest using bprm"
$FTEST
        [,1]
```

```
[1,] 11.57051
$ df1
[1] 2
$ df2
[1] 18
$ p.value
        [,1]
[1,] 0.0005874591
```

以上结果表明,三种学习条件下的词语记忆数据秩次分布有统计显著性差异($F(2,18)=11.57,p<0.001$)。这一结论与 Friedman 秩次检验得出的结论相同,尽管拒绝零假设证据的强度(p 值)不同。函数 apanova 的输出结果中建议在样本量小于 20 时,执行函数 bprm 开展另外一种稳健秩次统计方法——Brunner-Puri 组内秩次型方差分析(Wilcox,2017b)。

配对比较检验可以利用函数 apanova 包括的变元 grp。要控制族第一类错误率,可以调用 R 函数 p.adjust。如果采用保守的 Bonferroni 校正方法,则执行以下 R 命令:

```
>p.adjust(c(apanova(Recall,grp=c(1,2))$p.value,apanova(Recall,
grp=c(1,3))$p.value,apanova(Recall,grp=c(2,3))$p.value),method="
bonferroni")
```

依次得到低词频与中等词频、低词频与高词频以及中等词频与高词频条件三个配对比较调整的 p 值:0.010 917 252、0.001 513 204 和 0.010 955 203。利用前一节的计算方法,三种条件下的记忆分值平均秩次依次为 10.0、15.2 和 21.3。由此推断,词语高频条件比中等词频条件更有利于词语记忆($p<0.05$),中等词频条件又比低频条件更有利于词语记忆($p<0.05$)。但是,10.7.2 节利用 R 函数 friedmanmc 开展的配对比较检验中,只发现高频词相对于低频词更容易被记忆。

思考与练习

1. 以单因素设计为例,简要说明常规重复测量方差分析的基本原理。

2. 多个相关组截尾平均数比较有哪两种方法?

3. 在常规的双因素混合方差分析中,总平方和被分成几个部分?

4. Friedman 秩次检验与 Agresti-Pendergast 秩次检验有何异同?

5. 下面哪个变量是被试或参与者变量?

(a) 性别　　　　　(b) 年龄　　　　　(c) 年级　　　　　(d) 以上都对

6. 假如 15 名外语学习者的某项语言技能在三个条件下被重复测量。在使用 Friedman 秩次检验时,下面哪一项是正确的?

(a) 需要对每位学习者被测量的 3 个分值分别排秩。

(b) 所有 45 个分值混合在一起排秩。

(c) 每个条件下的 15 个分值分别排秩。

(d) 对每个条件配对的分值差异排秩。

7. 对同一批数据开展独立组常规方差分析和重复测量方差分析,下面哪一项在这两个分析中是相同的?

(a) F 检验的 p 值　　　　　　(b) F 检验的临界值

(c) F 比率的分子　　　　　　(d) F 比率的分母

8. 如果对两个相关样本开展配对样本 t 检验和重复测量方差分析,下面哪个选项正确?

(a) 两个统计显著性检验的 p 值相同。

(b) 两个统计显著性检验的 t 临界值和 F 临界值相同。

(c) 统计量 t 值和 F 比率相同。

(d) t 检验比 F 检验更有可能发现统计显著性结果。

9. 在实验设计方差分析中,如果 F 比率增大,下面哪一项正确?

(a) F 检验的 p 值就越大。

(b) 实验操纵就越不可能产生期望的效应。

(c) 组间变异就越有可能接近组内变异。

(d) 更有可能出现大的系统效应(systematic effects)。

10. 在单因素被试内设计中,4 个条件下的被试数均为 20 人,常规方差分析 F 比率分子和分母的自由度是多少?

(a) 3,80　　　　(b) 4,79　　　　(c) 3,57　　　　(d) 3,78

11. 若方差分析 F 比率的分子和分母自由度为 3 和 76,在显著性水平 $\alpha = 0.05$ 时,F 检验的临界值是多少?

(a) 2.72　　　　(b) 0.12　　　　(c) 3.29　　　　(d) 4.32

12. 相对于被试间设计,被试内设计的一个优势是什么?

(a) 消除测量误差　　　　　　(b) 增加练习效应

(c) 消除被试个体差异　　　　(d) 减少实验者期望效应

13. 一项实验研究采用 3×2 混合设计调查两个因素对连续性因变量测量的影响。被试间因素 A 有 3 个水平,被试内因素 B 有 2 个水平。采用常规方差分析得到的部分结果如下表所示:

变异来源	平方和	自由度	均方	F
A	358	_____	_____	_____
误差(A)	1 265.78	_____	_____	
B	417	_____	_____	_____
A×B	58	_____	_____	_____
误差(B,A×B)	534.17	72	_____	

回答以下问题:

(a) 在上表的横线上填写缺失的统计量值(保留三位小数)。

（b）本研究的样本量是多少？

（c）设定统计显著性水平 $\alpha = 0.05$，本研究的统计结论是什么？

14. 一个人在一天的不同时段头脑的清醒度（alertness）可能是不一样的，而且清醒度也可能会因人而异。我们想知道在上午 9:00、下午 2:00 和晚上 8:00 左右学生头脑的清醒度如何。清醒度的测量采用 1～5 个分值，1 = 很不清醒，2 = 不够清醒，3 = 尚可，4 = 较清醒，5 = 很清醒。数值越大，头脑越清醒，如选择 4 比选择 2 表示头脑更清醒。54 名英语专业学生在三个时段的清醒度测量结果如下表所示：

上午清醒度：	3,2,4,4,3,3,5,3,4,4,4,4,4,3,3,2,3,4,4,2,5,3,4,3,3,4,3,4,4,5,5,3,3,4,4,4, 4,4,4,3,2,4,4,4,4,4,4,5,3,1,2,2,4,4
下午清醒度：	2,4,2,2,3,2,2,3,2,3,3,2,3,2,3,4,4,2,2,3,2,2,3,2,2,3,2,2,5,3,4,3,2,2,3,2, 3,2,2,3,1,1,2,2,2,2,1,2,2,5,3,3,4,2
晚上清醒度：	4,3,3,5,4,4,3,4,3,4,4,3,2,4,4,4,3,4,4,4,3,4,4,5,4,3,5,5,5,4,4,3,5,4,3,5, 5,5,4,4,4,4,5,4,5,5,4,5,4,5,5,5,4,5

回答以下问题：

（a）如果采用开展 Friedman 秩次检验，本研究得出什么统计结论？

（b）如果秩次检验发现统计显著性结果，调用 R 数据包 pgirmess 进一步检验在配对时段学生头脑清醒度的差异。

（c）如果采用 Agresti-Pendergast 秩次检验，统计结论是否与 Friedman 秩次检验的统计结论相同？

15. 假如一项研究采用 2×2 混合实验设计调查英语听力水平和话题熟悉度对英语学习者听力的影响。根据实验前的英语听力水平测试成绩，60 名被试被分为人数相等的听力低（low）水平组和听力高（high）水平组。研究者设计了两个主题讲座的讲稿。这两个主题讲稿在语言难易度和结构安排等方面相当，但是话题熟悉度不同，一个为学习者所熟悉（familiar），另一个为学习者所不熟悉（unfamiliar）。研究者安排同一位英语教师根据讲稿进行讲授，两次讲座分别安排在同一周的周二和周四的上午，时长相同。研究者从 30 名低水平组和 30 名高水平组中各自随机抽取一半人数的学习者在周二上午先听话题熟悉的讲座后听话题不熟悉的讲座，另一半人数的低水平学习者和高水平学习者在周四上午先听话题不熟悉的讲座后听话题熟悉的讲座。有关两个话题内容的测试在题型和题项数方面相同，即时测试安排在每次讲座结束后。每位学生的听力测试结果如下表所示：

低水平 + 熟悉：	24,15,23,13,23,16,13,24,19,22,19,23,21,24,20,21,21,22,14,20,9,24, 17,19,22,16,29,17,18
低水平 + 不熟悉：	14,13,14,9,8,8,9,10,8,20,10,10,15,10,11,14,11,9,9,10,16,10,12,10,8, 11,10,13,11,10
高水平 + 熟悉：	22,23,26,22,26,28,21,26,24,22,22,35,20,20,22,23,22,25,25,23,22,22, 27,28,24,27,20,23,25,20
高水平 + 不熟悉：	12,20,21,20,21,20,18,21,20,20,20,21,19,16,17,18,20,17,17,12,15,22, 21,19,21,20,15,16,20,16

设定统计显著性水平 $\alpha = 0.05$，回答以下问题：

（a）利用 Shapiro-Wilk W 检验推断本研究各个单元格数据是否满足正态分布假设？

（b）利用箱图诊断本研究各个单元格数据分布是否有异常值存在？

（c）在熟悉度的每个水平上利用中位数开展 Levene 方差齐性假设检验，得出什么结论？

（d）调用 R 数据包 biotools，开展协方差矩阵齐性检验，得出什么结论？

（e）若调用 R 数据包 Rallfun-v37 开展稳健统计，在下表横线上填写各个稳健统计量数值（保留两位小数）。稳健统计量包括 20% 截尾平均数（$\bar{X}_t$）、20% 缩尾标准差（S_w）、标准误差（SE）和 95% 置信区间（$95\%CI$）。

		n	$\bar{X}_t$	S_w	SE	$95\%CI$
低水平	熟悉	30	____	____	____	____
	不熟悉	30	____	____	____	____
高水平	熟悉	30	____	____	____	____
	不熟悉	30	____	____	____	____

（f）若采用混合设计稳健方差分析 Q 检验，统计结论是什么？有没有发现听力水平和话题熟悉度之间有统计显著性交互效应？如果有，这种交互效应是有序的还是无序的？计算在每个听力水平上熟悉度两个水平配对比较的效应量 Cohen's d_R，并据此解释交互效应的本质。

（g）若调用 R 数据包 afex 开展常规的混合设计方差分析，统计结论是否与开展稳健方差分析得出的统计结论一致？针对本例，你在研究中报告常规方差分析还是稳健方差分析得到的统计结果？

第11章

多元回归分析

回归分析是语言学定量研究中常用的统计分析方法。回归分析的目的是检验一个或一组自变量或预测变量[predictor variable(s)，又称解释性变量，explanatory variable(s)]对效标变量(criterion variable，又称因变量、结果变量或响应变量，dependent/outcome/response variable)的解释力或预测力。

根据预测变量的数量，回归分析可分为简单回归分析(simple regression analysis)和多元回归分析(multiple regression analysis)。简单回归分析中有一个预测变量和一个效标变量。多元回归分析中有一个效标变量和两个或两个以上的预测变量。根据回归线形状的不同，回归分析又可分为线性回归和曲线回归。本章主要介绍多元线性回归分析，包括普通最小二乘法(ordinary least squares, OLS)回归和二项逻辑斯蒂回归(binary logistic regression)。利用普通最小二乘法进行参数估计的线性回归分析又包括传统的普通最小二乘法回归分析和利用自助方法(bootstrapping)的稳健回归分析。本章讨论回归分析使用的 R 数据包为：`boot`、`car`、`rms`、`pwr` 和 `QuantPsyc`。

11.1 普通最小二乘法回归

11.1.1 普通最小二乘法回归分析程序

"普通最小二乘"是"最小误差平方和"(the least sum of squared errors)的别称。在简单(一元)线性回归中，有多条线拟合预测变量与效标变量数据点，但是普通最小二乘法回归线使各个点与拟合线距离的平方和最小化，因而这条线是最优拟合线(line of best fit)。总体(population)简单线性回归模型为：

$$Y = \alpha + \beta X + \varepsilon \tag{11.1}$$

其中，X 为预测变量，Y 为效标变量；α 是常数项(constant，又称截距项；intercept，又记作 β_0)，β 为斜率(slope)，它们都是回归系数(regression coefficients)；ε 是预测误差。图 11.1 显示简单线性回归中的几个基本概念，图中的 X 是预测变量，Y 是效标变量，圆点代表观测值。

图 11.1 中的最优拟合线是总体回归线(population regression line)，各个 Y 观测值与位于回归线上的 Y 预测值($\hat{Y}_i$)之间的差异为误差(ε_i)。截距项 α 是在预测变量为 0 时效标变量的值。斜率 β 表示预测变量值每增加一个单位效标变量值发生的平均变化。误差越小，Y 观测值就越靠近回归线，预测就越准确；误差越大，Y 观测值就越远离回归线，预测就越不准确。如图所示，有些 Y 观测值落在回归线上，大部分 Y 观测值或

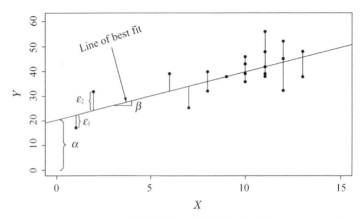

图 11.1　简单线性回归基本概念示意图

多或少地偏离回归线。有些 Y 观测值负向偏离回归线,位于回归线的下方,如 ε_1;有些 Y 观测值正向偏离回归线,位于回归线的上方,如 ε_2。

　　总体简单线性回归线中的截距项 α 和斜率 β 的样本估计记作 a 和 b(又分别称作 b_0 和 b_1)。样本简单线性回归模型为:

$$Y = a + bX + \hat{\varepsilon} \tag{11.2}$$

其中,$\hat{\varepsilon}$ 又称作 e,是残差(residuals),为 ε 的样本估计。估计的回归线方程为:

$$\hat{Y} = a + bX \tag{11.3}$$

其中,$\hat{Y}$ 是预测值。在普通最小二乘法简单线性回归分析中,a 和 b 的计算公式为:

$$a = \bar{Y} - b\bar{X}; b = \frac{SS_{XY}}{SS_X} = r_{XY}\frac{S_Y}{S_X} \tag{11.4}$$

其中,$\bar{Y}$ 和 $\bar{X}$ 分别为效标变量和预测变量的平均数,SS_{XY} 为两个变量的交乘积,SS_X 为预测变量的平方和,r_{XY} 是两个变量的皮尔逊相关系数,S_Y 和 S_X 分别是效标变量和预测变量的标准差。

　　下面举例说明依据最小二乘法计算回归系数的原理。效标变量 Y 和预测变量 X 的观测值如表 11.1 中的第二、第三列所示($n = 12$)。表中的第四、第五列显示预测值($\hat{y}_i$)和残差值(e_i)。

表 11.1　利用最小二乘法计算回归系数使用的数据

i	y_i	x_i	$\hat{y}_i$	e_i
1	34	9	$a + 9b$	$34 - (a + 9b)$
2	34	11	$a + 11b$	$34 - (a + 11b)$
3	40	12	$a + 12b$	$40 - (a + 12b)$
4	40	12	$a + 12b$	$40 - (a + 12b)$
5	24	5	$a + 5b$	$24 - (a + 5b)$
6	34	12	$a + 12b$	$34 - (a + 12b)$
7	23	10	$a + 10b$	$23 - (a + 10b)$

（续表）

i	y_i	x_i	$\hat{y}_i$	e_i
8	25	11	$a+11b$	$25-(a+11b)$
9	27	9	$a+9b$	$27-(a+9b)$
10	27	10	$a+10b$	$27-(a+10b)$
11	27	10	$a+10b$	$27-(a+10b)$
12	26	10	$a+10b$	$26-(a+10b)$

　　残差平方和为系数 a 和 b 的函数（$f(a,b)$）。根据表 11.1，本例数据回归残差平方和为：$\sum_{i=1}^{n}e_i^2=f(a,b)=-12a^2-242ab-1\,261b^2+722a+7\,243b+11\,261$。函数 $f(a,b)$ 的一阶偏导数（first order partial derivatives）为：$\dfrac{\partial f(a,b)}{\partial a}=-24a-242b+722$，$\dfrac{\partial f(a,b)}{\partial b}=-2\,522b-242a+7\,432$。根据极限定理，要使 $f(a,b)$ 为最小值，则 $\dfrac{\partial f(a,b)}{\partial a}=0$，$\dfrac{\partial f(a,b)}{\partial b}=0$，即 $24a+242b=722$；$242a+2\,522b=7\,432$。利用消元法解方程，得到：$a=\dfrac{722\times2\,522-7\,432\times242}{24\times2\,522-242^2}\approx11.374\,7$，$b=\dfrac{722\times242-7\,432\times24}{242^2-2\,522\times24}\approx1.855\,4$。

　　如果利用公式 11.4，$\bar{Y}=30.083\,33$，$\bar{X}=10.083\,33$，$SS_{XY}=75.916\,67$，$SS_X=40.916\,67$，则 $b=\dfrac{75.916\,67}{40.916\,67}\approx1.855\,4$，$a=30.083\,33-1.855\,4\times10.083\,33\approx11.374\,7$。由此可见，利用公式计算得到的回归系数与根据极限定理计算得到的回归系数相同。

　　多元线性回归是简单线性回归的推广。在有 p 个预测变量的线性回归中，总体回归方程（未包括交互作用项）为：

$$Y=\beta_0+\beta_1X_1+\beta_2X_2+\cdots+\beta_pX_p+\varepsilon \tag{11.5}$$

相应地，估计的多元线性回归预测方程为：

$$\hat{Y}=b_0+b_1X_1+b_2X_2+\cdots+b_pX_p \tag{11.6}$$

多元线性回归分析中各个回归系数的计算比较复杂，通常采用矩阵计算方法。

　　估计的多元回归方程可以用以下矩阵形式表示：

$$\boldsymbol{y}=\boldsymbol{Xb}+\boldsymbol{e} \tag{11.7}$$

其中，$\boldsymbol{y}$ 是效标变量原始分 $n\times1$ 列向量，$\boldsymbol{X}$ 是常数项（元素为 1 的单位向量，unit vector）和预测变量原始分构成的 $n\times(1+p)$ 矩阵，回归系数 $\boldsymbol{b}$（包括常数项 α，在矩阵代数中称作 b_0）是 $(1+p)\times1$ 列向量，$\boldsymbol{e}$ 是 $n\times1$ 列向量，n 是样本量。同简单线性回归分析一样，多元线性回归分析中 α（即 b_0）和 $b_i(i=1,\cdots,p)$ 的计算利用最小二乘法原理，即最小化预测残差平方和 $\boldsymbol{e}'\boldsymbol{e}$（等于 $\sum e^2$），其中 $\boldsymbol{e}'$ 是 $\boldsymbol{e}$ 的转置矩阵。

　　在多元线性回归分析中，使 $\boldsymbol{e}'\boldsymbol{e}$ 最小化的回归系数 $\boldsymbol{b}$ 的解为：

$$\boldsymbol{b}=(\boldsymbol{X}'\boldsymbol{X})^{-1}\boldsymbol{X}'\boldsymbol{y} \tag{11.8}$$

其中，$\boldsymbol{X}'$ 是 $\boldsymbol{X}$ 的转置矩阵，$(\boldsymbol{X}'\boldsymbol{X})^{-1}$ 是 $\boldsymbol{X}'\boldsymbol{X}$ 的逆矩阵，$\boldsymbol{y}$ 是原始分列向量。

下面利用矩阵举例说明多元回归系数的计算程序。有两个预测变量 X_1 和 X_2，效标变量为 Y。各个变量样本观测值（$n=45$）向量如下：

```
Y <- c(36,40,40,42,29,47,42,41,40,31,40,32,51,46,48,40,44,40,44,
43,28,41,38,41,44,46,35,39,34,46,37,39,28,51,38,28,43,48,39,40,31,
37,46,45,40)
X1 <- c(23,25,29,27,14,31,30,25,18,21,22,24,30,29,33,36,28,26,
21,23,27,25,19,25,24,21,23,26,27,29,19,21,19,32,27,14,23,30,16,28,
25,23,33,31,25)
X2 <- c(16,14,16,15,17,18,19,11,14,10,14,12,16,16,13,12,20,12,
20,21,14,18,13,19,13,15,13,16,15,20,14,16,11,21,11,13,14,16,14,12,
9,11,15,15,19)
```

在计算回归系数之前，先将以上观测值向量转化为 y 矩阵和 X 矩阵，执行以下 R 命令即可：

```
> Ym <- matrix(Y, ncol = 1)
> Xm <- matrix(c(rep(1,45),X1,X2), ncol = 3)
```

利用公式 11.8，计算本例回归系数的 R 命令和统计分析结果如下：

```
> round(solve(t(Xm)%*%Xm)%*%t(Xm)%*%Ym, digits = 4) # 保留四位小数
           [,1]
[1,]   12.9480
[2,]    0.6073
[3,]    0.7889
```

因此，本例估计的回归预测方程为：$\hat{Y} = 12.9480 + 0.6073X_1 + 0.7889X_2$。

11.1.2 回归方程对数据的拟合优度检验

在得到估计的多元线性回归方程之后，我们还需要检验预测变量（如 X_1 和 X_2）对效标变量 Y 的预测力有多大或回归方程对数据的拟合优度（goodness of fit），即需要计算决定系数（coefficient of determination，R^2）和估计标准误差。

决定系数（R^2）测量预测变量解释或预测效标变量变异（即方差）的比率。在多元线性回归分析中，总变异（总平方和 SS_T）分解为回归平方和（SS_R）与残差平方和（SS_e），即 $SS_T = SS_R + SS_e$。SS_T 和 SS_R 的计算公式如下：

$$SS_T = \sum (Y - \bar{Y})^2 = y'y - \frac{(\sum Y)^2}{n}; SS_R = \sum (\hat{Y} - \bar{Y})^2 = b'X'y - \frac{(\sum Y)^2}{n}$$

$$(11.9)$$

其中，b'（排向量）是回归系数列向量 b 的转置，X' 是 X 的转置矩阵，y 是原始分值列向量，y' 是 y（列向量）的转置，n 是样本量，$\sum Y$ 是原始分之和，$\frac{(\sum Y)^2}{n}$ 是校正项。因此，残差平方和 $SS_e = e'e = y'y - b'X'y$。残差平方和的计算还可以利用以下公式：

$$SS_e = y'(I - H)y \qquad (11.10)$$

其中,$\boldsymbol{I}$ 是 $n \times n$ 单位矩阵,矩阵 $\boldsymbol{H}$ 是帽子矩阵(hat matrix)。帽子矩阵的计算公式为:

$$\boldsymbol{H} = \boldsymbol{X}(\boldsymbol{X}'\boldsymbol{X})^{-1}\boldsymbol{X}' \tag{11.11}$$

其中,$\boldsymbol{X}$ 是包括截距项(元素为 1 的单位向量)和预测变量值(预测变量数为 p)的 $n \times (p+1)$ 的矩阵,$\boldsymbol{X}'\boldsymbol{X}^{-1}$ 是 $\boldsymbol{X}'\boldsymbol{X}$ 的逆矩阵。矩阵 $\boldsymbol{H}$ 称作帽子矩阵,是因为 $\hat{\boldsymbol{y}} = \boldsymbol{H}\boldsymbol{y}$,其中 $\hat{\boldsymbol{y}}$(读作 y hat)是预测值。

决定系数的计算公式为:

$$R^2 = \frac{\sum(\hat{Y} - \bar{Y})^2}{\sum(Y - \bar{Y})^2} = \frac{SS_R}{SS_T} = 1 - \frac{SS_e}{SS_T} \tag{11.12}$$

R 是多元相关系数(multiple correlation coefficient,又称复相关系数)。R^2 值介于 0~1 之间。R^2 值很小,说明回归模型没有很好地拟合数据。R^2 值很大,说明回归模型很好地拟合了数据。作为效应量的测量,R^2 大小的参考标准是:$R^2 = 0.02$,效应量小(small);$R^2 = 0.13$,效应量中等(medium);$R^2 = 0.26$,效应量大(large)。

在前一节包括两个预测变量的例子中,决定系数(R^2)的计算可以执行以下 R 命令:

```
> # SST
> n = 45
> SST <- t(Ym) %*% Ym - (t(Ym) %*% matrix(rep(1,45), ncol = 1))^2/n
> # SSR
> b <- solve(t(Xm) %*% Xm) %*% t(Xm) %*% Ym
> SSR <- t(b) %*% t(Xm) %*% Ym - (t(Ym) %*% matrix(rep(1,45), ncol = 1))^
2/n
> # R squared
> Rsquared <- SSR/SST
> Rsquared
          [,1]
[1,] 0.5054081
```

以上结果表明,两个预测变量 X_1 和 X_2 对效标变量 Y 有很强的预测力,大约能够解释 Y 变异的 50%。

R^2 是对总体(population)的过高估计。修正的 R^2(adjusted R^2)对总体的估计更好,体现预测力的收缩(shrinkage)。根据 Wherry(1931),R_a^2 的计算公式为:

$$R_a^2 = 1 - \frac{n-1}{n-p-1}(1 - R^2) \tag{11.13}$$

其中,p 是预测变量数,n 为样本量,R^2 是未修正的决定系数。该公式表示,如果模型从样本所在总体中得到,效标变量中有多少方差能够被模型所解释。在上面的例子中,$R_a^2 = 1 - \dfrac{45-1}{45-2-1} \times (1 - 0.505\,408\,1) \approx 0.481\,9$,模型的预测力依然很强。

估计标准误差从另一个与决定系数不同的角度体现模型的拟合优度,计算公式为:

$$s_e = \sqrt{\frac{SS_e}{n-p-1}} \tag{11.14}$$

在上面的例子中,$SS_e = 766.573\ 5$,因而 $s_e = \sqrt{\dfrac{766.573\ 5}{45 - 2 - 1}} \approx 4.272\ 2$。

11.1.3 模型有用性检验

估计的多元线性回归方程是否真实地反映总体中预测变量 $X_1, X_2, \cdots, X_p$ 对效标变量 Y 的预测力,需要进行模型有用性检验(model utility test)。两个主要的检验是线性关系统计显著性检验和回归系数(又称偏回归系数,partial regression coefficients)统计显著性检验。

线性关系检验为 F 检验,即检验多元相关系数 R 或预测力(或解释力)R^2 是否有统计上的显著意义,即是否显著不为 0。F 统计量的计算公式为:

$$F = \frac{MS_R}{MS_e} = \frac{SS_R/df_R}{SS_e/df_e} \tag{11.15}$$

在零假设成立时,F 统计量服从 SS_R 自由度为 $df_R = p$(预测变量数)、SS_e 自由度为 $df_e = n - p - 1$ 的 F 分布。在某个显著性水平 α(通常为 0.05)上,如果在零假设 F 分布条件下出现大于或等于 F 统计量的概率小于(或等于)α,则拒绝零假设,推断 $X_1, X_2, \cdots, X_p$ 与 Y 之间的线性关系有统计显著性,否则不拒绝零假设,推断 $X_1, X_2, \cdots, X_p$ 与 Y 之间的线性关系没有统计显著性意义。

在 11.1.1 节二元回归的例子中,$SS_R = 783.337\ 6$,$df_R = 2$,$SS_e = 766.5735$,$df_e = 45 - 2 - 1 = 42$,$F(2,42) = \dfrac{783.337\ 6/2}{766.573\ 5/42} \approx 21.46$,$p < 0.001$,因而预测变量 X_1、X_2 与效标变量 Y 有统计显著性线性关系。

多元回归分析中,各个回归系数(包括常数项 a 或 b_0)的统计显著性检验为 t 检验。回归系数标准误差的计算公式为:

$$SE_{b_j} = s_e \sqrt{c_{jj}} \tag{11.16}$$

其中,b_j 表示第 j 个回归系数($j = 1, \cdots, p + 1$),s_e 表示模型估计标准误差,c_{jj} 表示矩阵 $\boldsymbol{c}$ 的第 j 个对角元素,$\boldsymbol{c} = (\boldsymbol{X}'\boldsymbol{X})^{-1}$。$c_{11}$ 对应于 b_0,c_{22} 对应于 b_1,以此类推。

回归系数统计显著性检验零假设是 $H_0: \beta_0 = \beta_1 = \cdots = \beta_p = 0$,其中 p 是预测变量数。检验统计量 t 的计算公式为:

$$t_{b_j} = \frac{b_j}{SE_{b_j}} \tag{11.17}$$

其中,b_j 为回归系数,$j = 1, \cdots, p + 1$。在零假设成立时,统计量 t 服从自由度为 $n - p - 1$ 的 t 分布。在显著性水平 α 确定的情况下(α 通常设定为 0.05),如果 t 统计量在零假设 t 分布条件下双尾概率小于(或等于)显著性水平 α,则拒绝零假设,推断回归系数有统计显著性意义,否则不拒绝零假设,推断回归系数没有统计显著性意义。

针对 11.1.1 节二元回归的例子,各个回归系数统计显著性检验的 R 命令和统计分析结果如下:

```
# t test
> n = 45; p = 2
```

```
> SSE <- SST - SSR
> se <- sqrt(SSE/(n-p-1))
> c <- solve(t(Xm)%*%Xm)
> cc <- diag(c)
> sb <- NULL
> for(i in 1:3) sb[i] <- se*sqrt(cc[i])
> tb <- b/sb
> p <- pt(tb,n-p-1,lower.tail=FALSE)*2
> results <- matrix(c(b[1],sb[1],tb[1],p[1],b[2],sb[2],tb[2],p
[2],b[3],sb[3],tb[3],p[3]),byrow=TRUE,ncol=4)
> colnames(results) <- c("b","se","t","p")
> rownames(results) <- c("(Intercept)","X1","X2")
> results
                   b          se         t           p
(Intercept)  12.9479736  4.1849947  3.093904  3.507043e-03
X1            0.6073044  0.1308546  4.641062  3.383874e-05
X2            0.7888694  0.2142172  3.682568  6.536855e-04
```

以上结果表明,截距项和两个预测变量上的回归系数均具有统计显著性意义($p <$ 0.01)。

有些研究者在研究中报告标准化回归系数(standardized regression coefficients, β),用于比较各个预测变量预测力或解释力的大小。标准化回归系数表示在控制其他预测变量的情况下,当一个预测变量值每增加一个标准差时,以标准差为单位的效标变量值所发生的平均变化。标准化回归系数是利用标准化预测变量和效标变量(标准化后变量值平均数为0,标准差为1)得到的回归系数。标准化回归系数的计算还可以利用以下公式:

$$\beta = R^{-1}r \tag{11.18}$$

其中,β 是标准化回归系数列向量,R 是预测变量相关系数矩阵,R^{-1} 是 R 的逆矩阵,r 是每个预测变量与效标变量相关系数列向量。

针对11.1.1节二元回归的例子,计算两个预测变量上的标准化回归系数的 R 命令和统计分析结果如下:

```
> R <- matrix(c(1,cor(X1,X2),cor(X1,X2),1),ncol=2)
> r <- matrix(c(cor(Y,X1),cor(Y,X2)),ncol=1)
> beta <- solve(R)%*%r
> beta
          [,1]
[1,] 0.5125309
[2,] 0.4066806
```

以上结果显示,在第一个预测变量上的标准化回归系数($\beta_1 = 0.51$)大于在第二个预测变量上的标准化回归系数($\beta_2 = 0.41$),说明第一个预测变量对效标变量的预测力(或解释力)大于第二个预测变量的预测力(或解释力)。

11.1.4 普通最小二乘法回归分析统计假设与回归诊断

如同方差分析等其他参数检验一样，普通最小二乘法回归分析也要满足一些统计假设，以确保回归模型可信、有效。本节介绍普通最小二乘法回归分析的主要统计假设和回归诊断方法，包括关于误差（ε）的四个统计假设、多元共线性（multicollinearity）诊断和异常值诊断（Williams *et al.*，2013；Faraway，2015；Fox & Weisberg，2019）。

11.1.4.1 线性假设

普通最小二乘法回归分析是线性回归分析，要求满足线性假设（linearity assumption）。线性假设要求预测变量（连续性变量）与效标变量（连续性变量）之间有线性关系，如公式 11.1 和公式 11.5 所示。如果线性假设成立，回归残差值与预测值之间没有系统的关系。换言之，回归模型体现数据中出现的所有系统变异，剩下的只是随机变异（Kabacoff，2015，p.184）。在线性回归分析中，线性假设的诊断通常使用残差与预测值构成的散点图。诊断使用的残差通常为标准化残差（standardized residuals，ZRESID）和学生化残差（studentized residuals，SRESID）等。在残差图上，如果各个数据点在"0"点线周围随机分布，说明线性假设成立。如果残差图中的数据点构成一条曲线，则线性假设不成立。第 i 个标准化残差（e_{Si}）的计算公式为：

$$e_{Si} = \frac{e_i}{s_e\sqrt{1-h_{ii}}} \tag{11.19}$$

其中，e_i 表示第 i 个残差，s_e 为残差标准差（见公式 11.14），h_{ii} 为第 i 个杠杆值（leverage）。杠杆值 h_{ii} 是帽子矩阵第 i 个对角元素（又称帽子值，hat value）。关于杠杆值，详见 11.1.4.6.1 节。

标准化残差的计算依据是假设所有的残差都有同样的方差。如果不考虑这个假设，建议采用学生化残差（Pedhazur，1997，p.44）。第 i 个学生化残差（e_{Ti}）的计算公式为：

$$e_{Ti} = \frac{e_i}{se_{(-i)}\sqrt{1-h_{ii}}} \tag{11.20}$$

其中，e_i 表示第 i 个残差，h_{ii} 为第 i 个杠杆值，$se_{(-i)}$ 为剔除第 i 个个案后残差标准差。剔除第 i 个个案后残差标准差的计算公式为：

$$se_{(-i)} = s_e\sqrt{\frac{n-p-1-e_{Si}^2}{n-p-2}} \tag{11.21}$$

其中，s_e 为残差标准差，p 是预测变量数，n 是样本量。

针对 11.1.1 节二元回归的例子，预测值（$\hat{y}$）和学生化残差值（e_T）之间关系散点图如图 11.2 所示。图 11.2 显示，各个数据点在"0"点线周围较为均匀地随机分布，说明在本例中线性假设成立。

图 11.3 显示违反线性假设的一种情形。在图 11.3 中，预测值与学生化残差构成的散点大致呈如线条所示的 V 形变化，说明预测变量与效标变量之间的关系不是线性关系。

除了使用图形诊断之外，预测变量与效标变量之间的非线性关系还可以使用数据包 car 中的函数 residualPlots(model) 进行统计检验，其中的变元 model 表示

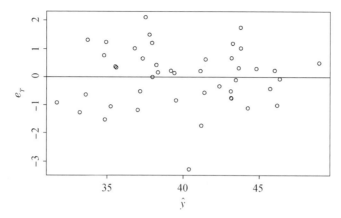

图 11.2　学生化残差线性诊断

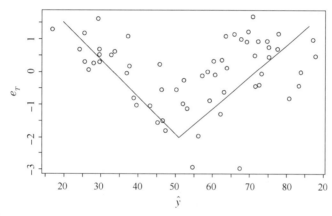

图 11.3　学生化残差诊断非线性

线性回归模型。这个函数不仅能够绘制预测变量、预测值（拟合值）与残差构成的残差图，而且还能够提供曲线性检验（失拟检验，lack-of-fit test）统计显著性结果（Weisberg，2014）。函数使用的残差为皮尔逊残差（Pearson residuals）。在加权最小二乘法（weighted least squares，WLS）回归分析中，第 i 个皮尔逊残差（e_{Pi}）的计算公式为：

$$e_{Pi} = \sqrt{w_i} e_i \tag{11.22}$$

其中，e_i 表示第 i 个残差，w_i 是第 i 个加权值。在普通最小二乘法回归分析中，$w_i = 1$，因而 $e_{Pi} = e_i$。如果使用该函数对 11.1.1 节二元回归的例子开展残差分析和曲线性检验，则 R 命令和统计分析结果（包括图 11.4）如下：

```
> require(car)
> Model <- lm(Y ~ X₁ + X₂)
> residualPlots(Model)

            Test stat   Pr(>|Test stat|)
X1          -0.2053     0.8383
X2          -1.1411     0.2605
Tukey test  -0.3563     0.7216
```

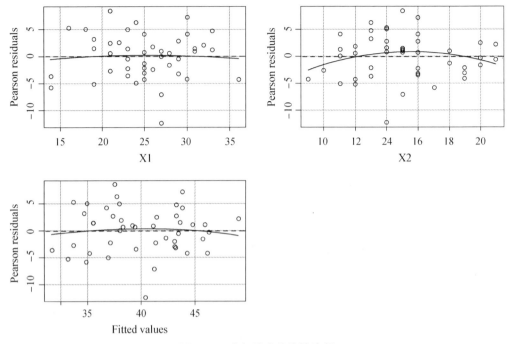

图 **11.4** 皮尔逊残差线性诊断

图 11.4 中的曲线为增加的二次(quadratic)回归拟合线。左下图显示总体上线性回归模型拟合较好,没有明显的曲线变化趋势或非线性模式,与图 11.2 的诊断结果相同。Tukey 检验(Tukey's test)没有发现失拟现象($p = 0.722 > 0.05$)。左上图同样显示没有明显的曲线变化趋势,t 检验结果表明预测变量 X_1 没有出现失拟现象($p = 0.838 > 0.05$)。右上图显示曲度较小的非线性变化趋势,t 检验结果表明预测变量 X_2 也没有出现失拟现象($p = 0.261 > 0.05$)。概而言之,本例线性模型很好地拟合数据。

11.1.4.2 误差正态性假设

线性回归模型假设误差正态分布。误差正态分布时,普通最小二乘法是所有无偏估计(unbiased estimators)中最有效的(即估计最准确);误差非正态分布时,显著性检验使用的统计量 t 和 F 可能不服从各自的 t 分布和 F 分布(Williams *et al.*, 2013, p.3)。如果只是估计模型参数(回归系数),不开展统计显著性检验和参数置信区间估计,误差正态性假设就不重要。在线性回归分析中,误差正态分布假设的必要性主要针对基于小样本的推理(Weisberg, 2014, p.225)。除非样本量小,或者误差分布非常严重地偏离正态分布,正态性假设对统计推理就无关紧要(Faraway, 2015, p.97)。如果研究中要检验误差分布的正态性,可以对残差进行 Shapiro-Wilk 检验。常用的图形诊断方法是标准化(或学生化)残差正态 P-P 图(normal probability-probability plot, normal P-P plot)、直方图(histogram)或 Q-Q 图(quantile-quantile plot)。标准化残差正态概率图用于诊断标准化残差累积概率(cumulative probability)分布是否与正态累积概率分布一致。如果正态 P-P 图中的数据点近似落在一条直线上,则误差近似服从正态分布。关于直方图和 Q-Q 图,参见第 2 章。

针对 11.1.1 节二元回归的例子,误差正态性诊断如图 11.5 所示。

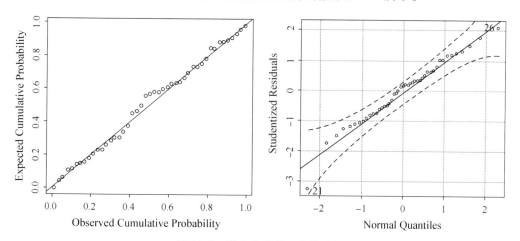

图 11.5　学生化残差正态性诊断

左分图为学生化残差正态 P-P 图,图中各个点较为紧密地围绕在对角线(正态分布拟合参照线)附近,说明误差服从正态分布。如果 P-P 图中的数据点像一条剧烈蠕动的蛇缠绕着对角线,说明残差可能不服从正态分布。右分图是正态分位数与学生化残差图,图中实线为正态分布拟合参照线,两条虚线是利用自助(bootstrap)方法得到的 95% 置信区域(95% confidence envelope),标有数字(显示残差值在残差向量中的位置)的两个点代表残差绝对值最大的两个值。除左下方显示的一个异常点之外,其他数据点都紧密地围绕在正态拟合线附近,异常点也在 95% 置信区域之内,说明误差服从正态分布。由以上两种诊断方法得出的结论相同。

11.1.4.3　误差独立性假设

误差独立性(independence of errors)指对于任何两个观测值,误差项没有关联。如果误差项彼此不独立,就会出现自相关(autocorrelation)问题。误差项是否独立取决于数据收集的方式。时间序列(time series)数据往往会存在自相关问题。Durbin-Watson 检验(Durbin-Watson test)可用于诊断误差之间是否存在序列相关。该检验的 R 函数为数据包 car 中的 durbinWatsonTest(model),其中 model 表示线性回归模型。如果检验得到的统计显著性概率 p 值大于显著性水平 α(通常 $\alpha = 0.05$),推断没有自相关问题,误差独立。在违反误差独立性假设的情况下,参数标准误差、置信区间估计和显著性检验会出现偏差(bias)。

11.1.4.4　误差方差齐性假设

同前面几个关于误差的统计假设检验一样,误差方差齐性(homoscedasticity of errors)假设的检验也利用残差分析。误差方差齐性时,在预测变量每个水平上的残差有同样的方差。方差齐性假设的图形诊断方法通常是预测值与标准化(或学生化)残差值构成的散点图。图 11.2 中,预测值与学生化残差构成的散点呈现随机分布,说明误差方差齐性得以满足。图 11.6 为另一幅预测值与学生化残差构成的散点图。

图 11.6 显示,预测值较小时,残差分布较为集中,残差方差较小,但是随着预测值增大,残差分布呈扇形或漏斗形展开,残差方差增大,说明误差方差不齐。

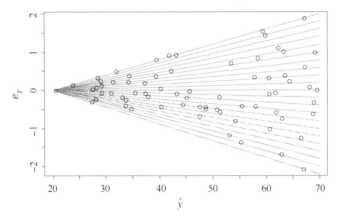

图 11.6 学生化残差诊断误差方差不齐

除了使用图形诊断之外,还可以利用数据包 car 中的函数 ncvTest(model) 检验误差方差齐性假设。该函数中的变元 model 表示线性回归模型。这个函数开展的检验是对非恒定误差方差(nonconstant error variance)的分数检验(score test)(Fox & Weisberg, 2019)。针对 11.1.1 节二元回归的例子,执行 R 命令 ncvTest(Model) 得到:$\chi^2(1) = 0.78, p = 0.377 > 0.05$,说明本例线性回归分析满足误差方差齐性假设。

11.1.4.5 多元共线性诊断

预测变量之间高度相关(如 $r \geq 0.8$ 或 0.9),就会产生多元共线性问题,导致回归系数估计不稳定,系数估计的标准误差和置信区间增大,甚至还会产生难以解释的结果,如回归系数的符号不合理,模型拟合优度 F 检验发现统计显著性结果,但是各个回归系数的 t 检验均没有发现统计显著性结果。多元共线性问题有多种诊断方法。最简单的多元共线性诊断方法是检查预测变量相关矩阵。如果预测变量之间的相关系数过高,多元共线性问题就有可能存在。当然,配对预测变量之间的高度相关不是多元共线性存在的充分必要条件,因为线性关系包括多个预测变量,不限于配对相关。除了使用相关矩阵之外,最常用的两种诊断方法是计算容忍度(*tolerance*)和方差膨胀因子(variance inflation factor, *VIF*)。

容忍度测量某个预测变量相对于回归方程中其他预测变量的非冗余程度。每个预测变量都有一个容忍度,计算公式为:

$$Tolerance = 1 - R_{j.}^2 \tag{11.23}$$

其中,$R_{j.}^2$ 是第 j 个预测变量与其他预测变量之间多元相关系数的平方。容忍度值介于 $0 \sim 1$ 之间。在多元线性回归方程中,某个预测变量的容忍度值越接近于 0,它就越有可能与其他预测变量有共线性存在,模型回归系数的估计就会趋于不稳定。如果容忍度值为 0,便出现了奇异性(singularity)问题。另一方面,如果某个预测变量的容忍度值越接近于 1,它就越不可能与其他预测变量有共线性存在。

方差膨胀因子与容忍度本质上相同。它是容忍度的倒数,计算公式为:

$$VIF = \frac{1}{Tolerance} = \frac{1}{1 - R_{j.}^2} \tag{11.24}$$

VIF 值越大,预测变量之间就越有可能有共线性存在。反之,*VIF* 越小,共线性存在的可能性就越小。通常情况下,容忍度值介于 0.1 ~ 0.2 之间(即方差膨胀因子在 5 ~ 10 之间)表明有共线性问题;容忍度值小于 0.1(即方差膨胀因子大于 10)表明有严重的共线性问题。

计算方差膨胀因子的 R 函数是数据包 car 中的 vif(model),其中变元 model 表示线性回归模型。在 11.1.1 节二元回归的例子中,利用以上函数得到两个预测变量的方差膨胀因子为 1.04,说明这两个预测变量之间没有多元共线性问题。

11.1.4.6 异常值诊断

异常值(outliers)是实质性偏离数据分布整体模式的个案或数据点。异常值诊断使用个案统计量(case statistics),分为三类。一类是诊断预测变量空间的异常值,统计量包括杠杆值(leverage value)和马氏距离(Mahalanobis distance, *MD*)。第二类是诊断因变量上的异常值,统计量包括标准化残差和学生化残差。第三类是回归估计的影响测量(measures of influence),统计量包括库克距离(Cook's distance, Cook's *D*)、标准化拟合值差异(standardized DFFIT, *DFFITS*)、标准化参数估计差异(standardized DFBETA, *DFBETAS*)。

11.1.4.6.1 预测变量异常值测量:杠杆值和马氏距离

杠杆值测量某个个案的观测值与其他观测值偏离的程度。杠杆值是帽子矩阵对角元素,即帽子值。帽子矩阵的计算公式见公式 11.11。计算杠杆值的 R 函数为 hatvalues(model),其中 model 表示线性回归模型。对最小二乘法回归系数可能有很大影响的预测变量值称作高杠杆值或高杠杆点。

在包括截距项的模型中,最小杠杆值为 $1/n$,最大杠杆值为 1。杠杆值之和为模型中回归系数(含截距项)的数量(即 $p+1$,其中 p 为预测变量数),杠杆平均值为 $\frac{p+1}{n}$,其中 n 是样本量。如果某个观测值的杠杆值 $h_i > 3(p+1)/n$,则该观测值可能是异常值(Pituch & Stevens, 2016, p.108)。在 11.1.1 节二元回归的例子中,最大杠杆值约为 0.18,小于参考临界值 $\frac{3 \times (2+1)}{45} = 0.2$,因而本例观测值没有高杠杆值。

马氏距离用于测量预测变量观测值与预测变量平均数的距离。马氏距离是与杠杆值紧密联系的异常值诊断统计量。马氏距离的计算公式为:

$$MD(x_i) = \sqrt{(n-1)(h_{ii} - 1/n)} \tag{11.25}$$

其中,$i = 1, \cdots, n$,h_{ii} 是杠杆值。马氏距离平方(有时简称马氏距离,Velleman & Welsch, 1981)服从自由度为预测变量数的卡方(χ^2)分布。异常值判断的一个标准是 $p = 0.01$ 时的卡方分布临界值。譬如,预测变量数为 2 时,临界值为 9.21;预测变量数为 3 时,临界值为 11.34。如果某个个案(或观测值)的马氏距离平方大于临界值,则判断其为异常值。计算马氏距离平方的 R 函数是 mahalanobis(x, center, cov),其中 x 是预测变量数据矩阵,center 是平均数向量,cov 是协方差矩阵。在 11.1.1 节二元回归的例子中,最大马氏距离的平方约为 6.73,小于参考临界值 9.21,因而本例数据没有异常值。需要注意的是,杠杆值和马氏距离只用于诊断预测变量空间的异常值。即便个别预测变量值是异常值,它(们)也未必对模型拟合有强烈影响。

11.1.4.6.2　效标变量异常值测量：残差

残差是预测值与观测值之间的差异。11.1.4.1 节介绍的三种计算残差的方法（标准化残差、学生化残差和皮尔逊残差）都可以用于诊断效标变量异常值。本节只介绍利用学生化残差诊断和检验效标变量异常值。

异常值图形诊断的一种方法是绘制学生化残差与理论 t 分布分位数的 Q-Q 图。针对 11.1.1 节二元回归的例子，调用数据包 car 中的函数 qqPlot(model) 得到如图 11.7 所示的 Q-Q 异常值诊断图。

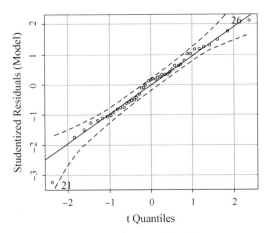

图 11.7　Q-Q 异常值诊断

图 11.7 中的两条虚线是利用自助方法得到的 95% 置信区域，标有数字 21 和 26（显示残差值在残差向量中的位置）的两个点代表残差绝对值最大的两个值（– 3. 264 011 和 2. 100 408）。这两个值疑似异常，但是均位于 95% 置信区域之内。因此，本例效标变量数据没有异常值。该图的诊断结果与图 11.5 中的右分图（利用正态分布分位数）诊断结果相同。

除了使用残差图诊断异常值之外，Fox & Weisberg（2019）还提出了利用学生化残差开展正式的异常值检验方法。残差值服从自由度为 $n - k - 2$ 的 t 分布，其中 k 为排除截距项后的回归系数个数。各个残差统计显著性检验的 p 值为 Bonferroni 校正 p 值（Bonferroni-corrected p-value），即 $p_{\text{adjust}} = n \times p$，其中 n 是残差值数，即样本量。Bonferroni 校正后的 p 值上限为 1。在 11.1.1 节二元回归的例子中，最大学生化残差绝对值为 |– 3. 264 011| = 3. 264 011。计算最大学生化残差值双尾检验概率 p 值的 R 命令为 pt(3.264 011, 45 - 2 - 2, lower.tail = FALSE) * 2。执行此命令得到 p = 0. 002 220 055。Bonferroni 校正 p 值为 p_{adjust} = 45 × 0. 002 220 055 ≈ 0. 099 9 > 0. 05，由此推断本例效标变量没有异常值。异常值检验的 R 函数为数据包 car 中的函数 outlierTest(model, cutoff = 0.05, n.max = 10)，其中 model 表示线性回归模型，cutoff 为统计显著性水平，n.max = 10 指函数默认报告的最大观测值数。

11.1.4.6.3　强影响点测量：库克距离、标准化拟合值差异与标准化参数估计差异

（强）影响点（influential data points）又称（强）影响观测值（influential observations），是对模型拟合或回归系数产生实质性影响的异常值。（强）影响点测量删除一个个案对模型拟合或参数估计的影响。

库克距离不仅考虑杠杆值,而且还考虑残差值,用于测量个案对模型的整体影响。它的计算公式为:

$$D_i = \left(\frac{e_{Si}^2}{p+1}\right)\left(\frac{h_{ii}}{1-h_{ii}}\right) \tag{11.26}$$

其中,e_{Si} 是标准化残差,p 是预测变量数,h_{ii} 是杠杆值。库克距离大于 1 表明某个个案可能是强影响观测值(Cook & Weisberg, 1982)。

计算库克距离的 R 函数为 cooks.distance(model),其中 model 表示线性回归模型。在 11.1.1 节二元回归的例子中,最大库克距离为 0.142 3,因而本例数据没有强影响观测值。库克距离和杠杆值是综合指标(global indices),表示某个个案可能是强影响观测值,但是不能揭示个案对具体参数估计的可能影响(Pedhazur, 1997, p.52)。

标准化拟合值差异以标准化的形式测量模型包括所有个案时对第 i 个个案的预测值与模型剔除第 i 个个案后对第 i 个个案的预测值之间的差异,计算公式为:

$$DFFITS_{(i)} = \frac{\hat{Y}_i - \hat{Y}_{i(i)}}{\sqrt{MS_{res(i)}h_{ii}}} = SDRESID_{(i)}\sqrt{\frac{h_{ii}}{1-h_{ii}}} \tag{11.27}$$

其中,$MS_{res(i)}$ 是剔除第 i 个个案后的回归残差均方,$SDRESID_{(i)}$ 是第 i 个个案学生化剔除残差($SDRESID_{(i)} = \dfrac{e_i}{\sqrt{MS_{res(i)}(1-h_{ii})}}$,其中 e_i 是原始残差),h_{ii} 是第 i 个个案的杠杆值。$DFFITS_{(i)}$ 大小的一个判断标准是,令预测变量数为 p,如果一个个案 $DFFITS_{(i)}$ 的绝对值大于 $2\sqrt{\dfrac{p+1}{n-p-1}}$,则该个案可能为强影响点(Fox, 1991)。计算标准化拟合值差异的 R 函数为 dffits(model),其中 model 表示线性回归模型。在 11.1.1 节二元回归的例子中,$-0.663\,5$ 是标准化拟合值差异绝对值最大之值,其绝对值稍大于参考临界值 $2 \times \sqrt{\dfrac{2+1}{45-2-1}} \approx 0.534\,5$,说明本例数据没有明显的强影响点。

库克距离和标准化拟合值差异是个案对回归估计影响的复合测量,而标准化参数估计差异则是个案对具体的回归估计影响的测量。标准化参数(回归系数)估计差异的计算公式为:

$$DFBETAS_{ij} = \frac{b_j - b_{j(i)}}{SE_{b_{j(i)}}} \tag{11.28}$$

其中,$b_j - b_{j(i)}$ 是包括第 i 个个案得到的第 j 个回归系数与剔除第 i 个个案后得到的回归系数之间的差异,$SE_{b_{j(i)}}$ 是剔除第 i 个个案后得到的第 j 个回归系数($b_{j(i)}$)标准误差。计算标准化参数估计差异的 R 函数为 dfbetas(model),其中 model 表示线性回归模型。强影响观测值的一个判断标准是,对于小样本或中等样本,标准化参数估计差异的绝对值大于 1 表示个案为强影响观测值;对于大样本,标准化参数估计差异的绝对值大于 $2/\sqrt{n}$ 表示个案为强影响观测值。另一个判断标准是标准化参数估计差异的绝对值大于 $3/\sqrt{n}$ 表示个案为强影响观测值。在 11.1.1 节二元回归的例子中,标准化截距项估计差异最大绝对值为$|-0.350\,8|$,在 X_1 上标准化回归系数估计差异最大绝对值为

|0.592 6|,在 X_2 上标准化回归系数估计差异最大绝对值为|0.332 9|。这些值均小于1,因而本例数据没有强影响观测值。针对 11.1.1 节二元回归的例子,由以上三种方法得出的诊断结论相同。

11.1.5 普通最小二乘法回归分析应用举例

一项研究调查词长(Length)和对数转化后的词频(Log_F)对被试反应时(刺激词辨认时间)的预测力。词长指每个刺激词包含的字母数。词频(word frequency)指语料库词频,词频对数转化值为词频值加上 1 之后的自然对数值(简称词频对数值)。反应时为词汇判断任务(lexical decision task)中被试对每个刺激词(n = 100)的平均反应时间(reaction time,RT),以毫秒(milliseconds,ms)为测量单位。本研究各个变量的测量数据来自 Levshina(2015)创建的 R 数据包 Rling。要求开展多元线性回归分析,回答以下问题:① 词长和词频对数对反应时是否均有统计显著性预测力? ② 词长和词频对数对反应时的预测是否存在统计显著性交互效应? 第一个问题的回答不涉及预测变量的交互效应问题,而第二个问题的回答则涉及预测变量的交互效应问题。下面利用R 开展统计分析,回答这两个问题。

11.1.5.1 检验不包括交互作用项的模型拟合

11.1.5.1.1 不包括交互作用项的线性回归分析

在回答问题之前将原始数据转化为数据框格式。第一个问题的回答可以调用 R 函数 lm(formula, data),其中 formula 为线性模型,符号"～"表示"由…预测",效标变量(因变量)置于符号之前,预测变量(自变量)置于符号之后。本例的模型为:RT ～ Length + Log_F。函数中的 data 表示数据框。回答本例第一个问题的 R 数值向量、R 命令和统计分析结果如下:

```
>Length<-c(8,10,7,6,12,12,3,11,11,5,6,6,11,4,11,8,10,10,11,10,
11,8,9,11,5,6,4,7,12,9,6,6,9,7,6,8,8,8,7,8,10,7,11,8,10,8,4,8,8,
10,10,6,5,9,9,13,9,9,11,9,4,4,10,7,10,14,6,9,15,8,9,5,7,9,5,10,10,
7,14,8,10,10,3,10,7,8,7,7,5,6,6,5,7,10,6,8,11,6,11)
>Log_F<-c(4.8828,4.4188,0.0000,6.3852,1.0986,2.3026,9.5478,
2.7726,3.8918,5.6733,8.0910,8.1674,3.8501,7.4582,5.2627,4.3694,
6.4630,1.9459,8.9514,3.6889,7.2535,5.5491,4.3307,0.0000,8.4163,
7.6449,6.5751,10.0858,2.4849,7.6718,5.5984,6.5554,8.8163,5.8051,
7.1507,6.0137,5.6095,2.1972,5.9764,6.0403,6.3986,4.2195,8.4528,
3.0910,7.2306,8.2295,5.2149,10.7452,6.1591,3.5264,8.1164,3.9703,
8.4757,5.4250,4.9345,3.8067,0.0000,4.0604,0.0000,5.2257,1.0986,
7.3871,11.2263,7.9233,5.6348,9.3474,8.1892,4.7095,4.8520,1.6094,
7.5491,1.3863,9.0243,7.9062,3.6889,7.3727,7.3389,2.4849,0.0000,
2.9957,5.0039,7.4731,2.5649,7.9554,4.0073,4.4659,9.2264,5.9349,
7.2406,9.2692,6.6307,6.6542,9.6065,10.3634,5.2040,5.0689,6.0638,
4.5433,7.7977,5.0938)
>RT<-c(819.19,977.63,908.22,766.30,1125.42,948.33,641.67,
816.94,931.13,654.12,583.81,667.18,1054.77,737.33,931.04,748.10,
```

849.67,914.50,620.79,910.72,978.81,871.68,948.11,942.86,636.56,
595.31,692.45,751.29,1314.33,787.81,676.72,762.75,755.57,792.45,
652.24,759.32,819.93,997.33,817.45,728.34,752.41,832.55,713.94,768.41,
816.67,748.47,1013.69,564.18,769.26,886.24,849.00,798.36,938.20,
911.75,768.07,724.09,915.96,837.38,841.18,1089.00,913.53,677.91,
594.15,685.53,741.31,716.90,904.47,750.25,860.29,1216.81,633.09,
788.94,721.96,761.07,633.71,733.74,782.07,980.25,812.39,923.74,883.50,
669.24,907.39,726.00,814.52,763.55,663.79,872.55,648.00,681.13,641.06,
775.59,602.09,576.58,792.93,876.56,710.63,875.27,627.11,1458.75)

```
>LDT <- data.frame(Length,Log_F,RT)
>Model <- lm(RT ~ Length + Log_F,data = LDT)
>summary(Model)
Call:
lm(formula = RT ~ Length + Log_F, data = LDT)
Residuals:
  Min      1Q    Median    3Q      Max
-237.14  -72.58  -13.03  46.35   565.58
Coefficients:
             Estimate  Std. Error  t value   Pr(>|t|)
(Intercept)  714.282    63.474     11.253   < 2e-16 ***
Length        26.132     5.237      4.990   2.66e-06 ***
Log_F        -21.312     4.971     -4.287   4.27e-05 ***
- - -
Signif. codes:  0 '***' 0.001 '**' 0.01 '*' 0.05 '.' 0.1 ' ' 1
Residual standard error: 111.9 on 97 degrees of freedom
Multiple R-squared:  0.477,  Adjusted R-squared:  0.4662
F-statistic: 44.24 on 2 and 97 DF,  p-value: 2.221e-14
```

以上输出结果中,首行重复本研究使用的模型,下一行报告残差值(Residuals),包括最小值(Min)、第一个分位数(1Q)、中位数(Median)、第三个分位数(3Q)和最大值(Max)。关于残差值分布假设的检验,我们将在下一节开展。接下来报告的是(非标准化)回归系数及其相关统计量。最后报告的部分是模型综合检验的结果。

模型综合检验结果表明,本例模型对反应时有统计显著性预测力($F(2,97) = 44.24, p < 0.001$),且预测力很强($R^2 = 0.48, R_a^2 = 0.47, s_e = 111.9$)。回归系数双尾 t 检验结果表明,词长和词频对数对反应时均有统计显著性效应(词长:$b_1 = 26.132, t = 4.990, p < 0.001$;词频对数:$b_2 = -21.312, t = -4.287, p < 0.001$)。如果要得到两个预测变量的标准化回归系数,可以调用 R 数据包 QuantPsyc 中的函数 lm.beta。[1] 截

---

① 本例的 R 命令为:require(QuantPsyc);lm.beta(Model)
执行以上命令,得到 $\beta_1 = 0.427, \beta_2 = -0.367$,说明词长对反应时的预测力大于词频对数的预测力。

距项(Intercept)也有统计显著性意义($b_0 = 714.282, t = 11.253, p < 0.001$)。因此，本例的预测模型为：$\hat{RT} = 714.282 + 26.132 \times Length - 21.312 \times Log\_F$。预测模型表明，刺激词中每增加一个字母，平均反应时就增加26.132毫秒，意味着刺激词越长，被试反应就越慢；每增加一个单位的词频对数值，平均反应时就减少21.312毫秒，意味着词频越高，被试反应就越快。根据预测模型，若刺激词长度为6个字母，语料库词频为110，则词语辨认平均时间约为770毫秒。[①]

除了使用函数 lm 之外，我们还可以调用 R 数据包 rms(Harrell, 2015)中的函数 ols 得到回归系数估计，模型概要只需输入模型名称，无需使用 R 函数 summary。调用函数 ols 对反应时数据开展回归分析的 R 命令和统计分析结果如下：

```
> require(rms)
> M.ols <- ols(RT ~ Length + Log_F, data = LDT)
> M.ols
Linear Regression Model

   ols(formula = RT ~ Length + Log_F, data = LDT)
```

	Model	Likelihood Ratio Test		Discrimination Indexes	
Obs	100	LR chi2	64.82	R2	0.477
sigma	111.9309	d.f.	2	R2 adj	0.466
d.f.	97	Pr(>chi2)	0.0000	g	120.844

Residuals

Min	1Q	Median	3Q	Max
-237.14	-72.58	-13.03	46.35	565.58

	Coef	S.E.	t	Pr(>|t|)
(Intercept)	714.2816	63.4735	11.25	<0.0001
Length	26.1316	5.2370	4.99	<0.0001
Log_F	-21.3125	4.9709	-4.29	<0.0001

与函数 lm 不同的是，函数 ols 提供的模型拟合优度(goodness of fit)检验统计量是似然比(Likelihood Ratio, LR)卡方(χ^2)统计量，而不是 F 统计量，但是统计结论相同 $[\chi^2(2) = 64.82, p < 0.001]$。似然比卡方统计量的计算公式为：$LR = -n \times \ln(1 - R^2)$，其中 n 是样本量，ln 为自然对数。Sigma 为残差标准误差(residual standard error)，d.f.是其自由度。区分度指数(Discrimination Indexes)包括决定系数($R^2 = 0.477$)、修正决定系数($R_a^2 = 0.466$)和 g(值为120.844)。指数 g 测量预测值 $\hat{Y}$ 的变异性(variation)，g 值代表 $\hat{Y}$ 值的典型差异。该指数依据某个变量 Z 的基尼均差(Gini's mean difference)，是所有可能差异绝对值 $|Z_i - Z_j|$($i \neq j$)的平均数(Harrell, 2015, p.105)。本例中，反应时预测值典型差异为 g = 120.844。利用函数 anova 可以得到如下所示的方差分析表：

---

① 本例的 R 命令为：714.282 + 26.132*6 - 21.312*(log1p(110))

```
>anova(M.ols)
```

Factor	d.f.	Partial SS	MS	F	P
		Analysis of Variance		Response: RT	
Length	1	311932.9	311932.90	24.90	<.0001
Log_F	1	230305.9	230305.85	18.38	<.0001
REGRESSION	2	1108477.3	554238.66	44.24	<.0001
ERROR	97	1215267.9	12528.54		

以上方差分析表列出模型拟合优度 F 检验结果（REGRESSION 所在的行）和各个预测变量的显著性检验结果。在各个预测变量上的回归系数 F 检验的结果与上面报告的 t 检验结果本质上相同，因为在 F 比率分子自由度为 1 时，$F = t^2$。

11.1.5.1.2　线性回归分析统计假设诊断与检验

本节依据 11.1.4 节介绍的统计假设检验与回归诊断方法对前一节反应时数据开展统计分析。

线性假设诊断与检验。 调用数据包 car 中的函数 residualPlots(model)进行线性诊断与检验的 R 命令和统计分析结果如下（包括图 11.8）：

```
>Model <- lm(RT ~ Length + Log_F, data = LDT)
>require(car)
>residualPlots(Model)
```

	Test stat	Pr(>|Test stat|)
Length	1.7553	0.08241.
Log_F	-1.3822	0.17011
Tukey test	0.8180	0.41338

```
- - -
Signif. codes:  0 '***' 0.001 '**' 0.01 '*' 0.05 '.' 0.1 ' ' 1
```

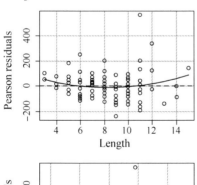
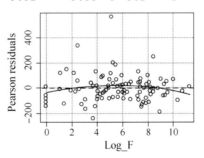
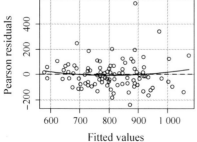

图 11.8　利用皮尔逊残差的线性诊断

图 11.8 中的曲线为增加的二次回归拟合线。左下图显示总体上线性回归模型拟合较好,没有出现明显的非线性模式。Tukey 检验(检验统计量服从标准正态分布)没有发现失拟现象($p = 0.413 > 0.05$)。左上图显示没有明显的曲线变化趋势,t 检验发现词长没有出现失拟现象($p = 0.082 > 0.05$)。同样,右上图也没有很明显的曲线变化趋势,t 检验发现频数对数也没有出现失拟现象($p = 0.170 > 0.05$)。以上结果表明,本研究的回归分析满足线性假设。

误差正态性诊断与检验。学生化残差正态分布 Q-Q 图诊断的 R 命令和统计分析结果如下所示:

```
>ti<-rstudent(Model)
>require(car)
>qqPlot(ti,ylab="",xlab="",main=" ")
[1] 100  29
>mtext(side=1,line=2,at=0,"Normal Quantiles",cex=0.85)
>mtext(side=2,line=2,at=2,"Studentized Residuals",cex=0.85)
```

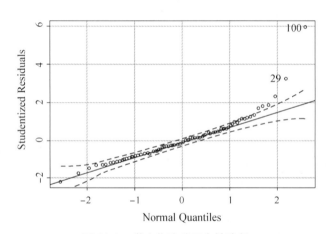

图 11.9　学生化残差正态性诊断

图 11.9 中的两条虚线是利用自助方法得到的学生化残差 95% 置信区域,标有数字(残差向量中的残差值序号)的两个点代表残差绝对值最大的两个值。图中显示,残差值分布正向偏离正态拟合线。最大的两个值位于 95% 置信区域之外,为异常值。

我们还可以利用 Shapiro-Wilk 检验推断残差是否服从正态分布。正态分布检验的 R 命令和统计分析结果如下:

```
>shapiro.test(rstudent(Model))
    Shapiro-Wilk normality test
data:  rstudent(Model)
W = 0.86338, p-value = 3.824e-08
```

以上结果显示,残差分布违反正态性假设($W = 0.86, p < 0.001$),与图 11.9 的诊断结果一致。

误差方差齐性假设检验。调用数据包 car 中的函数 ncvTest 开展误差方差齐性

检验的 R 命令和统计分析结果如下:

```
> require(car)
> ncvTest(Model)
Non-constant Variance Score Test
Variance formula: ~ fitted.values
Chisquare = 11.85359, Df = 1, p = 0.0005755
```

以上结果表明,本研究数据违反误差方差齐性假设($\chi^2(1) = 11.85, p < 0.001$)。本研究数据中误差方差不齐与残差异常值的存在有关。

多元共线性诊断。通常在开展正式的多元线性诊断之前,我们要先在描述性统计分析中报告相关系数矩阵。表 11.2 除了报告各个变量测量的平均数(M)、标准差(SD)和样本量(n)之外,还报告各个变量的相关矩阵。

表 11.2　相关系数、平均数、标准差和样本量

	1	2	3	M	SD	n
1. 词长	—	-0.51^{***}	0.61^{***}	8.23	2.50	100
2. 词频对数		—	-0.59^{***}	5.68	2.64	100
3. 反应时			—	808.25	153.21	100

** 表示在 $\alpha = 0.001$ 水平上有统计显著性意义。

表 11.2 显示,词长和词频对数有较强的负相关关系($r = -0.51, p < 0.001$)。它们均与反应时有显著相关性($p < 0.001$)。

调用数据包 car 中的 R 函数 vif(model)开展多元共线性诊断的 R 命令和统计分析结果如下:

```
> require(car)
> vif(Model)
Length    Log_F
1.356625  1.356625
```

以上结果表明,两个方差膨胀因子均小于 5,说明本研究中的两个预测变量之间没有多元共线性问题。

预测变量异常值测量。利用杠杆值和马氏距离测量预测变量异常值的 R 命令和统计分析结果如下:

```
> # hat value
> Hat <- hatvalues(Model)
> max(Hat)
[1] 0.1261104
> # squared Mahalanobis distance
> MC <- LDT[, -3]
> MD <- mahalanobis(MC, center = colMeans(MC), cov = cov(MC))
> max(MD)
```

```
[1] 11.49493
```

由以上结果可知,最大的杠杆值为 0.13,略大于参照临界值 0.09 $\Big(3(p+1)/n=$

$\dfrac{3\times(2+1)}{100}\Big)$;最大马氏距离平方值为 11.49,略大于参照临界值 9.21。这表明,本研究

预测变量数据有异常值,但是异常程度不明显。

效标变量异常值测量。利用学生化残差 Q-Q 图开展异常值诊断的 R 命令和统计分析结果如下:

```
>par(mar = c(2.8,2.8,0.1,0.1),oma = c(0,0,0,0),mgp = c(1.5,0.5,0),
cex = 0.75)
>require(car)
>qqPlot(Model,distribution = "t")
[1]   29 100
```

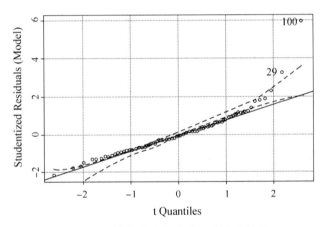

图 11.10   学生化残差 Q-Q 图异常值诊断

图 11.10 中的两条虚线是利用自助方法得到的 95% 置信区域,编号为 29 和 100 的两个点代表学生化残差最大的两个值(3.24 和 5.95)。① 这两个值均位于 95% 置信区域之外,疑为异常值,编号为 100 的异常值有较强的异常性。

利用学生化残差开展异常值检验的 R 命令和统计分析结果如下:

```
>require(car)
>outlierTest(Model,cutoff = 0.05,n.max = 10)
     rstudent unadjusted p-value Bonferroni p
100 5.954158    4.2771e-08      4.2771e-06
```

以上结果表明,编号为 100 的学生化残差值为统计显著性异常值($p>0.001$)。

强影响点测量。计算库克距离、标准化拟合值差异与参数估计差异的 R 命令和统

---

①   得到这两个值的 R 命令为:Residuals <- rstudent (Model);Residuals [c (29,
100)]

计分析结果如下：

```
> # Cook's distance
> D <- cooks.distance(Model)
> max(D)
[1] 0.2145102
> # DFFITS
> DFFITS <- dffits(Model)
> sum(abs(DFFITS) > 2*sqrt((2 + 1)/(100 - 2 - 1)))
[1] 4
> # DFBETAS
> DFBETAS <- dfbetas(Model)
> sum(abs(DFBETAS) > 1)
[1] 0
```

　　根据以上结果，最大库克距离（0.21）小于1，说明本研究数据中没有强影响观测值。在模型拟合方面，有4个个案的标准化拟合值差异大于临界值（0.3517262），说明本研究数据有强影响点。在模型参数估计方面，采用宽泛的标准，所有标准化参数估计差异的绝对值均不大于1，说明本研究数据没有强影响观测值。

11.1.5.1.3　最小二乘法回归模型自助验证

　　为了评估得到的模型是否有推广价值，我们需要对之进行验证（validation）。如果基于研究数据得到的模型只能拟合现有数据，不能很好地拟合新数据，则这个模型就存在过度拟合现象（overfitting），没有太大的价值。过度拟合是回归建模中的严重问题。样本量过小和（或）预测变量数过多通常会产生过度拟合问题。理想的过度拟合诊断方法是利用新数据对新模型进行交叉验证（cross-validation）。在无法获得新数据的情况下，研究者可以使用自助方法（bootstrapping）开展模型自助验证（bootstrap validation）。置换型抽样方法（sampling with replacement）从现有数据中随机抽取若干个样本（通常抽取200个自助样本），比较由自助样本得到的模型参数估计值平均数与由原始样本得到的模型对应参数估计值的差异。

　　开展模型自助验证需要调用R数据包rms中的函数ols和validate。要使函数validate能够正常运行，必须在函数ols中设定 x = TRUE 和 y = TRUE。对由反应时数据得到的模型（M.ols）进行自助验证的R命令和统计分析结果如下：

```
> require(rms)
> set.seed(3) # make results replicable
> M.ols <- ols(RT ~ Length + Log_F, data = LDT, x = TRUE, y = TRUE)
> validate(M.ols, B = 200)
          index.orig   training      test     optimism  index.corrected   n
R-square     0.4770     0.4915      0.4607     0.0308        0.4462        200
MSE      12152.6795  11616.6329  12532.7910  -916.1581   13068.8376       200
g          120.8441   119.8369    120.1290    -0.2921      121.1362       200
Intercept    0.0000     0.0000     -5.0222     5.0222       -5.0222        200
Slope        1.0000     1.0000      1.0086    -0.0086        1.0086        200
```

以上输出结果中,第一列(index.orig,原始指数)报告对原始数据开展回归分析得到的 5 个统计量值——预测精度测量(measures of predictive accuracy),其中截距项(Intercept)和斜率(Slope)分别为 0 和 1。第二列(training,训练集)报告从拟合自助样本的 200 个模型中得到的 5 个统计量的平均值。第三列(test,测试集)报告自助模型预测全部反应时数据得到的 5 个统计量的平均值。由训练集和测试集得到的统计量差异值在第四列(optimism,乐观估计)显示。第五列(index. corrected,校正指数)为偏差校正(或过度拟合校正)后的预测精度估计(5 个统计量值),校正值等于由原始样本计算得到的精度指数(index.orig)减去乐观估计值。最后一列为自助样本量(n = 200)。如果最终模型无需校准(calibration),则它的校准截距应为 0,校准斜率应为 1。大的乐观估计值表示过度拟合。一条经验原则是,预测变量上回归系数(斜率)乐观估计值不应超过 0.05(Levshina, 2015, p. 167)。本例斜率乐观估计值小于 0.05,偏差校正后的决定系数 R^2 与由原始样本计算得到的决定系数 R^2 相差不大(0.030 8)。回归模型没有过度拟合现象。另外,针对反应时数据的回归分析表明,未修正的决定系数 R^2(0.477)与修正的决定系数 R^2_a(0.466)差异较小,也说明本研究得到的线性回归模型有较好的推广度。

11.1.5.2　检验包括交互作用项的模型拟合

我们在因素设计方差分析中通常要检验因素(类别或定序变量)之间的交互作用。本质上,因素方差分析是多元回归分析的特例。多元回归分析中的预测变量既可以是类别或定序变量,也可以是连续性变量。交互作用表示一个变量的效应取决于另一个变量的水平,既可能出现在类别或定序变量之间,又可能出现在类别(或定序变量)与连续性变量之间,还可以出现在连续性变量之间。交互作用检验是社会科学理论检验的核心(Cohen et al., 2003, p. 255)。根据 Cohen et al.(2003, p. 256),连续性变量的交互作用检验历史上通常是将连续性变量转化为类别变量,然后采用方差分析。研究者往往根据中位数或平均数将连续性变量转化为包括两个水平的类别变量。这种二分法不仅会削弱连续性变量之间的关系,而且也会降低发现交互效应的统计效力,或导致虚假的主效应(Cohen et al., 2003, p. 256)。本节利用前一节中的反应时数据检验词长与词频对数对反应时的预测是否存在交互作用。

在开展包括交互作用项的回归分析前,通常将预测变量中心化(centered),即将预测变量的原始分转化为平均数离差,使中心化后的预测变量平均值为 0。

我们先对两个预测变量"词长"与"词频对数"中心化后开展主效应模型分析,看看预测变量中心化前后回归系数是否有变化。对中心化预测变量开展回归分析的 R 命令和统计分析结果如下:

```
>length <- scale(Length, center = TRUE, scale = FALSE)
>log_f <- scale(Log_F, center = TRUE, scale = FALSE)
>ldt <- data.frame(length, log_f, RT)
>Model1 <- lm(RT ~ length + log_f, data = ldt)
>summary(Model1)
Call:
lm(formula = RT ~ length + log_f, data = ldt)
```

```
Residuals:
   Min      1Q     Median    3Q      Max
-237.14  -72.58   -13.03   46.35   565.58
Coefficients:
                Estimate  Std. Error  t value   Pr(>|t|)
(Intercept)     808.253    11.193     72.210   < 2e-16***
length           26.132     5.237      4.990   2.66e-06***
log_f           -21.312     4.971     -4.287   4.27e-05***
- - -
Signif. codes:  0 '***' 0.001 '**' 0.01 '*' 0.05 '.' 0.1 ' ' 1
Residual standard error: 111.9 on 97 degrees of freedom
Multiple R-squared: 0.477,  Adjusted R-squared: 0.4662
F-statistic: 44.24 on 2 and 97 DF,  p-value: 2.221e-14
```

对照 11.1.5.1.1 节的统计分析结果可以发现,词长和词频对数的回归系数没有发生变化,只有截距项发生了变化。中心化前后在预测变量上回归系数没有变化是因为中心化是对变量的线性转化,不改变变量之间的相关性。中心化改变了截距项是因为中心化使词长和词频对数的平均数(分别为8.23 和5.681 714)变为 0 值。中心化后的截距项可以根据中心化前的截距项、回归系数以及预测变量的平均数计算得到,即 $714.282 + 26.132 \times 8.23 - 5.681\ 714 \times 21.312 \approx 808.25$。如果截距项不是我们关心的回归系数(通常如此),在主效应检验中,既可以对预测变量进行中心化,也可以不对预测变量进行中心化,尽管我们倾向于不采用中心化。

在包括交互效应的回归分析中,为了便于对回归系数进行有意义的解释,我们采用中心化方法。当预测变量被中心化后,在包括交互效应项的回归模型中每个预测变量上的回归系数可以被解释为预测变量在效标变量上的平均回归系数,即在其他预测变量值为平均数时的回归系数。交互效应检验使用的线性模型与前一节检验主效应使用的模型一样都调用 R 函数 lm,只是前者在模型设置中增加了交互效应项。有两个预测变量的交互效应模型为:lm(Y ~ A + B + A:B, data),其中的 A:B 为交互效应项。这个模型可以简化为 lm(Y ~ A*B, data),其中 A*B 包括主效应项和交互效应项。在反应时研究的例子中,开展包括交互效应项的回归分析使用的 R 命令和统计分析结果如下:

```
>M.Inter <- lm(RT ~ length*log_f, data = ldt)
>summary(M.Inter)
Call:
lm(formula = RT ~ length*log_f, data = ldt)
Residuals:
   Min      1Q     Median    3Q      Max
-233.65  -68.58   -13.22   46.05   567.15
Coefficients:
```

```
                Estimate   Std. Error   t value      Pr(>|t|)
(Intercept)      803.220     12.449      64.522     < 2e-16***
length            26.622      5.267       5.054     2.07e-06***
log_f            -20.742      5.012      -4.138     7.52e-05***
length:log_f      -1.504      1.623      -0.927      0.356
- - -
Signif. codes:  0 '***' 0.001 '**' 0.01 '*' 0.05 '.' 0.1 ' ' 1
Residual standard error: 112 on 96 degrees of freedom
Multiple R-squared: 0.4817,  Adjusted R-squared: 0.4655
F-statistic: 29.74 on 3 and 96 DF,  p-value: 1.107e-13
```

以上结果表明,包括交互效应项的模型对反应时有显著预测力($F(3,96)=29.74$, $p<0.001$)。包括交互效应项的模型的预测力($R^2=0.482$)略高于不包括交互效应项的模型的预测力($R^2=0.477$)。与前面不包括交互效应项的回归分析(Model1)结果相比较,在包括了交互效应项之后,除了截距项之外,预测变量上的回归系数也发生了变化。词长和词频对数对反应时仍有统计显著性预测力($p<0.001$),它们之间没有统计显著性交互效应($b_3=-1.50, SE=1.62, t=-0.93, p=0.356>0.05$)。

比较包括交互效应项的模型(M.Inter)与不包括交互效应项的模型(Model1)的 R 命令(调用 R 函数 anova 得到与模型有关的方差分析表)和统计分析结果如下:

```
> anova(Model1, M.Inter)
Analysis of Variance Table
Model 1: RT ~ length + log_f
Model 2: RT ~ length + log_f + length*log_f
  Res.Df     RSS   Df   Sum of Sq      F     Pr(>F)
1     97  1215268
2     96  1204495    1      10773   0.8586   0.3565
```

以上结果表明,这两个模型没有统计显著性差异($F(1,96)=0.86, p=0.357>0.05$)。换言之,在主效应模型增加交互作用项以后模型预测力没有显著增强。本着模型简约性(parsimony)原则,我们保留只有主效应的模型。顺便提一下,在以上输出结果中,第二个模型增加交互效应项后 F 值变化的计算公式为:$F_{\text{change}} = \dfrac{(N-K_2-1)R^2_{\text{change}}}{K_{\text{change}}(1-R^2_2)}$,其中 N 是样本量,K_2 是第二个模型的预测变量数,R^2_{change} 是两个模型 R^2 的差异,K_{change} 是两个模型预测变量数差异,R^2_2 是第二个模型的预测力。

11.2 稳健回归:自助方法

当有一个或多个线性回归假设不能得到满足时,一种解决方法是利用自助方法开展非参数回归分析(non-parametric regression analysis)。本节参考 Field *et al.* (2012)和

Levshina(2015),简要介绍自助型稳健回归程序。

利用 R 数据包 boot 开展非参数统计分析时,函数 boot 采用的一般形式为:object <- boot(data, function, replications)。在以上形式中,object 是函数创建的对象,变元 data 为数据框,变元 function 指统计分析使用的函数,如统计量的计算公式或使用的线性回归模型,变元 replications 指自助样本量,通常为 R = 2000。要计算回归系数的 95% 置信区间,需要先编写如下所示的函数:

```
boot.coef <- function(formula,data,i)
{
d <- data[i,]
fit <- lm(formula,data = d)
return(coef(fit))
}
```

其中,boot.coef 是函数创建的对象(即自助方法得到的回归系数),拟合模型(模型名称为 fit)使用的公式(formula)为线性模型(lm),数据框 d = data[i,] 为数据框 data 的一个子集,i 指一个具体的自助样本,return(coef(fit)) 将模型计算得到的回归系数(coef(fit))返还到 R 界面,包括截距项和各个预测变量上的回归系数。

在前一节的研究案例中,我们发现词长和词频对数在反应时上的回归残差违反误差正态性和方差齐性假设,且有异常值存在。利用函数 boot.coef 估计回归系数的 95% 置信区间,不再依赖 t 检验推断回归系数的统计显著性。得到本研究自助样本的 R 命令如下:

```
require(boot)
set.seed(3)# make results replicable
m.boot <- boot(statistic = boot.coef,formula = RT ~ Length + Log_F,
data = LDT,R = 2000)
m.boot
```

执行以上命令会创建一个名称为 m.boot 的对象,并得到如下统计分析结果:

```
ORDINARY NONPARAMETRIC BOOTSTRAP
Call:
boot(data = LDT, statistic = boot.coef, R = 2000, formula = RT ~
    Length + Log_F)
Bootstrap Statistics:
        original        bias        std. error
t1*    714.28156    -0.22753741    58.064107
t2*     26.13162    -0.06998795     5.584303
t3*    -21.31249     0.07448678     4.274609
```

以上结果中包括最小二乘法线性回归系数估计(original 所在的列)以及利用自助方法得到的估计偏差(bias)和标准误差(std.error,SE)。自助方法得到的回归系数估计标准误差与 11.1.5.1.1 节报告的参数检验统计分析结果接近。

　　计算回归系数 95% 置信区间需要调用的 R 函数为 `boot.ci`,其中的变元包括自助结果(`m.boot`)、自助类型(`type`)和指数(`index`)。我们在这里采用的自助类型为偏差修正及加速(bias-corrected-and-accelerated, BCa)自助法。BCa 自助法利用参数估计值 $\hat{\theta}$ 的偏差和 $\hat{\theta}$ 值相对于 θ 值的变化率(a)调整 $\hat{\theta}^*$ 抽样分布的百分位数切割值,提高参数置信区间估计的精度(Kirby & Gerlanc, 2013)。对前一节反应时数据开展利用自助方法的回归分析计算回归系数 95% 置信区间的 R 命令如下:

```
set.seed(3) # make results replicable
boot.ci(m.boot,type = "bca",index =1) # Intercept
boot.ci(m.boot,type = "bca",index =2) # Length
boot.ci(m.boot,type = "bca",index =3) # Log_F
```

执行以上所有 R 命令得到以下统计分析结果:

```
>boot.ci(m.boot,type = "bca",index =1) # Intercept
BOOTSTRAP CONFIDENCE INTERVAL CALCULATIONS
Based on 2000 bootstrap replicates
CALL:
boot.ci(boot.out = m.boot, type = "bca", index = 1)
Intervals:
Level   BCa
95%   (596.1, 826.9)
Calculations and Intervals on Original Scale
>boot.ci(m.boot,type = "bca",index =2) # Length
BOOTSTRAP CONFIDENCE INTERVAL CALCULATIONS
Based on 2000 bootstrap replicates
CALL:
boot.ci(boot.out = m.boot, type = "bca", index = 2)
Intervals:
Level    BCa
95%   (16.25, 38.93)
Calculations and Intervals on Original Scale
>boot.ci(m.boot,type = "bca",index =3) # Log_F
BOOTSTRAP CONFIDENCE INTERVAL CALCULATIONS
Based on 2000 bootstrap replicates
CALL:
boot.ci(boot.out = m.boot, type = "bca", index = 3)
Intervals:
Level    BCa
95%   (-30.85, -13.92)
Calculations and Intervals on Original Scale
```

以上结果表明,截距项 95% 自助置信区间为 $[596.1, 826.9]$,回归系数值(714.28)

略正偏。常规线性回归分析得到的截距项 95% 置信区间为 $[588.30, 840.26]$，[1] 比利用自助方法得到的置信区间稍宽一些。在词长上的回归系数（点估计为 26.13）95% 自助置信区间为 $[16.25, 38.93]$，比常规线性回归分析得到的截距项 95% 置信区间（$[15.74, 36.53]$）要宽一些。在词频对数上的回归系数（点估计为 -21.31）95% 自助置信区间为 $[-30.85, -13.92]$，比常规线性回归分析得到的截距项 95% 置信区间（$[-31.18, -11.45]$）要窄一些。在这个研究案例中，常规的线性回归分析结果与利用自助方法的稳健回归分析结果接近，违反误差正态性、方差齐性假设和异常值的存在没有对回归系数估计造成实质性影响。

我们还可以用同样的方法计算决定系数 R^2 的 95% 置信区间。针对反应时数据，计算 R^2 95% 置信区间的 R 命令和统计分析结果如下：

```
>boot.R2 <- function(formula,data,i)
+ {
+ d <- data[i,]
+ model <- lm(formula,data = d)
+ return(summary(model)$r.squared)
+ }
>set.seed(3) # make results replicable
>m.boot.R2 <- boot(formula = RT ~ Length + Log_F, data = LDT, statistic
=boot.R2, R = 2000)
>boot.ci(m.boot.R2, type = "bca")
BOOTSTRAP CONFIDENCE INTERVAL CALCULATIONS
Based on 2000 bootstrap replicates
CALL:
boot.ci(boot.out = m.boot.R2, type = "bca")
Intervals:
Level  BCa
95%    (0.3097, 0.6058)
Calculations and Intervals on Original Scale
```

以上结果表明，决定系数 R^2 95% 置信区间为 $[0.31, 0.61]$，点估计（$R^2 = 0.477$）接近置信区间的中央，因而常规多元线性回归分析的结果较为稳定、可信。这与本研究样本量较大有关系。多元回归分析所需最低样本量的一个常见标准是，每个回归系数（包括截距项）对应的最低样本量为 10~15 个观测值。例如，如果回归分析包括两个连续性预测变量（不含交互作用项），则最低样本量为 30~45。当然，所需样本量的大小与决定系数有正向关系。在包括两个预测变量的回归分析中，如果效应量小（$R^2 = $

---

① 计算本研究中（非标准化）回归系数 95% 置信区间的 R 命令和统计分析结果如下：
```
>confint(Model)
            2.5 %      97.5 %
(Intercept) 588.30417  840.25894
Length      15.73754   36.52569
Log_F       -31.17827  -11.44670
```

0.08),在 $\alpha = 0.05$、统计效力达到 0.8 的情况下,研究所需的最低样本量为 114。① 本研究效应量很大($R^2 = 0.477$),样本量($n = 100$)超过多元回归分析对样本量的最低要求。

11.3 二项逻辑斯蒂回归

◆◆◆◆◆◆◇

方差分析和最小二乘法回归属于一般线性模型(general linear model,用线性方程连接预测变量和效标变量)。方差分析是最小二乘法回归的特例,因为方差分析中的自变量是类别变量,而回归分析中的自变量(又称作预测变量)可以是类别变量,也可以是连续性变量。最小二乘法回归要求残差(或误差)正态分布和方差齐性。另有一些回归分析同最小二乘法回归一样采用线性模型,但是不要求残差(或误差)正态分布和方差齐性,效标变量观测值和预测值可以有不同的形式。这些回归模型统称为广义线性模型(generalized linear model,GLM),最小二乘法回归是广义线性模型的特例。本节介绍常见的二项逻辑斯蒂回归(binary logistic regression)。

11.3.1 二项逻辑斯蒂回归分析程序

在二项逻辑斯蒂回归中,效标变量的类别是二分的(binary;dichotomous),观测值分布为二项分布(binomial distribution)。若个案显示效标变量 Y 的某个特征,计作 $Y = 1$(yes)。若个案没有显示某个特征,则计作 $Y = 0$(no)。即是说,我们实际观测到的是个案的组员关系(group membership)。我们实际预测的是个案具有某个属性的概率或事件发生的概率。在只有一个连续性预测变量的二项逻辑斯蒂回归中,预测变量 X 与对个案 i 组员关系预测的概率($\hat{\pi}_i$)有以下函数关系:

$$\hat{\pi}_i = \frac{e^{(b_0 + b_1 X_i)}}{1 + e^{(b_0 + b_1 X_i)}} \tag{11.29}$$

其中,e 是自然对数的底,$b_0 + b_1 X_i$ 是我们所熟悉的最小二乘法简单线性回归预测表达式(b_0 和 b_1 又分别称作 a 和 b)。利用公式 11.29 绘制的预测变量 X 值与预测概率值 $\hat{\pi}_i$ 之间的关系如图 11.11 所示。

图 11.11 显示,预测变量 X 与预测概率 $\hat{\pi}_i$ 之间不像最小二乘法回归中的预测变量和预测效标那样是线性关系,而是 S 形的(sigmoid)曲线关系。在预测变量 X 值较小时,预测概率值 $\hat{\pi}_i$ 趋于 0,随 X 值增加呈缓慢增加之势。在预测变量 X 值为中间值时,预测概率值 $\hat{\pi}_i$ 呈近似线性地快速增加。当预测变量 X 值较大时,预测概率值 $\hat{\pi}_i$ 趋于 1,随 X 值增加呈缓慢增加之势。这说明用公式 11.29 体现预测变量与出现某个特征的概率之间的关系是合理的。我们之所以不能用最小二乘法回归方程预测某个特征出现的概率,是因为最小二乘法回归方程可能使预测概率小于 0 或大于 1,这样的预测结果

---

① 计算所需最低样本量的 R 命令为:
```
R2 = 0.08;require(pwr)
PA <- pwr.f2.test(u = 2,v = NULL,f2 = R2/(1 - R2),sig.level = 0.05,power = 0.80);PA
```

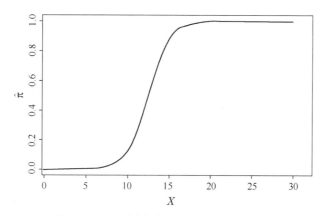

图 11.11　预测变量与预测概率之间的关系

是没有意义的。

所有线性模型的基本特点是预测变量和效标变量之间的关系为线性关系,二项逻辑斯蒂回归也不例外。在二项逻辑斯蒂回归中,预测变量和效标变量之间的线性关系通过对观测值的非线性(nonlinear)单调(monotonic)转化来实现。根据公式 11.29,可以得到以下逻辑斯蒂回归方程:

$$\text{logit} = g(X) = \ln\left[\frac{\pi(X)}{1-\pi(X)}\right] = b_0 + b_1 X \tag{11.30}$$

其中,X 是连续性变量(预测变量),logit 为逻辑斯蒂概率单位,是对数比数(log odds,意为比数的对数),ln 是自然对数。比数 $\text{odds} = \dfrac{\pi(X)}{1-\pi(X)} = e^{(b_0+b_1 X)}$。将比数转化为对数比数称作 logit 转化。概率 $\pi(X) = \dfrac{e^{(b_0+b_1 X)}}{1+e^{(b_0+b_1 X)}}$。公式 11.30 显示 logit 与预测变量之间的关系为线性关系。

更一般地,如果有 k 个预测变量(连续性变量),$\boldsymbol{X}' = (X_1, X_2, \cdots, X_k)$,$g(\boldsymbol{X})$ 为预测的对数比数(logit),则逻辑斯蒂回归方程(未包括交互作用项)为:

$$\text{logit} = g(\boldsymbol{X}) = \ln\left(\frac{\pi(\boldsymbol{X})}{1-\pi(\boldsymbol{X})}\right) = b_0 + b_1 X_1 + b_2 X_2 + \cdots + b_k X_k \tag{11.31}$$

由以上公式可以得到比数和概率的计算公式:$\text{odds} = \dfrac{\pi(\boldsymbol{X})}{1-\pi(\boldsymbol{X})} = e^{(b_0+b_1 X_1+b_2 X_2+\cdots+b_k X_k)}$,

$\pi(X) = \dfrac{e^{(b_0+b_1 X_1+b_2 X_2+\cdots+b_k X_k)}}{1+e^{(b_0+b_1 X_1+b_2 X_2+\cdots+b_k X_k)}}$。

对逻辑斯蒂回归系数的解释方式与对最小二乘法回归系数的解释方式相同,只是因变量不再是 Y,而是与之有关的 logit 变量。譬如,截距项 b_0 表示在预测变量值为 0 时预测的 logit 值;b_1 表示在恒定其他预测变量时,预测变量 X_1 值每增加一个单位,预测的 logit 值就增加 b_1。

二项逻辑斯蒂回归的预测值可以有三种形式:预测概率($\hat{\pi}_i$)、比数(odds)和 logit。预测概率是个案出现某个特征($Y_i = 1$)的概率,$\hat{\pi}_i = \dfrac{e^{(b_0+b_1 X_1+b_2 X_2+\cdots+b_k X_k)}}{1+e^{(b_0+b_1 X_1+b_2 X_2+\cdots+b_k X_k)}} = \dfrac{\text{odds}_i}{1+\text{odds}_i}$。

比数是个案出现某个特征($Y_i = 1$)的预测概率与不出现某个特征($Y_i = 0$)的预测概率的比率,而 logit 是比数的自然对数。预测概率和 logit 之间的关系和特点如图 11.12 所示(参见 Cohen *et al.*, 2003, pp.490 - 491)。

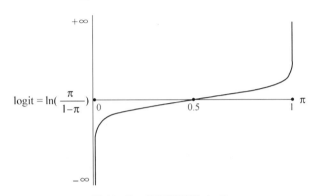

图 11.12　预测概率和 logit

图 11.12 显示,总体(population)预测概率(π)是有界的(bounded),取值范围在 0 ~ 1 之间。在 $\pi = 0.5$ 时,odds = 1,logit = 0(logit 的中心)。当 $0.5 < \pi < 1$ 时,odds > 1,logit 为正值,而当 $0 < \pi < 0.5$ 时,odds < 1,logit 为负值。但是,logit 是无界的(unbounded)。在 $\pi = 0$ 时,logit 为负无穷大;在 $\pi = 1$ 时,logit 为正无穷大。

模型有用性或拟合优度检验的方法有多种。最常见的检验方法是似然比检验(likelihood ratio test)。似然比检验,又称模型卡方(χ^2)检验,用于比较作为基准模型(baseline model)的虚无模型(null model)与新模型的差异。虚无模型只包括截距或常数项。新模型包括截距和若干预测变量。似然(likelihood, l)是依据二项分布得到的样本观测值出现的概率,也是参数 α 和 β 的一个函数。以一元逻辑斯蒂回归分析为例,似然的计算公式为:

$$l(\alpha, \beta) = \prod_{i=1}^{n} \pi(X_i)^{y_i} [1 - \pi(X_i)]^{1 - y_i} \tag{11.32}$$

其中,Π 为乘积符号,n 是个案数,$\pi(X_i)$ 是条件概率,y_i 是第 i 个个案的观测值(0 或 1)。

为了在计算似然时避免将概率相乘(通常得到很小的概率),逻辑斯蒂回归分析利用自然对数将公式 11.32 中的乘积形式转化为叠加的形式。由此得到的转化结果称作对数似然(log-likelihood,简称 LL),计算公式为:

$$LL = L(\alpha, \beta) = \sum_{i=1}^{n} \{y_i \ln[\pi(X_i)] + (1 - y_i) \ln[1 - \pi(X_i)]\} \tag{11.33}$$

似然比卡方统计量用于检验基准模型和新模型似然比差异,计算公式为:

$$\chi^2 = -2LL = -2\ln\left(\frac{\text{likelihood of baseline model}}{\text{likelihood of new model}}\right) = -2LL(\text{baseline}) - (-2LL(\text{new}))$$

$$\tag{11.34}$$

其中,$\dfrac{\text{likelihood of baseline model}}{\text{likelihood of new model}}$ 是两个模型的似然比(likelihood ratio,简称 LR)。似然比卡方统计量,又称偏差(deviance),是模型拟合劣度(badness of model fit)测量,类似

于最小二乘法回归中的残差平方和。偏差值越小,模型拟合度就越好。反之,偏差值越大,模型拟合度就越差。卡方分布的自由度为预测量变量数加 1(1 代表截距或常数项)。卡方统计量的自由度为两个模型中似然比(即偏差)的自由度差异,即 $df = df_{(new)} - df_{(baseline)}$。在虚无模型中,卡方分布的自由度为 1。逻辑斯蒂回归分析卡方检验类似于最小二乘法回归分析中的 F 检验。

AIC(Akaike information criterion, Akaike 信息准则)也用于比较针对同一批数据的不同模型,计算公式为:

$$AIC = -2LL + 2(1 + K) \tag{11.35}$$

其中, $-2LL$ 是偏差(deviance), K 是预测变量数。AIC 测量使用某个模型丢失的信息。AIC 值较小的模型比 AIC 值较大的模型更好。

另外,我们在研究中还可以使用 Cox & Snell(1989)提出的模型拟合优度指数 R_{CS}^2 或 Nagelkerke(1991)提出的模型拟合优度指数 R_N^2,体现模型预测的精确性。这两个拟合指数类似于最小二乘法回归中模型拟合优度指数 R^2,但是它们不能像 R^2 那样表示模型解释方差的比率。R_{CS}^2 的计算公式为:

$$R_{CS}^2 = 1 - e^{\frac{-2LL(new) - \left[-2LL(baseline) \right]}{n}} \tag{11.36}$$

R_{CS}^2 的理论上限值小于 1,Nagelkerke(1991)对之进行了校正,校正公式为:

$$R_N^2 = \frac{R_{CS}^2}{1 - e^{-\frac{-2LL(baseline)}{n}}} \tag{11.37}$$

逻辑斯蒂回归分析中回归系数(α 和 β)估计统计显著性检验采用 Z 检验。Z 统计量为回归系数估计值(a 和 b)除以对应的标准误差得到的结果。标准误差通过矩阵计算得到,详见下一节。如果 Z 值在正态分布中对应的双尾概率小于显著性水平(如 $\alpha = 0.05$),则推断回归系数有统计显著性意义。

11.3.2　最大似然估计

在逻辑斯蒂回归分析中,回归系数(包括截距项)的估计方法是最大似然估计(maximum likelihood estimation, MLE)。最大似然估计方法计算能够使样本观测结果的模式(即 $Y = 1$ 和 $Y = 0$ 的模式)最有可能出现的回归系数。

以一元逻辑斯蒂回归分析为例,样本观测值的似然可用以下公式:

$$l(a, b) = \prod \{ \hat{\pi}_i^{y_i} \times (1 - \hat{\pi}_i)^{1 - y_i} \} \tag{11.38}$$

其中,Π 为乘积符号,$\hat{\pi}_i = \pi(X_i)$ 是模型对第 i 个个案的预测概率,y_i 是第 i 个个案的观测结果(0 或 1)。$\hat{\pi}_i$ 值取决于回归模型中的回归系数(见公式 11.29)。如果 $y_i = 1$,则 $\hat{\pi}_i^{y_i} \times (1 - \hat{\pi}_i)^{1 - y_i} = \hat{\pi}_i$。如果模型预测概率 $\hat{\pi}_i$ 较大,这个个案对似然值的贡献就较大;如果模型预测概率 $\hat{\pi}_i$ 较小,这个个案对似然值的贡献就较小。如果 $y_i = 0$,则 $\hat{\pi}_i^{y_i} \times (1 - \hat{\pi}_i)^{1 - y_i} = 1 - \hat{\pi}_i$。如果模型预测概率 $\hat{\pi}_i$ 较大,这个个案对似然值的贡献就较小;如果模型预测概率 $\hat{\pi}_i$ 较小,这个个案对似然值的贡献就较大。

我们用一个简单的数值例子说明似然的概念。假如我们用两个模型预测一组观测结果 $Y = (1, 1, 0, 0, 1)$。第一个模型的预测概率为 $P = (0.7, 0.7, 0.3, 0.2, 0.9)$。第二个模型的预测概率为 $P = (0.3, 0.4, 0.7, 0.8, 0.2)$。我们执行以下 R 命令计算似然值：

```
> # 由第一个模型得到的似然值
> Y <- c(1,1,0,0,1)
> P1 <- c(0.7,0.7,0.3,0.2,0.9)
> P1.L <- P1^Y*(1 - P1)^(1 - Y)
> P1.L[1]*P1.L[2]*P1.L[3]*P1.L[4]*P1.L[5]
[1] 0.24696
> # 由第二个模型得到的似然值
> Y <- c(1,1,0,0,1)
> P2 <- c(0.3,0.4,0.7,0.8,0.2)
> P2.L <- P2^Y*(1 - P2)^(1 - Y)
> P2.L[1]*P2.L[2]*P2.L[3]*P2.L[4]*P2.L[5]
[1] 0.00144
```

以上结果显示,第一个模型得到的似然值(0.246 96)大于第二个模型得到的似然值(0.001 44)。这表明第一个模型比第二个模型更有可能得到观测值 $Y = (1,1,0,0, 1)$。第一个模型的预测概率值接近实际观测值,如第一个观测值为 1,对应的预测概率值为 0.7,但是第二个模型的预测概率值与实际观测值差异甚大,如第一个观测值为 1,而对应的预测概率值仅为 0.3。

下面介绍一元逻辑斯蒂回归中回归系数的最大似然估计方法。要使公式 11.33 中的 $L(\alpha, \beta)$ 值最大化,需要对 α 和 β 求 $L(\alpha, \beta)$ 的微分。似然(函数)值的取值范围在 0～1 之间。相应地,对数似然(函数)值的取值范围在 $-\infty$～0 之间。似然值越接近 1,模型参数估计就越可能得到观测值模式。同样,对数似然值越接近 0,模型参数估计就越可能得到观测值模式。

针对上面的数值例子,我们执行以下 R 命令计算对数似然值：

```
> # 由第一个模型得到的对数似然值
> LL.1 <- Y*log(P1) + (1 - Y)*log(1 - P1)
> sum(LL.1)
[1] -1.398529
> # 由第二个模型得到的对数似然值
> LL.2 <- Y*log(P2) + (1 - Y)*log(1 - P2)
> sum(LL.2)
[1] -6.543112
```

以上结果显示,第一个模型得到的对数似然值($-1.398\ 529$)比第二个模型得到的对数似然值($-6.543\ 112$)更接近 0,因此第一个模型比第二个模型更有可能得到观测值。

在最小二乘法回归分析中,利用由残差平方和最小化得到的导数方程直接计算回归系数。在逻辑斯蒂回归分析中,我们不能按照同样的方式得到回归系数,需要采用迭代(iteration)程序进行最大似然估计。最常用的迭代程序是 Newton-Raphson 方法(Dowdy, et al. , 2004)。由于 logit 连接函数是标准(canonical)连接函数, Newton-Raphson 方法与 Fisher 得分方法(Fisher scoring)相同。Newton-Raphson 方法利用 α 和 β

的二阶和交叉偏导数:

$$\frac{\partial^2 L(\alpha,\beta)}{\partial \alpha^2} = -\sum \pi(x_i)[1-\pi(x_i)]; \frac{\partial^2 L(\alpha,\beta)}{\partial \beta^2} = -\sum x_i^2 \pi(x_i)[1-\pi(x_i)];$$

$$\frac{\partial^2 L(\alpha,\beta)}{\partial \alpha \partial \beta} = -\sum x_i \pi(x_i)[1-\pi(x_i)] \qquad (11.39)$$

每次迭代使用以下形式:

$$\begin{bmatrix} \hat{\alpha} \\ \hat{\beta} \end{bmatrix}^{(t+1)} = \begin{bmatrix} \hat{\alpha} \\ \hat{\beta} \end{bmatrix}^{(t)} + \begin{bmatrix} -\dfrac{\partial^2 L(\alpha,\beta)}{\partial \alpha^2} & -\dfrac{\partial^2 L(\alpha,\beta)}{\partial \alpha \partial \beta} \\ -\dfrac{\partial^2 L(\alpha,\beta)}{\partial \alpha \partial \beta} & -\dfrac{\partial^2 L(\alpha,\beta)}{\partial \beta^2} \end{bmatrix}^{-1} \begin{bmatrix} \sum [y_i - \pi(x_i)] \\ \sum x_i [y_i - \pi(x_i)] \end{bmatrix}$$

$$(11.40)$$

其中,t 表示迭代的次序。

下面举一个数值的例子,利用 Newton-Raphson 迭代方法计算一元逻辑斯蒂回归系数,并开展统计显著性检验。有一个预测变量为连续性变量 X,因变量为二分变量 Y,测量结果如下:

```
X <- c(1,4,6,3,4,1,5,4,6,3,4,5,4,2,6,2,5,2,5,4)
Y <- c(0,0,1,0,0,0,0,1,1,0,0,1,0,0,1,0,1,0,1,0)
```

我们打算迭代 7 次,检验迭代程序是否收敛(converge)到一个解。在开展迭代之前,要确定用于迭代的初始值。在虚无模型中,$\beta = 0$。设定初始值 $\hat{\pi} = 0.35$(样本估计的概率),$b = 0$,$a = -0.6190392$(利用公式 11.30)。利用 R 进执行 Newton-Raphson 迭代运算的命令和统计分析结果如下:

```
> # 第一次迭代
> a = log(sum(Y)/(length(Y) - sum(Y)));b = 0;pi = sum(Y)/length(Y)
> ab.old <- matrix(c(a,b),ncol = 1)
> a.der <- length(X)* -pi*(1 -pi)
> ab.der <- -1*sum(X*pi*(1 -pi))
> b.der <- -1*sum(X^2*pi*(1 -pi))
> ab.mat <- matrix(c(a.der,ab.der,ab.der,b.der),ncol = 2)
> ab.mat <- solve(-1*ab.mat)
> res <- matrix(c(sum(Y -pi),sum(X*(Y -pi))),ncol = 1)
> ab.new1 <- ab.old + ab.mat%*%res
> # 第二次迭代
> a <- ab.new1[1,1];b <- ab.new1[2,1]
> pi <- exp(a +b*X)/(1 + exp(a +b*X))
> a.der <- sum(-pi*(1 -pi))
> ab.der <- -1*sum(X*pi*(1 -pi))
> b.der <- -1*sum(X^2*pi*(1 -pi))
> ab.mat <- matrix(c(a.der,ab.der,ab.der,b.der),ncol = 2)
> ab.mat <- solve(-1*ab.mat)
> res <- matrix(c(sum(Y -pi),sum(X*(Y -pi))),ncol = 1)
```

```
>ab.new2 <- ab.new1 + ab.mat%*%res
># 第三次迭代
>a <- ab.new2[1,1];b <- ab.new2[2,1]
>pi <- exp(a+b*X)/(1+exp(a+b*X))
>a.der <- sum(-pi*(1-pi))
>ab.der <- -1*sum(X*pi*(1-pi))
>b.der <- -1*sum(X^2*pi*(1-pi))
>ab.mat <- matrix(c(a.der,ab.der,ab.der,b.der),ncol=2)
>ab.mat <- solve(-1*ab.mat)
>res <- matrix(c(sum(Y-pi),sum(X*(Y-pi))),ncol=1)
>ab.new3 <- ab.new2 + ab.mat%*%res
># 第四次迭代
>a <- ab.new3[1,1];b <- ab.new3[2,1]
>pi <- exp(a+b*X)/(1+exp(a+b*X))
>a.der <- sum(-pi*(1-pi))
>ab.der <- -1*sum(X*pi*(1-pi))
>b.der <- -1*sum(X^2*pi*(1-pi))
>ab.mat <- matrix(c(a.der,ab.der,ab.der,b.der),ncol=2)
>ab.mat <- solve(-1*ab.mat)
>res <- matrix(c(sum(Y-pi),sum(X*(Y-pi))),ncol=1)
>ab.new4 <- ab.new3 + ab.mat%*%res
># 第五次迭代
>a <- ab.new4[1,1];b <- ab.new4[2,1]
>pi <- exp(a+b*X)/(1+exp(a+b*X))
>a.der <- sum(-pi*(1-pi))
>ab.der <- -1*sum(X*pi*(1-pi))
>b.der <- -1*sum(X^2*pi*(1-pi))
>ab.mat <- matrix(c(a.der,ab.der,ab.der,b.der),ncol=2)
>ab.mat <- solve(-1*ab.mat)
>res <- matrix(c(sum(Y-pi),sum(X*(Y-pi))),ncol=1)
>ab.new5 <- ab.new4 + ab.mat%*%res
># 第六次迭代
>a <- ab.new5[1,1];b <- ab.new5[2,1]
>pi <- exp(a+b*X)/(1+exp(a+b*X))
>a.der <- sum(-pi*(1-pi))
>ab.der <- -1*sum(X*pi*(1-pi))
>b.der <- -1*sum(X^2*pi*(1-pi))
>ab.mat <- matrix(c(a.der,ab.der,ab.der,b.der),ncol=2)
>ab.mat <- solve(-1*ab.mat)
>res <- matrix(c(sum(Y-pi),sum(X*(Y-pi))),ncol=1)
>ab.new6 <- ab.new5 + ab.mat%*%res
>ab.new6
        [,1]
```

```
[1,]  -13.573492
[2,]   2.964592
> #第七次迭代
>a <- ab.new6[1,1];b <- ab.new6[2,1]
>pi <- exp(a +b*X)/(1 +exp(a +b*X))
>a.der <- sum(-pi*(1 -pi))
>ab.der <-  -1*sum(X*pi*(1 -pi))
>b.der <-  -1*sum(X^2*pi*(1 -pi))
>ab.mat <- matrix(c(a.der,ab.der,ab.der,b.der),ncol =2)
>ab.mat <- solve(-1*ab.mat)
>res <- matrix(c(sum(Y -pi),sum(X*(Y -pi))),ncol =1)
>ab.new7 <- ab.new6 +ab.mat%*%res
>ab.new7
         [,1]
[1,]  -13.573531
[2,]   2.964601
```

以上结果显示,在保留四位小数时,最后两次迭代后的两对回归系数相同。计算最后两次迭代后似然比卡方值($-2 \times LL$,偏差值)的 R 命令和统计分析结果如下:

```
>a = ab.new6[1,1];b = ab.new6[2,1]
>pi6 <- exp(a +b*X)/(1 +exp(a +b*X))
>pi6.Y <- data.frame(pi6,Y)
>pi6.1 <- pi6.Y $ pi6[pi6.Y $ Y ==1]
>pi6.0 <- pi6.Y $ pi6[pi6.Y $ Y ==0]
>New.chi6 <-  -2*sum(log(pi6.1)) -2*sum(log(1 -pi6.0))
>New.chi6
[1] 10.05914
>a = ab.new7[1,1];b = ab.new7[2,1]
>pi7 <- exp(a +b*X)/(1 +exp(a +b*X))
>pi7.Y <- data.frame(pi7,Y)
>pi7.1 <- pi7.Y $ pi7[pi7.Y $ Y ==1]
>pi7.0 <- pi7.Y $ pi7[pi7.Y $ Y ==0]
>New.chi7 <-  -2*sum(log(pi7.1)) -2*sum(log(1 -pi7.0))
>New.chi7
[1] 10.05914
```

以上结果显示,在保留五位小数时,最后两个模型的似然比卡方值差异为 0,说明迭代程序收敛。

模型拟合优度卡方检验的 R 命令和统计分析结果如下:

```
>a = log(sum(Y)/(length(Y) -sum(Y)));b =0;pi = sum(Y)/length(Y)
>Null.chi <-  -2*sum(Y)*log(pi) -2*(length(Y) -sum(Y))*log(1 -pi)
>chi.sq <- Null.chi -New.chi7
>chi.df <-1
```

```
>prob<-1-pchisq(chi.sq,chi.df)
>cat("chi.sq=",chi.sq,"df=",chi.df,"p=",prob,"\n")
chi.sq = 15.83873 df = 1 p = 6.897613e-05
```

以上结果表明,包括预测变量的模型优于只包括截距项的虚无模型,即自变量 X 对因变量 Y 值出现的概率有显著预测力。

在多元回归分析中,我们通常需要检验各个回归系数的统计显著性。作为示范,我们对本例的回归系数开展统计显著性 Z 检验。回归系数标准误差(SE)为二阶偏导数矩阵逆矩阵(见公式 11.40 等式右边的中间项)对角元素的平方根。本例 R 命令和统计分析结果如下:

```
>a=-13.573531;b=2.964601
>pi<-exp(a+b*X)/(1+exp(a+b*X))
>a.der<-sum(-pi*(1-pi))
>ab.der<--1*sum(X*pi*(1-pi))
>b.der<--1*sum(X^2*pi*(1-pi))
>ab.mat<-matrix(c(a.der,ab.der,ab.der,b.der),ncol=2)
>ab.mat<-solve(-1*ab.mat)
>SE<-sqrt(as.vector(diag(ab.mat)))
>z0<-a/SE[1]
>p0<-pnorm(z0)*2
>z1<-b/SE[2]
>p1<-(1-pnorm(z1))*2
>results<-matrix(c(a,SE[1],z0,p0,b,SE[2],z1,p1),byrow=TRUE,
ncol=4)
>rownames(results)<-c("b0","b1")
>colnames(results)<-c("Estimate","SE","z","p")
>round(results,3)
     Estimate   SE      z       p
b0   -13.574   6.319   -2.148   0.032
b1    2.965    1.394    2.126   0.033
```

以上结果表明,截距项和预测变量 X 上的回归系数均显著不为 $0(p<0.05)$。

我们在开展最小二乘法回归分析时,结果的报告按常规应包括决定系数 R^2。但是,逻辑斯蒂回归分析结果的报告是否应包括类似的拟合指数,尚没有一致性的意见。如果要评估模型的拟合优度,可以利用公式 11.36 和 11.37 计算 R_{CS}^2 和 R_N^2。本例计算这两个指数的 R 命令如下:

```
RCS.sqrd<-1-exp((New.chi7-Null.chi)/length(Y))
RCS.sqrd
RN.sqrd<-RCS.sqrd/(1-exp(-1*Null.chi/length(Y)))
RN.sqrd
```

执行以上 R 命令,得到: $R_{CS}^2=0.547,R_N^2=0.753$。

11.3.3 二项逻辑斯蒂回归分析统计假设和回归诊断

逻辑斯蒂回归分析与普通最小二乘法回归分析有两个相同的统计假设。第一个统计假设是线性假设。普通最小二乘法回归分析假设连续性预测变量和因变量之间有线性关系,而逻辑斯蒂回归分析假设连续性预测变量和因变量的 logit 之间有线性关系。逻辑斯蒂回归分析的第二个统计假设是误差独立。这意味着观测值是独立的。

同普通最小二乘法回归分析一样,多元逻辑斯蒂回归分析中的回归诊断包括多元共线性诊断和异常值诊断。虽然多元共线性并不是真正意义上的统计假设,但是多元共线性的出现会增加回归系数估计的标准误差,使系数估计不稳定。多元逻辑斯蒂回归分析与普通最小二乘法回归分析一样使用相同的多元共线性诊断方法,如利用方差膨胀因子。

逻辑斯蒂回归分析中的异常值诊断方法与普通最小二乘法回归分析中的诊断方法相同。异常值诊断使用的个案统计量分为三类。第一类是诊断预测变量空间的异常值,统计量包括杠杆值和马氏距离。第二类是诊断因变量上的异常值,统计量包括标准化残差和学生化残差。第三类是回归估计的影响测量,包括库克距离、标准化拟合值差异和标准化参数估计差异。

11.3.4 二项逻辑斯蒂回归分析应用举例

逻辑斯蒂回归分析比普通最小二乘法回归分析要复杂得多。相对于普通最小二乘法回归分析,语言学定量研究较少使用逻辑斯蒂回归分析。本节开展多元逻辑斯蒂回归分析使用的数据来自 Cowles & Davis(1987)的研究。Cowles & Davis(1987)利用 Eysenck 人格量表(Eysenck personality inventory)测量 1 421 名大学本科生(包括 641 名男生,780 名女生)的神经质(neuroticism)和外向性(extraversion),并调查他们是否自愿(volunteer)参与未来的研究(yes = 1,no = 0)。以上两个量表的分值范围在 0 ~ 24 之间。R 数据包 carData 中存储了这一研究的数据,文件名为 Cowles。本节从这个数据包中随机抽取 100 名女生的数据检验神经质和外向性变量是否均能预测大学生自愿参与未来研究的概率以及神经质和外向性变量是否有交互作用。多元逻辑斯蒂回归分析使用的数据($n = 100$)如下:

```
Neuroticism<-c(9,10,17,15,6,22,12,4,6,15,14,12,10,13,14,16,12,
17,14,7,10,12,13,8,12,7,6,14,20,13,4,18,21,13,19,20,13,18,14,13,14,
9,19,11,12,8,19,13,11,3,10,10,8,16,16,16,13,4,9,7,10,8,9,17,7,15,
13,15,11,13,14,8,19,16,18,10,17,15,11,2,10,11,15,1,16,20,15,13,17,
16,12,15,14,8,10,2,4,12,16,18)

Extraversion<-c(14,18,5,9,13,11,12,13,11,4,15,17,16,15,14,13,
9,9,12,15,9,14,14,15,4,11,9,5,7,13,8,10,12,8,12,11,12,7,7,12,14,20,
20,16,12,6,14,8,12,13,9,3,22,14,12,17,15,11,10,19,18,16,13,10,16,6,
11,13,17,15,16,10,10,8,11,15,20,10,12,17,19,16,21,9,10,14,14,15,17,
12,8,14,9,12,13,13,13,14,19,12)

Volunteer<-c(1,1,1,0,1,1,0,1,0,0,0,0,1,0,0,0,1,0,0,0,0,0,1,1,
0,0,0,0,0,0,0,0,1,0,1,0,0,1,0,1,1,0,1,0,0,0,1,0,1,1,0,0,1,0,1,0,1,
```

```
0,0,1,0,0,1,0,1,0,0,1,0,1,0,1,1,0,1,0,0,0,0,0,1,1,0,0,0,1,1,1,1,0,
1,1,0,1,0,0,0,0,0,0)
```

本例神经质变量测量数据的平均数(M)为12.34,标准差(SD)为4.61;外向性变量测量数据的平均数(M)为12.5,标准差(SD)为3.96;自愿参加未来研究的女生数为39,占女生总数的39%。

11.3.4.1　不包含交互作用项的二项逻辑斯蒂回归分析

开展二项逻辑斯蒂回归分析使用的 R 函数为 glm(Y~predictor(s), data = dataFrame, family=binomial()),其中 glm 是 generalized linear model(广义线性模型)的首字母缩写;Y 是二项效标变量;predictor(s)是预测变量,可以是连续性变量,也可以是类别变量;数据(data)格式为数据框(dataFrame)。逻辑斯蒂回归依据的分布族(family)为二项分布(binomial),R 默认的连接函数(link function,指连接预测结果与因变量观测值的转换形式)为 link = "logit",即 binomial(link = "logit")。如果不对分布族设置,R 默认分布族为高斯(Gaussian)分布(即正态分布)。高斯分布是最小二乘法回归分析使用的分布,不能用于逻辑斯蒂回归分析。

开展不包括交互作用项的逻辑斯蒂回归分析的 R 命令和统计分析结果如下:

```
>Data <- data.frame(Neuroticism,Extraversion,Volunteer)
>Fit1 <- glm(Volunteer ~ Neuroticism + Extraversion, data = Data,
family=binomial())
>summary(Fit1)
Call:
glm(formula = Volunteer ~ Neuroticism + Extraversion, family =
binomial(), data = Data)
Deviance Residuals:
   Min       1Q    Median      3Q       Max
-1.5037   -0.9842   -0.7703   1.2340    1.6940
Coefficients:
               Estimate   Std. Error   z value   Pr(>|z|)
(Intercept)    -2.73756    1.03130     -2.654    0.00794**
Neuroticism     0.05560    0.04744      1.172    0.24117
Extraversion    0.12592    0.05682      2.216    0.02668*
 - - -
Signif. codes:  0 '***' 0.001 '**' 0.01 '*' 0.05 '.' 0.1 ' ' 1
(Dispersion parameter for binomial family taken to be 1)
    Null deviance: 133.75  on 99   degrees of freedom
Residual deviance: 127.57  on 97   degrees of freedom
AIC: 133.57
Number of Fisher Scoring iterations: 4
>M.Chi <- Fit1 $ null.deviance - Fit1 $ deviance
>Chi.df <- Fit1 $ df.null - Fit1 $ df.residual
```

```
>Chi.prob <-1 -pchisq(M.Chi,Chi.df)
>cat("chi.squared:", round(M.Chi,2)," df:", Chi.df," p:", round
(Chi.prob,3)," \n")
  chi.squared: 6.18 df: 2 p: 0.046
```

　　以上结果表明,主效应模型拟合优度综合检验发现,该模型对自愿参与的概率有统计显著性预测力(或者对 logit 变量有统计显著性预测力)($\chi^2(2) = 6.18, p = 0.046 < 0.05$)。回归系数检验显示,截距项(Intercept)显著不为 0($z = -2.65, p = 0.008 < 0.01$),神经质变量(Neuroticism)对自愿参与的概率没有统计显著性预测力($z = 1.17, p = 0.241 > 0.05$),外向性变量(Extraversion)则对自愿参与的概率有统计显著性预测力($z = 2.22, p = 0.027 < 0.05$)。根据公式 11.36 和 11.37,模型拟合优度指数 $R_N^2 = 0.081$。

　　为了便于对回归分析结果的解释,我们常使用比数比(odds ratio)和概率。比数比表示预测变量一个单位的变化引发的比数变化,计算上等于回归系数的指数(e^b)。在本例中,外向性变量上的回归系数为 0.125 92,表示外向性变量值每增加一个单位,因变量 logit 的期望平均值就增加 0.12592 个单位。回归系数 0.125 92 对应的比数比为 1.134 19,[①]表示外向性变量值增加一个单位,自愿参与相对于不愿意参与的可能性增加(1.134 19:1)。比数比大于 1 表示随着预测变量值的增加,事件或结果发生的可能性也增加。本例的比数比接近 1,因而外向性变量对结果的预测力不强。如果比数比小于 1,说明随着预测变量值的增加,事件或结果发生的可能性减少。要使比数比的解释有信度,比数比的 95% 置信区间应不包括 1。针对我们前面拟合的模型 Fit1,计算各个预测变量上比数比 95% 置信区间的 R 命令和统计分析结果如下:

```
>exp(confint(Fit1))
Waiting for profiling to be done...
                 2.5 %        97.5 %
(Intercept)   0.007542714   0.4460254
Neuroticism   0.965073816   1.1642425
Extraversion  1.018572832   1.2752552
```

　　以上结果显示,神经质变量上比数比的 95% 置信区间包括 1,而外向性变量上比数比的 95% 置信区间不包括 1,与前面回归系数估计统计显著性检验结果一致。用概率解释统计结果比用比数比更具有直觉性。我们可以利用 R 函数 fitted(model) 计算预测概率,函数中的 model 为二项逻辑斯蒂回归模型。针对本例,利用模型计算预测概率的 R 命令为 fitted(Fit1)。如果预测变量值不是观测值,可以创建一个数据框(如 new.data)计算预测概率,执行 R 命令 predict(model, New.data, type = "response")。譬如,如果某个学生在神经质变量上的测量值为 5,在外向性变量

---

①　R 命令为:exp(Fit1 $ coefficients)或者 exp(0.12592)。

上的测量值为16，则该生自愿参与未来研究的概率约为0.39。[①]

如果对预测变量采用中心化处理（每个预测变量值与平均数的离差），开展不包括交互作用项的逻辑斯蒂回归分析的R命令和统计分析结果如下：

```
>C.Neuroticism <- scale(Neuroticism,scale = FALSE)
>C.Extraversion <- scale(Extraversion,scale = FALSE)
>C.Data <- data.frame(C.Neuroticism,C.Extraversion,Volunteer)
>C.Fit1 <- glm(Volunteer ~ C.Neuroticism + C.Extraversion,data = C.
Data,family = binomial())
>summary(C.Fit1)
Call:
glm(formula = Volunteer ~ C.Neuroticism + C.Extraversion, family
= binomial(), data = C.Data)
Deviance Residuals:
    Min       1Q      Median      3Q       Max
 -1.5037   -0.9842   -0.7703    1.2340    1.6940
Coefficients:
                  Estimate   Std. Error   z value   Pr(>|z|)
(Intercept)      -0.47751     0.21290      -2.243    0.0249*
C.Neuroticism     0.05560     0.04744       1.172    0.2412
C.Extraversion    0.12592     0.05682       2.216    0.0267*
- - -
Signif. codes:  0 '***' 0.001 '**' 0.01 '*' 0.05 '.' 0.1 ' ' 1
(Dispersion parameter for binomial family taken to be 1)
    Null deviance: 133.75   on 99   degrees of freedom
Residual deviance: 127.57   on 97   degrees of freedom
AIC: 133.57
Number of Fisher Scoring iterations: 4
>M.Chi <- C.Fit1 $ null.deviance - C.Fit1 $ deviance
>Chi.df <- C.Fit1 $ df.null - C.Fit1 $ df.residual
>Chi.prob <- 1 - pchisq(M.Chi,Chi.df)
>cat ("chi.squared:", round (M.Chi,2),"df:", Chi.df,"p:", round
(Chi.prob,3),"\n")
chi.squared: 6.18 df: 2 p: 0.046
```

---

① R命令为：
```
New.data <- data.frame(Neuroticism =5,Extraversion =16)
predict(Fit1,New.data,type = "response")
```
或者利用公式11.29的拓展形式，R命令为：
```
a = -2.73756;b1 =0.05560;b2 =0.12592
x1 =5;x2 =16
p = exp(a +b1*x1 +b2*x2)/(1 +exp(a +b1*x1 +b2*x2))
p
```

　　对比以上两种检验结果发现,对预测变量是否进行中心化处理不影响拟合优度综合检验(卡方检验)的结果,也没有改变预测变量上的回归系数值和统计显著性检验结果,但是截距项估计值发生了变化,尽管统计显著性检验的结论相同。在预测变量没有被中心化时,截距项估计值表示在预测变量(理论)值为 0 时模型的预测值(logit 值)。在预测变量被中心化时,截距项估计值表示在预测变量值为平均数时模型的预测值(logit 值)。本例中神经质变量测量平均数为 12.34,外向性变量测量平均数为 12.5,因此预测量中心化后的截距项估计值 $-0.477\,51 \approx -2.737\,56 + 0.055\,60 \times 12.34 + 0.125\,92 \times 12.5$。由于预测变量值通常不为 0,预测变量中心化更便于对截距项的解释。

　　如果研究者的研究目的是用逻辑斯蒂回归模型预测结果发生的概率,除了使用预测方程计算预测概率之外,还可以利用更具直观性的列线图(nomogram)。列线图不仅能够揭示一个预测变量对被试响应(response)概率或个案结果发生概率的预测如何取决于其他因素,而且还能够使我们快速估计各个被试的响应概率或个案发生的概率(Harrell,2015,p.267)。

　　绘制列线图需要调用 R 数据包 rms 中的函数 lrm 和 nomogram。针对案例数据,绘制列线图的 R 命令和统计分析结果(图 11.13)如下:

```
> require(rms)
> ddist <- datadist(Data); options(datadist = 'ddist')
> Fit.lrm <- lrm(Volunteer ~ Neuroticism + Extraversion, data = Data)
> nom <- nomogram(Fit.lrm, Neuroticism = seq(2, 22, 4), Extraversion =
seq(2, 22, 4), fun = plogis, fun.at = c(seq(0.1, 0.9, by = 0.1)), funlabel = "
Probability of Volunteer")
> plot(nom, xfrac = 0.2)
```

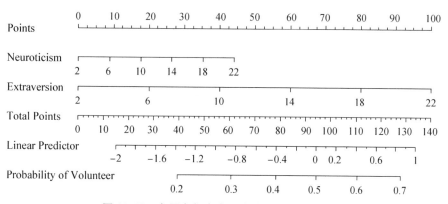

图 11.13　自愿参与未来研究的概率估计列线图

　　在图 11.13 中,神经质(Neuroticism)测量值和外向性(Extraversion)测量值对应的点值在点值尺度(Points)中显示。譬如,神经质测量值 2 对应的尺度值为 0,6 对应的尺度值为 9;外向性测量值 2 对应的尺度值为 0,6 对应的尺度值为 20。将不同预测变量测量值对应的尺度值相加,然后在总点值尺度(Total Points)上确定相加的结果所处的位置。最后,在确定的位置上垂直向下画一条线,垂线与概率尺度线

(Probability)的相交点即为预测概率。譬如,神经质测量值 18 和外向性测量值 14 的点值之和为 35 + 60 = 95,总点值 95 对应的概率约为 0.5。图 11.13 还显示总点值对应的线性预测值(logit),如总点值 95 对应的 logit 值接近 0。

11.3.4.2 包含交互作用项的二项逻辑斯蒂回归分析

开展包含与不包含交互作用项的二项逻辑斯蒂回归分析使用相同的 R 函数 glm,只是在包含交互作用项的模型中增加了交互作用项(预测变量之间用冒号)。

针对本例,在预测变量被中心化后,开展包括交互作用项的逻辑斯蒂回归分析的 R 命令和统计分析结果如下:

```
> C.Fit2 <- glm (Volunteer ~ C.Neuroticism + C.Extraversion + C.
Neuroticism:C.Extraversion,data = C.Data,family = binomial())
  > summary(C.Fit2)
  Call:
  glm(formula = Volunteer ~ C.Neuroticism + C.Extraversion + C.
Neuroticism:C.Extraversion, family = binomial(), data = C.Data)
  Deviance Residuals:
    Min      1Q      Median      3Q      Max
  -1.5001  -1.0352  -0.7179   1.2408   1.7664
  Coefficients:
```

	Estimate	Std. Error	z value	Pr(>|z|)
(Intercept)	-0.53080	0.22111	-2.401	0.0164*
C.Neuroticism	0.06013	0.04892	1.229	0.2190
C.Extraversion	0.13591	0.05891	2.307	0.0211*
C.Neuroticism:C.Extraversion	-0.01777	0.01440	-1.234	0.2173

```
  - - -
  Signif. codes:  0 '***' 0.001 '**' 0.01 '*' 0.05 '.' 0.1 ' ' 1
  (Dispersion parameter for binomial family taken to be 1)
     Null deviance: 133.75  on 99  degrees of freedom
  Residual deviance: 125.99  on 96  degrees of freedom
  AIC: 133.99
  Number of Fisher Scoring iterations: 4
  > M.Chi <- C.Fit2 $null.deviance - C.Fit2 $deviance
  > Chi.df <- C.Fit2 $df.null - C.Fit2 $df.residual
  > Chi.prob <- 1 - pchisq(M.Chi,Chi.df)
  > cat ("chi.squared:", round (M.Chi, 2)," df:", Chi.df," p:", round
(Chi.prob,3)," \n")
  chi.squared: 7.76 df: 3 p: 0.051
```

以上结果表明,包含交互作用项的模型对自愿参与的概率有统计显著性影响(或者对 logit 变量有统计显著性预测力)($\chi^2(3) = 7.76, p \approx 0.05$)。回归系数检验显示,截距项(Intercept)显著不为 0($z = -2.40, p = 0.016 < 0.05$),神经质变量(neuroticism)对自愿参与的概率没有统计显著性预测力($z = 1.23, p = 0.219 > 0.05$),

外向性变量对自愿参与的概率有统计显著性预测力($z = 2.31, p = 0.021 < 0.05$)，两个预测变量之间没有统计显著性交互效应($z = -1.23, p = 0.217 > 0.05$)。包含交互作用项的模型拟合优度指数 $R_N^2 = 0.101$，与前一节报告的主效应模型拟合优度指数 $R_N^2 = 0.081$ 有很小的差异。

主效应模型与交互作用模型的比较可以调用 R 函数 anova，开展卡方检验。函数 anova 的默认方式不对广义线性模型(GLM)进行假设检验。要对二项逻辑斯蒂回归模型开展似然比卡方检验，需要在函数中增加变元 test = "Chisq"。本例的 R 命令和统计分析结果如下：

```
>anova(C.Fit1,C.Fit2,test = "Chisq")
Analysis of Deviance Table
Model 1: Volunteer ~ C.Neuroticism + C.Extraversion
Model 2: Volunteer ~ C. Neuroticism + C. Extraversion + C. Neuroticism:C.Extraversion
     Resid. Df  Resid. Dev  Df  Deviance  Pr(>Chi)
1      97         127.57
2      96         125.99    1   1.5797    0.2088
```

似然比检验统计量是两个模型偏差(deviance)的差异，服从自由度为两个模型残差自由度(Resid. Dev)差异的卡方分布。以上偏差分析(Analysis of Deviance)结果显示，两个模型没有统计显著性差异($\chi^2(1) = 1.58, p = 0.209 > 0.05$)。本着模型简约性原则，我们选择主效应模型。更多关于交互作用的讨论，可参考 Jaccard(2001)和 Fox & Weisberg(2019)。

11.3.4.3 二项逻辑斯蒂回归假设检验与诊断

本节开展回归假设检验与异常值诊断依据的模型为前一节使用的主效应模型(Fit1)。逻辑斯蒂回归分析与最小二乘法回归分析采用相同的多元共线性诊断方法。

逻辑斯蒂回归分析假设每个预测变量与因变量 logit 之间有线性关系。线性假设检验需要先在模型中增加每个预测变量与其对数的交互作用项，然后利用所有的预测变量及其交互作用项开展逻辑斯蒂回归分析。对案例数据开展线性检验的 R 命令和统计分析结果如下：

```
>Data $ log.Neuro <- log(Data $ Neuroticism)*Data $ Neuroticism
>Data $ log.Extra <- log(Data $ Extraversion)*Data $ Extraversion
>Fit.3 <- glm(Volunteer ~ Neuroticism + Extraversion + log.Neuro + log.Extra,data = Data,family = binomial())
>summary(Fit.3)
Call:
glm(formula = Volunteer ~ Neuroticism + Extraversion + log.Neuro + log.Extra, family = binomial(), data = Data)
Deviance Residuals:
   Min      1Q     Median    3Q      Max
-1.3262  -1.0454  -0.7192  1.2228  2.0670
```

```
Coefficients:
                Estimate  Std. Error  z value  Pr(>|z|)
(Intercept)     -6.17679    4.26539   -1.448    0.148
Neuroticism     -0.26229    0.53259   -0.492    0.622
Extraversion     1.38406    1.08961    1.270    0.204
log.Neuro        0.09469    0.15769    0.601    0.548
log.Extra       -0.35489    0.30583   -1.160    0.246
(Dispersion parameter for binomial family taken to be 1)
    Null deviance: 133.75   on 99   degrees of freedom
Residual deviance: 125.53   on 95   degrees of freedom
AIC: 135.53
Number of Fisher Scoring iterations: 4
```

我们这里只关注各个交互作用项的统计显著性。如果交互作用检验发现统计显著性,则线性假设不成立。以上结果显示,两个交互作用项的检验没有发现统计显著性($p > 0.05$),说明每个预测变量与 logit 之间有线性关系。

针对案例数据,调用数据包 car 开展多元共线性诊断的 R 命令和统计分析结果如下:

```
> require(car)
> vif(Fitl)
Neuroticism   Extraversion
1.022791      1.022791
```

以上结果表明,两个方差膨胀因子(VIF)均小于 5,说明本例中两个预测变量之间没有多元共线性问题。

针对预测变量异常值测量,执行 R 命令 max(hatvalues(Fit1)) 得到最大杠杆值 0.077,小于临界值 $3(p+1)/n = 3 \times (2+1)/100 = 0.09$,因而本例预测变量空间没有高杠杆值。如果要使用马氏距离,利用 11.3.4.1 节创建的数据框,计算马氏距离平方的 R 命令和统计分析结果如下:

```
> P.Data <- Data[, -3]
> MD <- mahalanobis(P.Data, center = colMeans(P.Data), cov = cov(P.
Data))
> max(MD)
[1] 7.341294
```

由以上结果可知,最大马氏距离平方值为 7.34,小于两个预测变量时的异常值参照临界值 9.21,同样说明本例中的预测测变量数据没有异常值。

残差较极端的个案有较极端的预测概率,预测概率要么接近 0,要么接近 1。逻辑斯蒂回归残差分析使用的一个常用残差是偏差残差(deviance residuals)。偏差残差的计算公式为:

$$若 Y = 0, d_i = -\sqrt{2|\ln(1-p_i)|};若 Y = 1, d_i = \sqrt{2|\ln(p_i)|} \tag{11.41}$$

其中,p_i 是对第 i 个个案的预测概率,ln 是自然对数。d_i 是非标准化残差。标准化残差的计算公式为：

$$d_{Si} = \frac{d_i}{\sqrt{1 - h_{ii}}} \tag{11.42}$$

其中，杠杆值 h_{ii} 是帽子矩阵第 i 个对角元素。

为了增加对标准化残差的理解，我们利用公式 11.41 和 11.42 计算案例数据中的前 6 个个案的标准化残差。R 命令和计算结果如下：

```
>Volunteer.6 <- head(Data[,3])
>Fit.6 <- head(fitted(Fit1))
>Rs.6 <- numeric()
>Denom <- sqrt(1 - head(hatvalues(Fit1)))
>for(i in 1:6) {
+if (Volunteer.6[i] ==0)
+Rs.6[i] = -1*sqrt(2*abs(log(1 - Fit.6[i])))
+else
+Rs.6[i] = sqrt(2*abs(log(Fit.6[i])))
+ }
> (Rs.6/Denom)
        1          2          3          4          5          6
1.3966044  1.1611321  1.7355652  -0.8817089  1.5392021  1.2718043
```

以上结果显示，这 6 个个案中绝对值最大的标准化残差是 1.735 565 2。

通常，只有约 5% 的标准化（或学生化）残差位于 ±1.96 之外，约 1% 的标准化残差位于 ±2.58 之外。残差绝对值大于 3 的个案可能为异常值。实际研究中，我们可以使用 R 函数 rstandard 计算各个标准化残差。针对本例数据，执行 R 命令 sum(abs(rstandard(Fit1)) >1.96) 后发现没有残差绝对值大于 1.96 的个案，由此认为本例因变量数据没有异常值。

如果要利用学生化残差诊断异常值，可以调用 R 函数 rstudent。在本例中，执行 R 命令 max(abs(rstudent(Fit1))) 得到绝对值最大的学生化残差 1.740 271。异常值检验的 R 命令和统计分析结果如下：

```
>require(car)
>outlierTest(Fit1,cutoff =0.05,n.max =10)
No Studentized residuals with Bonferroni p < 0.05
Largest |rstudent|:
   rstudent  unadjusted p-value  Bonferroni p
3  1.740271         0.081811            NA
```

以上结果显示，残差最大的个案为数据中的第 3 个个案。这个个案在神经质变量上的测量值为 17（较大），在外向性变量上的测量值为 5（较小），自愿性变量的类别水平为 1（即自愿参与未来研究）。模型预测的概率值为 0.238 159 7，[①]偏向 0 值，与实际

---

① 计算这个预测概率值的 R 命令为：fitted(Fit1)[3]。

观测值 1(概率值)差异较大。不过,以上检验没有发现这个个案学生化残差的异常性有统计显著性($p > 0.05$),与标准化残差诊断得出的结论相同。我们接着测量强影响点。利用模型 Fit1 开展强影响点测量的 R 命令和统计分析结果如下:

```
> # cook's distance
> D <- cooks.distance(Fit1)
> max(D)
[1] 0.05560305
> # DFFITS
> DFFITS <- dffits(Fit1)
> CV <- 2*sqrt((2 +1)/(100 -2 -1))
[1] 0.3517262
> sum(abs(DFFITS) > CV)
[1] 1
> min(DFFITS);max(DFFITS)
[1] -0.3525164
[1] 0.3396051
> # DFBETAS
> DFBETAS <- dfbetas(Fit1)
> sum(abs(DFBETAS) >1)
[1] 0
> min(DFBETAS);max(DFBETAS)
[1] -0.3150575
[1] 0.2769493
```

根据以上结果,最大库克距离(0.056)小于 1,说明本研究数据中没有强影响观测值。在模型拟合方面,有 1 个个案的标准化拟合值差异(-0.352 516 4)的绝对值略大于异常值参照临界值(0.351 726 2),说明本研究数据没有明显的强影响点。在模型参数估计方面,所有标准化参数估计差异绝对值均远远地小于 1,说明本研究数据没有强影响观测值。

在异常值和强影响点的诊断中,我们还可以利用 R 数据包 car 中的函数 influencePlot 绘制回归影响图(influence plot;又称气泡图,bubble plot)。利用拟合模型 Fit1 开展异常值诊断的 R 命令和统计分析结果(包括图 11.14)如下:

```
> require(car)
> influencePlot(Fit1)
      StudRes        Hat       CookD
3    1.740271   0.04732729   0.05560305
53   1.008626   0.07731157   0.01877948
80  -1.004171   0.07436085   0.01779783
83  -1.549810   0.06291891   0.05009273
91   1.670223   0.02366487   0.02395841
```

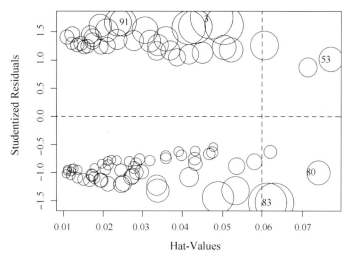

图 11.14　逻辑斯蒂回归影响图

在图 11.14 中，横坐标代表杠杆值（即帽子值，hat values），纵坐标代表学生化残差值（studentized residuals），竖虚线代表两倍杠杆平均值$\left(\right.$杠杆平均值为$\dfrac{p+1}{n}=\dfrac{2+1}{100}=$

$0.03\left.\right)$所在的位置，横虚线为学生化残差值"0"点线，气泡的大小与库克距离对应。用 5 个数字标识在原数据中所处位置的个案有最大的帽子值、学生化残差绝对值或库克距离。图中显示，第 53 和第 80 个个案的杠杆值最大（0.077 311 57 和 0.074 360 85），但是都小于临界值 $3(p+1)/n=3\times(2+1)/100=0.09$。第 3 个和第 91 个个案的学生化残差最大（1.740 271 和 1.670 223），但是都在 ±2 以内。第 3 个个案的库克距离最大（0.055 603 05），其次是第 83 个个案的库克距离（0.050 092 73），但是它们均小于强影响点参照临界值 1。综上所述，本例数据没有异常值和强影响点。

11.3.4.4　二项逻辑斯蒂回归模型自助验证

开展逻辑斯蒂回归分析的最后一步是模型验证，检验拟合的模型是否有用或具有推广价值。逻辑斯蒂回归分析与最小二乘法回归分析采用大致同样的自助验证方法。

开展模型自助验证调用 R 数据包 rms 中的函数 lrm 和 validate。要使函数 validate 能够正常运行，必须在函数 lrm 中设定 x = TRUE 和 y = TRUE。在前面的案例中，对利用函数 lrm 得到的模型开展模型自助验证的 R 命令和统计分析结果如下：

```
> require(rms)
> Fit.lrm <- lrm(Volunteer ~ Neuroticism + Extraversion, data = Data,
  x = TRUE, y = TRUE)
> set.seed(2)
> validate(Fit.lrm, B = 200)
```

	index.orig	training	test	optimism	index.corrected	n
Dxy	0.3022	0.3128	0.2605	0.0523	0.2499	200
R2	0.0812	0.1035	0.0686	0.0350	0.0463	200
Intercept	0.0000	0.0000	-0.0321	0.0321	-0.0321	200
Slope	1.0000	1.0000	0.8981	0.1019	0.8981	200
Emax	0.0000	0.0000	0.0292	0.0292	0.0292	200
D	0.0518	0.0703	0.0420	0.0284	0.0234	200
U	-0.0200	-0.0200	0.0033	-0.0233	0.0033	200
Q	0.0718	0.0903	0.0387	0.0516	0.0201	200
B	0.2246	0.2177	0.2314	-0.0137	0.2382	200
g	0.6081	0.6805	0.5484	0.1321	0.4760	200
gp	0.1368	0.1456	0.1241	0.0215	0.1153	200

同 11.1.5.1.3 节报告的最小二乘法回归模型自助验证的结果相比,逻辑斯蒂回归模型验证的结果中多出了统计量 Dxy、Emax、D、U、Q、B、gp,少了 MSE。Dxy 为偏差校正(bias-corrected)Somers' D_{xy}(预测概率和因变量观测值之间的秩次相关系数),是一个重要的区分度指数(discrimination index)。当 $D_{xy}=0$ 时,模型对因变量值(即观测结果,$Y=0$ 或 1)只做随机预测,而当 $D_{xy}=1$ 时,模型对因变量值能够进行充分的区分(Harrell, 2015, pp. 257–258)。

与 D_{xy} 密切联系的一个区分度指数是一致性概率指数 C(index of concordance probability),用于测量预测概率和因变量观测值之间的一致性。令 n_P 为 $Y=1$ 和 $Y=0$ 的个案所有可能的配对数,w 为所有可能 $Y=1$ 和 $Y=0$ 的个案配对中 $Y=1$ 时的个案预测值(概率)大于 $Y=0$ 时的预测值的配对数,z 为所有可能 $Y=1$ 和 $Y=0$ 的个案配对中 $Y=1$ 时的个案预测值(概率)等于 $Y=0$ 时的预测值的配对数。一致性概率指数 C 的计算公式为:$C=\dfrac{w+0.5z}{n_P}$。D_{xy} 与 C 的关系是:$D_{xy}=2\times(C-0.5)$。当 $C=0.5$ 时,模型没有任何预测力,即模型对一个被试做出二元划分的预测等同于抛硬币。当 $C=1$ 时,模型有 100% 的预测力。根据 Kleinbaum & Klein(2010, p. 357),区分度指数大小的参考等级为:0.90~1.0,区分度非常好(excellent discrimination);0.80~0.90,区分度良好(good discrimination);0.70~0.80,区分度尚可(fair discrimination);0.60~0.70,区分度差(poor discrimination);0.5~0.60,没有区分度(failed discrimination)。D 也是区分度指数,$D=\dfrac{LR-1}{n}$,其中 LR 为模型似然卡方值,n 是样本量。

R2 是模型拟合优度或预测力测量,即 R_N^2。Emax(即 E_{max})是预测概率和校准概率(calibrated probability)最大绝对值差异,即预测概率误差最大绝对值,是不稳定性(unreliability)测量指数。U 是不稳定指数(unreliability index, U),原始指数 $U=\dfrac{-2}{n}$。Q 为综合质量指数(overall quality index),计算上等于 $D-U$。B 为 Brier 值(Brier's score)或二次概率值(quadratic probability score),用于测量模型的预测行为,$B=\dfrac{1}{n}\sum_{i=1}^{n}(\hat{\pi}_i-y_i)^2$,其中 n 是样本量,$\hat{\pi}_i$ 是对第 i 个个案的预测概率值,y_i 是对第 i 个个

案的观测结果。指数 g 测量预测值 $\hat{Y}$ 的变异性,g 值代表 $\hat{Y}$ 值的典型差异,也是模型预测区分度测量。当模型预测值 $\hat{Y}$ 转换为概率估计时,gp 表示概率估计的基尼均差(Gini's mean difference)。

以上输出结果显示,校正前的 D_{xy} 值为 0.302 2(偏小),对应的区分指数 C 值为 0.6511,与较小的 R_N^2 值一致,说明模型对观测结果的预测力较弱。斜率(Slope,预测的对数比数相对于真正的对数比数的斜率,即校正斜率)乐观估计值(optimism)约为 0.1,大于经验参考值 0.05,说明模型 Fit.lrm 过度拟合数据。过度拟合现象与案例数据只是原始数据的一个子集有关。

思考与练习

1. 简述最小二乘法回归分析原理。
2. 最小二乘法回归分析有哪些统计假设?
3. 什么是最大似然估计?
4. 下表显示预测变量 X 和效标变量 Y 的一组测量数据:

X:	28.82,35.20,29.42,24.13,30.06,25.37,41.79,31.61,30.38,25.00,36.89,24.33,26.20, 28.96,31.84
Y:	29.38,37.82,36.01,30.43,26.50,30.85,47.02,42.50,33.70,39.62,30.38,21.92,33.84, 44.00,41.04

假如有三个线性预测方程:$\hat{y} = 14 + 0.70x$、$\hat{y} = 12 + 0.65x$ 和 $\hat{y} = 15 + 0.85x$。利用最小二乘法原理,检验以上三个预测方程中哪个方程生成的拟合线对表中数据拟合的效果最好?

5. 两个连续性变量数据在散点图上的模式表现为数据点整体上从左下方向右上方延伸。这表明两个变量有怎样的特点?

(a) 它们有负相关关系。

(b) 它们有正相关关系。

(c) 它们都服从正态分布。

(d) 它们向平均数回归。

6. 一项研究在两个连续性变量 X 和 Y 上对随机选取的 25 名大学生进行了测量,利用简单线性回归分析检验预测变量 X 对效标变量 Y 的预测力,得到的预测方程为:$\hat{y} = 11.6 + 0.56x$。根据预测方程,变量 X 和 Y 之间的皮尔逊相关系数如何?

(a) 小于 0   (b) 大于 0   (c) 0.56   (d) 无法判断

7. 在第 6 题中,如果 Y 在 X 上回归系数统计显著性检验的 t 值为 2.219,t 检验的自由度是多少?双尾 t 检验的概率 p 值是多少(保留三位小数)?设定统计显著性水平 $\alpha = 0.05$,本研究得出什么统计结论?

8. 如果第 6 题的研究中发现 $R^2 = 0.18$。这是什么意思?

(a) 线性回归线解释效标变量 Y 变异的 18%。

（b）线性回归线解释 X 和 Y 之间 18% 的关系。

（c）预测变量 X 每增加 1 个单位，效标变量 Y 就增加 0.18 个单位。

（d）变量 X 和 Y 之间的皮尔逊相关系数为 0.18。

9. 一项研究在两个连续性变量 X 和 Y 上对随机选取的 30 名大学生进行了测量，利用简单线性回归分析检验预测变量 X 对效标变量 Y 的预测力,部分统计分析结果如下表所示：

	系数估计	标准误差	t	p
（截距）	69.2	8.43	8.21	<0.001
X	-0.64	0.28	＿＿＿	＿＿＿

Residual standard error：7.46 on 28 degrees of freedom, R^2: 0.16, R_a^2: 0.13

在表中的横线上填上双侧 t 检验各个统计量值（保留三位小数）。

10. 在第 9 题中,变量 X 和 Y 的皮尔逊相关系数是多少？

（a）-0.4   （b）0.4   （c）-0.64   （d）0.13

11. 在第 9 题中,如果研究者采用单侧 t 检验推断 Y 在 X 上回归系数的统计显著性,零假设为 $H_0 : \beta = 0$,备择假设为：$H_0 : \beta < 0$。检验统计量 t 值是多少？

（a）-2.286   （b）2.286   （c）-0.4   （d）1.143

12. 在第 9 题中,Y 在 X 上回归系数的统计显著性单侧 t 检验得到 $p = 0.015$。这是什么意思？

（a）在样本所在的总体中,变量 X 和 Y 之间没有线性关系的概率为 0.015。

（b）如果样本中变量 X 和 Y 之间没有线性关系,由样本量为 30 的随机样本得到最小二乘法回归线的斜率为 -0.64 或更小值的概率为 0.015。

（c）在本研究的样本中,变量 X 和 Y 之间没有线性关系的概率为 0.015。

（d）如果样本所在总体中变量 X 和 Y 之间没有线性关系,由样本量为 30 的随机样本得到最小二乘法回归线的斜率为 -0.64 或更小值的概率为 0.015。

13. 某研究利用最小二乘法回归分析检验连续性变量 X 对连续性变量 Y 的预测力。下面的左图是显示两个变量之间关系的散点图,右图是拟合值与学生化残差关系图。

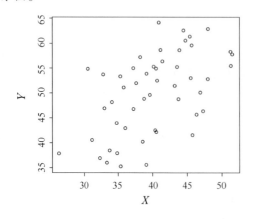
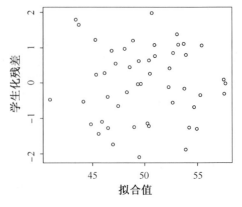

根据以上图形,下面哪个选项正确?

(a) 本研究数据中有明显的异常值和强影响点。

(b) 两个变量之间的关系为非线性关系。

(c) 没有明显的证据表明本研究数据违反线性回归分析的统计假设。

(d) 有证据表明本研究数据违反线性回归分析中的误差方差齐性假设。

14. 简单线性回归分析发现斜率为一个很大的正值,这说明什么?

(a) 当预测变量值增加一个单位时,效标变量的预测值至少会增加几个单位。

(b) 两个变量之间有正相关关系,而且相关性很强。

(c) 截距项是很小的负值。

(d) 截距项是很大的正值。

15. 假如大学生智商($\mu = 100, \sigma = 12$)与英语水平($\mu = 75, \sigma = 6$)之间的皮尔逊相关系数 $r = 0.45$。如果一名学生的智商为 120 分,其英语水平的期望值会是多少?

(a) 77.5　　　　(b) 70　　　　　　(c) 79.5　　　　(d) 90

16. 在线性回归分析中,下面关于残差的陈述中哪一项是正确的?

(a) 残差等于观测值减去预测值。

(b) 残差等于预测值减去观测值。

(c) 残差值越大,线性预测就越准确。

(d) 残差值等于观测值与预测值差异的平方。

17. 下面关于多元共线性的陈述中,哪一项是正确的?

(a) 至少有一个变量与效标变量之间有很强的线性关系。

(b) 预测变量之间有很强的线性关系。

(c) 有些预测变量之间有正相关关系,有些预测变量之间有负相关关系。

(d) 各个预测变量与效标变量之间关系的方向不一致。

18. 下面关于回归分析的陈述中,哪个或哪些是错误的?

(a) 最小二乘法多元回归分析要求所有的预测变量满足方差齐性假设。

(b) 最小二乘法多元回归分析 F 检验的自由度为 $n - k$(n 是样本量,k 是预测变量数)。

(c) 在最小二乘法多元回归分析中的多元相关系数不可能是负数。

(d) 在最小二乘法多元回归分析中效标变量的总变异包括回归模型解释的变异和未被模型解释的变异两个部分。

(e) 最小二乘法多元回归分析和相关分析有相同的统计假设。

(f) 在多元逻辑斯蒂回归分析中,预测变量是类别变量,因变量是连续性变量。

19. 一项研究随机抽取若干名学生调查外语学习动机(量表分值在 0~80 之间)是否对外语学习者高低水平分组有预测作用。一元逻辑斯蒂回归分析部分统计分析结果如下表所示:

	回归系数估计	标准误差	z	p
(截距)	-17.161 10	5.410 26	————	————
学习动机	0.309 91	0.097 59	————	————

Null deviance: 55.452 on 39 degrees of freedom

Residual deviance: 34.947 on 38 degrees of freedom

设定双侧检验统计显著性水平 $\alpha=0.05$，回答以下问题：

（a）在表中的横线上填写各个统计量值（保留三位小数）。

（b）本研究的样本量是多少？

（c）根据以上表格信息计算模型拟合优度指数 R_N^2（保留三位小数）。

（d）根据以上表格信息计算模型拟合优度指数 AIC（保留三位小数）。

（e）根据以上表格信息计算学习动机预测组别的比数比（保留三位小数）。

（f）根据以上结果，学习动机能够显著预测学习者的组别吗？

（g）如果有一名学生在学习动机上的测量分值为 70 分，模型预测该生在外语高水平组的概率是多少（保留三位小数）？

20. 假如有一项研究调查英语水平和汉语听力对英语听力的预测作用。80 名汉语为母语的大学英语学习者参加了英语水平测试、汉语听力测试和英语听力测试。三项测试的卷面满分均为 100 分，评分结果如下表所示：

英语水平：	63,64,73,58,61,68,71,62,74,67,71,74,62,59,72,51,73,65,71,65,77,58,74,74, 65,57,70,66,69,67,67,67,71,66,64,64,58,62,62,63,66,54,67,76,67,78,63,66, 63,57,63,77,66,68,62,57,67,70,73,75,56,78,60,69,70,61,56,65,65,62,64,65, 65,67,65,58,73,71,72,58
汉语听力：	61,82,78,74,86,63,69,77,81,65,59,61,75,74,86,73,63,73,75,79,73,70,75,83, 73,50,66,56,76,71,81,73,74,63,62,64,61,64,71,76,62,68,50,77,80,71,73,68, 77,76,61,75,59,89,61,57,60,72,65,77,68,71,75,64,67,70,62,63,76,67,58,78, 68,76,68,78,71,68,71,65
英语听力：	60,61,65,55,62,69,54,69,70,58,61,63,58,56,66,57,68,65,59,68,72,65,63,69, 58,56,64,62,65,60,66,62,70,65,57,59,62,65,64,63,62,62,52,64,65,65,60,64, 56,55,57,68,55,66,61,58,58,70,72,56,55,64,62,55,64,57,59,58,62,49,55,70, 65,61,71,61,68,62,64,62

研究者拟采用最小二乘法回归分析检验英语水平和汉语听力对英语听力的预测作用，设定统计显著性水平 $\alpha=0.05$。回答以下问题：

（a）诊断与检验本研究数据是否满足线性回归分析的线性假设、误差正态性假设和误差方差齐性假设？

（b）诊断本研究中的两个预测变量是否存在多元共线性问题？

（c）诊断本研究预测变量数据中是否有异常值存在？

（d）诊断和检验本研究效标变量数据中是否有异常值存在？

（e）对本研究数据开展不包括交互作用项的最小二乘法回归分析有没有发现强影响点？

（f）根据以上问题的回答，对本研究数据采用最小二乘法回归分析是否合适？

（g）如果对本研究数据采用不包括预测变量交互作用项的最小二乘法回归分析，主要统计结果是什么？

（h）从标准化回归系数来看，英语水平和汉语听力相比较，哪个变量对英语听力的预测力更强？

（i）如果对本研究数据采用包括预测变量交互作用项的最小二乘法回归分析，主要统计结果是什么？

（j）在本研究的报告中，你倾向于选择不包括交互作用项的线性回归模型，还是选择包括交互作用项的线性回归模型？

参考文献

Algina, J. , & Olejnik, S. F. Implementing the Welch-James procedure with factorial designs. Educational and Psychological Measurement, 1984, 44: 39 – 48.

Algina, J. , Keselman, H. J. , & Penfield, R. D. An alternative to Cohen's standardized mean difference effect size: A robust parameter and confidence interval in the two independent groups case. Psychological Methods, 2005, 10(3): 317 – 328.

Agresti, A. , & Pendergast, J. Comparing mean ranks for repeated measures data. Communications in Statistics—Theory and Methods, 1986, 15(5): 1417 – 1433.

Bakeman, R. Recommended effect size statistics for repeated measures designs. Behavior Research Methods, 2005, 37(3): 379 – 384.

Batterham, A. M. , & Atkinson, G. How big does my sample need to be? A primer on the murky world of sample size estimation. Physical Therapy in Sport, 2005, 6(3): 153 – 163.

Belsley, D. A. A Guide to Using the Collinearity Diagnostics. Computer Science in Economics and Management, 1991, 4(1): 33 – 50.

Benjamini, Y. , & Hochberg, Y. Controlling the false discovery rate: A practical and powerful approach to multiple testing. Journal of the Royal Statistical Society, Series B, 1995, 57(1): 289 – 300.

Brunner, E. , Dette, H. , & Munk, A. Box-type approximations in nonparametric factorial designs. Journal of the American Statistical Association, 1997, 92(44): 1494 – 1502.

Carling, K. Resistant outlier rules and the non-Gaussian case. Computational Statistics and Data Analysis, 2000, 33: 249 – 258.

Cleveland, W. S. Robust locally weighted regression and smoothing scatterplots. Journal of American Statistical Association, 1979, 74: 829 – 836.

Cleveland, W. S. The Elements of Graphing Data. Monterey, CA: Wadsworth Advanced Book Program, 1985.

Cliff, N. Ordinal Methods for Behavioral Data Analysis. Mahwah, NJ: Erlbaum, 1996.

Cohen, J. A coefficient of agreement for nominal scales. Educational and Psychological Measurement, 1960, 20(1): 37 – 46.

Cohen, J. Weighted kappa: Nominal scale agreement provision for scaled disagreement or partial credit. Psychological Bulletin, 1968, 70(4): 213 – 220.

Cohen, J. Statistical Power Analysis for the Behavioral Sciences (2nd ed.). Hillsdale, NJ: Lawrence Erlbaum Associates, 1988.

Cohen, J. , Cohen, P. , West, S. G. , & Aiken, L. S. Applied Multiple Regression/Correlation Analysis for the Behavioral Sciences (3rd ed.). Mahwah, New Jersey: Lawrence Erlbaum Associates, Inc. , 2003.

Cook, R. D. , & Weisberg, S. Residuals and Influence in Regression. New York: Chapman & Hall, 1982.

Cowles, M. , & Davis, C. The subject matter of psychology: Volunteers. British Journal of Social

Psychology, 1987, 26: 97-102.

Cox, D. R., & Snell, D. J. *The Analysis of Binary Data* (2nd ed.). London: Chapman & Hall, 1989.

Dalgaard, P. *Introductory Statistics with R* (2nd Ed.). New York, NY: Springer Science + Business Media, LLC, 2008.

Dancey, C. P., & Reidy, J. *Statistics without Maths for Psychology* (5th ed.). Harlow, Essex: Pearson Education Limited, 2011.

DeCarlo, L. T. On the meaning and use of kurtosis. Psychological Methods, 1997, 2(3): 292-307.

Di Iorio, C. K. *Measurement in Health Behavior: Methods for Research and Education*. CA: Jossey-Bass, 2005.

Dowdy, S., Weardon, S., & Chilko, D. *Statistics for Research* (3rd. ed). Hoboken, New Jersey: John Wiley & Sons, Inc, 2004.

Duhachek, A., & Iacobucci, D. Alpha's standard error (ASE): An accurate and precise confidence interval estimate. Journal of Applied Psychology, 2004, 89(5): 792-808.

Dunnett, C. W. Pairwise multiple comparisons in the unequal variance case. Journal of the American Statistical Association, 1980, 75: 796-800.

Ellis, R., & Yuan, F. The effects of planning on fluency, complexity, and accuracy in second language narrative writing. Studies in Second Language Acquisition, 2004, 26: 59-84.

Emerson, J. D., & Strenio, J. Boxplots and batch comparison. In D. C. Hoaglin, F. Mosteller & J. W. Tukey (eds.), *Understanding Robust and Exploratory Data Analysis*. 58-96. New York, NY: Wiley, 1983.

Faraway, J. J. *Linear Models with R* (2nd ed.). Boca Raton, FL: CRC Press, 2015.

Field, A., Miles, J., & Field, Z. *Discovering Statistics Using R.* London: SAGE Publications Ltd, 2012.

Fox, J. *Regression Diagnostics*. California: Sage Publications, Inc., 1991.

Fox, J., & Weisberg, S. *An R Companion to Applied Regression* (2nd ed.) Thousand Oaks, CA: Sage, 2011.

Fox, J., & Weisberg, S. *An R Companion to Applied Regression* (3rd ed.). Thousand Oaks, CA: Sage, 2019.

George, D., & Mallery, P. *SPSS for Windows Step by Step*. Beijing: Beijing World Publishing Corporation, 2006.

Gisev, N. J., Bell, J. S., & Chen, T. F. Interrater agreement and interrater reliability: Key concepts, approaches, and applications. Research in Social and Administrative Pharmacy, 2013, 9: 330-338.

Gould, J. E. *Concise Handbook of Experimental Methods for the Behavioral and Biological Sciences*. Boca Raton, Florida: CRC Press LLC, 2002.

Gruber, M. H. J. *Matrix Algebra for Linear Models*. Hoboken, New Jersey: Wiley & Sons, Inc., 2014.

Hagle, T. M. *Basic Math for Social Scientists: Concepts*. Thousand Oaks, California: Sage Publications, Inc., 1995.

Harrell, F. E. *Regression Modeling Strategies* (2nd ed.). Switzerland: Springer International Publishing, 2015.

Hintze, J. L., & Nelson, R. D. Violin plots: A box plot-density trace synergism. The American Statistician, 1998, 52(2): 181-184.

Hochberg, Y. A sharper Bonferroni procedure for multiple tests of significance. Biometrika, 1988, 75(4): 800-802.

Hollander, M., Wolfe, D., & Chicken, E. *Nonparametric Statistical Methods* (3rd ed.). Hoboken, New

Jersey: John Wiley & Sons, Inc. , 2014.

Howell, D. C. *Statistical Methods for Psychology* (8th ed.). Belmont, CA: Wadsworth, 2013.

Huynh, H. , & Feldt, L. S. Estimation of the Box correction for degrees of freedom from sample data in randomized block and split-plot designs. Journal of Educational Statistics, 1976, 1(1): 69 - 82.

Huynh, H. , & Mandeville, G. K. Validity conditions in repeated measures designs. Psychological Bulletin, 1979, 86(5): 964 - 973.

Huber, P. J. *Robust Statistics*. New York, NY: Wiley, 1981.

Jaccard, J. *Interaction Effects in Logistic Regression*. Thousand Oaks: Sage, 2001.

Jackson, S. L. *Research Methods and Statistics: A Critical Thinking Approach* (5th Ed.). Boston, MA: Cengage Learning, 2016.

Joanes, D. N. , & Gill, C. A. Comparing measures of sample skewness and kurtosis. Journal of the Royal Statistical Society, 1998, 47(1): 183 - 189.

Johansen, S. The Welch-James approximation of the distribution of the residual sum of squares in weighted linear regression. Biometrika, 1980, 67: 85 - 92.

Kabacoff, R. I. *R in Action: Data Analysis and Graphics with R* (2nd ed.). Shelter Island, NY: Manning Publications Co. , 2015.

Keen, K. J. *Graphics for Statistics and Data Analysis with R*. Boca Raton, FL: Chapman & Hall/CRC, 2010.

Keppel, G. , & Wickens, T. D. *Design and Analysis: A Researcher's Handbook* (4th ed.). New Jersey: Pearson Prentice Hall, 2004.

Kirby, K. N. , & Gerlanc, D. *BootES*: An R package for bootstrap confidence intervals on effect sizes. Behavior Research Methods, 2013, 45(4): 905 - 927.

Kline, R. B. *Beyond Significance Testing: Statistics Reform in the Behavioral Sciences*. Washington, DC: American Psychological Association, 2013.

Kleinbaum, D. G. , & Klein, M. *Logistic Regression: A Self-Learning Text* (3rd ed.). New York: Springer Science + Business Media, 2010.

Koenker, R. , Bassett, G. Robust tests for heteroscedasticity based on regression quantiles. Econometrika, 1981, 50: 43 - 61.

Kowalchuk, R. K. , & Headrick, T. C. Simulating multivariate g-and-h distributions. British Journal of Mathematical and Statistical Psychology, 2010, 63: 63 - 74.

Kramer, C. Extension of multiple range test to group means with unequal number of replications. Biometrics, 1956, 12: 307 - 310.

Kuder, G. F. , & Richardson, M. W. The theory of the estimation of test reliability. Psychometrika, 1937, 2(3): 151 - 160.

Landis, J. R. , & Koch, G. G. The measurement of observer agreement for categorical data. Biometrics, 1977, 33: 159 - 174.

Lecoutre, B. A correction for the $\tilde{\varepsilon}$ approximate test in repeated measures designs with two or more independent groups. Journal of Educational Statistics, 1991, 16: 371 - 372.

Levshina, N. *How to Do Linguistics with R: Data Exploration and Statistical Analysis*. Amsterdam/ Philadelphia: John Benjamins Publishing Company, 2015.

Mardia, K. V. Measures of multivariate skewness and kurtosis with applications. Biometrika, 1970, 57 (3): 519 - 530.

Mardia, K. V. Applications of some measures of multivariate skewness and kurtosis in testing normality and robustness studies. Sankhyā: The Indian Journal of Statistics, Series B, 1974, 36(2): 115 - 128.

Maxwell, S. E., & Delaney, H. D. *Designing Experiments and Analyzing Data: A Model Comparison Perspective* (2nd ed.). Mahwah, NJ: Lawrence Erlbaum Associates, Inc., 2004.

Mitchell, M. L., & Jolley, J. M. *Research Design Explained* (7th ed.). Belmont, CA: Wadsworth Cengage Learning, 2010.

Murphy, V. A. Dissociable systems in second language inflectional morphology. Studies in Second Language Acquisition, 2004, 26(3): 433 - 459.

Myers, J. L., & Well, A. D. *Research Design and Statistical Analysis* (2nd ed.). Mahwah, New Jersey: Lawrence Erlbaum Associates, Inc., Publishers, 2003.

Nagelkerke, N. J. D. A note on the general definition of the coefficient of determination. Biometrika, 1991, 78: 691 - 692.

Olejnik, S., & Algina, J. Measures of effect size for comparative studies: Applications, interpretations, and limitations. Contemporary Educational Psychology, 2000, 25: 241 - 286.

Olejnik, S., & Algina, J. Generalized eta and omega squared statistics: Measures of effect size for some common research designs. Psychological Methods, 2003, 8(4): 434 - 447.

Pedhazur, E. J. *Multiple Regression in Behavioral Research: Explanation and Prediction* (3rd ed.). Belmont, CA: Wadsworth, 1997.

Pituch, K. A., & Stevens, J. P. *Applied Multivariate Statistics for the Social Sciences* (6th ed.). New York, NY: Routledge, 2016.

Rencher, A. C., & Christensen, W. F. *Methods of Multivariate Analysis* (3rd ed.). Hoboken, New Jersey: John Wiley & Sons, Inc., 2012.

Richardson, J. T. E. Eta squared and partial eta squared as measures of effect size in educational research. Educational Research Review, 2011, 6: 135 - 147.

Rosenthal, R. *Meta-analytic Procedures for Social Research* (2nd ed.). Newbury Park, CA: Sage, 1991.

Royston, P. Approximating the Shapiro-Wilk W-test for non-normality. Statistics and Computing, 1992, 2: 117 - 119.

Royston, P. A pocket-calculator algorithm for the Shapiro-Francia test for non-normality: An application to medicine. Statistics in Medicine, 1993, 12: 181 - 184.

Sahai, H., & Ageel, M. I. *The Analysis of Variance: Fixed, Random and Mixed Models*. New York: Springer Science + Business Media, 2000.

Salkind, N. J. *Encyclopedia of Research Design*. Thousand Oaks, California: SAGE Publications, Inc., 2010.

Shapiro, S. S., & Wilk, M. B. An analysis of variance test for normality (complete samples). Biometrika, 1965, 52(3/4): 591 - 611.

Shapiro, S. S., & Francia, R. S. An approximate analysis of variance test for normality. Journal of the American Statistical Association, 1972, 67(337): 215 - 216.

Scheffé, H. *The Analysis of Variance*. New York: John Wiley & Sons, Inc., 1959.

Siegel, S., & Castellan, N. J., Jr. *Nonparametric Statistics for the Behavioral Sciences* (2nd ed.). New York: McGraw-Hill Book Company, 1988.

Silverman, B. W. *Density Estimation for Statistics and Data Analysis*. London: Chapman & Hall, 1986.

Stevens, J. P. *Intermediate Statistics: A Modern Approach* (3rd ed.). New York, NY: Lawrence Erlbaum Associates, 2007.

Sturges, H. A. The choice of a class interval. Journal of the American Statistical Association, 1926, 21

（153）：65－66.

Tukey, J. W. The problem of multiple comparisons. Unpublished paper, Princeton University, Princeton, NJ, 1953.

Tukey, J. W. *Exploratory Data Analysis*. Reading, MA：Addison-Wesley, 1977.

Ugarte, M. D. , Militino, A. F. , & Arnholt, A. T. *Probability and Statistics with R* (2nd ed.). Boca Raton, FL：CRC Press, 2015.

Vargha, A. , & Delaney, H. D. The Kruskal-Wallis test and stochastic homogeneity. Journal of Educational and Behavioral Statistics, 1998, 23(2)：170－192.

Velleman, P. F. , & Welsch, R. E. Efficient computing of regression diagnostics. The American Statistician, 1981, 35(4)：234－242.

Weisberg, S. *Applied Linear Regression* (4th ed.). Hoboken, New Jersey：John Wiley & Sons, Inc. , 2014.

Welch, B. L. The significance of the difference between two means when the population variances are unequal. Biometrika, 1938, 29：350－362.

Welch, B. L. On the comparison of several mean values：An alternative approach. Biometrika, 1951, 38：330－336.

Wherry, R. J. , Sr. A new formula for predicting the shrinkage of the coefficient of multiple correlation. Annals of Mathematical Statistics, 1931, 2：440－457.

Wilcox, R. R. *Introduction to Robust Estimation and Hypothesis Testing* (3rd ed.). San Diego, CA：Elsevier, 2012a.

Wilcox, R. R. *Modern Statistics for the Social and Behavioral Sciences：A Practical Introduction*. Boca Raton, FL：CRC Press, 2012b.

Wilcox, R. R. *Understanding and Applying Basic Statistical Methods Using R*. Hoboken, New Jersey：John Wiley & Sons, 2017a.

Wilcox, R. R. *Introduction to Robust Estimation and Hypothesis Testing* (4th ed.). San Diego, CA：Elsevier, 2017b.

Wilcox, R. *Modern Statistics for the Social and Behavioral Sciences：A Practical Introduction* (2nd ed.). Boca Raton, FL：CRC Press, 2017c.

Wilcox, R. R. , & Tian, T. S. Measuring effect size：A robust heteroscedastic approach for two or more groups. Journal of Applied Statistics, 2011, 38(7)：1359－1368.

Wiley, J. , & Voss, J. F. Constructing arguments from multiple sources：Tasks that promote understanding and not just memory for texts. Journal of Educational Psychology, 1999, 91(2)：301－311.

Williams, M. N. , Grajales, C. A. G. , & Kurkiewicz, D. Assumptions of multiple regression：Correcting two misconceptions. Practical Assessment, Research & Evaluation, 2013, 18(11)：1－14.

Woods, A. , Fletcher, P. , & Hughes, A. *Statistics in Language Studies*. Beijing：Foreign Language Teaching and Research Press, 2000.

Yuen, K. K. The two sample trimmed t for unequal population variances. Biometrika, 1974, 61(1)：165－170.

鲍贵. 英语学习者语言复杂性变化对比研究. 现代外语(2),2010:166－176.

鲍贵. 输出任务类型和词语意象性对英语学习者词汇习得的影响. 外语与外语教学(6),2016:56－65,74.

鲍贵. 应用语言学研究中的图示与稳健统计方法. 外国语文(6),2017:135－142.

鲍贵. 理解与评价应用语言学实验研究. 上海:上海交通大学出版社,2019.